Albrecht Dümling

Mein Gorilla hat 'ne Villa im Zoo

Die Weintraubs Syncopators zwischen Berlin und Australien

Musik und Zeitgeschichte · Band 2

ConBrio Verlagsgesellschaft 2022

Gefördert von der
Pro Musica Viva – Maria Strecker-Daehlen Stiftung

Lektorat, Layout, Satz: Dr. Juan Martin Koch
Druck: druckhaus köthen GmbH & Co. KG

Umschlagabbildungen:
Oben links: Gemälde „Jazzband“ von Max Oppenheimer aus der Werbebroschüre der Weintraubs Syncopators von 1930
(Weintraubs-Syncopators-Archiv der Akademie der Künste Berlin, Nr. 4), vgl. S. 43
Oben rechts und unten: Die Weintraubs Syncopators 1929
(Sammlung John Waxman), vgl. S. 35 f.

CB 1303
ISBN 978-3-949425-03-5
www.conbrio.de

Inhalt

Vorwort

Die Machtübernahme der Nazi-Regierung zu Anfang 1933 bedeutete das Ende der Weimarer Republik. Mit dem radikalen politischen Wechsel sollte eine Kulturrevolution verbunden sein, welche die deutsche Kultur von fremden Einflüssen „reinigte“. Als fremdartig galt der Jazz, eine Musikart, welche in den USA aus der Verschmelzung vielfältiger Einflüsse hervorgegangen war. Diese multikulturelle Mischung widersprach der jetzt propagierten Idee eines rassereinen Deutschtums. Zu den zahlreichen Künstlern, welche die Nazis aus Deutschland hinausdrängten, gehörten auch die Weintraubs Syncopators. Die Mitglieder dieser überaus erfolgreichen Jazzband kamen aus verschiedenen Nationen und waren fast ausschließlich jüdischer Herkunft.

Kurz vor ihrer Flucht aus Hitler-Deutschland hatten die Weintraubs Syncopators 1933 den Song „Mein Gorilla hat 'ne Villa im Zoo“ eingespielt. Er entstand für den Film „Heut kommt's drauf an“, in dem die beiden Hauptdarsteller Hans Albers und Luise Rainer rivalisierende Jazzbands leiten. Der Gorilla „Bobby“, ab 1928 der erste Gorilla des Berliner Zoos, hatte den Song inspiriert. Für ihn begeisterten sich die Berliner damals ähnlich stark wie Jahrzehnte später für den Eisbären Knut. Als der Film am 17. März 1933 im Berliner Gloria-Palast zur Uraufführung kam, wuchs und gedieh Bobby noch weiter. Dagegen lebten die Weintraubs Syncopators schon nicht mehr in Deutschland. Für sie hatte das Exil begonnen, das sie über Europa und Asien bis nach Australien führte.

Ein Buch über Musiker hat für den Leser erst dann wirkliche Bedeutung, wenn er ihre Musik kennt. Plattenaufnahmen der Weintraubs Syncopators sind heute kaum noch erhältlich. Der ConBrio Verlag hat deshalb eine eigene Webseite erstellt, auf der wichtige Aufnahmen der Band abgerufen werden können (www.conbrio.de/weintraubs). Playersymbole (▷) weisen im laufenden Text jeweils darauf hin. Wer die Weintraubs Syncopators kennenlernen und verstehen wollte, musste sie auch gesehen haben. Sie waren eine Showband, bei deren Auftritten neben der akustischen Dimension die sichtbaren Elemente eine wesentliche Rolle spielten. Deshalb gehören zu den Medien, die dieses Buch ergänzen, neben den Hörbeispielen auch Videos. Sie schaffen die Möglichkeit, nicht nur den kompletten Film „Der blaue Engel“ zu sehen, in dem die Weintraubs einst an der Seite von Marlene Dietrich, Emil Jannings und Hans Albers spielten, sondern auch einen 1937 in Australien gedrehten Kurzfilm, der damals auf diesem fernen Kontinent für ihr lebendiges und wandlungsfähiges Komödiantentum warb.

Danksagung

Wesentliches Quellenmaterial zu den Weintraubs Syncopators hatte der Autor bereits während seiner jahrelangen Exil-Studien in australischen Archiven gefunden. Ebenso unverzichtbar waren für ihn die Bestände des Weintraubs-Syncopators-Archivs an der Berliner Akademie der Künste. Schon bei seinem Australien-Buch gaben ihm Anthony Kay (Sydney), der Sohn von Bandmitglied Sydney John Kay, und Michael Fisher (Zürich), der Sohn von Manny Fisher, wesentliche Unterstützung. Kay starb 2018. Fisher aber setzte seine Hilfe fort, als während der Pandemie das vorliegende Buch entstand, weshalb ihm an erster Stelle Dank gebührt. Coronabedingt waren über zwei Jahre die meisten Archive geschlossen. Umso wertvoller war die Initiative von Werner Grünzweig, dem Leiter der Musikarchive der Akademie der Künste, dennoch Material aus dem Weintraubs-Syncopators-Archiv unkompliziert zur Verfügung zu stellen.

Reges Interesse an diesem Buch bewies ebenso die Fotografin Christine Bruinier (Aachen), die Tochter des Bandmitglieds Ansco Bruinier. Ihr verdankt sich unverzichtbares Bild- und Quellenmaterial. John Waxman (USA), der Sohn des ehemaligen Weintraubs-Pianisten Franz Wachsmann, unterstützte das Projekt durch wichtige Fotos. Von Jörg Süßenbach (München) erhielt der Autor interessantes Material aus dem Quellenfundus zu seinem Dokumentarfilm „Weintraubs Syncopators: Bis ans andere Ende der Welt". Dank gebührt ebenso Klaus Krüger (Dietramszell), dem Redakteur des Magazins *Fox auf 78*, der schon lange Dokumente zu den Weintraubs Syncopators gesammelt hatte. Weitere Unterstützung kam von Carola Schramm (Berlin), Jürgen Schebera (Berlin), Jens-Uwe Völmecke (Erftstadt) und Sophie Fetthauer (Hamburg).

Bildmaterial erhielt der Autor auch vom Stadtmuseum Berlin, aus Zeitungsarchiven im Internet sowie von den National Archives of Australia. Das National Film & Sound Archive of Australia (Melinda Robertson) stellte für die Webseite den 1937 entstandenen Kurzfilm zur Verfügung. Die Pro Musica Viva – Maria Strecker-Daehlen Stiftung gab erfreulicherweise einen Druckkostenzuschuss. Zu danken ist nicht zuletzt Theo Geißler, Barbara Haack und Juan Martin Koch vom ConBrio Verlag Regensburg, welcher den Band betreute. Den Vorschlag, ihn um eine eigene Webseite multimedial zu ergänzen, griffen sie gerne auf.

TEIL I (bis 1933)

Vom Hobby zum Beruf

Invasion der Synkope

Es war in Deutschland schon allzu lange und allzu oft marschiert worden. Der Viervierteltakt sicherte dabei den Gleichschritt: Zack-Tack-Zack-Tack. Im disziplinierten Marschrhythmus waren im Sommer 1914 deutsche Soldaten begleitet von Blaskapellen begeistert an die Front gezogen. Nach dem verlorenen Krieg und dem Zusammenbruch des Kaiserreichs hatte das Marschieren an Faszination verloren. Die von langen Stellungskriegen erschöpften Soldaten wollten keine Marschmusik mehr hören. Viele der Jüngeren richteten ihr Interesse dagegen auf die erregenden Rhythmen, die aus Nordamerika nach Europa drangen. Neue Tänze wie Shimmy und Charleston und auch der Jazz führten eine wesentliche rhythmische Änderung mit sich; sie hoben die Zwischenwerte des Metrums hervor, was zu „falschen" Betonungen führte: Zack-UND-Zack-UND. Dieses Phänomen, das in der klassischen Musik wie ein kleiner Schock wirkte, wird als „Synkope" bezeichnet. Das altgriechische Wort, von dem sich der Begriff herleitet, bedeutet so viel wie „Zusammenstoßen". Tatsächlich passt die Synkope nicht zum herkömmlichen Taktgefüge, sie stößt mit ihm zusammen, erweist sich als Störenfried und kann beim Marschieren zum Stolpern führen. Friedrich Hollaender beschrieb die Invasion der Synkope ins damalige deutsche Musikleben als ein Donnern unterm Fußboden: „Der Rhythmus der Welt verschiebt sich um ein Achtel – aber was für ein Achtel! –, das Musikgebäude kommt ins Wanken – – !"[1]

Synkopen sind im Wortsinne „verrückt" – die Betonungen stehen im Takt an Stellen, wo man sie nicht erwartet. Was in früheren Musikepochen nur seltene Ausnahmen gewesen waren, wurde nun zum wesentlichen Stilelement, zur Wurzel federnder Energie. Die synkopischen Rhythmen symbolisierten eine neue Kultur, die sich bewusst und oft provokativ der klassischen deutschen Bildungswelt entgegenstellte. Eine solche aufrüttelnde Bedeutung hatte der Jazz für die Dadaisten um George Grosz, für junge Dichter wie Bertolt Brecht[2] und Walter Mehring oder für die Bauhaus-Studenten in Weimar und Dessau.

Während konservative Bürger die neuen Rhythmen entsetzt ablehnten, ließen sich Komponisten wie Darius Milhaud, Paul Hindemith, Ernst Krenek, Erwin Schulhoff und Kurt Weill von ihnen anregen. Als im Juni 1926 der US-amerikanische Bandleader Paul Whiteman mit seinem Jazzorchester zum ersten Mal in Berlin gastierte, kündigte der Musikkritiker H.H. Stuckenschmidt dies in einem Zeitungsartikel so an: „Snobs werden Wolllustkrämpfe bekommen. Brillen werden vor Schreck zerbrechen. Musiker werden ihm Partituren widmen. Und einige nur werden erkennen: hier ist eine der typischsten Emanationen aus dem Zeitgeist von des 20. Jahrhunderts erster Hälfte gestaltet worden."[3]

Während man den synkopenfreudigen Jazz in England und Frankreich bereits vor 1914 kannte, kam er erst am Ende des Ersten Weltkriegs nach Deutschland. Die alliierten Besatzungsmächte spielten dabei eine Rolle. Wie später nach dem Zweiten Weltkrieg bewunderten nun viele Deutsche die kulturellen Produkte der siegreichen US-Amerikaner. Der von dort mitgebrachte Jazz verkörperte die Dynamik und den Optimismus der „Neuen Welt". Ab 1918 wurden Foxtrott und Tango hierzulande zu Modetänzen, wenig später Onestep und Boston, ab 1920 der Shimmy. Da ausländische Jazzbands zunächst nur selten in Deutschland gastierten, verbreiteten sich diese Rhythmen vor allem durch Grammophonplatten. Diese wurden zuerst nur importiert, bis man dann auch in Deutschland derartiges produzierte. Bereits 1920 brachte die Berliner Firma Homocord Nick La Roccas „Tiger Rag", den bis heute bekanntesten Jazztitel, als Grammophonplatte heraus.[4] Bald erhielt man solche Platten in speziellen Läden, in Berlin beispielsweise im Alberti-Musikhaus in der Rankestraße dicht bei der Kaiser-Wilhelm-Gedächtniskirche.[5]

Direkt nach dem Krieg galten Grammophonapparate zum Abspielen der Platten noch als Luxus. Während der wirtschaftlichen Not im Inflationsjahr 1923 mussten erst andere Bedürfnisse gestillt werden. Als aber 1924 nach einer Währungsreform Deutschlands wirtschaftliche Erholung begann, standen bald auch für Vergnügungen wieder Mittel zur Verfügung. Die bisher klobigen Grammophone mit ihren großen Schalltrichtern waren handlicher geworden, mehr und mehr setzten sich Koffergrammophone durch, in welche die Trichter bereits eingebaut waren. Vor allem Musikliebhaber der jüngeren Generation kauften diese Geräte und die dazugehörigen Schallplatten. Einige Fans bemühten sich intensiv und ausdauernd um die neuen Rhythmen, um sie selbst spielen zu können. Friedrich Hollaender erinnert sich: „Man rennt und kauft sich die neuen Schallplatten aus Amerika, schleppt sie nach Haus, haut sie auf den Teller wie Setzeier und läßt sie abrollen, zehnmal, zwanzigmal, bis sie sich heißlaufen und die Nadel im schmelzenden Wachs steckenbleibt."

Zu dem beschriebenen Personenkreis gehörte auch ein junger Apotheken-Handelsvertreter. 1897 war er in Breslau als zweiter Sohn eines jüdischen Kaufmanns zur Welt gekommen und hatte 1913 nach dem Schulabschluss eine Pharmazie-Lehre begonnen. Zwei Jahre lang leistete er während des Weltkriegs seinen Militärdienst bei der leichten Artillerie und erhielt zum Schluss das Eiserne Kreuz, bis er mit den Eltern und Geschwistern nach Berlin-Charlottenburg übersiedelte. Sein Name: Stefan Weintraub. Neben seiner Berufstätigkeit als Handelsvertreter befasste sich dieser junge Mann in der Freizeit leidenschaftlich mit Musik. Das Klavierspiel, mit dem er schon siebenjährig begonnen hatte, entwickelte er in Berlin auf eigene Faust weiter. Immerhin gab es in der Familie eine nicht unbedeutende Musiktradition: Salomon Weintraub (1781–1829), der Urgroßvater, war einer der berühmtesten jüdischen Kantoren Russlands gewesen. Dessen in Wien ausgebildeter Sohn Hirsch Weintraub (1811–1881) wurde Oberkantor der Hauptsynagoge von Königsberg.[6] Stefan Weintraub hat diese jüdischen Vorfahren kaum je erwähnt. Umso mehr begeisterte er sich für die neuen Rhythmen, die er auf dem Klavier nachzuahmen versuchte. Wie er später berichtete, beeindruckte er damit schon früh auch andere. Die Weintraubs hatten eine schöne Wohnung in der Knesebeckstraße 28, in bester Wohnlage zwischen Savignyplatz und Kurfürstendamm. Eines Tages im Februar 1924 klingelte der Bankdirektor Leopold Glaser, der in der darüber liegenden Etage lebte, an der Wohnungstür. Die Mutter war besorgt und glaubte, die Nachbarn würden sich über das ständige Klavierspiel ihres jüngsten Sohnes beschweren. Aber der Direktor beruhigte sie. In Wahrheit komme er im Auftrag seiner beiden Söhne Walter und Ernst, die sich neuerdings für diese Art von Musik erwärmten und deshalb fragen ließen, ob sie hin und wieder zum gemeinsamen Musizieren nach unten kommen dürften. Stefan Weintraub stimmte diesem Vorschlag gerne zu. So wurde sein Klavierspiel bald durch Mandoline und Banjo unterstützt.

Auch andere Schüler und Studenten erprobten damals die neuen Rhythmen. Einer von ihnen war der ebenfalls in Charlottenburg lebende Horst Graff, der zweite Sohn des Kaufmanns Hermann Graff, der 1905 in der Wilmersdorfer Straße 118–119 das erste Warenhaus der Stadt eröffnet hatte. Charlottenburg, benannt nach dem Schloss der Preußenkönigin Sophie Charlotte, wurde erst 1920 in Groß-Berlin eingemeindet. Die Reichshauptstadt war seitdem mit 3,8 Millionen Einwohnern nach London und New York die bevölkerungsreichste Stadt der Welt. Bis dahin war Charlottenburg eine selbstständige Stadt gewesen, sogar eine der wohlhabendsten Preußens. Die Firma Graff & Heyn konnte sich jedoch nicht lange halten, so dass das Warenhaus von einem anderen Unternehmer übernommen wurde. Horst Graff arbeitete zunächst als Einkäufer in einer Maschinenfabrik, bevor er ein Studium an Charlottenburgs Technischer Hochschule, der heutigen Technischen Universität, begann. Schon früh hatten Horst Graff und sein älterer Bruder Wilhelm Musikunterricht erhalten, Horst auf dem Klavier, Wilhelm auf der Geige. Als bei dem Jüngeren das Jazz-Interesse immer stärker wuchs, kratzte er sein Geld zusammen, um ein Saxophon zu kaufen. Dieses um 1840 in Belgien entwickelte und zunächst vor allem in französischen Militärorchestern verwendete Blasinstrument spielte etwa ab 1920 eine wachsende Rolle im Jazz. Der Prager Komponist Erwin Schulhoff meinte damals: „Das Saxophon eignet sich am besten zum Ausdruck aller menschlichen und animalischen Gefühle." Und Hermann Hesse seufzte: „Wenn ich doch Banjo könnte spielen und Saxophon in einer Jazzband blasen." So machte er einen Saxophonisten zu einer Hauptfigur seines „Steppenwolf"-Romans.

Wie der 19-jährige Horst Graff auf den acht Jahre älteren Stefan Weintraub gestoßen ist, wissen wir nicht. Jedoch muss sich der Hobby-Pianist über das Zusammentreffen mit dem Saxophonspieler gefreut haben. So entstand im August 1924 bei beiden der Wunsch, zusammen mit den Glaser-Brüdern eine Band zu gründen. Sie bestand zunächst aus Horst Graff (Saxophon), Stefan Weintraub (Klavier), Walter Glaser (Mandoline), Ernst Glaser (Banjo) und Fritz Heilmann (Schlagzeug). Bevor man sich an die Öffentlichkeit wagte, musste intensiv geprobt werden. Außerdem erlernte jeder noch weitere Musikinstrumente. Hatten die ersten Proben in der Wohnung der Weintraubs stattgefunden, so wich man bald in eine Waschküche aus, wo lautstarke Musik weniger störte.

Etwa nach drei Monaten[7] debütierte die sechsköpfige „Tanzkapelle Stefan Weintraub" schließlich – der genaue Termin ist nicht bekannt – bei einem Ball im Haus des Jüdischen Brüdervereins. Diese schon 1815 gegründete Hilfsorganisation Berliner Juden hatte im Jahr 1910 in der Kurfürstenstraße 115 ein stattliches Gebäude errichtet, das bald ein Zentrum des gesellschaftlichen Lebens wurde. Die beiden Säle des Hauses, ein großer Saal für 2.400 Personen und ein kleiner für 850 Personen, wurden für Veranstaltungen vermietet. Für den erwähnten Ball war das damals bekannte Orchester von Otto Kermbach engagiert worden. Kermbach, zunächst Trompeter in einer Militärkapelle, hatte nach dem Krieg ein zwölfköpfiges Orchester aufgebaut, das beispielsweise beim Berliner Sechstagerennen regelmäßig den „Sportpalastwalzer" Siegfried Translateurs spielte. Mit einem Kernrepertoire von Märschen, Walzer, Polkas und Rheinländern trat dieses Orchester auch bei dem erwähnten Ball auf. Die noch völlig unbekannte Tanzkapelle Stefan Weintraub spielte gleichzeitig ohne Honorar bei einer privaten Veranstaltung im kleinen Saal. Da sie die moderneren Rhythmen bot, kamen immer mehr Menschen aus dem großen Saal zu ihnen. Das hatte zur Folge, dass schließlich Otto Kermbach empört abzog und der Konkurrenz das Feld überließ. Die Weintraub-Kapelle spielte noch bis zum frühen Morgen. Der Erfolg ihres öffentlichen Debüts ermutigten Graff und Weintraub, eine professionelle Musiker-Karriere ins Auge zu fassen.

Walter Glaser und Fritz Heilmann, die ihr Musikmachen nur als Hobby betrachteten, stiegen jetzt aus. Als neuer Schlagzeuger trat Emanuel Salinger bei, ein Mitarbeiter der Plattenfirma His Master's Voice, der auch Saxophon spielte. Jetzt hieß es, neue Musiktitel zu erproben, die Spieltechnik zu verbessern und weitere Instrumente zu erlernen. Eine Zeitlang spielte die Tanzkapelle Stefan Weintraub bei schlechter Bezahlung in einer Tanzschule.[8] Für eine professionelle Laufbahn brauchte sie einen zugkräftigen Namen. Die Amerika-Begeisterung drängte damals viele deutsche Künstler zu Formen der Anglisierung; so nannte sich etwa der Berliner Maler und Grafiker Helmut Herzfeld ab 1916 John Heartfield. Gerade bei Jazz-Bands wirkten englische Namen attraktiver und authentischer. Da die Synkope das wichtigste Element der neuen Rhythmen war, wählten Stefan Weintraub und seine Freunde für ihren Bandnamen das englische Wort „Syncopators" (wörtlich: Synkopierer). Möglicherweise hatte man Platten der „Okeh Syncopators" entdeckt, die der Banjospieler Harry Reser 1922 in New York für die Firma Okeh Records gegründet hatte. Der Firmenname leitete sich von den Initialen des Inhabers, des Deutsch-Amerikaners Otto Karl Erich Heinemann, her. Weitere Syncopators, so etwa

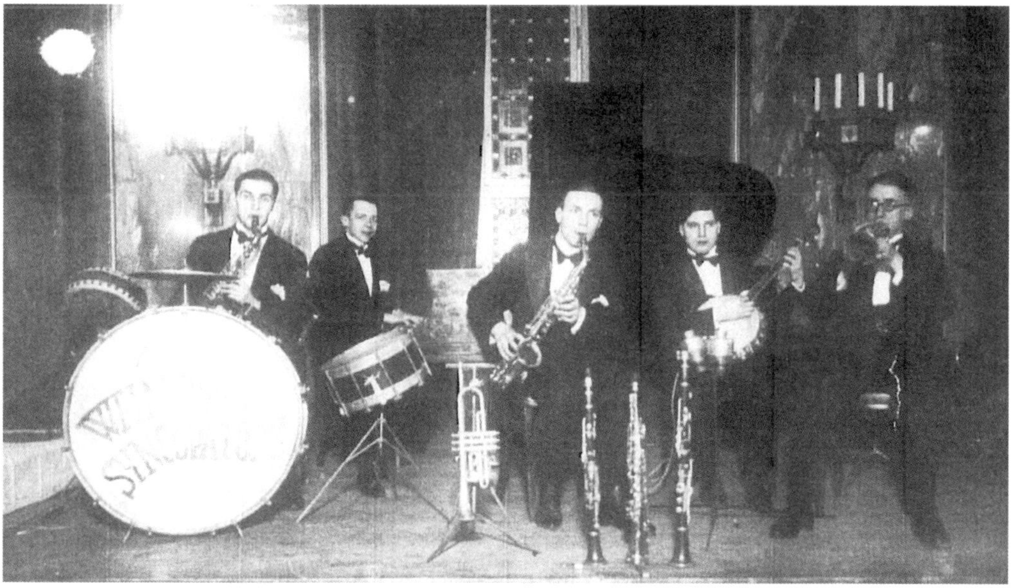

Das früheste Bild der Weintraubs Syncopators (1926) – von links: E. Salinger (Schlagzeug u. Saxophon), S. Weintraub (Klavier), H. Graff (Sax.), Ernst Glaser (Banjo), A. Bruinier (Tp.)

die Frisco Syncopators, die Dixie Syncopators oder die Savannah Syncopators, sollten in den USA bald folgen. Zur endgültigen Namenswahl kamen die jungen Musikfreunde um Stefan Weintraub und Horst Graff erst nach einer geheimen Abstimmung. Henry Barger, der spätere Manager der Band, beschrieb dies so: „Die Schwierigkeit lag damals darin, dass keiner sich darum riss, die Verantwortung zu übernehmen. Man war eben für echte Demokratie. Schließlich kam man überein, das Los entscheiden zu lassen. Das Wort Syncopators stand bereits fest. Jeder schrieb seinen Namen auf einen Zettel, die Zettel kamen in einen ausgedienten Zylinderhut, wurden gemischt und dann durfte eine befreundete junge Dame ziehen. Das Los fiel auf Stefan Weintraub. Und damit stand nicht nur der Bandleader fest, sondern auch der Name: Weintraubs Syncopators."[9] Dieser Name prangte seitdem auf der großen Trommel und wurde zum Markenzeichen der Band. Die geschwungene Inschrift mit einem großen Strich über dem dritten Buchstaben, der damit den I-Punkt ersetzte, hatte vermutlich der Kunstmaler und Werbegrafiker Max Weintraub, Stefans älterer Bruder, entworfen.

Der Start der Weintraubs Syncopators

Spätestens im Frühjahr 1926 war es zu dieser Namensgebung gekommen. Denn für den 12. Mai lud eine gesellschaftliche Vereinigung „Der Bunte Kreis" zu einem Frühlingsfest mit Tanzturnier und Revue in den Schubertsaal am Nollendorfplatz ein. Als Mitwirkende dieser Veranstaltung wurden die Weintraubs Syncopators genannt.[10] Diesem ersten gedruckten Hinweis auf die Band unter ihrem neuen Namen sollte bald ein zweiter folgen. Für den 22. Juli kündigte Deutschlands erster Radiosender, die Funk-Stunde Berlin, ab 21 Uhr ein 90-minütiges Abendprogramm unter dem Motto „1901–1926. Altes und Neues“ an. Es wurde so erläutert: „Alte und neue Tänze: Walzer und Boston, Ländler und Blues, Polka und Shimmy, Mazurka und Tango. Das Bruinier-Klaviertrio und die Jazzband Weintraubs Syncopators werden sich die musikalischen Darbietungen teilen.“ Die Idee zu dieser Gegenüberstellung stammte vermutlich von Franz Servatius Bruinier. Er war erst 21 Jahre alt, aber bereits als Pianist und Komponist hervorgetreten. So hatte er den Chansonsänger Jean Moreau in Rudolf Nelsons Kabarett „Chat Noir“ am Klavier begleitet und auch einige Gedichte von Bertolt Brecht vertont.[11] Da er sich mit neuen Rhythmen auskannte – 1924 waren zwei seiner Shimmys im Druck erschienen –, interessierte er sich für die Weintraubs. Dank seiner Kontakte zur Funk-Stunde – Bruinier begleitete dort die Morgengymnastik-Sendungen am Klavier – dürfte er sie für die Radiosendung empfohlen haben. Er selbst spielte dabei im Trio mit seinen Brüdern August Heinrich (Violine) und Julius Ansco (Cello) die älteren Tänze, während die Novitäten den Syncopators überlassen wurden. Im Sendestudio der Funk-Stunde im Vox-Haus nahe dem Potsdamer Platz spielten diese im Wechsel mit dem Trio laut der gedruckten Ankündigung live folgende aktuelle Titel: Charles Rosoff: „When you and I were seventeen“; Dave Ringle: „Susquehanna home“; Murphy & K. L. Gorney: „He's the hottest man in town“; Walter Donaldson: „Yes, Sir, that's my baby“; Herscher & Berk: „Down-home Blues“; José Padilla: „Valencia“ sowie Mack & Johnson: „Original Charleston“. Den Titel „Die Welt in Erwartung des Sonnenaufgangs“ von Lockhart & Seitz trugen die Weintraubs zum Schluss gemeinsam mit dem Bruinier-Klaviertrio vor.[12]

Die Reaktionen der Radiohörer fielen je nach Geschmack unterschiedlich aus. So hieß es in einem Zeitungsbericht unter der Überschrift „Radiowelle der Woche“, die Gegenüberstellung habe gezeigt, wie hoch die alte Tanzmusik über der neuen steht; die Sendung habe außerdem demonstriert, „wie scheußlich eigentlich die Jazzmusik an sich, losgelöst vom Tanze, klingt“. Ein anderes Blatt sprach dagegen in seiner Ausgabe vom 25. Juli von einem lustigen Musikexperiment, „etwas wie ein Wettkampf zwischen altmodischen und modernen Tänzen. Eine hübsche Idee!“ Der Autor dieses Artikels stellte fest: „Gestern schien der neue Rhythmus in fast allen Fällen siegreich zu sein. Eine Polka, ein Galopp – gewiß, das ist ganz hübsch, man hört es sich etwas verwundert an, als wäre man sein eigener Großvater. Aber ein Charleston – der geht einem doch ganz anders in die Beine! Und das ist schließlich das wichtigste bei einer Tanzmelodie.“ Nicht zuletzt würdigte er die Mitwirkenden: „Das Bruinier-Trio machte seine (nicht ganz dankbare) Sache recht gut. In Weintraubs Syncopators lernte man eine neue, und zwar recht gute Jazzband kennen.“[13] Die erwähnten Ballgäste im Brüdervereinshaus, welche die junge Tanzkapelle der erfahrenen Kermbach-Kapelle vorzogen, hatten ähnlich reagiert. Otto Kermbach war aber keineswegs von der Bildfläche verschwunden: im Programm der Funk-Stunde durfte er an jenem 22. Juli mit seinen Musikern ab 22.30 Uhr noch bis Mitternacht zum Tanz aufspielen.

Das Zusammenwirken der Weintraubs Syncopators mit dem Bruinier-Trio in dem erwähnten Radio-Programm hatte weitere Folgen. Denn einer der Bruinier-Brüder, der 27-jährige Chemiestudent Julius Ansco Bruinier, entschloss sich, Mitglied der Jazzband zu werden; neben dem Cello spielte er auch Jazztrompete und konnte außerdem hervorragend pfeifen. Vier der insgesamt fünf unternehmungslustigen Brüder beteiligten sich an einer neuen Veranstaltungsreihe, welche der Ullstein-Redakteur Reinhard R. Braun im Herbst 1926 ins Leben rief. Die Programme fanden jeweils am Montag statt und hießen deshalb Montag-Abende, abgekürzt MA-Abende. Beabsichtigt war, „der neuen Kunst und der Förderung neuer Künstler im Rahmen gesellschaftlicher Zusammenkünfte" zu dienen. Wie das erwähnte Frühlingsfest fanden die Veranstaltungen in dem 450 Personen fassenden Schubertsaal (Bülowstr. 104) statt. Bereits der erste MA-Abend stieß in seiner bunten Mischung von Lesungen, Theaterparodien und Musik auf großes Interesse. In ihrer Einladung zum nächsten MA-Abend zitierten die Veranstalter einen (fiktiven?) Bericht der *Vossischen Zeitung*: „Beschwöre den Spuk Pirandelloscher Gestalt-Phantasmen…, während ein Saxophon unwahrscheinlich schöne Klänge darüber breitet; nimm Jazz-Synkopen und elektrisches Klavier – aber von allem gerade nur soviel Körnchen, dass der Appetit auf mehr wächst. Ferner laß marionettenhaft hingeruckt groteskt-raurige Travestien bürgerlicher, sozialer, literarischer Typen an dir vorübergleiten – und du hast das Gerüst des neuen Künstler-Brettls in der Bülowstraße, das sich unter dem Namen ‚Ma' aufgetan hat."

Zu diesem 2. MA-Abend am 6. Dezember gehörten neben Kompositionen von Franz S. Bruinier und Igor Strawinsky der parodistische Gesang von „4 Original Bruiniers. Deutsches Mannenquartett"[14]. Auf dem Programm stand außerdem „Wort-Jazz, ekstatische Gesänge mit Zungen-Charleston und Gehirnstep", solistisch dargeboten von Karl Bruinier. Der Pianist des Abends, der Musikstudent Erwin Bootz, dürfte bei diesen Darbietungen besonders genau hingehört haben, wurde er doch wenig später der erste Klavierbegleiter der Comedian Harmonists. Zwischen den Vorstellungen spielten an jenem Abend die Weintraubs Syncopators zum Tanz.

Beim 3. MA-Abend am 28. Februar 1927 waren sie nicht nur als Tanzkapelle beteiligt, sondern auch an der Seite der vier Bühnenfiguren Bijou, Bar, Bohemien und Boulevard bei „Paris brennt". In dieser „ekstatischen Szene mit Jazz" hatte der deutsch-französische Dichter Iwan Goll deutschen Expressionismus mit französischem Surrealismus kombiniert. Die Weintraubs, die dabei eine von Franz S. Bruinier komponierte Musik zur Aufführung brachten, traten laut Programmzettel[15] in folgender Besetzung auf: Stefan Weintraub (Klavier), Horst Graff (Saxophon, Trompete, Klarinette usw.), Manolo Salinger (Schlagzeug und Saxophon), Julius Ansco Bruinier (Trompete) und Paul Aronovici (Banjo und Geige). Aronovici, ein 1906 in Rumänien geborener und in Berlin aufgewachsener Jurastudent, der Banjo und Violine beherrschte, ersetzte den inzwischen ausgeschiedenen Ernst Glaser. Graff und Salinger hatten ihre Hauptinstrumente Saxophon und Schlagzeug durch weitere Instrumente ergänzt.

Mit ihrem Spiel begeisterten die Weintraubs das Publikum. Goll, der auch das Libretto zu Kurt Weills neuer Oper „Royal Palace“ geschrieben hatte, erlebte an diesem Abend einen „Saal voller junger Leute, die von den Rhythmen mitgerissen wurden“. Ihn beeindruckte Bruiniers Komposition, „in der die Marseillaise, Clairons français, die Marche Funèbre und neuartige Bluesklänge meine Verse noch weitaus aggressiver skandierten als in ‚Royal Palace‘“.[16] Der Schriftsteller und Journalist Kurt Pinthus, der Herausgeber der bekannten Gedicht-Anthologie „Menschheitsdämmerung“, lobte in seiner Rezension für das *8 Uhr Abendblatt* die „Jazzmusik, die, lyrisch und rhythmisch klärend, mit der Dichtung zusammenschmolz“.[17] Danach hörte man ein Saxophon-Solo Horst Graffs, am Klavier begleitet von Stefan Weintraub, sowie einen getanzten „Stockholm-Stomp“ mit allen Weintraubs. Eine weitere Attraktion war ein „Babyphonisches Jazzduett, von den munteren Knaben Servatius und Steps gerevellert“. „Steps“ – der hier erstmals genannte Spitzname von Stefan Weintraub – sang demnach im Duett mit Franz S. Bruinier. Sie „revellerten“, sangen also im Stile des US-amerikanischen Vokalquintetts The Revelers, das wenig später zum Vorbild der Comedian Harmonists werden sollte, jenes legendären Berliner Ensembles, das Anfang 1928 entstand. Bertolt Brecht dürfte sich ebenfalls unter den Besuchern dieses MA-Abends befunden haben, erklang doch zum Schluss sein von Franz S. Bruinier vertonter „Song vom Auto“.

Entdeckt durch Friedrich Hollaender

Spätestens seit diesem Abend waren die Weintraubs in Berlin keine Unbekannten mehr. Der Komponist Werner Richard Heymann, bis 1923 mit Friedrich Hollaender musikalischer Leiter von Trude Hesterbergs „Wilder Bühne“ und ab 1926 Generalmusikdirektor der Ufa, hatte die ganz junge Band schon vorher, im April 1925, für eine Bühnenmusik engagiert (mehr dazu später, S. 32 f.). Bald danach wurde der Komponist, Pianist und Kabarettist Friedrich Hollaender auf die Weintraubs aufmerksam. Schon als Kleinkind hatte er Theaterluft geschnuppert. Als er 1896 in London geboren wurde, arbeiteten seine Eltern beim Zirkus: der Vater als Dirigent, die Mutter als Sängerin. Bald zog die kleine Familie nach Berlin, wo Victor Hollaender, der Vater, als Operettenkomponist und Schöpfer sogenannter Jahresrevuen erfolgreich war. Auch dessen beide Brüder machten in der Reichshauptstadt Karriere: Felix Hollaender als Dramaturg beim Theater-Impresario Max Reinhardt, Gustav Hollaender als Leiter des Stern’schen Konservatoriums, Berlins wichtigster musikalischer Ausbildungsstätte neben der Hochschule für Musik. Hier studierte Friedrich Hollaender, der einzige Sohn des Operettenkomponisten, unter anderem bei Engelbert Humperdinck. Er improvisierte gern am Klavier, interessierte sich aber auch für moderne Literatur. Schon als Schüler eröffnete er mit Gleichaltrigen einen literarischen Stammtisch. Man traf sich im Café des Westens am Kurfürstendamm, Ecke Joachimsthaler Straße, wo damals bekannte Autoren wie Else Lasker-Schüler, Frank Wedekind, Herwarth Walden, Alfred Kerr und Carl Sternheim verkehrten. Zu den ehrgeizigen Gymnasiasten, die sich hier einfanden, gehörte auch der 1899 geborene Kaufmannssohn Heinz Baruch, der sich bald Barger nannte. Er brachte die kühne Idee einer eigenen literarischen Zeitschrift auf. So entstand 1914 die hektographierte und über Buchhandlungen vertriebene *Neue Jugend*, gemeinsam herausgegeben von Barger und Hollaender. „Wir hatten Glück", berichtet Hollaender. „Honorarunfähig, wie wir waren, erhielten wir trotzdem Beiträge von vielen jungen Sternen, die im Aufgehen waren –, von manchen, die schon glänzten: Gottfried Benn, Theodor Däubler, Albert Ehrenstein, Martin Buber, Kafka, Annette Kolb, Georg Trakl, Leonhard Frank, Else Lasker-Schüler, ja sogar Heinrich Mann, dem Stern, der bereits schien –, graphische von Ludwig Meidner, Kandinsky, George Grosz, Chagall, James Ensor, Kokoschka."[18]

Die erste Nummer dieser „Zeitschrift für moderne Kunst und jungen Geist" erschien im März 1914. Bis zum Kriegsbeginn kamen noch vier Hefte heraus, nach einer Kriegs-Sondernummer folgte eine längere Unterbrechung. Das Redaktionsteam löste sich auf, als Hollaender 1915 eine Stelle als Hilfskapellmeister in Prag erhielt. Nach dem Krieg kehrte er nach Berlin zurück, wo er ab 1919 für das wiedererstandene Kabarett „Schall und Rauch" Songs und Chansons schuf und Darsteller wie Paul Graetz und Blandine Ebinger am Klavier begleitete. Auch bei der „Wilden Bühne" Trude Hesterbergs hielt er engen Kontakt zu Schriftstellern wie Kurt Tucholsky, Klabund, Walter Mehring oder Joachim Ringelnatz. In seinen Kompositionen ging Hollaender über den Stil seines Lehrers Humperdinck hinaus, hatten ihn doch die neuen Modetänze aus Nordamerika stark beeindruckt. Bereits um 1914 hatte er mit seinem Vater in New York Al Jolson und Irving Berlin getroffen.[19] Der Broadway-Entertainer Al Jolson, der mit schwarzem Make-up dunkelhäutige Blues- und Jazzsänger nachahmte, sollte 1927 mit dem Tonfilm „The Jazz Singer" weltberühmt werden. Der ebenfalls aus Russland zugewanderte Irving Berlin, wie Jolson ein jüdischer Kantorensohn, schuf nach dem Song „Alexander's Ragtime Band" später mit „God bless America" die inoffizielle Hymne der USA. Friedrich Hollaender hatte also die neuen amerikanischen Melodien und Rhythmen schon an der Quelle kennengelernt.

Als er um 1927 zum ersten Mal die Weintraubs Syncopators hörte, beeindruckte ihn diese Band so sehr, dass er den Kontakt suchte und eine Zusammenarbeit anbot. Für die Weintraubs war dies eine attraktive Offerte. Denn Friedrich Hollaender war erfahrener im Kulturbetrieb als ihr bisheriger Hauskomponist, der ideenreiche Franz Servatius Bruinier. Vor allem verfügte er über gute Kontakte zum wichtigsten Theatergott Berlins: Max Reinhardt. Dieser hatte schon als Schauspieler und Regisseur auf das Zusammenwirken von Bühnenbild, Sprache, Musik und Tanz größten Wert gelegt und dann ein eigenes Theater-Imperium aufgebaut. Auch die Kabarett-Revuen, die Friedrich Hollaender ab 1926 in Berlin präsentierte, zielten auf eine Synthese der Künste. Bei seiner ersten Revue „Laterna Magica" hatte er noch selbst Text und Musik geschrieben. Für die zweite Revue, betitelt „Hetärengespräche", lieferte ihm der vielseitige Marcellus Schiffer das Textbuch. Auch angeregt durch seine spätere Ehefrau, die Diseuse und Schauspielerin Margo Lion, hatte Schiffer für die Berliner Kabaretts „Wilde Bühne", „Rampe", „Tütü", „Größenwahn" und „Katakombe" die neue Form der literarischen Revue entwickelt. Über diesen Autor von sprühender Produktivität schrieb Friedrich Hollaender, man könne bei ihm „nie den musikalischen Schirm so schnell aufspannen, wie es Texte regnete".[20] Während Schiffer bei den „Hetärengesprächen" in die Prostituiertenwelt eingetaucht war, fand er für die nächste Hollaender-Revue einen kulinarischen roten Faden. „Was Sie wollen!" präsentierte er als eine Speisefolge in 19 Gängen. Der Schauplatz war, wie Hollaender bemerkte, ein Horror-Restaurant mit dem Motto: „Was Sie jetzt auslöffeln müssen, haben Sie ja selbst bestellt."[21] Über dieses Programm mit Margo Lion als wichtigster Darstellerin schwärmte Max Herrmann-Neiße: „Hier existiert, was man heut im Kabarett immerzu vermisst, Geist, Beweglichkeit, witziger Einfall, vife, jeder Aktualität gewachsene Ironie, Vielfalt und Überraschung. Die literarische, die gesellschaftliche und die politische Parodie sind gleich gut, scharf, wirksam pointiert."[22]

In dieser Revue, die am 7. April 1927 nachts um elf Uhr in der Komödie am Kurfürstendamm ihre Premiere erlebte, arbeitete Friedrich Hollaender zum ersten Mal mit den Weintraubs zusammen. Wie bei seinen bisherigen Revuen verantwortete er auch hier Musik und Regie. Da er weiterhin Klavier spielen wollte, musste Stefan Weintraub zum Schlagzeug wechseln und damit Emanuel Salinger verdrängen. Dieser hatte bereits früher bei der spanischen Filiale von His Master's Voice gearbeitet und kehrte nach Spanien zurück, wo er Art Director und Jazzkritiker wurde. Ein neues Mitglied kam dazu, der Posaunist und Saxophonist John Kaiser, so dass die Syncopators laut Programmzettel[23] bei „Was Sie wollen" in der folgenden Besetzung auftraten:

Alt-Saxophon, Trompete, Klarinette, Flöte usw.	Horst Graff
Trompete, Cello, Kunstpfeifen	Ansko Bruinier
Tenor-Saxophon, Posaune	John Kaiser
Banjo, Violine	Paul Aronovici
Schlagzeug, Celesta	Stefan Weintraub
Am Flügel: Friedrich Hollaender	

John Kaiser, 1906 als Ned John Kurt Kaiser in Leipzig geboren, war für die Band nicht nur wegen seines Posaunenspiels eine wichtige Bereicherung. Der Sohn eines Elektroingenieurs, der in seiner Fabrik Elektromotoren für Grammophone herstellte, war nach dem Abitur im Herbst 1925 nach Berlin gezogen, um an der Technischen Hochschule Maschinenbau zu studieren. Vermutlich durch Privatunterricht und autodidaktisch hatte er gründliche Musikkenntnisse erworben und mehrere Instrumente erlernt. Mit seinem Studienfreund Siegmund Friedmann gründete Kaiser 1926 die Tanzkapelle „Sid Kay's Fellows", bei der er als Schlagzeuger mitwirkte. „Sid" stand im Bandnamen für Siegmund Friedmann, „Kay" für John Kaiser. Obwohl dieses Ensemble erfolgreich war und blieb – nach dem Ausscheiden der Weintraubs traten die Sid Kay's Fellows bei den MA-Abenden deren Nachfolge an –, erschien Kaiser die Zusammenarbeit mit Friedrich Hollaender und den Weintraubs als reizvoller. So verließ er im April 1927 seine Fellows und wurde neues Mitglied der Syncopators. Mit seinem Hauptinstrument, der Posaune, durfte er in „Was Sie wollen!" bei einem humoristischen Song wirkungsvoll debütieren:

Seit wann bläst Ihre Grossmama Posaune?
Das hat die alte Dame früher nie getan
Wenn sie Posaune bläst, kommt sie in Laune
Kaum hat sie aufgehört, gleich fängt sie wieder an

Hollaenders neue Verbindung mit den Weintraubs wurde allgemein gelobt. So schrieb Monty Jacobs in der *Vossischen Zeitung*: „Friedrich Hollaender sitzt zwar nach wie vor am Flügel. Aber auf der Bühne sind noch vier junge Jazzmusikanten in Hemdblusen positioniert, Weintraubs Orchester, und eine ganze Parkettloge allein nimmt ein Fünfter in Anspruch, um alle seine Schlagzeuge unterzubringen. Es reißt mit, was von diesen Bläsern in den Saal geschmettert, gehetzt, gebraust und gekracht wird." In der *Berliner Volkszeitung* las man: „Die schmissige Musik Friedrich Hollaenders sorgt mittels Weintraubs Syncopators für Stimmung. ‚Brigitte, Brigitte' – na, wir werden es bald auf allen Straßen pfeifen, in allen Cafés summen hören.". Herbert Jhering hielt im *Berliner Börsencourier* den Unsinn des Posaunenschlagers für „umwerfend" und resümierte: „Marcellus Schiffer und Friedrich Hollaender haben hier bereits ihre Berlin-W-Revue geschrieben, aber es ist die beste." Der *Berliner Lokalanzeiger* tat das Ganze als „nächtlichen Unfug" ab, musste aber anerkennen, dass „die ulkerregten Musikanten … wahrhafte Akrobaten auf allen möglichen Instrumenten sind". Die *Berliner Börsenzeitung* sprach von famoser Tafelmusik: „Kunststück freilich, wenn man sich die Weintraubs Syncopators leisten kann und wenn der eine Inhaber, der Friedrich Holländer, so schmissig zu komponieren und mit Nelsonschem Elan den Flügel zu meistern versteht. Dem Trompeter, Kunstpfeifer, Tänzer Ansko Bruinier ein besonderes Lob!"

Kurt Pinthus, der die Weintraubs bereits beim MA-Abend im Februar erlebt hatte, nannte Hollaenders neue Revue im *8 Uhr Abendblatt* „textlich, musikalisch und darstellerisch, so ziemlich das Amüsanteste […], was derzeit auf Berlins Theatern vorgeführt wird". Die Musik sei wieder witzig, pointiert und einfallsreich. „Diese Musik exekutiert Friedrich der Kleine diesmal nicht, wie sonst, allein, beflügelt am Flügel, vielmehr unterstützt von den unermüdlichen Burschen der Weintraub-Syncopators-Band, die, auf der Bühne sitzend, ein Aktivum ist, nicht nur als Wert, sondern, im wahrsten Sinne des Wortes, durch ihr tatsächliches Eingreifen in die Bilder." Die Bandmitglieder überzeugten als vielseitige Musiker wie auch als Darsteller. Die Verbindung von instrumentaler Virtuosität mit szenisch-musikalischer Komik sollte ein Kennzeichen der Weintraubs bleiben. Ansätze dazu hatten sie schon in den MA-Abenden entwickelt. Friedrich Hollaender, wegen seiner geringen Körpergröße liebevoll „Friedrich der Kleine" genannt, perfektionierte dies mit seinen Regie-Ideen weiter.

Marcellus Schiffer war von den Weintraubs so fasziniert, dass er sie in seiner Revue „Die fleißige Hetäre“ ab 7. Juni im Theater am Kurfürstendamm erneut einsetzte. Bei der nachfolgenden Hollaender-Revue „Das bist Du“ (Premiere am 21. Juli im Theater am Kurfürstendamm) eröffneten Tiere einen Menschenzoo. So erlebte man auf der Bühne eine „hysterische Ziege“, eine „Krabbe mit dem Reißverschluss“ und eine „Hyäne der Großstadt“ – gemeint war eine junge Taschendiebin. Neben Blandine Ebinger wurden auch die im weißen Hemd mit Fliege auftretenden Musiker gefeiert, ebenso Friedrich Hollaender am Klavier. „Man sieht den kleinen Mann gern mit seinem Instrument umgehen und im Kreis der Weintraubs Syncopators arbeiten, die sich von vier auf fünf um einen jener zahlreichen musikalischen Brüder Bruinier vermehrt haben.“[24] Diese Brüder könne man nicht auseinanderhalten, so der Kritiker, weil sie alle wie Zwillinge aussehen. Tatsächlich hatte Franz S. Bruinier eine Zwillingsschwester; Zwillingsbrüder aber gab es in der Familie nicht. Walter Schrenk schrieb in der *Deutschen Allgemeinen Zeitung*: „Ich kenne heute keine Jazzkapelle, die mit solcher Präzision, solcher rhythmischen Finesse und Eleganz spielt, wie diese.“ An vielen nachfolgenden Nächten wurde „Das bist Du“ zum unverminderten Erfolg. Am 13. Oktober hieß es anlässlich der 75. Aufführung: „Vor ausverkauftem Hause spielte sich dieses Jubiläum ab, begleitet von starkem Beifall, der mit dem Komponisten und Revuedichter die Hauptdarsteller Lucie Mannheim, Annemarie Hase, Kurt Vespermann und die prachtvollen Weintraub-Syncopators vor die Szene rief.“ Während es bei den Darstellern Umbesetzungen gegeben hatte, wirkten die Weintraubs an allen Vorstellungen mit. Monatelang dürften sie morgens kaum je vor zwei

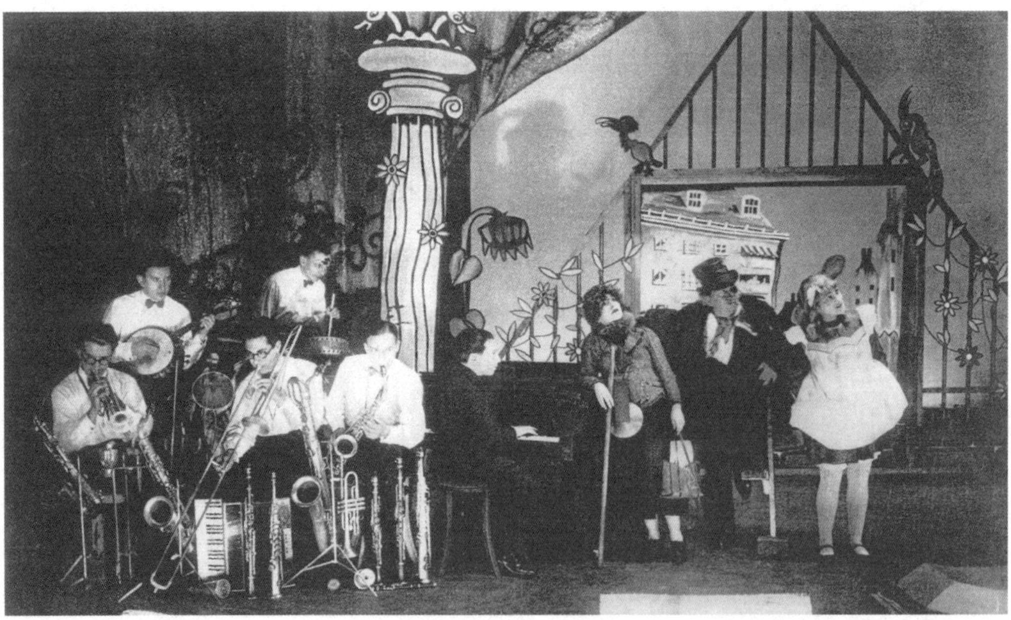

Hollaender-Revue „Das bist Du“ im Theater am Kurfürstendamm (1927) – von links: Bruinier, Aronovici, Kaiser, Weintraub, Graff; am Klavier F. Hollaender. Darsteller von links: Lucie Mannheim, Curt Vespermann und Else Ehser.

Uhr ins Bett gekommen sein. Graff und Weintraub, die weiter bei ihren Eltern in Kurfürstendammnähe wohnten (in der Wilmersdorfer bzw. Knesebeckstraße), hatten dabei die kürzesten Wege zurückzulegen.

Noch viele Jahre später schwärmte Friedrich Hollaender von dieser Zusammenarbeit: „Es begann ein regelrechtes Hollaender-Weintraub-Zeitalter oder wie unser Etikett hieß ‚Friedrich Hollaender und seine Weintraubs Syncopators'." Als John Kurt Kaiser gegen Ende seines Lebens gefragt wurde, worin das Erfolgsrezept der Band bestand, meinte er: „Wir waren sehr jung und wir waren sehr unternehmungslustig. Wir schämten uns nicht, die Freiheit, die uns die derzeit ganz neue Jazzmusik gab, zum Vollsten auszunutzen, und wir waren begierig, neue Instrumente zu lernen und mit gutem Effekt in unseren Arrangements zu benützen." Er nannte ein Beispiel: „Wir waren das einzige Siebenmann-Orchester, das je Gershwins ‚Rhapsody in Blue' komplett spielte."[25] Für Hollaender waren die Weintraubs überhaupt die erste deutsche Band, die Jazz machte – das, was man damals Jazz nannte. Auch er erwähnte die Gershwin-Komposition als Herausforderung: „Wir nahmen es ernst, vielleicht merkte man das. Wir studierten Jazz, stundenlang für Wochen saßen wir um den kochenden Plattenspieler herum, sogen Whitemans eben aus Amerika importierte 78 Umdrehungen von Gershwins ‚Rhapsodie in Blue' in uns ein und debattierten die Wunderklänge und Rhythmen."[26] Sicher waren die jungen Musiker unter den Zuhörern des „Jazzkönigs" Paul Whiteman, als dieser im Juni 1926 mit seinem 30-köpfigen Orchester in Berlin gastiert hatte. Hauptnummer seines Programms war eben die „Rhapsody in Blue", die er zwei Jahre zuvor in New York zur Uraufführung gebracht hatte. Das Berliner Publikum reagierte begeistert, an fünf Abenden war das Große Schauspielhaus ausverkauft.

Auch bei der Kinderrevue „Hans im Glück", die als Nachmittagsvorstellung am 21. Oktober 1927 im Theater am Kurfürstendamm herauskam, waren die Weintraubs beteiligt. Den Text hatte wieder Marcellus Schiffer geschrieben, die Musik Paul Strasser[27], der bereits früher mit diesem Autor zusammengearbeitet hatte. Das junge Publikum, das sich vor allem für die Märchen-Handlung interessierte, empfand die Musik zuweilen als störende Unterbrechung. Der *Vossischen Zeitung* zufolge konnte „die famose Jazzband der Weintraubs" aber am Schluss „mit einem Handstreich den Applaus der Kleinen gewinnen".[28] Mit Marcellus Schiffer haben Hollaender und die Weintraubs danach nicht mehr zusammengearbeitet. 1928 sollte dieser Autor noch für Mischa Spoliansky die Revue „Es liegt in der Luft" schreiben und 1929 für Paul Hindemith das Libretto zur Oper „Von heute auf morgen", bis er 1932 freiwillig aus dem Leben schied.

Um die Gedächtniskirche rum

„Bei uns um die Gedächtniskirche rum", die nächste Hollaender-Revue, kam am 1. Weihnachtstag 1927 im Theater am Kurfürstendamm zur Premiere. Sie war konzipiert als Porträt des Romanischen Cafés neben der Kaiser-Wilhelm-Gedächtnis-Kirche, welches inzwischen zum wichtigsten Künstlertreffpunkt Berlins avanciert war. Die Weintraubs hatten an jenem Feiertag schon nachmittags bei der Kinderrevue gespielt; nur Stunden später folgte abends um acht Uhr im gleichen Haus die Premiere, zu der es im *Berliner Tageblatt* hieß: „Friedrich Hollaender ist auch musikalisch von lebensheißer Frische, seine getreuen Jazzisten tuten sich die Seele aus dem Leibe." Dem Rezensenten war solche Musik offenbar ungewohnt, denn er fuhr fort: „Es ist, als ob man mit Stecknadeln gespickt würde und dabei noch Lust empfände. Jazzmusik ein masochistisches Instrument? Für diese Gattung Kunst das rechte, nur für diese." Auf viele Besucher wirkte insgesamt die Musik sogar stärker als die Texte. So erhielt Hollaender den kräftigsten Beifall, „als er das ebenso ausgezeichnete wie fidele Orchester (Weintraubs Syncopators) ulkig pantomimisch dirigierte. Diese Musik ohne Worte – energisch schlug sie ein."[29] Auch die *Deutsche Allgemeine Zeitung* lobte „Hollaenders ironisierte Musik, von ihm am Flügel und von Weintraubs Syncopators auf nicht minder ‚fliegenden' Instrumenten mit entzückender Lausbüberei ausgeführt".[30] Alfred Flechtheim pries im *Querschnitt* die neue Revue ohne Einschränkungen: „Das ist das Beste und Witzigste, was man in Berlin sehen kann, Hollaenders Musik, von ihm selbst am Flügel und von den herrlichen Weintraub [sic] Syncopators interpretiert, immer wieder voll glänzender Einfälle."[31] Für Adam Kuckhoff war diese Jazzband „das Künstlerischste, was es in dieser Zeit in Berlin gibt".[32] Den Schlager „Zwei dunkle Augen, zwei Eier im Glas", der das Programm in verschiedenen Variationen durchzog, sollten die Weintraubs wenig später in einer Instrumentalversion als Schallplatte herausbringen. Auf einer anderen Electrola-Platte sind zwei Potpourris der Revue überliefert, gesungen von Anni Mewes, Hubert von Meyrinck, Willy Schaeffers, Martin Kosleck und Marion Palfi, an zwei Flügeln begleitet von Friedrich Hollaender und Stefan Weintraub – die einzige Aufnahme mit Weintraub am Klavier.

Nachdem die Gedächtniskirchen-Revue noch bis Ende Februar 1928 gelaufen war, folgte ab März eine „Revue der Hollaender-Revuen" mit einer Auswahl bisheriger Nummern und ab 11. Juli im Deutschen Künstlertheater an der Budapester Straße die neue Hollaender-Revue „Es kommt jeder dran!" Diese Folge von 24 Rummelplatz-Bildern wollte vor allem mit geistreichen Pointen überraschen. Zeitkritik gab es in der Szene „Die Trommlerin", von Blandine Ebinger als Schießbudenfigur vorgetragen. Die Weintraubs spielten dabei als hackenschlagende, schnurrbartstreichende und biertrinkende Militärkapelle, „stramm taktiert vom kleinen Hollaender als großmächtigem Kapellmeister mit Klempnerladen auf der Brust und Schnauzbart"[33], den Marsch „Es kommt jeder dran". Karl Kraus hob diese Szene als starkes Anti-

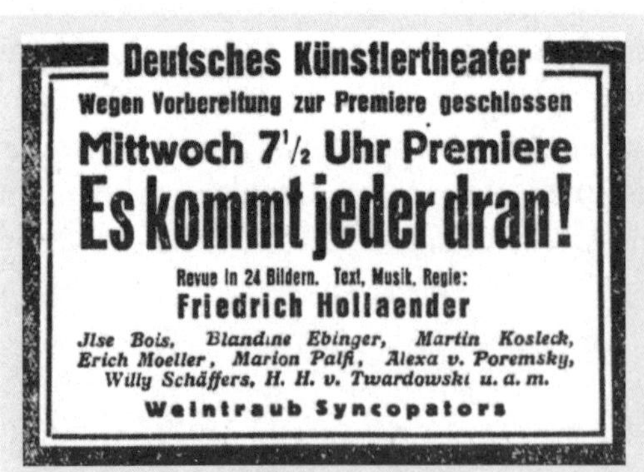

Anzeige im *Berliner Tageblatt*, 8.7.1928

kriegsmanifest hervor. Auch für Monty Jacobs, der wie Erich Kästner Hollaender insgesamt zu mehr politischem Engagement aufforderte, war es das wirkungsvollste Stück des Abends.[34] Dagegen führte der Kritiker der *Börsen-Zeitung* den starken Erfolg vor allem auf die musikalische Inspiration des Komponisten zurück.[35] Zu weiteren Musiktiteln des Programms gehörten der Slowfox „Gesetzt den Fall" und der Foxtrott „Meine Schwester liebt den Buster, liebt den Keaton". Das *Berliner Tageblatt* hob den „musikalisch delikaten Clou eines Konzerts an sieben Flügeln" hervor: Im Blues „Sing-Sing" präsentierten sich alle Weintraubs gleichzeitig auf Tasteninstrumenten. „Diese feinnervig-grandiose Leistung", so auch der *Vorwärts*, „erntete tosenden Beifall." Auftritte auf sieben Klavieren gab es nie wieder. Dagegen sollten Programmnummern, bei denen sämtliche Bandmitglieder Saxophon oder Ukulele spielten, noch häufig folgen.

Am 1. August 1928 meldete das *Berliner Tageblatt*, der durch Schallplatten bekannte und auch von Kurt Tucholsky verehrte „flüsternde Bariton" Jack Smith werde ab sofort bei „Es kommt jeder dran!" mitwirken. Der prominente Musikkritiker Alfred Einstein hatte die Probe besucht und schilderte schon vor der Premiere seine Eindrücke: „Ein Plattenbegriff wird lebendig ... Er [Smith] spricht halb, aus dem halben Sprechen wird halbes Singen, und zum Schluss, wenn die Weintraub-Syncopators mit Klarinetten und Klavier (die Trompete ist natürlich schlafen gegangen) diskret einfallen, ist die Melodie da."[36] Jack Smith gastierte ebenso beim Kabarett der Komiker, was den Umsatz seiner Schallplatten noch einmal steigerte.

Die Berliner Zeitungen berichteten in jenem August gleichzeitig über die Schließung des Cafés des Westens, welches auch für Friedrich Hollaender eine so bedeutende Rolle gespielt hatte.[37] Nach dem Krieg hatte es durch die Einbeziehung von Musik und Tanz seinen Charakter verändert, so dass große Teile des bisherigen Publikums ins Romanische Café abwanderten. Dass am 31. Juli Franz Servatius Bruinier im Alter von nur 23 Jahren gestorben war, blieb dagegen unbemerkt. Dieser junge Musiker, dem die Weintraubs Syncopators so viel verdankten, hatte zuletzt in den Niederlanden, der Heimat seines Vaters, Auszüge aus früheren MA-Programmen vorgestellt. Mit seiner Musik zu Wedekinds „Franziska" war Tilla Durieux aufgetreten.[38] Auch für Bertolt Brecht, dessen „Hauspostillen"-Band er betreut hatte, war Bruinier von maßgeblicher Bedeutung gewesen.[39] Wie für die Weintraubs die MA-Abende eine Vorstufe zu den Hollaender-Revuen darstellten, so hatte Bruinier für Brecht den Weg zu Kurt Weill, seinem nächsten musikalischen Mitarbeiter, gebahnt. Franz Servatius Bruinier erlag einer Lungentuberkulose. Nur ein Jahr nach seinem frühen Tod sollten Brecht und Weill mit der „Dreigroschenoper" einen Welterfolg landen.

Für Friedrich Hollaender hatte sich die Zusammenarbeit mit den Weintraubs Syncopators längst als Glücksgriff erwiesen. Umgekehrt hätten diese ohne Hollaender niemals so schnell eine derartige Qualität und Bühnenpräsenz erreichen können. „In Kürze machten wir sämtliche Zweige des Berliner Kulturlebens unsicher", berichtete der Komponist im Rückblick. „Kein Zweig, auf dem diese lockeren Vögel nicht pfiffen. Unsere In-

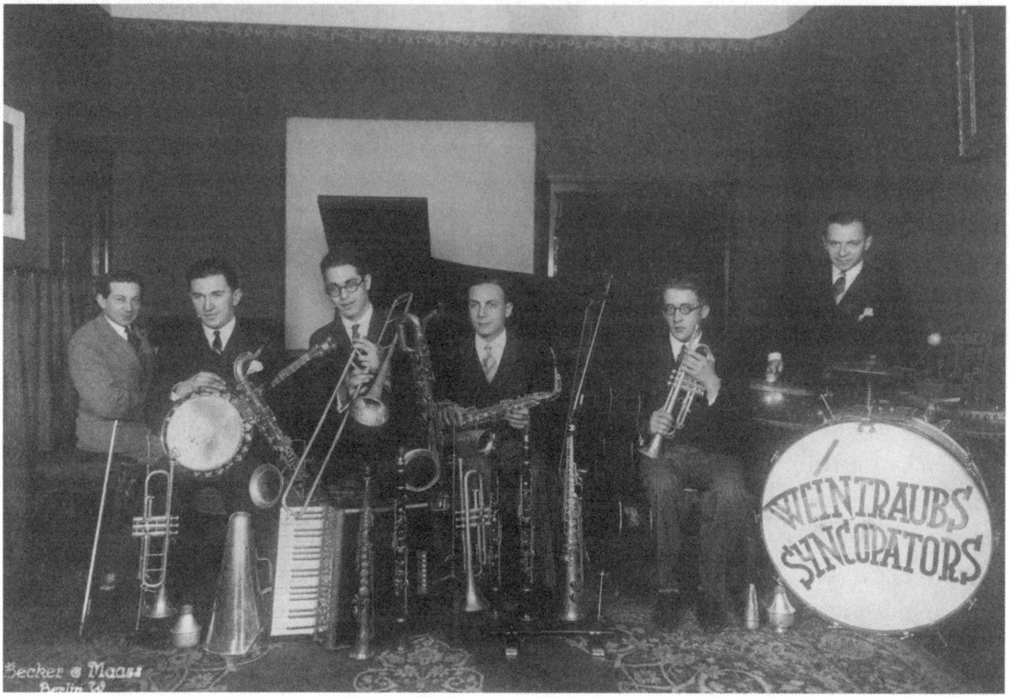

Die Weintraubs Syncopators 1928 – von links: Friedrich Hollaender, Paul Aronovici, Kurt Kaiser, Horst Graff, Ansco Bruinier, Stefan Weintraub

vasion war total und unaufhaltsam. Bald gab es keine Revue, keine Bühnenmusik, keinen Film, kein Radioprogramm, keine Schallplatte, keinen Fasching, keinen 5-Uhr-Tee, keine Bälle mehr ohne uns Unvermeidlichen. Wer Hollaender wollte, musste die Weintraubs nehmen, wer auf die Weintraubs schwor, musste Hollaender mitkaufen. Treu waren wir ja, und teuer waren wir auch." Man habe frech wie sechs Hauptmänner von Köpenick Berlin erobert. „Und wenn die saftigen Weiden der Berliner Vergnügungsindustrie für eine Saison abgegrast waren, öffneten sich die fast noch fruchtbareren Futterplätze der Gastspiele."[40]

Erstmals im Ausland

Zu den Gastspielen gehörte im Oktober 1928 als erste Auslandseinladung eine Reise nach Kopenhagen. Dort hatte die Scala, das führende Varieté Dänemarks, die Weintraubs engagiert, „und zwar als Glanznummer zwischen dressierten Elefanten und dito Ballettmädchen". Friedrich Hollaender empfand schon die Hinreise als eine Art Varieté. „Wir hatten nämlich ein einmotoriges einpilotiges Flugzeug gechartert und man kann sich ausrechnen, in was für ein Wildwest-Abenteuer ich als schon damals unbekehrbarer Anti-Flieger mich stürzte, sozusagen der nichtfliegende Hollaender." Die Anreise per

Flugzeug war nötig geworden, um rechtzeitig in der dänischen Hauptstadt anzukommen. Denn die Weintraubs hatten noch am Vorabend neben Trude Hesterberg und Max Hansen bei der letzten Aufführung des Vaudeville „Fräulein Mama" mitgewirkt. Zusammen mit der deutsch-amerikanischen Schauspielerin Marion Palfi, die schon bei mehreren Hollaender-Revuen beteiligt war, bestiegen sie am nächsten Morgen auf dem Flughafen Tempelhof eine Junkers-Maschine „Hermann Köhl" der Lufthansa. Hollaender zufolge ergab sich nach dem Start hoch oben in den Wolken ein Chaos, ausgelöst von „tutenden, paukenden, probierenden Weintraubs, mit Notenpulten, Instrumenten, Koffern, durcheinanderlaufend, welche nicht eine Sekunde am gleichen Platz verharrend sich hart im Raume stießen".[41] Die Aufregung rührte auch daher, dass es für alle ihre erste Flugreise war. Glücklicherweise ließ sich der Pilot von den unruhigen Passagieren nicht aus der Ruhe bringen, so dass die Maschine sicher in Kopenhagen landete.

Die Aufführung am 10. Oktober im großen Scala-Theater gegenüber den Tivoli-Gärten verlief erfolgreich, so dass man sich danach entspannen durfte. Friedrich Hollaender berichtet: „Nach der geglückten Premiere luden wir die andere Starattraktion, nicht die Elefanten, sondern das dänische Mädchenballett zur Feier in das Restaurant des Angleterre." Das Restaurant d'Angleterre im gleichnamigen Luxushotel gehörte zu den besten und teuersten der dänischen Hauptstadt. Offenbar hatten die Weintraubs ein gutes Honorar bekommen, so dass sie die attraktiven Tänzerinnen hierhin einladen konnten. Friedrich Hollaender geriet noch Jahrzehnte später ins Schwärmen, wenn er an diesen Abend dachte. „Unsere dänischen Mädchen kannten kein Wort Deutsch, unsere deutschen Boys kein Wort Dänisch. Allein nach fünf Minuten netto, beim zweiten Glas Sekt herrschte bereits eine so angeregte Unterhaltung, dass der Herr Geschäftsführer seinen höflichen Auftritt machte. Man lachte, man sang, man tauschte unaussprechliche Vokabeln aus, man trank Brüderschaft." Der Komponist erlebte an diesem Abend praktizierte Völkerverständigung. „In welcher Sprache? In einer dritten, einer in keinem Lehrbuch verzeichneten Weltsprache, die ihre eigene, geheime Grammatik hat. Ach, wenn es die heute noch gäbe! Vielleicht wäre es weniger kalt unter den Nationen."[42] Als man am nächsten Tag die Zeitungen aufschlug, fand man dort gute Kritiken. „Eine prächtige Jazzband" titelte die *Berlingske Tidende* ihren Bericht. Im *Morgenbladet* hieß es über den Auftritt: „Alles war vorhanden, was man sich von Musikakrobatik wünschen konnte, auch ließ sich ein prachtvoller Kunstpfeifer hören, der noch mit der besten Koloratursängerin der Welt konkurrieren konnte." Der Tageszeitung *Politiken* zufolge erhielt Ansco Bruinier mit seinem Pfeifsolo den meisten Beifall.

Mit Josephine Baker

Nach Berlin zurückgekehrt schied Bruinier auf dem Höhepunkt seines künstlerischen Erfolgs vorübergehend aus, um sein Chemiestudium zum Abschluss bringen zu können. Sein Nachfolger sollte der junge polnische Trompeter und Geiger Arno (‚Olli') Olewski werden. Da dieser aber noch nicht sofort zur Verfügung stand, sprang Adolf (Adi bzw. Jack) Rosner ein. Als Sohn einer einfachen jüdischen Familie 1910 in Berlin geboren hatte er schon im Alter von sechs Jahren ersten Violinunterricht erhalten, bevor er am Stern'schen Konservatorium weiterstudierte. Förderung erhielt er überdies durch Carl Flesch, dessen Kurse er an der Hochschule für Musik besuchte, sowie durch den wohlhabenden Kommerzienrat Jakob Bronner, der ihm erste Konzertauftritte verschaffte. Trotz der klassischen Ausbildung wechselte Rosner zur Unterhaltungsmusik und wurde Trompeter in der Tanzkapelle von Willi Rosé-Petösy. Auf diesem Instrument unterstützte er die Weintraubs bei der Revue „Bitte einsteigen!", die am 3. November im Theater des Westens ihre Premiere erlebte. Es war eine kommerzielle Veranstaltung mit zwei US-amerikanischen Stargästen: dem Tanz-Komiker Hal Sherman und Josephine Baker. Schon Anfang 1926 bei einem Gastspiel im Nelson-Theater hatte diese dunkelhäutige Künstlerin mit exzentrischen Nackttänzen für Furore gesorgt.[43] Mit Ausnahme ihrer Tanznummern, bei denen ihre eigene Kapelle Kompositionen von Josef Balassa vortrug, stammte die von den Weintraubs gespielte Musik von Friedrich Hollaender. Für die Texte waren andere Autoren verantwortlich, auch die Regie lag in anderen Händen. Nach der Premiere zogen die Weintraubs noch am gleichen Abend zu einer Veranstaltung ins Universum-Kino am Lehninerplatz. Neben viel Theaterprominenz, darunter Willy Schaeffers, Max Hansen, Willy Rosen, Richard Tauber, Heinrich George, Fritz Kortner, Rudolf Nelson, Trude Hesterberg, Asta Nielsen, Rosa Valetti und Claire Waldoff, beteiligten sie sich hier an einer „Nacht des Lamberts-Paulsen", um den gleichnamigen Kabarettisten und Conférencier zu ehren, der im Alter von 33 Jahren gestorben war.[44] „Ein idealer Kabarett-Abend bei herrlichem Publikum von ½ 12 bis 3", notierte beglückt Max Herrmann-Neiße.[45]

Dagegen rief die Revue „Bitte einsteigen!" nicht nur wegen der lautstarken Proteste einiger Nazis[46] gemischte Gefühle hervor. Die *Vossische Zeitung* sprach in einem Vorbericht von einer „Premiere, die den Eindruck erweckte, eine Arrangierprobe zu sein. Die Tänzer Sherman und Josephine Baker retteten, was zu retten war."[47] Der Hauptbericht beleuchtete am nächsten Tag das Desaster näher: „Es wurstelt alles durcheinander: Sentimentalität, Parodie, Karikatur, Satire, Rassenressentiment. Das Chaos ist nicht zu lichten." Auch Friedrich Hollaender sei wenig Originelles eingefallen. „Seine Musik unterscheidet sich von der üblichen Schlagermusik kaum noch. Nur zweimal besinnt er sich auf seine schöne Vergangenheit: in den Couplets ‚Zehn kleine Niggergirls', das ein jiddisches Volkslied ist, und in der Blues-Parodie ‚Und immer noch spiel'n se Blues', in der auch die Weintraubs zur Geltung kommen."[48] Die Aufführungsserie nahm ein abruptes Ende, als Josephine Baker überraschend hohe Vorauszahlungen verlangte, welche die Veranstalter nicht aufbringen konnten. So musste die letzte Vorstellung abgebrochen werden, die Besucher erhielten ihr Geld zurück.

Schallplatten, die große Mode

Friedrich Hollaender mit seinen Weintraubs Syncopators

Die heute fast vergessene Geigerin Edith Lorand war in den Zwanzigerjahren ein Star, ein Schallplattenstar. 1920 war diese ungarische Musikerin von Wien nach Berlin gezogen, wo der Lindström-Konzern sie unter Vertrag nahm. Der schwedische Industrielle Carl Lindström lebte seit 1897 in Berlin und hatte hier eine Firma gegründet, die zunächst nur Phonogramm-Apparate herstellte. Lindström erweiterte die Produktpalette, indem er 1911 das Plattenlabel Odeon erwarb. Odeon-Platten erkannte man an dem Rundtempel auf dem Etikett. Der Plattenmarkt florierte, so dass die Lindström AG weitere Labels aufkaufte und bald zum größten Schallplattenproduzenten Europas aufstieg. Dies änderte sich auch nicht, als 1926 die britische Columbia die Aktienmehrheit erwarb. Mit insgesamt etwa 3.000 Mitarbeitern stellte die Lindström AG Phonographen, Sprechmaschinen, Schallplatten, Rechenmaschinen und Kinematographen her. Allein in Berlin sollen zeitweise pro Tag bis 150.000 Schallplatten entstanden sein. Edith Lorand, die sich ebenso für leichte wie für ernste Musik zuständig fühlte, gehörte zu den Stars der Firma. Klassische Stücke nahm sie für das Parlophon-Label im Duo mit dem Pianisten Michael Raucheisen auf oder im Trio mit Raucheisen und dem Cellisten Gregor Piatigorsky, während ihr für Unterhaltungsmusik ein 15-köpfiges Herren-Orchester zur Verfügung stand.[49]

Am 1. Oktober 1927 feierte diese Künstlerin ein Jubiläum. Vor geladenen Gästen spielte sie in den Lindström-Studios ihre tausendste Schallplatte ein und wählte dafür den Walzer „Weaner Madeln" von Carl Michael Ziehrer. Der Reporter des *Berliner Tageblatts* fühlte sich an eine Filmproduktion erinnert: „Man sitzt in einem Aufnahmeatelier, von einer Menge roter Lampen beschienen; bevor es ‚richtig' losgeht, wird wieder und wieder geprobt; dann gibt, statt des Regisseurs, das Aufleuchten einer kleinen roten Lampe das Zeichen: ‚Achtung! Aufnahme!'" Neben dem an diesem besonderen Tag blumengeschmückten Dirigentenpult stand das Mikrophon. Von dort gelangte die Aufnahme über Leitung in einen Nebenraum mit dem Aufnahmeapparat. „Dieser nimmt die Töne auf einer Wachsplatte auf, von der später die Matrize für die Hartgummischallplatten hergestellt wird." Eine Tonaufnahme verlangte von den Künstlern, so der Berichterstatter, größte Konzentration, „zumal es hier noch weit mehr als beim Konzert im Vortragssaal auf jeden Ton ankommt, da er ja für immer auf der kleinen schwarzen Zauberebene festgehalten wird".[50]

Berlin war damals ein Zentrum der europäischen Platten- und Phonoindustrie. Die Lindström AG, die größte Firma neben der Deutschen Grammophon, besaß einen modernen Gebäudekomplex am Kreuzberger Spreeufer (Schlesische Straße 26–27), zu dem auch die Aufnahmestudios gehörten. An der Produktion mit der Geigerin Edith Lorand war neben der Solistin ein 17-köpfiges Orchester beteiligt. Um auch mit umfangreicheren Ensembles arbeiten zu können, ließ die Firma in jenem Herbst 1927 ein neues Studio bauen. Nach der Fertigstellung lud sie zur feierlichen Eröffnung am 1. Februar 1928 neben weiterer Prominenz wieder die Presse ein. Alfred Einstein, der Musikkritiker des *Berliner Tageblatts*, würdigte dieses Studio als Kulturtat. Denn die hier produzierte Musik erreiche ein viel größeres Publikum als jedes Konzert in der Berliner Philharmonie. „Das ist ein Ereignis – ein bedeutenderes als manches ‚große' Konzert in unserem so vielfach sinnlos gewordenen und überlebte Formen pflegenden Musikbetrieb."[51] Angesichts der Wirkungsmacht der Schallplatte seien für solche Aufnahmen die günstigsten Bedingungen erforderlich. „Hier ist nun endlich ein großer Raum, mit allen Chikanen der Dämpfung, der eine ausgezeichnete Orgel enthält [...], der einem Orchester mit vollbesetztem Streichkörper Entfaltung ermöglicht." Die gute Akustik des neuen Aufnahmestudios wurde an diesem Tag mit einer Aufführung der symphonischen Dichtung „Don Juan" von Richard Strauss demonstriert. Die Lindström AG bot für die festliche Präsentation einige ihrer Starinterpreten auf. Nach einem Violinsolo Edith Lorands dirigierte der Tenor Richard Tauber persönlich die „Fledermaus"-Ouvertüre. Der russische Geiger Lew Golzmann, der auf Wunsch der Firma den ungarischen Künstlernamen Dajos Béla angenommen hatte, bot mit seinem Orchester eine „Jazzversion" von Rimsky-Korsakows „Scheherazade", gefolgt zum Schluss von einer launigen Conference des Kabarettisten Willy Rosen.

Zwei Wochen später, nachdem sie noch nachts bei einer weiteren Vorstellung von „Bei uns um die Gedächtniskirche rum" gespielt hatten, kamen die Weintraubs am 15. Februar 1928 für ihre ersten Schallplattenaufnahmen in die Kreuzberger Lindström-Studios. Durch die Hollaender-Revuen war die große Firma auf sie aufmerksam geworden. „Friedrich Hollaender mit seinen Weintraub-Syncopators" hieß es entsprechend auf dem Etikett der drei Odeon-Platten, für welche an diesem Februartag die Aufnahmen entstanden. Eine Platte enthielt ausschließlich Hollaender-Kompositionen: sein Tango-Lied „Zwei dunkle Augen" aus der aktuellen Revue sowie den ▹ „Marion-Tango". Bei den „Dunklen Augen" ist nach Violine und Saxophon bald auch der Komponist mit einem unbegleiteten Klaviersolo zu hören. Die romantische Melodie des „Marion-Tangos" spielen zunächst nacheinander Violine und Cello, bis Ansco Bruinier sie in hoher Lage und mit ausdrucksvollem Vibrato zu einem gepfiffenen Höhepunkt bringt. Die Syncopators traten bei ihrer ersten Platten-Aufnahme in folgender Besetzung an: Ansco Bruinier (Trompete, Kunstpfeifen), John Kurt Kaiser (Posaune, Tenorsaxophon, Klarinette), Horst Graff (Tenorsaxophon, Klarinette), Friedrich Hollaender (Klavier), Paul Aronovici (Banjo, Violine) und Stefan Weintraub (Schlagzeug).[52]

Zwei Titel von Irving Berlin, den Hollaender um 1914 in New York getroffen hatte, waren für die zweite Platte (Odeon 2553) vorgesehen. Auf die A-Seite kam der Song „Blue Skies" aus dem Musical „Betsy", der durch Aufnahmen mit so unterschiedlichen Künstlern wie Fritz Kreisler und Josephine Baker sowie vor allem durch den Tonfilm „The Jazz Singer" bekannt wurde. Fritz Rotter und Otto Stransky schufen die schon bald im Musikverlag Alberti gedruckte deutsche Textfassung „Eine hat mich geküsst", deren Titel auch auf dem Etikett der Weintraubs-Platte steht. Die hier gespielte Instrumentalversion überrascht gegen Ende mit orientalischen Klangfarben. Horst Graff hatte auf seiner Oboe mit spezieller Blastechnik den Klang einer türkischen Zurna erzeugt. Auf der Rückseite findet sich die romantische Ballade „The Song is Ended, but the Melody Lingers On".

Natürlich wollten die Weintraubs Syncopators auf ihren ersten Platten auch Jazz präsentieren. Sie wählten zwei Nummern mit ungewöhnlichen Überschriften, den Foxtrott ▷ „Up and at 'em" (Jack Pettis und Al Goering) und den ▷ „Jackass Blues". „Up and at 'em", was so viel heißt wie „Los, komm in die Gänge", existierte schon auf einer 1926 produzierten Brunswick-Platte mit dem Saxophonisten Jack Pettis und dem Roosevelt Orchestra von Ben Bernie. Die Weintraubs-Aufnahme mit beweglichen Soli auf Trompete (Bruinier) und Klarinette (Graff) kann sich mit dem Original durchaus messen, wobei Friedrich Hollaender sogar brillanter spielt als der Pianist der amerikanischen Band. Mel Stitzel, ein aus Deutschland stammender Musiker, der in New Orleans zum Jazzpionier wurde, schrieb zusammen mit Art Kassel den „Jackass Blues" (zu deutsch „Idioten-Blues"). Nach der Solotrompete von Ansco Bruinier ist hier schön die Posaune John Kaisers zu hören, dann eine agile Klarinette (Horst Graff). Dass die Weintraubs schon bei ihrer ersten Aufnahmesitzung an einem Tag sechs Musiktitel plattenreif produzierten, beweist ihre Professionalität. Dabei hatten die Musiker zuvor noch bis zum frühen Morgen im Theater am Kurfürstendamm gespielt. Auch nach der anstrengenden Plattenaufnahme mussten sie an diesem 15. Februar erneut in einer Nachtvorstellung auftreten.

Am 28. Juni entstanden Electrola-Aufnahmen des Tangolieds „Ich küsse Ihre Hand, Madame" und des Foxtrotts „Ich steh mit Ruth gut". Synkopen unterstreichen hier die Binnenreime in Robert Gilberts witzigem Text: „Ich steh mit Ruth – gut/weil meine Ruth – tut/dass was mir gut – tut." Obwohl hier wahrscheinlich die Weintraubs spielten, nannte das Plattenetikett nur „Mischa Spoliansky und sein Orchester". Wohl mit Rücksicht auf das Konkurrenzlabel Odeon hatte die Electrola die Identität der Band verschwiegen.

Von Odeon zu Electrola

Die nächsten Plattenaufnahmen fanden acht Monate später am 19. März 1929 statt. Anstelle von Ansco Bruinier spielte jetzt Arno „Olli" Olewski Trompete und Geige. Am Klavier saß nicht mehr Friedrich Hollaender, sondern Franz Wachsmann. 1906 in Oberschlesien geboren, hatte er auf Wunsch seines Vaters zunächst eine Banklehre absolviert. 1922 zog er nach Dresden, um sich dort musikalisch weiterzubilden, und schließlich nach Berlin. Inzwischen hatte Wachsmann schon mit dem Komponieren begonnen. Im März 1928 war er bei einem Wedekind-Programm erstmals mit den Weintraubs aufgetreten. Daneben hatte er bereits mehrfach die Kabarettistin Trude Hesterberg am Klavier begleitet. Sie hatte an ihrer 1921 gegründeten „Wilden Bühne" mit den Autoren Kurt Tucholsky, Walter Mehring, Klabund und Marcellus Schiffer, den Schauspielern Kurt Gerron,

Annemarie Hase, Margo Lion, Blandine Ebinger, Paul Graetz und Kate Kühl sowie den Komponisten Werner Richard Heymann, Friedrich Hollaender und Mischa Spoliansky zusammengearbeitet. Nach einem Brand hatte sie ihr Kabarett 1923 schließen müssen und trat seitdem als Sängerin und Darstellerin in Operetten, musikalischen Lustspielen und Revuen auf. So war die Hesterberg ab September 1928 mit den Weintraubs an dem Lustspiel „Fräulein Mama" beteiligt gewesen. Am Klavier begleitet von Wachsmann nahm sie im November 1928 mehrere Chansons von Heymann und Wachsmann für die Schallplatte auf.

Deshalb schien es nur konsequent, dass sie an jenem 19. März 1929 mit Franz Wachsmann erneut Aufnahmen machte, jetzt ergänzt durch die Weintraubs Syncopators. Vier Chansons standen auf dem Programm: „Chiquita" (M.: Mabel Wayne, T.: Fritz Rotter), „Adieu" (M.: Bronislaw Kaper), „O Dolores" (M. und T.: Willy Rosen) sowie „Tränen weint jede Frau so gern" (M.: Bronislaw Kaper, T.: Fritz Rotter). Alles deutete auf einen Erfolg hin, waren dies doch die ersten Plattenaufnahmen der Weintraubs mit der bekannten Schauspielerin, welche Friedrich Hollaender als Wiedergeburt der begnadeten Yvette Guilbert pries; Heinrich Mann hatte sie für die Rolle der Lola im „Blauen Engel" vorgesehen. Dennoch wurden die beiden Odeon-Platten mit ihr und den Weintraubs nie veröffentlicht, die Originalmatrizen mussten zerstört werden.[53] Man darf vermuten, dass es juristische Probleme gab, waren doch die vorangegangenen Aufnahmen mit ihr und Wachsmann nicht bei Odeon, sondern bei Electrola erschienen.

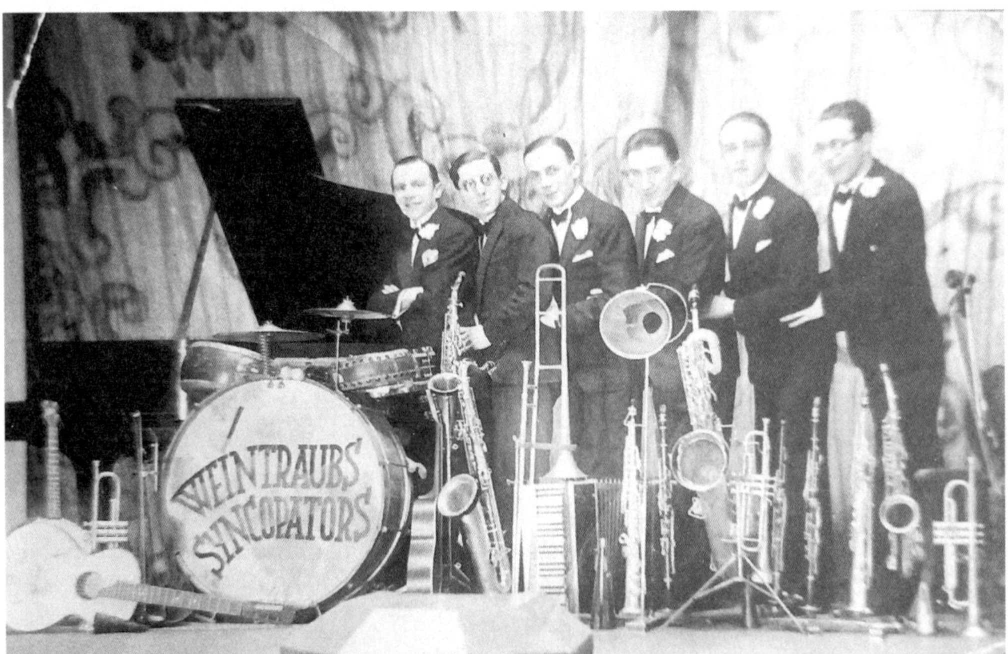

Im Theater am Kurfürstendamm (1928) – von links: Weintraub, Wachsmann, Graff, Aronovici, Bruinier, Kaiser

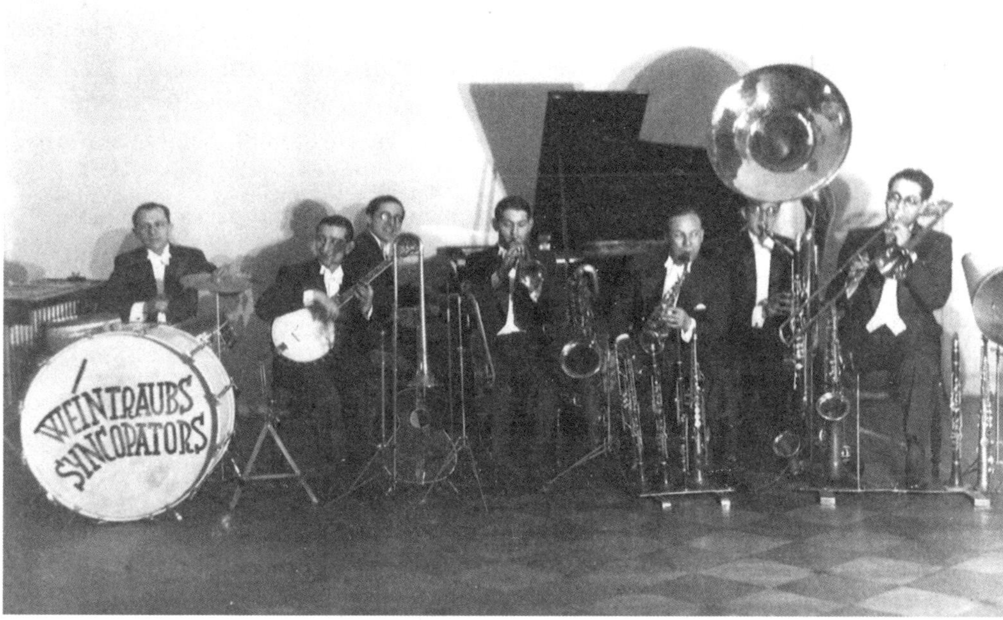

Ca. 1930 – von links: Weintraub, Aronovici, Wachsmann, Olewski, Graff, Bruinier, Kaiser

Zwei Wochen später, am 4. April, kamen die Weintraubs erneut ins Lindström-Studio, jetzt zusammen mit dem Pianisten und Komponisten Mitja Nikisch. Der Sohn des großen Dirigenten Arthur Nikisch trat auch als Klaviersolist mit den Berliner Philharmonikern auf und galt damals mit dem von ihm gegründeten Jazzorchester als „deutscher Whiteman". Mit den Weintraubs nahm er an jenem Apriltag als Pianist und Arrangeur vier Titel auf, darunter den Foxtrott „Roses of Yesterday" von Irving Berlin. Allerdings wurde diese für das Beka-Label der Lindström AG vorgesehene Aufnahme nie veröffentlicht.

Die Enttäuschung der Weintraubs über das Schicksal ihrer Aufnahmen vom 19. März und 4. April muss groß gewesen sein. Sie verließen deshalb die Lindström AG und wechselten zur Konkurrenz, der Firma Electrola, die 1925 in Nowawes bei Berlin als Tochter der britischen Grammophone Company gegründet worden war. Zu deren ersten Platten-Produktionen hatten Aufnahmen des US-amerikanischen A-cappella-Quartetts „The Revelers" gehört, das zum Vorbild der Comedian Harmonists werden sollte. Dieses zur Jahreswende 1927/28 in Berlin gegründete Gesangsensemble hatte 1928 erste Schallplatten bei Odeon aufgenommen, war aber ein Jahr später zur Electrola übergewechselt. Auch die Weintraubs Syncopators vollzogen diesen Schritt. Ihre nächsten Plattenaufnahmen entstanden am 9. August 1929 für die Electrola und fanden an einem bekannten Ort klassischer Konzerte, im Beethoven-Saal der Berliner Philharmonie in der Bernburger Straße statt. Wieder wirkte Franz Wachsmann als Pianist mit. Sein Boston-Walzer „Ewige Liebe, das gibt's nur im Roman" erklang dabei in einem üppigen Arrangement.

Paul Aronovici war inzwischen ausgeschieden. Seit 1926 hatte er neben dem Musizieren an der Berliner Universität Jura und Nationalökonomie studiert; jetzt setzte er dieses Studium in Leipzig fort.[54] An seine Stelle trat der Südafrikaner Cyril „Baby" Schulvater. 1907 als Sohn eines jüdischen Hotelbesitzers in Johannesburg geboren, war er um 1910 mit seiner Familie nach Berlin gekommen. Der Vater kehrte damit in seine Geburtsstadt zurück. Sein Sohn Cyril ließ sich zum Werbegrafiker ausbilden, erlernte aber ebenso wie sein älterer Bruder Ernest mehrere Musikinstrumente. Als Cellist trat er regelmäßig bei Konzerten auf. Nach einigen Jahren in Paris und Konzerttourneen kam er wieder nach Berlin, wo er in den Tanzorchestern von Dajos Béla, Bernard Etté und Barnabás von Géczy mitwirkte. Bei den Weintraubs spielte Schulvater nun, wie zuvor Aronovici, Banjo und Gitarre.

Es kam damals im Beethoven-Saal zu weiteren Tanzschlager-Aufnahmen für das Electrola-Label. Der Foxtrott ▹ „Mit einem Herzen darf man nicht spielen" zählte zum Repertoire des damals beliebten Wiener Gesangsinterpreten Luigi Bernauer. Aus dem musikalischen Schauspiel „Hotel Stadt Lemberg" von Jean Gilbert stammte der Slow-Fox „Hab' heut' die Sternlein am Himmel gezählt", der das Liebchen als „schönsten Stern" bezeichnet. Ebenso wie bei Ernst Steffans russisch getöntem Foxtrott „Nur in Sebastopol", bei dem sich das Banjo der Balalaika anverwandelte, handelte es sich um Instrumentalaufnahmen ohne Text. Man vernahm also nicht die Worte „Mit einem Herzen darf man nicht spielen, weil so ein junges Herz so leicht zerbricht" und ebenso wenig den Text bei ▹ „Am Sonntag will mein Süßer mit mir segeln gehn", dem neuen Schlager von Anton Profes und Robert Gilbert. Ganz zu Beginn hört man hier jedoch Zuggeräusche und den Ruf „Wannsee. Alles aussteigen!" So wusste jeder Berliner, welche S-Bahnstation und welches Strandbad gemeint waren.

Mit Gesangsstimmen

Bei anderen Titeln war jedoch der gesungene Text zu hören. Dazu arbeiteten die Weintraubs mit Vokalsolisten zusammen, am 9. August mit Victor Colani und Eva West und am 20. August mit Austin Egen. Als Augustus Meyer-Eigen 1897 in Graz geboren war dieser 1911 mit der Familie in die USA übersiedelt, wo er ohne reguläre Ausbildung zu singen und zu komponieren begann. Als amerikanischer Staatsbürger kam er 1923 mit seiner Mutter nach Berlin. Hier trat er unter dem Künstlernamen Austin Egen in verschiedenen Kabaretts auf, wurde Pianist in der Eric Borchard Jazz Band und beteiligte sich ab 1927 als Sänger mit den Orchestern von Jack Hylton und Marek Weber an zahlreichen Schallplattenaufnahmen.[55] Mit über 80 Aufnahmen allein im Jahr 1929 befand sich Egen damals auf dem Höhepunkt seiner Plattenkarriere. Gerne wurde er für deutsche Fassungen US-amerikanischer Schlager herangezogen. So war der Slowfox „Ob du glücklich bist?", den er mit den Weintraubs aufnahm, die deutsche Version von „Sweet Sue, Just You". Eigentlich hatte Victor Young mit diesem Song dem Stummfilmstar Sue

Carol gehuldigt. Der Wiener Autor Fritz Rotter gab seiner deutschen Textfassung eine frivole Wendung: „Ob du glücklich bist, wenn mein Mund dich küsst, wer weiß? Ob Du nicht schon längst an den nächsten denkst, wer weiß ...“ Die Weintraubs-Version gehörte zu den frühesten in Europa, erst später wurde „Sweet Sue“ auch von Django Reinhardt, Bing Crosby oder Benny Goodman aufgegriffen.

Zwei weitere Titel, die Egen mit seiner leichten und hellen Stimme an jenem Augusttag mit den Weintraubs sang, widmeten sich dem Liebesthema auf ähnlich „moderne“ Weise. Ehrlichkeit und Treue wie noch in den Liedern „Mit einem Herzen darf man nicht spielen“ und „Hab' heut' die Sternlein am Himmel gezählt“ waren nicht mehr selbstverständlich. So heißt es in Fritz Rotters Text zum Slowfox „Warum gehört dein roter Mund nicht mir allein?“ (Musik: Robert Stolz): „Du küsst auch andere Lippen gern, ja muss das sein?“ Der Schlagerdichter Charles Amberg (eigentlich Karl Amberg), der auch Texte für die populären Haller-Revuen verfasste, hatte für Fred Raymond (eigentlich Friedrich Raimund Vesely) folgende Liedzeilen gedichtet, die nun Austin Egen für die Electrola-Aufnahme anstimmte: „Schau nie zu tief in schöne Augen, wozu brauchst Du schon eine Frau. Ich rate Dir, bleib Junggeselle und merk Dir dieses Lied genau.“

Mit dem Tenor Otto Fassel nahmen die Weintraubs im September 1929 beim Billig-Label Kristall den Titel ▹ „Sonny Boy“ auf, den sie kurz schon im Rundfunk gespielt hatten.[56] Die Aufnahme dieses Songs mit Al Jolson, die 1927 für den Tonfilm „The Jazz Singer“ entstand, hatte 1928 über insgesamt 19 Wochen auf Position 1 der US-Charts gestanden. Als der Film ein Jahr später nach Deutschland kam, entstand eine deutsche Textfassung von Robert Gilbert und Ernst Neubach. Begleitet von den Weintraubs sang nun Otto Fassel mit weicher Stimme diese Schnulze: „Schlaf und träume süß, Sonny Boy, Deine Augen schließ, Sonny Boy. Lege deine Hände still in meine Hände. Träum vom Paradies, Sonny Boy.“ Zu den weiteren Aufnahmen mit diesem Sänger gehörten das melancholische Lied ▹ „Liebesbriefe“ (Willy Rosen), „Einmal sagt man sich Adieu“ (Schmidt-Gentner/Fritz Rotter) und der sentimentale Wachsmann-Titel ▹ „Sag' mir nur einmal: Ich liebe Dich“ mit der Klage: „Wenn Du mir auch schwörst: ich verlass Dich nie, / Hast Du's längst vergessen bis morgen früh.“

Dem Operetten- und Filmstar Edith d'Amara (eigentlich Edith Drabsch) fiel die Vokalfassung des Schlagers ▹ „Am Sonntag will mein Süßer mit mir segeln geh'n“ zu. Hatte die instrumentale Electrola-Aufnahme mit der Einfahrt in den S-Bahnhof Wannsee begonnen, so endete die neue Einspielung für das Kristall-Label mit Gelächter und Partystimmung. Die Produktionen fanden vermutlich im Kristall-Studio in Berlin-Reinickendorf statt. Für Franz Wachsmann sprang dabei der belgische Pianist Marcel de Ridder ein. Möglicherweise hatte ihn Cyril Schulvater, der einige Arrangements beisteuerte, empfohlen, denn Ridder war Pianist in der Band seines Bruders Ernest Schulvater und hatte außerdem bereits Arrangements für Marek Weber und Bernard Etté geschrieben. Bis 1932 spielte Ridder noch regelmäßig bei den Weintraubs.

Der Schritt auf die großen Bühnen

Theatermetropole Berlin

Berlin war damals noch mehr als heute eine Stadt der Kunst und Kultur. Nach Weltkrieg und Oktoberrevolution waren zahlreiche russische Künstler an die Spree gezogen, dazu viele aus den östlichen Regionen der untergegangenen Habsburger Monarchie und auch aus deren Hauptstadt Wien. Das multikulturelle Berlin war außerdem eine Stadt der Medien. Hier erschienen täglich 45 Morgenzeitungen, 14 Abend- und 2 Mittagzeitungen, zahllose Wochen-, Fach- und Monatszeitschriften. Die wichtigste Publikation des Verlagshauses Mosse war das *Berliner Tageblatt*, während der Ullstein-Verlag mit der *Berliner Morgenpost* die auflagenstärkste Zeitung Deutschlands herausbrachte. Berlin besaß ein hochrangiges Kulturleben, nicht zuletzt im Bereich des Theaters. Neben mehr als 160 Varietétheatern[57] gab es über 40 größere Bühnen, an denen prominente Regisseure wie Erich Engel, Leopold Jessner, Erwin Piscator und Max Reinhardt wirkten, wo man Bühnenstars wie Elisabeth Bergner, Fritzi Massary, Asta Nielsen, Heinrich George, Fritz Kortner, Werner Krauss oder Paul Wegener erlebte.

Gleich ihr frühestes Theaterengagement führte die Weintraubs an die Seite einer der damals berühmtesten Schauspielerinnen: Tilla Durieux. Bei Frank Wedekinds Drama „Franziska“ in der Inszenierung von Karl Heinz Martin spielte sie die Titelrolle. Diese Inszenierung wurde erstmals im Dezember 1924 in Wien gezeigt, mit Musik von Felix Petyrek, ausgeführt von der Jazzband „Four Williams“. Als Gastspiel des Deutschen Volkstheaters Wien kam sie ab 3. April 1925 nach Berlin. Bei den Aufführungen im Theater in der Königgrätzer Straße, dem späteren Hebbel-Theater, erklangen die Wedekind-Chansons in einer Bearbeitung von Werner Richard Heymann. Der 1896 geborene Komponist hatte schon als Schüler im Café des Westens Friedrich Hollaender kennengelernt, mit dem er später gemeinsam die Musik der Kabaretts „Schall und Rauch“ und „Die wilde Bühne“ leitete. Seine Musikstücke zu Wedekinds „modernem Mysterium“ ließ Heymann laut Programmzettel von einer nicht weiter beschriebenen Jazzband spielen. Bei dieser Band, „forsch in ihrem Brauselärm“[58], muss es sich um die Tanzkapelle Stefan Weintraub gehandelt haben, denn die Weintraubs haben später erklärt, Werner Richard Heymann habe sie zum ersten Mal auf die Bühne geholt, und zwar bei Wedekinds „Franziska“ im Theater in der Königgrätzer Straße (heute Stresemannstraße).[59]

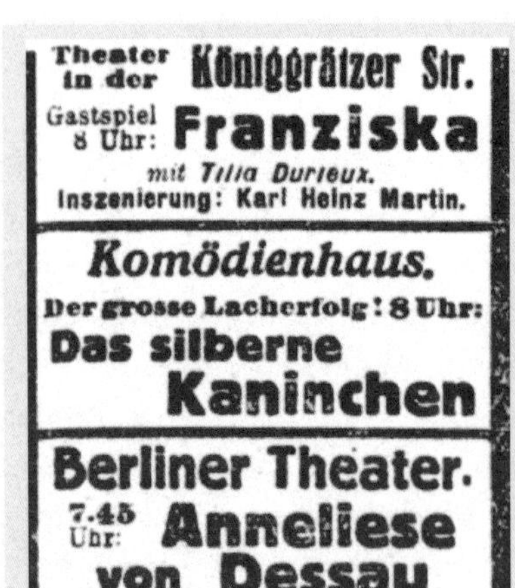
Theater in der Königgrätzer Str.
Gastspiel 8 Uhr: Franziska
mit Tilla Durieux.
Inszenierung: Karl Heinz Martin.

Komödienhaus.
Der grosse Lacherfolg: 8 Uhr:
Das silberne Kaninchen

Berliner Theater.
7.45 Uhr: Anneliese von Dessau

Anzeige im *Berliner Tageblatt,* 10. 5. 1925

Auf Jazzmusik war Heymann erstmals 1921 auf Capri gestoßen.[60] Den Regisseur Karl Heinz Martin kannte er 1925 bereits, ebenso Eugen Robert, den Intendanten dieses Berliner Theaters. Wie er aber damals auf die noch ganz unbekannte Weintraub-Kapelle kam, bleibt ein Rätsel. „Es war Bestandteil der Inszenierung“, so Heymann, „dass sich rechts auf der Bühne, fast in der Kulisse, ein kleines Orchester befand. Da saß ich mit ein paar Musikern jeden Abend und begleitete Tilla Durieux und andere Mitwirkende bei den Wedekind'schen Chansons.“[61] Die Schauspielerin erinnerte sich später an die nur angedeuteten Bühnenbilder, „was damals vollkommen neu war“, und an ein kleines Jazzorchester.[62] Wie in Wien wurde „Franziska“ auch in Berlin ein Erfolg, am 24. Mai fand die 50. Aufführung statt. In einer Neuinszenierung desselben Regisseurs, wieder mit der Durieux in der Titelrolle, kam das Drama anderthalb Jahre später, am 1. November 1926, auf einer anderen Berliner Bühne, dem Theater am Nollendorfplatz, erneut zur Premiere. Heymanns Bearbeitungen wurden jetzt laut Programmzettel von den Weintraubs Syncopators gespielt – die Band hatte inzwischen ihren endgültigen Namen erhalten. Dazu gab es von Louis Douglas und Sybille Rares einstudierte Auftritte von „Franziska-Tanzgirls“, während die angekündigte Mitwirkung von Bertolt Brecht als Balladensänger entfiel.[63] Angeblich hat Friedrich Hollaender die Weintraubs hier zum ersten Mal erlebt.[64]

Nach dieser frühen Bühnenerfahrung beteiligten sich die Syncopators gern an weiteren Theaterereignissen, mit und ohne Hollaender. John Kaiser erinnerte sich noch 40 Jahre später: „Unsere ersten großen Erfolge waren umso mehr eine Inspiration, dass sie in den Jahren der höchsten Blüte des Theaters in Berlin begannen. Ich erinnere mich, dass wir für Wochen täglich in drei Theatern spielten: erst im Deutschen Theater Hotelmusik für die fabelhafte Reinhardt-Inszenierung ‚Der Arzt am Scheidewege‘, schnell nebenan in die Kammerspiele für ‚Toni‘, ein Stück über das Buch von Weininger ‚Geschlecht und Charakter‘, und dann rasch zur Komödie für die Mitternachtsrevue des Friedel Hollaender ‚Bei uns um die Gedächtniskirche rum‘.“[65]

Als am 16. März 1927 in den Kammerspielen des Deutschen Theaters das Schulmädchen-Drama „Toni“ von Gina Kaus, inszeniert von Heinz Hilpert, Premiere hatte, standen neben Schauspielern wie Sonik Rainer, Grete Mosheim und Lothar Müthel tatsächlich auch die „Weintraub Syncopaters“ (!) auf dem Programmzettel. Wie bei „Franziska“ erprobt auch hier eine weibliche Bühnenfigur Männerrollen. Anders als von John Kaiser berichtet, lag „Toni“ allerdings nicht Otto Weiningers vieldiskutiertes Buch zugrunde, sondern die Individual- und Kinderpsychologie Alfred Adlers. In ihrem Theaterstück, in welchem die androgyne weibliche Hauptfigur zum Jungen wird, demontierte die Autorin Rollenklischees. Manche Kritiker reagierten verstört auf diesen „Gipfel in der Betonung des heutigen Frauen-Ich... Die Frau, so wird gesagt, darf alles, weil sie alles kann.“ (*Berliner Tageblatt*) Nur wenige Tage später, am 25. März, kam nebenan am Deutschen Theater in Erich Engels Inszenierung das Drama „Der Arzt am Scheideweg“ von George Bernard Shaw heraus; Alfred Kerr sprach von „einem der größten Abende dieses Winters“. Diese Inszenierung erreichte bis zum September 75 Vorstellungen, wobei die Weintraubs auf dem Programmzettel allerdings fehlten. „Toni" wurde in insgesamt 27 Vorstellungen noch bis zum 11. April gegeben.[66] Bereits am 7. April war in der Komödie am Kurfürstendamm nachts um 23 Uhr die Premiere der Hollaender-Revue „Was Sie wollen!" gefolgt, wiederum mit den Weintraubs. Zu diesem Mehrfach-Engagement war es gekommen, weil die genannten drei Theaterhäuser zur Direktion von Max Reinhardt gehörten.

Dadurch traten die Syncopators in Kontakt zu vielen bedeutenden Bühnenstars, so im März 1928 bei einem Wedekind-Programm zu dem auch durch Stummfilme berühmt gewordenen Paul Wegener. In das Wedekind-Fragment „Sonnenspektrum" hatte Karl Heinz Martin Balladen wie „Gebet einer Jungfrau" oder „Kind von 15 Jahren" eingebettet. Friedrich Hollaender schuf dazu eine neue Musik, welche die Weintraubs Syncopators im Theater am Kurfürstendamm zur Aufführung brachten. Alfred Einstein lobte vor allem sie: „Wedekind hat dereinst seine Chansons selbst quasi bittersüß in Musik gesetzt, man wußte nie ob man lachen oder weinen sollte. Holländer ist, wo es nottut, auch ein reiner Lyriker, aber für die Untertöne Wedekindscher Lyrik hat erst das Jazzorchester – besonders wenn es so ausgezeichnet ist wie die Weintraubs Syncopators – den richtigen Klang entdeckt, und wenn das Saxophon mault und heult, wird das beinahe allzu offenkundig."[67] Der Programmzettel nannte unter den Mitgliedern des Orchesters am zweiten Klavier und an der Celesta Franz Wachsmann, der damit erstmals öffentlich mit den Weintraubs auftrat.

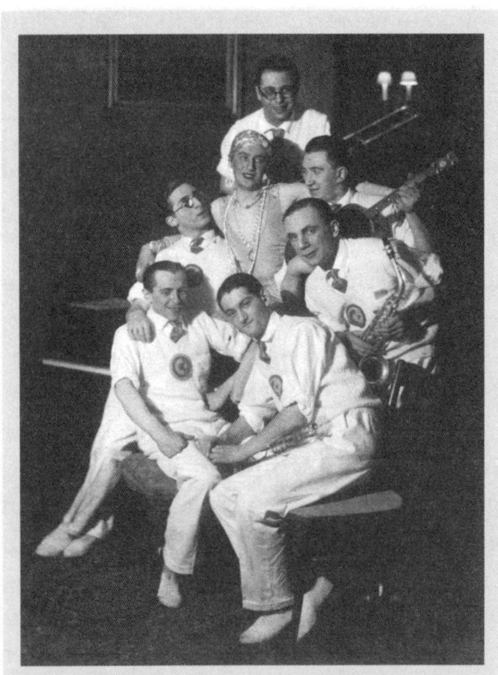

Ab 12. April 1929: „Charleys Tante" mit Curt Bois im Komödienhaus Berlin (Schiffbauerdamm 25)

In den Hollaender-Revuen entwickelten die Weintraubs ihre musikalische Vielseitigkeit und ebenso ihr Komödiantentum weiter. Im Lustspiel „Fräulein Mama" von Louis Verneuil, das am 1. September 1928 am Deutschen Künstlertheater (Budapester Str. 35) herauskam, konnten sie dies demonstrieren. Der bekannte Schwank von der jungen Frau, die in der Ehe Jungfrau bleibt, bis der Sohn des Gatten diesen Zustand ändert, wurde jetzt mit Musik von Hugo Hirsch zum Vaudeville. Einen Eindruck geben schon die Liedtitel „Sowas von Kitsch wie die Liebe", „Daß mir keine Klagen kommen" und „Wenn die Liebe nicht so teuer wär". Die *Vossische Zeitung* sprach von einer „wahrhaft glänzenden Aufführung".[68] Der Kritiker der *Berliner Börsen-Zeitung* begeisterte sich für Trude Hesterberg, die „mit ihrer Vitalität alles an sich reißt" und

„mit erstaunlicher Modulationskunst erneut beweist, daß sie im Chansonvortrag heute unerreichte Meisterin ist". Er pries Max Hansen, der „mit liebenswürdigster Trotteligkeit" schwerenöternd den Lebemann spielt, und bewunderte Willy Schaeffers als Oberkellner, „köstlich in seinem Bewandertsein in heikelsten Situationen". Noch wirkungsvoller seien aber die Weintraubs Syncopators. „Mag der Komponist es nicht gern hören: in ihrer Instrumentation erst gewinnt seine Musik – was sie an sich kaum besitzt – originale Reize, die ein landläufiges Orchester ihr niemals geben könnte. Diese Leute nicht nur zu hören, sondern vor allem zu sehen, das ist immer ein exzeptionelles Vergnügen. Und mit Hugo Hirsch mögen die Hesterberg und Hansen es verzeihen, wenn festgestellt wird, daß die eigentlichen Erfolgsmacher doch eben die Weintraubs sind."[69]

Als perfekte Komiker erwiesen sie sich auch in der aus dem Englischen übertragenen Travestiekomödie „Charleys Tante" von Brandon Thomas, einem der meistgespielten Bühnenstücke des deutschsprachigen Raums. Hier verkleidet sich ein Mann als Frau, um als „Anstandsdame" seinen Freunden ein heikles Rendezvous zu ermöglichen. Curt Bois war in der Titelrolle schon in Wien erfolgreich gewesen und kam nun nach Berlin, wo er am Komödienhaus am Schiffbauerdamm selbst Regie führte. Nach der Premiere vom 12. April 1929 lobte ihn die Presse als „neuen Typus des Komikers" und bestaunte seine „akrobatische Elastizität, die ihn die kühnsten Gymnastikkunststücke vollführen lässt". Und zwischen alledem, als Chor der Oxforder Studenten, „die Weintraubs Syncopators. Immer auf der Höhe musikalischer Lustigkeit. So wurde es denn einer der vergnügtesten Theaterabende dieser Spielzeit."[70] Der Bericht der *Vossischen Zeitung* schloss: „Das Publikum rast Beifall. Das Komödienhaus wird lange keine Repertoiresorgen haben."[71] Tatsächlich kam es zu einem Serienerfolg, der sich bis Ende Juni fortsetzte. Bei einer Nachtvorstellung am 31. Mai ließen sich auch Trude Hesterberg, Friedrich Hollaender, Heinrich Mann und Max Herrmann-Neiße begeistern: „Wir lachten alle Tränen, so tolle Harold-Lloyd-Späße stellte der Bois an."[72]

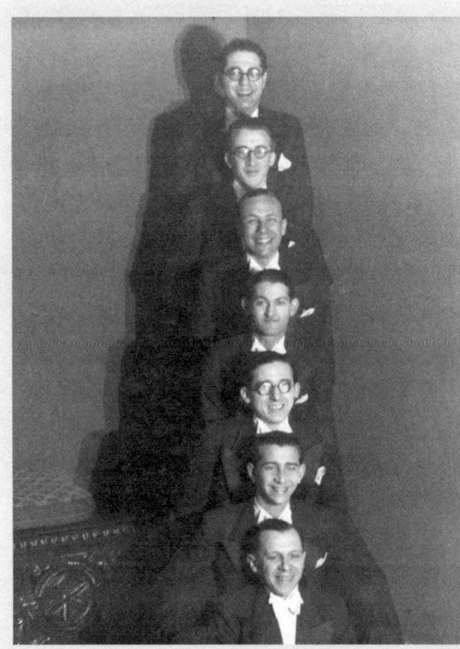

Der Größe nach von oben nach unten: Kaiser, Bruinier, Graff, Olewski, Wachsmann, Aronovici, Weintraub

Einen kuriosen Höhepunkt ihrer Theaterkarriere hatten die Weintraubs kurz vor der Premiere von „Charleys Tante" erlebt. Am 28. März spielten sie abends ab 23 Uhr im Schauspielhaus am Gendarmenmarkt die Bühnenmusik bei einer Gedächtnisfeier für Albert Steinrück. Über diesen kräftig gebauten Schauspieler, seit 1921 Ensemblemitglied des Schauspielhauses, hatte Alfred Polgar geschrieben: „Er stand wie ein Baum, breiten Schatten werfend, wuchtig und schwer in der dramatischen Landschaft." Im Februar war er völlig unerwartet während Probenarbeiten gestorben. Da Steinrück mit Frank Wedekind besonders brilliert hatte, spielte man jetzt als einmalige Aufführung dessen Schauspiel „Der Marquis von Keith". Unter Leitung Leopold Jessners wirkten noch mehr prominente Kollegen mit als wenige Monate zuvor bei der Hommage für Harry Lamberts-Paulsen. Auf einer Bühne vereint waren Werner Krauss, Carola Neher, Heinrich George, Lothar Müthel, Tilla Durieux, Conrad Veidt, Max Pallenberg, Max Hansen, Rosa Valetti, Elisabeth Bergner, Fritzi Massary, Käthe Dorsch, Alexander Granach, Fritz Kortner, Paul Wegener, Kurt Gerron, Veit Harlan, Trude Hesterberg, Hans Albers, Ernst Deutsch und Kurt Goetz. Zu den Gästen des Marquis gehörten Roma Bahn, Maria Koppenhöfer, Hilde Körber, Lucie Mannheim, Renate Müller, Asta Nielsen, Henny Porten, Alfred Braun und Paul Grätz, ebenso die junge Marlene Dietrich.[73] Dieser Abend, bei dem zu Beginn der Schriftsteller Heinrich Mann Gedenkworte sprach, war eine exklusive Veranstaltung mit hohen Eintrittspreisen. Mit dem Erlös sollte die Familie des Toten unterstützt werden. Die Häufung großer Namen bedeutet allerdings nicht automatisch eine Steigerung der künstlerischen Qualität. So bewertete Paul Fechter in der *Deutschen Allgemeinen Zeitung* die nächtliche Vorstellung als „eine Kuriosität, eine

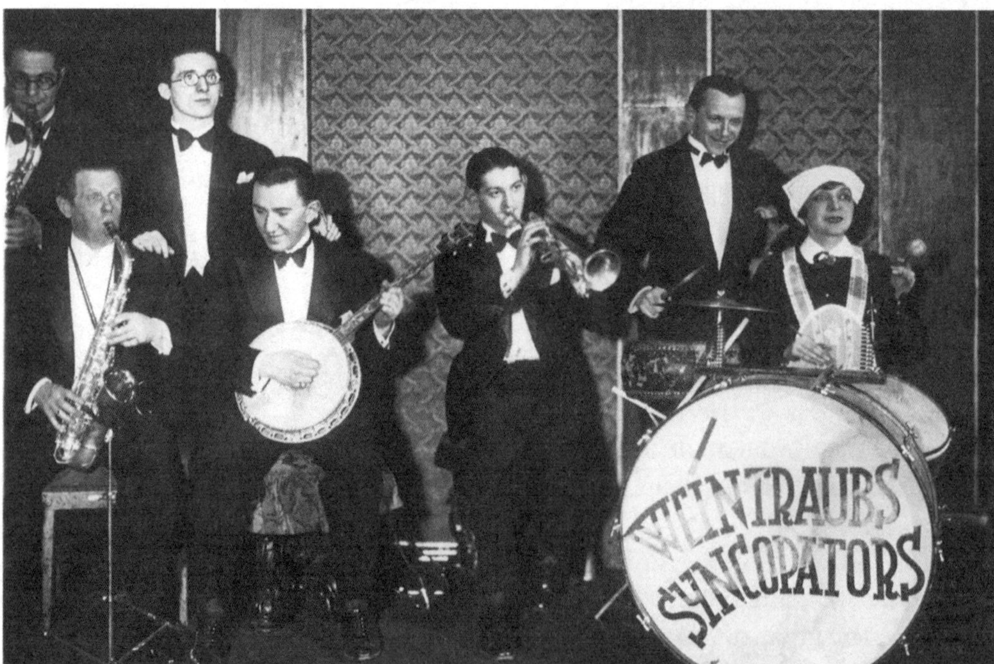

Auftritt bei der Steinrück-Feier (1929) – von links: Kaiser (Sax.), Max Pallenberg (Sax.), Wachsmann, Aronovici (Banjo), Olewski (Tromp.), Weintraub (drums) und Fritzi Massary

Prominentenschau, hineingedichtet in ein Drama Wedekinds; eine Revue der Stars, nicht ein Stück großen Theaters".

Die Weintraubs kamen an diesem Abend erneut in hautnahen Kontakt mit der Theaterelite Deutschlands. Aber auch sie selbst waren für manche Schauspieler eine Attraktion, so beispielsweise für den Charakterkomiker Max Pallenberg, der an der Piscator-Bühne gerade als Schweyk brilliert hatte. Er ließ sich von Horst Graff das Saxophonspiel erklären; auf einem Foto sieht man ihn zusammen mit den Weintraubs als Saxophonisten. Keine Geringere als die Operetten-Diva Fritzi Massary, seine Ehefrau, die an dem Abend als stummes Dienstmädchen mitgewirkt hatte, setzte sich hinter die große Trommel und posierte für die Kamera neben Stefan Weintraub als Schlagzeugerin.

Manager Heinz Barger

Zur Vermittlung der zahlreichen Bühnenengagements dürfte Friedrich Hollaender wesentlich beigetragen haben. Für die Geschäftsführung war jedoch weiterhin Stefan Weintraub zuständig, der die Verträge abschloss und die Honorare zu gleichen Teilen unter seinen Kollegen verteilte. Mit der wachsenden Zahl der Auftritte brauchte er Unterstützung. Deshalb nahm er Kontakt zu Heinz Barger auf, dem alten Freund Friedrich Hollaenders, mit dem zusammen er als Gymnasiast die Zeitschrift *Neue Jugend* herausgebracht hatte. Obwohl dieses Blatt ab 1916 von Wieland Herzfelde weitergeführt wurde, hielt Barger an dem gleichnamigen Verlag fest. Er interessierte sich aber auch für die Comedian Harmonists und wurde im Juni 1929 deren erster Manager. Durch seine Vermittlung kam es zur Zusammenarbeit dieses Vokalensembles mit Mischa Spoliansky in dessen Revue „Zwei Krawatten". Heinz Barger muss in jenem Sommer erfahren haben, dass Stefan Weintraub die Geschäftsführung seiner Band in andere Hände geben wollte. Um diese Aufgabe übernehmen zu können, gab Barger seinen Verlag auf und beendete dann auch die Tätigkeit für die Comedian Harmonists.

Er berichtete später: „Ich hängte ihn tatsächlich an den Nagel, meinen Verlag Neue Jugend, und sagte zu, nachdem ich mir die Sache 24 Stunden überlegt hatte. Es wäre einfach ein Jammer gewesen, wenn diese Band geplatzt wäre, die Band, die meiner Meinung nach erst am Anfang ihrer großen Karriere stand."[74] Sogleich nahm Barger Kontakt auf zum Wintergarten, dem bekannten Varieté-Theater südlich des Bahnhofs Friedrichstraße. Es befand sich im Central-Hotel, einer der größten Unterkünfte Berlins mit über 600 Zimmern. In dessen ehemaligem Palmengarten gab es seit 1887 ein Varieté, wo bekannte Künstler und Artisten auftraten. Zum Markenzeichen dieses Theaters wurden ab 1900 die eintausend Glühbirnen an der blauen Decke, welche die Illusion eines nächtlichen Sternenhimmels hervorriefen. Unter dem neuen Direktor Ludwig Schuch wurde das Wintergarten-Varieté erneut umgebaut und im August 1928 als damals größtes und modernstes Theater Europas mit fast 3.000 Plätzen wiedereröffnet. Vom Bandleader Marek Weber, den er im Hotel Adlon traf, erfuhr Barger, dass der Wintergarten-Direktor

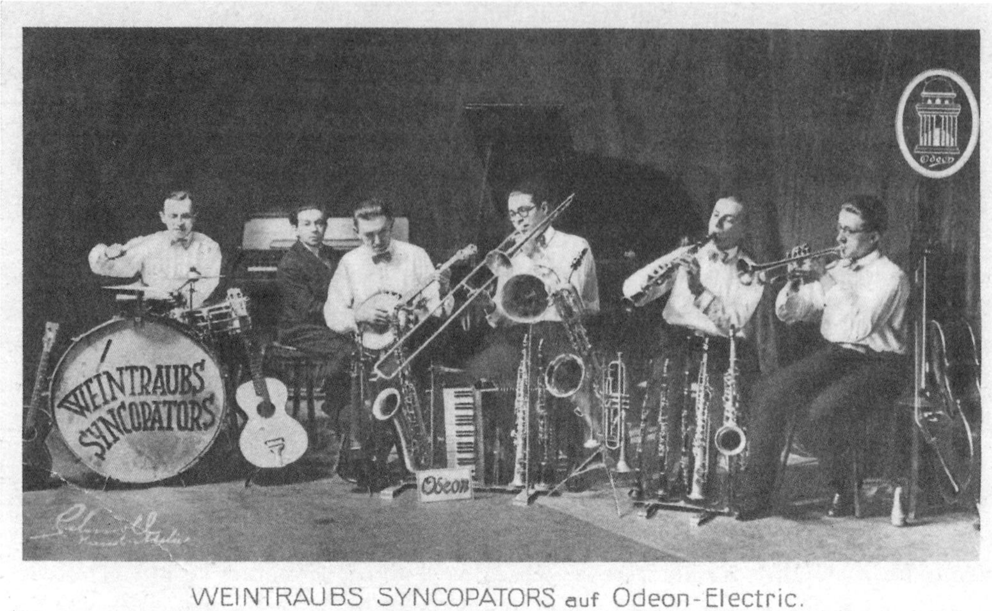

Schallplatten-Werbepostkarte

für seine monatlich wechselnden Programme neue musikalische Attraktionen suchte. Er verhandelte daraufhin mit Schuch. Dieser war interessiert, forderte wegen der großen Wintergarten-Bühne aber eine Erweiterung der Band auf zehn Mitglieder. Gegen eine Monatszahlung von 18.000 RM sagte Barger zu.

Solange sie mit dem Wintergarten unter Vertrag standen, durften die Weintraubs nur mit dessen Genehmigung in Berlin auftreten. Der Vertrag muss bereits im September 1929 gültig gewesen sein. Denn als die Band am 6. September auf der Piscator-Bühne im Theater am Nollendorfplatz auftrat, las man im Programmheft: Orchester Weintraub Syncopators, mit Genehmigung des „Wintergartens". Gespielt wurde an diesem Premierenabend das Schauspiel „Der Kaufmann von Berlin" von Walter Mehring in einer Inszenierung von Erwin Piscator. Angeregt durch Shakespeares „Kaufmann von Venedig" wird die Geschichte des osteuropäischen Juden Kaftan erzählt, der Anfang 1923, zu Beginn der Inflation, nach Berlin kommt. Er hat 100 Dollar in der Tasche, spekuliert damit und streicht angesichts der Geldentwertung enorme Gewinne ein. Binnen kurzer Frist wird er zum Finanzmagnaten, verliert aber ebenso schnell sein Vermögen an deutschnationale Kreise. Mehring beschrieb in diesem Schauspiel die Koalition von Finanzwelt und Nationalisten, welche Hitler den Weg bereitete. Die Musik komponierte der Schönberg-Schüler Hanns Eisler, der für die sozialistische Arbeiterbewegung aufsehenerregende Lieder und Chorwerke schrieb. Eine wesentliche Rolle in dem Theaterstück spielten die von ihm komponierten acht Gesänge, die nicht zuletzt den Militarismus geißelten: eine „Kantate von Krieg, Frieden und Inflation", ein „Lied der Gepäckträger", das „Lied vom Trockenbrot", den „Chor der Weisen von Zion", das „Lied der Hakenkreuzler", das „Pogromlied", den „Abgesang der Straßenkehrer" und das Chorstück „Was ist der Unterschied". Die mitwirkenden Schauspieler und ein durch Ernst Busch geleiteter Chor trugen diese Stücke vor, begleitet von den auf einem Gerüst sitzenden Weintraubs Syncopators.

Nach einem oft von Beifall unterbrochenen Beginn kam es kurz vor Schluss beim „Abgesang der Straßenkehrer" zu einem unerwarteten Zwischenfall. Man sah auf der Bühne ein Laufband, auf dem verschiedener „Abfall" drei Straßenkehrern (Ernst Busch, Friedrich Gnass und Hermann Speelmans) entgegenkam. Zunächst ist es Papiergeld aus der Inflationszeit, welches Busch so kommentiert: „Dafür war'n wir mal alle zu haben." Seine Kollege antworten: „Dreck! Weg damit!" So fegen sie das wertlos gewordene Papier in ihren Müllkarren. Als nächstes kommt ein Stahlhelm an die Reihe. Dazu Busch: „Das hat mal auf einem Koppe gesessen." Auch hier heißt es: „Weg damit!" Als der Helm in den Müll wandert, applaudiert das Publikum, jetzt sogar stärker als vorher. Danach liegt auf dem Laufband ein Leichnam, dargestellt von einem Statisten. Busch: „Mensch! Das war mal ein Mensch gewesen." Im Saal ist es totenstill, auch noch beim Ruf: „Dreck! Weg damit!" Ohne Beifall wird der tote Soldat auf den Karren gelegt. Zum Skandal aber kommt es, als der Schauspieler Speelmans unabgesprochen dem „Toten" eine Ohrfeige gibt. Der Lärm im Zuschauerraum steigert sich. Weil er nicht endet, muss der Theaterleiter die Polizei rufen. Sie entfernte die lautesten Störer aus dem Saal, konnte aber trotzdem nicht für Ruhe sorgen.[75] Am nächsten Tag berichteten die Berliner Zeitungen ausführlich über die missglückte Premiere. Besonders ärgerlich sei die Darstellung des Militärs als „eine Mischung von Borniertheit und Gewissenlosigkeit".[76] Es war einer der größten Theaterskandale der Weimarer Republik.

Publicity für ein einzigartiges Kollektiv

Zu Werbezwecken hatte Stefan Weintraub auf einem Schreibmaschinenblatt Pressezitate zusammengestellt, ergänzt durch seine Anschrift „Charlottenburg, Knesebeckstr. 28" und die Telefonnummer. Als „Auszug aus den Kritiken der massgebenden Presse" standen dort undatierte Zitate wie „das ist der echte Rhythmus der Zeit" (*Berliner Morgenpost*), „unerhört vielseitig, exakt und eingespielt" (*Börsencourier*) und „durchschlagende Wirkungskraft" (*Der Deutsche Rundfunk*). In einer grafisch ansprechenderen Version ergänzte Weintraub 1928 die Daten der Rezensionen, so beispielsweise die folgenden:

> *Vorwärts*, 22.10.1927: „... Weintraubs Syncopators, die wirklich für ihren musikalischen Humor einen Platz in der Unsterblichkeit verdienen".

> *Berliner Nachtausgabe*, 21.1.1928: „Diese Jazzband weiss wohl um Clownerien beim Musizieren, aber sie hütet sich, solche Effekte auf die Spitze zu treiben."

Die Welt am Montag, 2.1.1928: „Die Weintraubs Syncopators beweisen wieder, dass sie die famoseste kleine Revuekapelle Berlins sind."

Auch die Firma Odeon hatte nach Veröffentlichung der drei Odeon-Platten auf einem eigenen Werbeblatt Pressestimmen zitiert, so die der *Vossischen Zeitung*: „… das Schmissigste, Witzigste, Einfallsreichste, was man sich vorstellen kann." Aber erst unter dem Management von Heinz Barger gab es gedruckte Unterlagen über die Band, beispielsweise eine Besetzungstabelle, welche die von den Bandmitgliedern gespielten Instrumente angab:

1. Herr: 1. Violine / 1. Trompete / Mellophone
2. Herr: Banjo / Guitarre / Posaune / Cello / Harmonika
3. Herr: 1. Alt-Saxophon / 2. Trompete / 1. Clarinette / Baritonsaxophon / Sopransaxophon / Flauto grande / Flauto piccolo / Oboe
4. Herr: Posaune / 2. Tenorsaxophon / 1. Sopransaxophon / 2. Clarinette / Akkordeon / Bassclarinette
5. Herr: Schlagzeug / Celesta / Guitarre / Xylonphone / Vibraphone / Kesselpauken

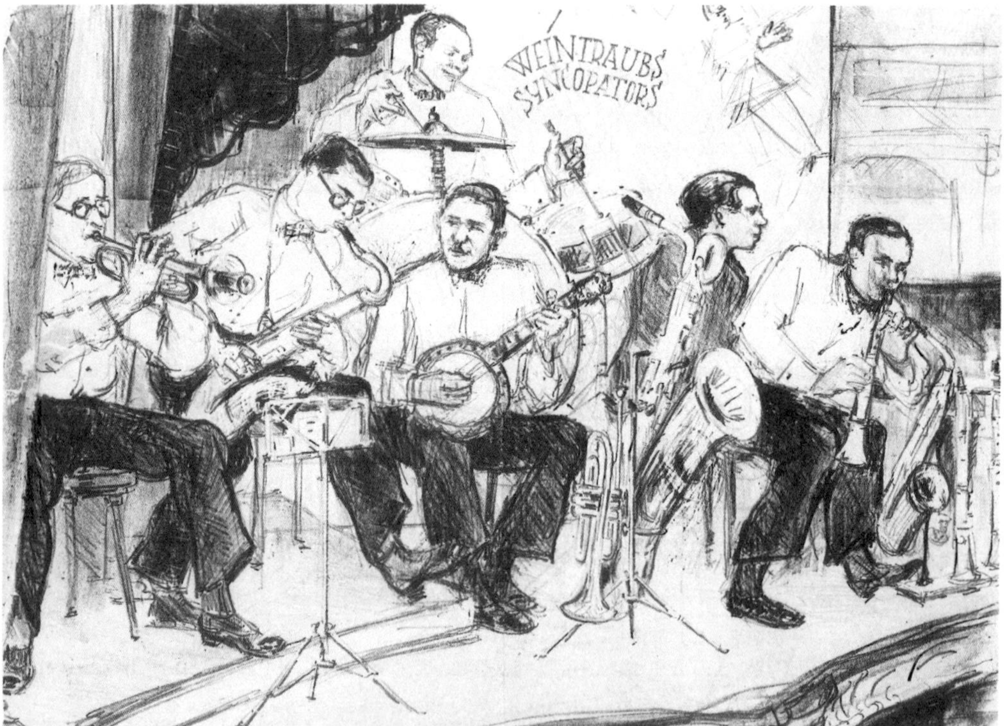

Die Weintraubs ca. 1928 (unbekannter Künstler) – von links: Bruinier, Kaiser, Aronovici, F. Hollaender, Graff. Am Schlagzeug hinten S. Weintraub.

6. Herr: Piano / Radiotone / Akkordeon / Alt-Saxophon
7. Herr: Sousaphon / 3. Trompete / Cello / Kunstpfeifer
Alle Herren spielen Ukulele, Saxophon und Piano.
Gesang: Dreistimmiger Gesangschorus[77]

Unschwer lassen sich anhand dieser Beschreibung einzelne Mitglieder der Band identifizieren, so Horst Graff als der besonders vielseitige Herr 3, Kurt Kaiser als Herr 4, Stefan Weintraub als Herr 5 und Ansco Bruinier als Herr 7.

Barger erstellte außerdem eine gedruckte zwölfseitige Werbebroschüre mit farbigem Umschlag[78]. Den Anfang machten Widmungszeilen von Rudolf Nelson mit einer Erinnerung an ihre Tonfilm-Zusammenarbeit. Ihnen folgte ein persönlicher Gruß von Friedrich Hollaender, der die gleichberechtige Partnerschaft hervorhob:

> *Meine lieben Jungens!*
>
> *Die schöne Zeit, in der wir uns künstlerisch gegenseitig befruchteten, wird mir ewig unvergeßlich sein. Daß ich Euch zur Einleitung Eures Prospektes einen Kranz flechten soll, erscheint mir paradox. Wir sind doch Gärtner untereinander auf dem Beete der Jazzmusik! Wir haben zusammen das Unkraut gejätet und die Blüten gezüchtet. Jahre gemeinsamen Erfolges liegen hinter uns. Wir haben von einander gelernt — wir haben einander zu danken — was ich hiermit tue!*
>
> Friedrich Hollaender m. p.

Auch Mitja Nikisch, mit dem die Weintraubs einige Monate zuvor im Aufnahmestudio waren, steuerte einige Zeilen bei. Für ihn waren die Syncopators eine Band, welche „das Wesen des Jazz wirklich überzeugend erfasst hat. Die Weintraubs spielen in kammermusikalischer Form die ideale ‚Syncopation'“. Es sei eine große Freude, diese Musiker zu hören, und eine noch größere, mit ihnen zusammenzuarbeiten. „Für mich sind sie das ideale Orchester im Sinne des echten symphonischen Jazz. Sie haben in Deutschland nicht ihresgleichen!“

Unter der Überschrift „Absolvierte Gastspiele“ listet die Broschüre zahlreiche Auftrittsorte auf. Den Anfang bildet der Bereich Theater mit den Berliner Häusern Staatstheater, Deutsches Theater, Kammerspiele, Komödie, Theater in der Königgrätzer Straße, Theater am Nollendorfplatz, Komödienhaus, Deutsches Künstlertheater, Theater am Kurfürstendamm, Großes Schauspielhaus und Theater des Westens. Die Rubrik „Bühnenschau“ beginnt mit Wintergarten, Kabarett der Komiker und Nelson-Theater, gefolgt von Berliner Kinos wie Ufa-Palast am Zoo, Universum, Alhambra und Mercedes-Palast, dazu auswärtigen Häusern wie dem Staatstheater Wiesbaden, dem Städtischen Schauspielhaus Frankfurt, dem Apollo-Theater Mannheim und dem Scala-Theater Kopenhagen. Die dritte Rubrik betrifft Auftritte der Weintraubs in luxuriösen Tanzlokalen wie der Villa d'Este in der Berliner Hardenbergstraße, bei Bällen wie dem Presse-Ball, dem Film-Ball, dem Fest-Bankett der Staatsoper und anderen Tanzveranstaltungen.

Den größten Teil der Broschüre nehmen Auszüge aus 60 Kritiken ein, eröffnet durch ein Zitat aus dem *Berliner Börsen-Courier*: „Die Weintraubs sind sicher die beste Jazzband Berlins." Immer wieder werden der Witz und die Vielseitigkeit dieser Musiker hervorgehoben. So hieß es in der Zeitschrift *Varieté* über die Weintraubs: „Ob im großen Ufa-Theater, ob im ungastlichen Sportpalast oder im intimen Komikerkabarett, ganz gleich: sie reißen mit, treffen den zeitgemäßen Zuhörer mit ihrem Musik-Tempo, das selbst im Fortissimo eine Grazie mitschwingt, die schlechthin bezaubert." Der *Berliner Fremden-Zeitung* zufolge würden diese Musiker mit ihrer schmissigen Jazzmusik „neunzig Prozent aller groß angekündigten ausländischen Kapellen glatt an die Wand spielen". Auch von den jüngsten Auftritten in Mannheim, Wiesbaden und Frankfurt gab es Pressestimmen. So berichtete die *Wiesbadener Volksstimme* von einer Jazz-Symphonie, die derart gepaukt, geblasen und gepfiffen wurde, „daß man glaubte, Sphärenklänge der Weltschöpfung zu hören". Ebenso bewunderte die *Neue Mannheimer Zeitung* die Weintraubs: „Was sie aus ihren blitzenden Silberinstrumenten hervorzaubern, ist erstaunlich. Jeder ein Virtuos, ob er das Ungeheuer des Baß-Saxophons heranwälzt oder mit dem Bassetthorn sich in die höchsten Höhen des Jazz hinaufschwingt, die Jazzposaune meistert oder aus dem Banjo die schönsten Melodien zupft."

Die vordere Umschlagseite der Werbebroschüre hatte der Kunstmaler Max Weintraub, der ältere Bruder von Stefan, entworfen, während die letzte Umschlagseite auf einer Fotomontage von Kurt Kaiser beruhte. Den Innenteil illustrieren ausgewählte Fotografien, so eine Bildkomposition mehrerer Musikinstrumente mit dem Titel „Stille vor dem Sturm", ein Foto der Weintraubs auf dem Berliner Flughafen vor ihrem Abflug nach Kopenhagen, Bilder von ihren Auftritten bei den Hollaender-Revuen, bei der Filmproduktion für Rudolf Nelson sowie ein Foto von Max Pallenberg und Horst Graff beim gemeinsamen Saxophonspiel. Mehrere dieser Bilder stammten von der Fotografin Lili Baruch, der älteren Schwester Heinz Bargers. Eine witzige Karikatur der Weintraubs steuerte der sizilianische Grafiker Vincenzo Maria Zito bei, der zum Pariser Freundeskreis Josephine Bakers gehörte. Nicht zuletzt findet sich auf der vorletzten Seite der Broschüre eine Reproduktion des Gemäldes „Jazzband" des Berliner Malers Max Oppenheimer (Mopp), der sich nach Porträts von Thomas Mann, Tilla Durieux, Arnold Schönberg, Anton Webern und Gustav Mahler auch den Weintraubs widmete. Anders als in dem gleichzeitig entstandenen Triptychon „Großstadt" von Otto Dix, in dessen Zentrum eine Jazzband Tänzer begleitet, stehen hier die Musiker selbst im Mittelpunkt. Man sieht auf dem Ölbild fünf Jazzmusiker, wobei Horst Graff am Saxophon und Ansco Bruinier an der Trompete deutlich zu erkennen sind. Zu diesem Gemälde, das auch an anderer Stelle – beispielsweise 1927 in der Dezember-Nummer des Magazins *Der Querschnitt* – abgebildet wurde, ist angemerkt: „Im Besitz der Sammlung Reg.-Rat Dr. H. Staub, Berlin."

Nicht zuletzt enthält die Broschüre die Kontaktadresse Heinz Bargers: Berlin W 62, Schillstraße 19. Sein Büro lag also im Berliner Westen, nur wenige Meter entfernt vom Brüdervereinshaus in der Kurfürstenstraße, wo die Band einst ihren ersten öffentlichen Auftritt absolviert hatte. Um rasche Kontakte zu ermöglichen, waren zusätzlich die Telefonnummer (B5 Barbarossa 7648) und die Telegramm-Adresse (Malepartus Berlin) angegeben. So konnten Interessenten sich rasch nach Terminen und Auftrittskonditionen erkundigen. Seine Geschäftskorrespondenz erledigte Barger auf Briefpapier, das ihn als „Impresario. Manager der Weintraubs Syncopators" auswies. Neben den Kontaktdaten fanden sich dort auch die Bankadresse sowie eine Vertretung in den USA. Das Büro verfügte demnach über alle nötigen Kommunikationsmittel und auch internationale Verbindungen.

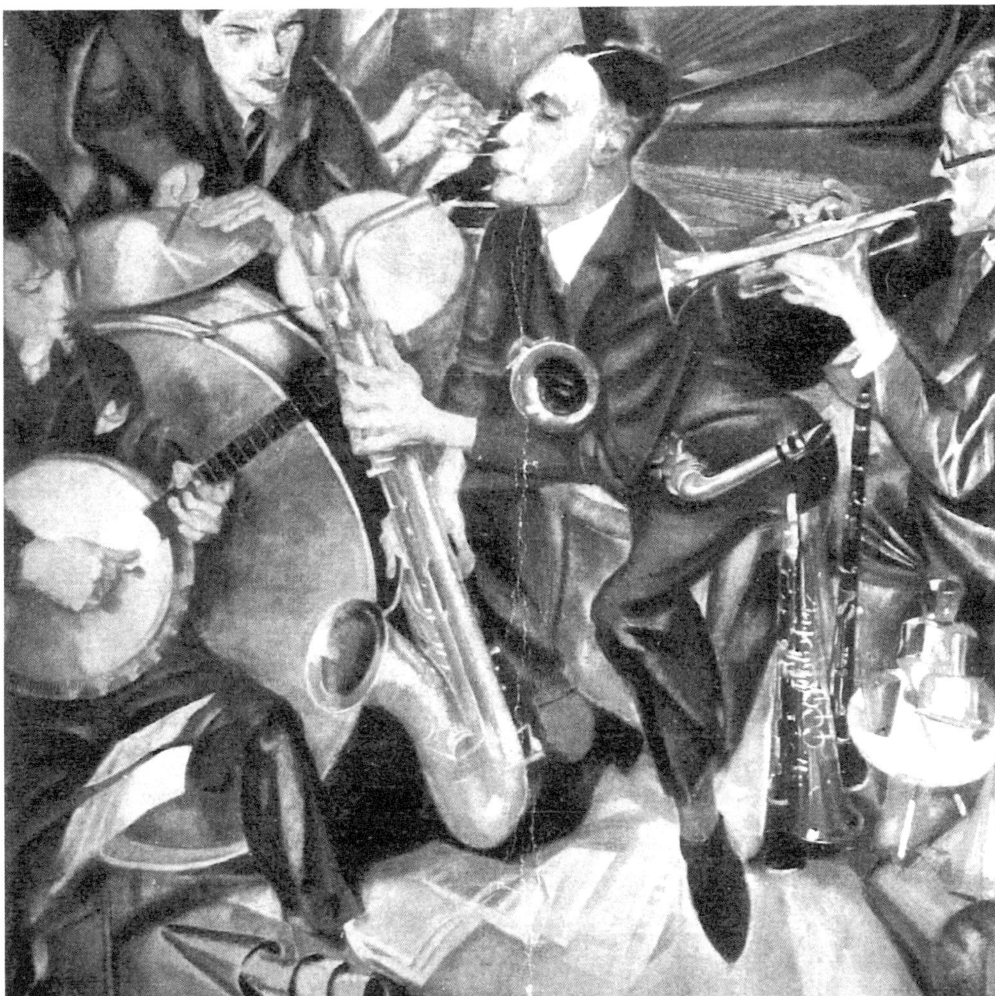

Gemälde „Jazzband" von Max Oppenheimer aus der Werbebroschüre von 1930: in der Mitte Horst Graff am Saxophon, rechts Ansco Bruinier (Trompete)

Ein Monat im Berliner Wintergarten

Am 1. Dezember 1929 begann das von Barger herbeigeführte Engagement im Wintergarten, der seine Gäste im Monats-Programmheft so begrüßte: „Hallo! Die Weintraubs sind da". Unter der Zito-Karikatur hieß es dann: „Kommt alle herein und hört sie schmettern und jubeln. Laßt Euch mitreißen von scharfem Jazz und von ernster Weise. Laßt Euch einfangen von Weihnachtsstimmung wie von tollem Sylvesterspuk." Nach langer Auslandstournee seien die Weintraubs Syncopators wieder an die Spree zurückgekehrt. Wie Barger später angab, hatte Direktor Schuch ihm als Bedingung genannt, die Weintraubs dürften vor ihrem Engagement für längere Zeit nicht in Berlin auftreten. Die Mitwirkung im September bei der Piscator-Inszenierung des „Kaufmann in Berlin" hatte er offenbar gestattet, weil hier andere Publikumskreise angesprochen wurden. Die erwähnte Auslandstournee hatte unter anderem nach Basel und Oslo geführt.

Im Programmheft hieß es über die Weintraubs weiter: „Wir brauchen sie nicht vorzustellen, denn jeder Berliner kennt sie. Wenn nicht von der Bühne oder dem Tanzparkett, so doch wenigstens von Namen oder von der – Electrolaplatte." Danach erfuhr man mehr über die besondere Eigenart der Band. „So wird es jedem auffallen, daß bei den Weintraubs kein regierender Kapellmeister hervortritt, wie es bei allen anderen Kapellen die Regel ist." Sonst waren Jazzbands und Tanzorchester nach ihren Leitern benannt, nach Dajos Béla, Eric Borchard, Bernard Etté, Julian Fuhs, Barnabás von Géczy, Oscar Joost, Otto Kermbach, James Kok, Efim Schachmeister oder Marek Weber. Die Weintraubs Syncopators seien dagegen „die Ausnahme, welche jene Regel bestätigt. Tatsächlich gibt es bei ihnen keine Einzelprominenz. Es gibt keinen Häuptling, der die anderen um sich versammelt. Es gibt keinen bandmaster beim Spielen und (im Vertrauen) auch nicht beim Verteilen der Gage. Vielmehr wird alles gemeinsam geregelt, notfalls durch Abstimmung. Und auch Herr Weintraub, der am Schlagzeug thront, leitet keine Sonderrechte daraus ab, daß er dem Gremium den Namen gestiftet."

Tatsächlich verstanden sich die Weintraubs als ein demokratisches Kollektiv. Bei der Entscheidung über den Namen war nur zufällig das Los auf Stefan Weintraub gefallen. Dass er damals die Geschäftsführung übernahm, hieß nicht, dass er auch die Programme und Auftrittsorte festlegte. Das wurde in gemeinsamen Debatten entschieden. Die Präsentation der Weintraubs Syncopators als gleichberechtigte Gruppe entsprach dem Selbstverständnis der Musiker. In den Bereich der Legende gehörte dagegen die möglicherweise von Barger stammende Information, die Bandmitglieder hätten sich schon als Gymnasiasten getroffen. „Damals fanden sie sich als Gleichgesinnte zu gemeinsamem Kampf gegen schulmeisterliche Pedanterie und väterliches Mißverstehen. Sie führten ihn mit der gleichen Zähigkeit, mit der sie bis heute zusammenhielten." Obwohl sich jedes Mitglied bereits als Schüler dem Jazz zugewandt haben dürfte, vereinten sie sich doch erst als Studenten und Berufstätige zur Band. Das Wintergarten-Management konnte sich allerdings nur aus sehr langer Zusammenarbeit „das Geheimnis ihres bis ins Kleinste abgestimmten Zusammenspiels“ erklären. „Sie sind eben zu einer Einheit geworden. Sie sind Syncopators als Musiker, aber auch als Kameraden und Menschen.“

Das Fremdwort „Syncopators“ gefiel Direktor Schuch allerdings wenig. Immerhin entstand das Programmheft nur wenige Wochen nach dem verheerenden New Yorker Börsenkrach, der weltweit eine Wirtschaftskrise auslöste und in Deutschland zu Massenarbeitslosigkeit führte. Die frühere Begeisterung für die USA als Reich der Zukunft, als Neue Welt, geriet damit ebenfalls in eine Krise. So witterte das Programmheft bereits Widerstand gegen den Namen der Gruppe und beschwichtigte die Leser: „Syncopators – aber doch gute Deutsche. Wenn sich auch dieser Amerikanismus mit der Jazzbegleitung in ihren Bühnennamen eingeschlichen hat.“ Als hätte jemand anderes ihnen diese Bezeichnung verliehen, hieß es weiter: „Mit der Neuheit wird eben auch die zugehörige Nomenklatur importiert. Das war schon so, als die Römer den ersten Vinum in germanischen Boden pflanzten; und das wird immer so bleiben.“ Das Wintergarten-Publikum wurde also um freundliches Verständnis für den Bandnamen gebeten. „Übrigens: wie und warum soll man Syncopators verdeutschen? Wo man doch auch noch in die Philharmonie geht, Koloratur singt und Librettos schreibt? Was hat’s auch zu bedeuten – Hauptsache Leistung!“ An Qualität aber, das garantierte man, werde es nicht fehlen. „Schon für das Auge ist es Genuß und Kurzweil, wie das klappt in ständigem Wechsel der Instrumente – an fünf verschiedene beherrscht ein jeder von ihnen. Und was sie bringen, haben sie höchstselbst zurechtgemacht, instrumentiert, arrangiert – hat einer mal die Weintraubs nach gedruckten Noten spielen sehen?“ Tatsächlich fehlten bei dieser Band die Notenständer, ihr umfangreiches Repertoire spielte sie immer auswendig, was die spontane Wirkung noch steigerte.

Illustriert war der Artikel im Wintergarten-Programmheft durch die Zito-Karikatur, eine Reproduktion des Oppenheimer-Gemäldes, jetzt mit dem Titel „Die Weintraubs“, und ein Foto, das die Bandmitglieder bei einer „kleinen Meinungsverschiedenheit bei der Probe“ zeigte (man sieht sie bei einer inszenierten Schlägerei). Den Abschluss machte ein Bild aller Bandmitglieder mit zehn Saxophonen. Die Musiker sind der Größe nach aufgereiht, wo-

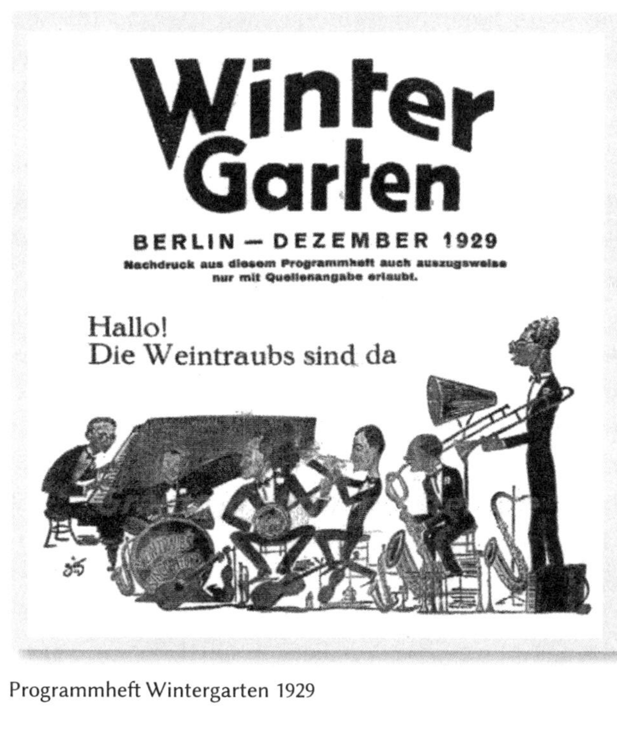

Programmheft Wintergarten 1929

bei der 1,85 Meter große John Kaiser das kleinste Instrument in der Hand hält, dagegen Stefan Weintraub, mit 1,62 Metern der Kleinste, ein riesiges Baßsaxophon. Kommentar: „Nicht immer passt die Größe der Instrumente zu den Spielern, bei den Weintraubs ist es manchmal umgekehrt." Auch der fett gedruckte Schlusssatz „Die Weintraubs spielen!" verzichtete auf den Begriff „Syncopators", um deutschnationale Besucher zu besänftigen.

Um auf der zwanzig Meter breiten Wintergarten-Bühne stärker zu wirken, war die Band auf zehn Mitglieder erweitert worden. Dazu gehörten vermutlich Cyril „Baby" Schulvater (Banjo, Gitarre, Cello, Posaune), Horst Graff (Klarinette, Altsaxophon, Oboe, Flöte, Trompete), Stefan Weintraub (Schlagzeug, Vibraphon, Xylophon), Franz Wachsmann (Klavier), John Kaiser (Posaune, Saxophon, Klarinette, Akkordeon), Arno Olewski (Trompete), Adi Rosner (Trompete) und Ansco Bruinier (Tuba, Bass). Bruinier hatte inzwischen sein Diplom als Chemie-Ingenieur erhalten. Da er aber als niederländischer Staatsbürger während der Wirtschaftskrise in Deutschland keine Stelle fand, war er am 1. Dezember wieder in die Band zurückgekehrt. Außerdem muss es neben Franz Wachsmann noch einen zweiten Pianisten gegeben haben, standen doch laut Programmheft zwei Blüthner-Flügel auf der Bühne.

Zum umfangreichen Varieté-Programm gehörte in diesem Monat ein Auftritt der aus Großbritannien importierten sechzehn Lawrence Tiller Girls, die wegen ihrer makellos schlanken Körper und der fast maschinenhaften Synchronität ihrer Tanzbewegungen bewundert wurden. Die zehn Weintraubs bildeten als zehnte Programmnummer einen weiteren Höhepunkt. Als wollten sie sich als gute Deutsche vorstellen, begannen sie mit einem für Jazzmusiker untypischen Titel: der 1859 komponierten romantischen „Cavatine" von Joachim Raff, jetzt neu arrangiert von Franz Wachsmann. John Kaiser hatte die zweite Nummer, den brandneuen Foxtrott „I Lift Up My Finger" des britischen Entertainers Leslie Sarony, eingerichtet; im Text werden Tierstimmen imitiert, was komische Wirkungen hervorruft. Der nächste Titel ▹ „Mütterlein, bleib' immer bei mir" war die deutsche Fassung des 1928 veröffentlichten amerikanischen Foxtrott-Songs „I'll Get By" von Fred E. Ahlert (Musik) und Roy Turk (Text), von Wachsmann als Jazz-Paraphrase verarbeitet. Bei dem Titel ▹ „If I Had You" von Ted Shapiro, einem 1928 entstandenen Popsong, der schnell zum Jazzstandard wurde, war im Programmheft schon angegeben, welche Variationen in Wachsmanns Arrangement zu erwarten waren. Das Originalthema verwandelte sich zuerst zum Wiener Walzer und wurde dann auf orientalische Art, im Tangostil und als Bayerischer Ländler gespielt, bevor zum Happy End der Jazzrhythmus wiederkehrte. Hier wie in der abschließenden „Weintraubiade" konnten die Syncopators erneut mit ihrer Vielseitigkeit und Flexibilität begeistern. Bis zur Silvesternacht wiederholten sie allabendlich ihr Programm. Ein Jahr später, im Dezember 1930, kehrten die Weintraubs noch einmal für einen Monat in den Wintergarten zurück. Jetzt wurden sie von der Direktion mit dem berühmten Jongleur Enrico Rastelli kombiniert, mit dem sie in Wettbewerb traten. Rastelli soll dabei mit seinem Saxophonspiel die Jonglierkünste der Musiker übertroffen haben.

Aktion auf der Leinwand

Anfänge des Tonfilms

Seit dem Ersten Weltkrieg hatte das Medium Film einen großen Aufschwung genommen und sich zu einer eigenen Kunstform entwickelt. Die 1917 gegründete Universum-Film Aktiengesellschaft (Ufa) sorgte mit Studios in Potsdam-Babelsberg und Berlin-Tempelhof für viele neue Produktionen. Die Uraufführungen fanden in eigenen Ufa-Filmtheatern statt, repräsentativen Gebäuden, die mit den traditionellen Theater- und Konzerthäusern und sogar mit Schlössern rivalisierten und oft als „Paläste" bezeichnet wurden. Das größte Berliner Kino war der 1919 eröffnete Ufa-Palast am Zoo mit 1.740 Plätzen. Die Filme waren damals noch stumm, wurden aber durch musikalische Live-Darbietungen begleitet. In kleinen Kinos übernahm ein einzelner Pianist diese Aufgabe, während größere Häuser eigene Filmorchester besaßen. Als der Ufa-Palast am Zoo 1925 umgebaut und auf 2.165 Sitzplätze erweitert wurde, vergrößerte sich sein Orchester auf 75 und schließlich 90 Mitglieder. Geleitet wurde es von dem ungarischen Dirigenten Ernö Rapée, der für die gesamte Filmmusik der Ufa zuständig war. Sein Assistent Werner Richard Heymann wurde 1926 sein Nachfolger; er war damit verantwortlich für die Musik und die Orchester in etwa 120 Kinos.[79] Für wichtige Stummfilme wie etwa Eisensteins „Panzerkreuzer Potemkin", Walther Ruttmanns „Berlin. Die Sinfonie der Großstadt" oder „Metropolis" von Fritz Lang entstanden eigene Filmpartituren. In Berlin gab es damals mehr als 30 Filmpaläste mit eigenem Orchester. Erst mit der Einführung des Tonfilms wurden sie überflüssig und viele Musiker arbeitslos.

In den USA waren ab 1927 erste Filme mit einer eigenen Tonspur produziert worden. Berühmt wurde der Streifen „The Jazz Singer" mit Al Jolson, der hier seinen eigenen Aufstieg vom Synagogensänger zum Broadway-Star darstellte. In Berlin war schon 1922 ein erster Tonfilm präsentiert worden, produziert von der Tri-Ergon-Gesellschaft, einer Gründung dreier Tonfilmpioniere. Unter Leitung von Guido Bagier entstanden danach weitere kurze Tonfilme, denen wegen technischer Probleme aber kein Erfolg beschert war. Im Sommer 1928 unternahmen Bagier und die Tri-Ergon Musik AG einen weiteren Versuch. Nach einem Drehbuch des ideenreichen Max Mack, der auch Regie führte, entstand damals der 20-minütige Streifen „Ein Tag Film". Die Zeitschrift *Die Filmwoche* berichtete über die Dreharbeiten im Ifa-Atelier im Schloss Schönholz bei Berlin-Pankow: „Man findet eine feierliche Andächtigkeit; man probt täglich stundenlang um eine einzige Szene... Und die Darsteller (es sind Georgia Lind und Trude Lehmann aufgeboten) müssen sogar die Höhe ihrer Stimme, die Tonlage ihrer Sprache im Ohre behalten, wenn der Aufnahmeapparat zur Naheinstellung ein wenig verschoben und neueingestellt wird. Denn sonst kann es ja vorkommen, daß Trude Lehmann in der Totaleinstellung im Baß, in der Naheinstellung aber im Diskant spricht. Die Schwierigkeiten sind gar nicht zu übersehen."[80] Weitere Darsteller neben Georgia Lind als „Frau Mia" und Trude Lehmann als „Garderobiere" waren der Kabarettist Paul Graetz als „Regisseur" und der damals noch wenig bekannte Hans Albers als „Hilfsregisseur". Einem Artikel der österreichischen Wochenzeitung *Mein Film* zufolge waren auch Friedrich Hollaender und die Weintraubs Syncopators an dem Projekt beteiligt. Ein dort abgebildetes Foto zeigt sie der Größe nach aufgereiht und Saxophone blasend zusammen mit dem Regisseur. Die Bildunterschrift lautet: „Die Weintraubs-Syncopators-Kapelle spielt im ersten deutschen Tonfilmsketsch der Tri-Ergon. Friedrich Hollaender, der Komponist, und Max Mack, der Regisseur, prüfen den Ton."[81] Nach der Uraufführung am 12. September im Mozartsaal am Nollendorfplatz lobte der Rezensent der *Vossischen Zeitung* die Verbindung von Bild- und Wortwitz, erwähnte aber auch technische Probleme der Wiedergabe. An diesen lag es wohl, dass „Friedrich Hollaender mit seinen Weintraub-Syncopators auf der tönenden Leinwand sich nicht ganz durchzusetzen vermochte".[82] Wegen solcher Mängel wurde der Film danach kaum noch gezeigt und geriet in Vergessenheit.

Ein wichtiges Dokument des Übergangs zu längeren Tonfilmen ist der Spielfilm „Ich küsse Ihre Hand, Madame", der am 17. Januar 1929 im Tauentzienpalast (Nürnberger Str. 57–59) uraufgeführt wurde. Ausgangspunkt des Drehbuchs war das gleichnamige Tangolied, das Richard Tauber mit dem Schmelz seiner Tenorstimme soeben zum Welterfolg gebracht hatte. Der sonst wenig bekannte Ralph Erwin hatte die Musik, der Erfolgsautor Fritz Rotter den Text geschrieben: „Ich küsse Ihre Hand, Madame, und träum', es war Ihr Mund. / Ich bin ja so galant, Madame, und das hat seinen Grund." Dieses Lied, das die Weintraubs schon 1928 unter Mischa Spoliansky eingespielt hatten, steht im Mittelpunkt der Handlung, wobei mehrere Männer eine schöne Frau umschwärmen. Erfolgreichster Bewerber ist ein russischer Graf, dargestellt von Harry Liedtke. Er ist der Star, immer perfekt gekleidet, „immer Gentleman, immer diskreter Mittelpunkt aller weiblichen Sehnsüchte". Daneben fand aber auch die junge Marlene Dietrich Beachtung. „Ein bemerkenswert glücklicher Griff", meinte ein Kritiker, „internationaler Typ, verführerische Figur, charmantes Gesicht und viel Grazie bei der Verwendung prachtvoller Pariser Toiletten".[83] Bislang hatte diese Berlinerin in Stummfilmen nur Nebenrollen gespielt, meist als leichtes Mädchen.

Als Hauptsensation war die Tonfilmeinlage angekündigt worden, wenn nämlich Harry Liedtke in einer Schlüsselszene den Titelschlager anstimmt. Man hört aber nicht seine eigene Stimme, sondern die von Richard Tauber. Dieser hatte nach der Filmaufnahme das Lied noch einmal lippensynchron auf Schallplatte gesungen. Eben diese Aufnahme erklang nun zum sonst stummen Film, der sich so für zwei Minuten in einen Tonfilm verwandelte. Dem Vorbild von „Ich küsse Ihre Hand, Madame" folgte bald eine ganze Reihe von Filmen, die ebenfalls einen einzigen Titelsong in den Mittelpunkt stellten. Zu hören war der von Tauber gesungene Schlager auf der neuen Tonanlage des Tauentzienpalasts, die schon vor dem Hauptfilm mit zwei „richtigen" Tonfilmen vorgestellt worden war. Auf dem ersten spielte das Orchester Bernard Etté vier Minuten lang den Schlager „Ramona"

(Mabel Wayne/Fred Bargy). Es folgte der Kurztonfilm „Das letzte Lied“ von Frank Clifford mit Kompositionen von Georges Bizet und Wolfgang Amadeus Mozart, gesungen von dem Bassisten Ludwig Hoffmann. Dieser zweite Tonfilm, der bereits am 17. Januar im Tauentzienpalast uraufgeführt worden war, umfasste immerhin vierzehn Minuten.

„Und Nelson spielt“ (1929)

In jenem Januar-Monat entstand der zweite Tonfilm, an dem die Weintraubs Syncopators beteiligt waren. Engagiert hatte sie eine Koryphäe der Berliner Theaterszene, der hier 1878 geborene Pianist und Komponist Rudolf Nelson. Nach Pariser Vorbildern hatte er bereits ab 1904 in der Reichshauptstadt eigene Kabaretts gegründet, nach dem „Roland von Berlin“ das „Chat noir“, wo er seine eleganten Chansons vorstellte. Die von Nelson geschaffenen literarisch-musikalischen Kabarett-Revuen, die er in den 1920er Jahren zusammen mit den Textautoren Fritz Grünbaum, Kurt Tucholsky und Marcellus Schiffer schuf und in seinem eigenen Theater am Kurfürstendamm 217 präsentierte, wurden zu Markenartikeln. Zusammen mit der Tonbild-Syndikat AG, abgekürzt Tobis, wagte sich Nelson Anfang 1929 an seinen ersten Tonfilm. Die Tobis, erst im August 1928 durch den Zusammenschluss von Schallplatten- und Filmfirmen entstanden, sollte bald nach der Ufa zu Deutschlands zweitwichtigstem Filmproduzenten werden. Mit dem Regisseur

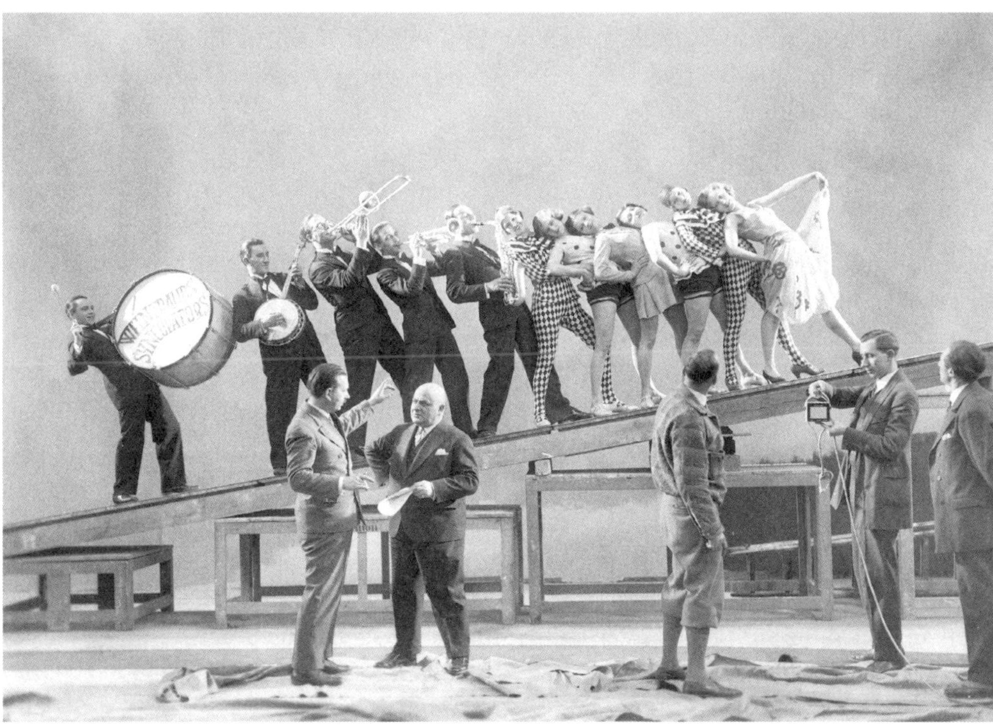

Mitwirkung als Quintett mit Tänzerinnen in dem Kurzfilm „Und Nelson spielt“ (1929)

Hans Conradi, dem Drehbuchautor Hans Hellmut Zerlett und dem Kameramann Paul Holzki standen Nelson für diese Produktion Pioniere des Tonfilms zur Verfügung.

Rudolf Nelson engagierte außerdem den Kabarettisten Willy Schaeffers, die Schauspielerin Mady Christians, die Tänzerin Jenny Steiner und die Weintraubs Syncopators, die ihre musikalischen wie darstellerischen Qualitäten in den Hollaender-Revuen längst bewiesen hatten. So entstand unter dem Titel ▻ „Und Nelson spielt…" ein bemerkenswerter kurzer Tonfilm. Nach Bildern des nächtlich erleuchteten Kurfürstendamms sieht man in Großaufnahme den Pianisten, der zuerst nur mit der rechten Hand eine einstimmige Melodie spielt. Bei der Wiederholung kommt mit der Linken die akkordische Begleitung hinzu. Man erkennt den Titel, Nelsons Lied „Wenn Du meine Tante siehst, ich lass sie grüßen" aus der Revue „Harem auf Reisen". Die Kamera wandert unterdessen von der Klaviertastatur ins Flügelinnere, zeigt die rhythmische Bewegung der Hämmerchen und geht dann nach oben. Jetzt erst sieht man den glänzenden kahlen Schädel des über die Tastatur gebeugten Pianisten, der sich in langsamer Bewegung allmählich nach oben wendet. Es ist Rudolf Nelson, auf dessen Gesicht man nun ein Lächeln entdeckt. Jetzt ein Schnitt, ein Schwenk: die Kamera steht hinter dem Klavierspieler und blickt mit ihm über den Flügeldeckel auf die Bühne. Räumlich und klanglich wird damit eine neue Dimension erobert, denn der Klavierton wird nun durch den Klang der Weintraubs Syncopators ergänzt. Man traut seinen Augen nicht, wenn von links kommend sechs winzige Tänzerinnen mit schwingenden Armen im Rhythmus der Musik die Schräge des halb geöffneten Flügeldeckels heraufschreiten. Ihnen folgen im dunklen Anzug fünf Mitglieder der Weintraubs Syncopators mit Saxophon, Trompete, Posaune, Banjo und großer Trommel, die dann im rechten Bildrand verschwinden.

Wie war es möglich, dass die Tänzerinnen und Musiker wie kleine Puppen den leicht schräg gestellten Deckel von Nelsons Konzertflügel hochmarschieren? Dies kann nur durch eine ausgefeilte Kombination von Bühnenbau und Kameraposition verwirklicht worden sein, indem nämlich die weit entfernte Bühnenrampe im gleichen Winkel anstieg wie der Flügeldeckel. Möglicherweise stammte die originelle Bildidee von dem hier mitwirkenden Filmarchitekten Erich Czerwonski, der bereits Filmbauten für Friedrich Wilhelm Murnau und ebenso die Kulissen für den erwähnten Tobis-Kurztonfilm „Das letzte Lied" erstellt hatte. Bald darauf sollte er sich bei „Melodie der Welt" und „Dich hab' ich geliebt", den ersten beiden abendfüllenden Tonfilmen Deutschlands, einbringen.

Wenn die rhythmisch schreitenden Tänzerinnen und Musiker im rechten Bildrand verschwunden sind, spielt Rudolf Nelson sein Lied zunächst alleine weiter, bis dann wieder die Weintraubs eingeblendet werden. Sie sind inzwischen näher herangerückt und sitzen auf der Bühne. Zwei Musiker haben ihre Blasinstrumente gegen Violinen ausgetauscht. In weiteren Szenen sieht man Jenny Steiner vor einer Palmenszenerie leichtbekleidet à la Josephine Baker im Bananenröckchen, dann nehmen zwei Grotesk-Tänzer den Moonwalk Michael Jacksons vorweg. Das alles wird begleitet von den Weintraubs

Syncopators, die mehrfach im Bild erscheinen. Immer wieder gibt es überraschende Überblendungen, besonders am Schluss, wenn viele klavierspielende Hände sich überlagern und in eine schwindelerregende Drehbewegung geraten. Danach aber sieht man noch einmal die Weintraubs, sie wiederholen den Schlager, mit dem der Film begonnen hatte. In seinem Beitrag für die von Heinz Barger herausgegebene Werbebroschüre bescheinigte Rudolf Nelson diesen Musikern: „Unser letztes Zusammensein gelegentlich der Aufnahmen zu meinem Tonfilm hat mir wieder einmal Gelegenheit gegeben, Euer ideen- und farbenreiches Spiel zu bewundern. Ich bin sicher, daß Eure Erfolge Euch über die ganze Welt führen werden." Tatsächlich standen die kurzen Streifen „Ein Tag Film" sowie „Und Nelson spielt…" am Beginn einer ganzen Reihe von Filmproduktionen mit den Weintraubs.

„Der blaue Engel" (1929/30)

Ihr nächster Film sollte der berühmteste werden. Nach finanziellen Einbußen mit der aufwändigen „Metropolis"-Produktion plante die Ufa ein gewinnbringendes Projekt mit Emil Jannings, einem der damals bekanntesten und bestbezahlten deutschen Schauspieler. Dieser schlug als Regisseur den aus Wien stammenden Josef von Sternberg vor, mit dem er in Hollywood bei „The Last Command" zusammengearbeitet und dafür 1928 einen Oscar erhalten hatte. Ein wichtiges Argument für die Wahl gerade dieses Regisseurs war außerdem, dass er bereits einen Tonfilm („Thunderbolt") produziert hatte. Im August 1929 kam Sternberg nach Berlin, um das gemeinsame Projekt mit Jannings vorzubereiten. Man einigte sich auf eine Verfilmung des 1905 erschienenen Romans „Professor Unrat oder Das Ende eines Tyrannen" von Heinrich Mann. Jannings sollte den strengen Gymnasialprofessor Rath spielen, der zur Kontrolle seiner Schüler die Lübecker Hafenkneipe „Der blaue Engel" besucht. Als dort die „Künstlerin" Rosa Fröhlich auftritt, verfällt er ihren Reizen. Sie lässt sich mit dem Professor ein, nutzt ihn aus, demütigt ihn und gibt ihn der Lächerlichkeit preis. Jannings hatte schon 1923 mit Heinrich Mann über eine mögliche Verfilmung dieses Romans gesprochen. Der Autor war mit dieser Idee einverstanden. Er stimmte auch zu, als Sternberg ihn fragte, ob er den Film ▹ „Der blaue Engel" nennen, Szenen streichen und hinzufügen dürfe.

Inspiriert durch Frank Wedekinds Bühnengestalt Lulu gab der Regisseur der weiblichen Hauptfigur den Namen Lola Lola.[84] Heinrich Mann hatte für diese Rolle eigentlich Trude Hesterberg anvisiert.[85] Sternberg hatte jedoch andere Vorstellungen von einer verführerischen Frau. Viel besser gefiel ihm die Schauspielerin Lucie Mannheim, die bereits mit den Filmregisseuren Georg Wilhelm Pabst und Friedrich Wilhelm Murnau und außerdem mit Nelson und Hollaender in Kabarett-Revuen erfolgreich zusammengearbeitet hatte. Als Sternberg sie zu Probeaufnahmen einlud, erbat sich die Schauspielerin Friedrich Hollaender als Klavierbegleiter. Sternberg war von beiden Künstlern beeindruckt. Hollaender engagierte er auf der Stelle für die Filmmusik. Die Schauspielerin empfand er als charmant und schlagfertig; jedoch entsprach sie nicht ganz seiner Vorstellung, weshalb er weitersuchte.

Der Regisseur hatte bereits fast alle anderen Mitwirkenden engagiert. Einige von ihnen, so Rosa Valetti, Hans Albers und Kurt Gerron, verfügten über Kabarett-Erfahrungen. Nun fehlte nur noch die Darstellerin der Lola. Als Sternberg in einem Besetzungskatalog ein Foto von Marlene Dietrich entdeckte, hielt er es zunächst für uninteressant. Die Revue „Zwei Krawatten", die am 5. September mit Musik von Mischa Spoliansky Premiere hatte, vermittelte ihm einen besseren Eindruck. Obwohl die junge Schauspielerin hier an der Seite von Hans Albers nur einen einzigen Satz zu sprechen hatte, faszinierte sie ihn. Ihr Aussehen entsprach genau seiner Vorstellung. Die Kandidatin war jedoch skeptisch und forderte den Regisseur auf, sich ihre letzten Filme anzusehen. Für Sternberg waren es Enttäuschungen: „Auf der Leinwand war sie eine linkische, unattraktive Frau."[86] Da sie aber bei der Revue ganz anders gewirkt hatte, lud er die Schauspielerin ebenfalls zu einer Probeaufnahme ein. Er bat Friedrich Hollaender, auch diese Bewerberin am Klavier zu begleiten. Marlene Dietrich wollte ursprünglich Geigerin werden, hatte ihr Musikstudium aber wegen einer Entzündung abbrechen müssen und war dann zum Theater übergewechselt. Ihre musikalischen Fähigkeiten hatten in ihrer Bühnenlaufbahn zunächst keine erkennbare Rolle gespielt. 1928 aber durfte sie in der Spoliansky-Revue „Es liegt in der Luft" mit Margo Lion und Oskar Karlweis das Chanson „Wenn die beste Freundin mit der besten Freundin" singen. Noch im gleichen Jahr entstand davon eine Electrola-Schallplatte.

Wie Josef von Sternberg berichtet, erschien die Kandidatin völlig unvorbereitet zur Probeaufnahme. Er schickte sie in die Garderobe, wo sie ihre Straßenkleidung mit einem glitzernden Paillettenkleid vertauschte. „Dann warf ich sie in das Feuer meiner Konzeption und verschmolz ihr Bild mit meinem."[87] Die Schauspielerin, so Sternberg im Rückblick, habe alle seine Vorschläge sofort befolgt und sei dadurch zum Leben erwacht. Die dritte ▹ Probeaufnahme hat sich erhalten. Als der Regisseur sie um ein englischsprachiges Lied bittet, schlägt sie den Song „You're the Cream in My Coffee" vor. Mit Hollaender war das nicht abgesprochen. Da er sich an diesen Titel nicht gleich erinnert, spielt Marlene ihm die ersten Töne auf dem Klavier vor. Dann löscht sie ihre Zigarette und beginnt in die Kamera blickend zu singen. Hollaender verspielt sich nach der ersten Melodiephrase, worauf sie abbricht. Den Pianisten kanzelt sie mit den Worten ab: „Soll Musik sein, ja?" Sie nimmt noch einmal die Zigarette zur Hand und fordert: „No mal!" Hollaender beginnt erneut. Als er an der gleichen Stelle steckenbleibt, fährt die Sängerin ihn wütend an: „Mensch! Was fällt dir eigentlich ein? Soll das Klavierspielen sein? Zu dem Dreck soll ich singen? Gehört an 'nen Waschtrog, aber nicht hier, verstehste? Dussel!" Herrisch fordert sie den wortlosen Pianisten auf, es erneut zu versuchen. Als auch der dritte Versuch misslingt, ruft sie ihm zu: „Himmelherrgott, an dir ist wohl 'n Genie verlorengegangen. Wegen dir muss ich jetzt noch mal den ollen Quatsch singen." Über die Tastatur steigt sie dann auf das Klavier, zieht sich oben sitzend die Nylonstrümpfe hoch und droht nach unten: „Wenn du jetzt aber falsch spielst, dann gibt's einen Tritt." Mit gekreuzten Beinen singt sie Hugo Hirschs

Operettenschlager „Wer wird denn weinen, wenn man auseinandergeht", den dann auch Friedrich Hollaender fehlerlos spielt. Ihm dürfte diese erste Zusammenarbeit mit der jungen Schauspielerin wenig gefallen haben. Sternberg aber war begeistert. Genauso grob, respektlos und ordinär hatte er sich seine Lola vorgestellt. Mit Marlene Dietrich hatte er offenbar eine talentierte und selbstbewusste Schauspielerin gefunden, die sich auch neben berühmten Männern behaupten konnte. Ihre Auseinandersetzung mit dem Pianisten hatte ihm besonders gepasst, weshalb sie auch in der dritten Probeaufnahme wiederkehrt. Am Schluss murmelt Marlene etwas, was wie „Entschuldigung" klingt. Offenbar war ihr selbst nicht ganz wohl bei dieser demonstrativen Grobheit gegenüber Friedrich Hollaender.

Für das übrige Produktionsteam war jedoch Lucie Mannheim weiterhin die Wunschkandidatin. Davon ließen die Verantwortlichen sich auch nicht abbringen, als ihnen Sternberg die Probeaufnahmen mit Marlene Dietrich zeigte. Nur dank der Unterstützung durch den Produzenten Erich Pommer konnte sich der Regisseur schließlich durchsetzen. Dieser Lola-Darstellerin wurde allerdings nur ein Honorar von 5.000 Dollar zugestanden, ein Bruchteil der 70.000 Mark für Emil Jannings.[88] Friedrich Hollaender erfuhr bereits vor der Dietrich von dieser Rollenentscheidung. In seinen Memoiren berichtet er, dass er die Schauspielerin noch am selben Abend in einem Nachtcafé entdeckte: „Ich wollte sie eigentlich noch ein bisschen zappeln lassen, aber ich hielt es nicht mehr aus. Zwei Fragezeichen, in zwei angstvoll aufgerissenen Augen –, mehr war nicht drin, in mir. Ich eilte an ihren Tisch, flüsterte ihr das süße Geheimnis ins Ohr."[89] Marlene hatte nicht damit gerechnet, dass sie die Rolle bekommen solle. Sie fiel aus allen Wolken und bestellte sofort Unmengen von Sekt. Dann fragte sie den Komponisten, ob es in dem Film auch Songs für sie geben würde. „Kann sein", antwortete dieser. Er hatte sich dazu noch keine Gedanken gemacht, hatte er doch ebenfalls erst kurz zuvor erfahren, dass er die Filmmusik schreiben sollte.

„Der blaue Engel" machte Friedrich Hollaender zum Filmmusik-Komponisten. Als Heinz Barger von dem Engagement erfuhr, empfahl er ihm sofort die Weintraubs Syncopators. „Meine erste Arbeit als Manager bestand darin, dass ich meinen Freund Hollaender aufsuchte und ihm auseinandersetzte, dass kein Orchester der Welt seine Filmmusik besser interpretieren könnte als seine Weintraubs. Hollaender gestand, dass ihm genau dieselbe Idee auch schon gekommen sei. Die UFA gab ihren Segen."[90]

Ein „Schimmel" setzt sich durch

Aber zuvor musste die Musik erst komponiert werden. Sternberg hatte den bewährten Filmautor Robert Liebmann beauftragt, seinen Wünschen entsprechend zusammen mit Carl Zuckmayer und Karl Gustav Vollmoeller das Drehbuch zu schreiben. Von August bis Oktober 1929 entstanden drei Fassungen. Dort wurde auch festgelegt, an welcher Stelle Musik erklingen sollte. Als Schauplatz von Liedgesang kam in erster Linie die Hafenkneipe „Der blaue Engel" in Frage. Für Lolas ersten Auftritt dort dichtete Liebmann die Anfangszeilen „Lola, Lola, das ist Rasse für sich, alle fliegen auf mich", gefolgt vom Refrain:

Ich bin die fesche Lola, der Liebling der Saison
Ich hab' ein Pianola zu Haus' in mein' Salon
Ich bin die fesche Lola, mich liebt ein jeder Mann
Doch an mein Pianola, da lass ich keinen ran

Friedrich Hollaender veränderte den Text noch einmal und vertonte ihn als flotten Foxtrott. Dann fuhr er zu Erich Pommer, um ihm in dessen Büro in der Kochstraße das Ergebnis vorzustellen. Er selbst fand das Lied „entsetzlich" und meinte, damit „mühelos den Oscar für Vulgarität" einheimsen zu dürfen. Aber der Produzent war zufrieden und holte gleich Zuckmayer, Sternberg und den Filmarchitekten hinzu. Ihnen spielte Hollaender dann die zweite Strophe vor, wo es im Refrain heißt:

Und will mich wer begleiten da unten aus dem Saal
Dem hau' ich in die Seiten und tret' ihm aufs Pedal

Der Komponist schämte sich ein wenig für den ordinären Text, den er ironisch als „vornehm, geschmackvoll und elegant" apostrophierte. Daraufhin vertonte er ein weiteres Lola-Lied, das Liebmann zusammen mit Richard Rillo verfasst hatte. Hier der Refrain:

Nimm dich in Acht vor blonden Frau'n
Sie haben so etwas Gewisses!
Ist ihnen nicht gleich anzuschauen
Aber irgend etwas ist es!
Ein kleines Blickgeplänkel sei erlaubt dir!
Doch denke immer: Achtung vor dem Raubtier

Es folgten noch „Kinder, heut' Abend, da such' ich mir was aus!" und ein eigenes Chanson für Lolas Kneipenkollegin Gustl („Oben, unten, / vorne, hinten, / rechts und links"). Fast alle diese Lieder komponierte Hollaender als Foxtrotts. Mit seiner Arbeit war er zufrieden. „Jetzt hatten wir schon ganz schönes ‚Milieu'."[91] Erich Pommer vermisste jedoch eine sentimentale Nummer. Dem Komponisten rief er aufmunternd zu: „Na, Fritzchen? Schnulzen kannst du doch!" Da die Darstellerin der Lola dieses Lied ebenfalls vortragen sollte, fragte sich Hollaender: „Was singt so eine Lola? Einen Tango? Zu geschniegelt! Schade: Tangos liegen mir so gut." Viele Gedanken wanderten ihm durch den Kopf, bis sie schließlich bei einem langsamen Walzer hängenblieben. „Darf eben nicht kompliziert sein, muß die Einfachheit selber sein." Eine schlichte Melodie, geboren aus einer abwärts sequenzierten Dreitonfolge, war für den Refrain schließlich gefunden. Nun fehlte nur noch der Text, den der Komponist rasch selbst improvisierte. Ausgehend von den Worten „gar nichts" kam er zu diesen Zeilen:

Ich bin von Kopf bis Fuß auf Liebe eingestellt
Denn das ist meine Welt
Und sonst gar nichts
Das ist, was soll ich machen, meine Natur
Ich kann halt lieben nur
Und sonst gar nichts

Seinen Melodie- und Text-Entwurf zu der gewünschten sentimentalen Nummer stellte Hollaender dem Produktionsteam vor. Neben Jannings und Marlene war auch Heinrich Mann erschienen. Ihnen spielte und sang der Komponist dieses Lied mit tausend Entschuldigungen vor, es sei ja nur ein erster Entwurf, ein „Schimmel". Aber alle klatschten Beifall. Emil Jannings rief begeistert: „Wat heißt hier Schimmel? Det is er!"[92]

Verhöhnung des Spießbürgers

Nachdem die Besetzung feststand, und auch das Drehbuch und die Lieder fertig waren, konnten am 4. November die Dreharbeiten in den neuen, eigens für Tonfilme gebauten Babelsberger Studios beginnen. Parallel zur deutschen Originalfassung entstand für den amerikanischen Markt eine englische Version. Die Arbeiten starteten jeden Morgen um 7 Uhr, was für viele Mitwirkende eine Herausforderung darstellte. Marlene Dietrich hatte abends noch Theatervorstellungen zu absolvieren.[93]

Zur Produktion dieses Tonfilms tauchten immer wieder Neugierige am Set auf. „Die Bühne für den ‚Blauen Engel' war ein Bahnhof", erinnert sich Josef von Sternberg. „Es wimmelte von Besuchern, die alle nichts von den Problemen des Regisseurs ahnten. Alles was in Berlin Rang und Namen hatte, erschien früher oder später bei mir im Studio."[94] Interessiert zeigten sich nicht nur Journalisten, Schriftsteller und Schauspieler, sondern auch Prominente wie Max Reinhardt und George Grosz. Buster Keaton, der gerade Berlin besuchte, setzte sich neben Hollaender ans Klavier und schaute ihm auf die Finger. „Das schöne, steinernste Gesicht zog die Augenbrauen einen ganzen Zentimeter in die Höhe, als sähe er weiße Mäuse auf den Tasten."[95] Marlene Dietrich erinnerte sich an ihre frühen Jahre als Violinstudentin. So nahm sie Arno Olewskis Geige und spielte auf dem Flügel sitzend darauf.

So entstand ein Tonfilm, in dem die Musik eine wesentliche Rolle spielt. Schon im Vorspann stellt sie den Grundkonflikt vor, den Gegensatz von bürgerlicher Moral und freier Sinnlichkeit. Denn das Orchestervorspiel exponiert neben dem Hauptschlager „Ich bin von Kopf bis Fuß auf Liebe eingestellt" die Melodie zu dem Lied „Üb immer Treu und Redlichkeit", das seit 1797 vom Glockenturm der Potsdamer Garnisonskirche ertönte. Die Tonfolge stammte von Wolfgang Amadeus Mozart, der Text von Friedrich Hölty.

Üb' immer Treu und Redlichkeit
Bis an dein kühles Grab
Und weiche keinen Finger breit
Von Gottes Wegen ab

Diese Melodie stellt eine passende Film-Einleitung dar, ist sie doch bereits doppeldeutig. Man assoziiert mit ihr nicht nur die preußischen Tugenden. Mit den Worten „Ein Mädchen und ein Weibchen wünscht Papageno sich" sehnt sich in Mozarts „Zauberflöte" zu eben dieser Melodie der Vogelfänger nach einer Frau und vergleicht sie mit seinen Vögeln. Diese Tonfolge verkörpert damit bereits den inneren Zwiespalt des Gymnasiallehrers Emanuel Rath zwischen Pflichtgefühl und Lebens- und Liebeslust. Der Konflikt kommt allerdings nicht offen zur Sprache, da die Melodie ohne Text erklingt und so ambivalent bleibt.

Der Film beginnt mit dem Erwachen der Stadt. Professor Rath erhält von seiner Zimmerwirtin das Frühstück. Der Junggeselle liebt seinen Kanarienvogel, dem er die Melodie des romantischen Liebeslieds „Ach, wie ist's möglich dann, dass ich dich lassen kann" zuflötet. Dann erst entdeckt er, dass der Vogel stumm und tot im Käfig liegt. Bevor Rath das Klassenzimmer betritt, erklingt um 8 Uhr vom Kirchturm die bekannte Glockenspielmelodie. Während einer Klassenarbeit hört man von draußen einen Mädchenchor mit dem alten Volkslied „Ännchen von Tharau ist's, die mir gefällt". Einen scharfen Kontrast zu diesen Traditionselementen der Bürgerwelt bildet die aufreizende Lola-Postkarte, die

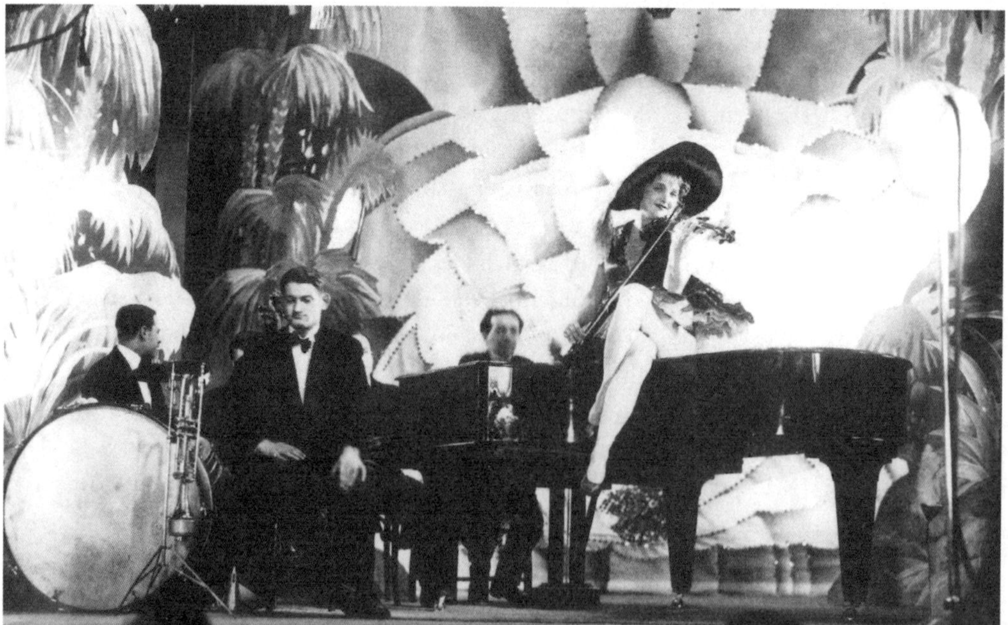

„Der blaue Engel" (1929/30): Marlene Dietrich spielt in einer Drehpause auf der Geige von Arno Olewski.

der Lehrer bei einem Schüler entdeckt. Sein Musterschüler verrät ihm, dass viele Gymnasiasten regelmäßig im „Blauen Engel“ verkehren. Mit einer Mischung aus Abscheu und Faszination betrachtet Rath die beschlagnahmten Bilder.

Sodann blendet der Film in die unbürgerliche Gegenwelt der Hafenkneipe ein. Eine Musikkapelle, dargestellt von den Weintraubs, intoniert hier das Auftrittslied der feschen Lola, bis Marlene Dietrich den Refrain singt. Das Ganze ist bewusst ordinär dargestellt. Laut ruft ein Kellner dazwischen: „Eisbein mit Sauerkraut!“ Lola kehrt danach zu ihren biertrinkenden Kolleginnen zurück. Rath ist unterwegs zum „Blauen Engel“, während im Hintergrund jemand das Volkslied vom treuen Husaren singt. In der Kneipe trägt Guste (Rosa Valetti), die Frau des Zauberkünstlers und Direktors (Kurt Gerron), ein neues Lied vor. Rath ist inzwischen dort angekommen, um seine Schüler zu kontrollieren. Aber ebenso treibt ihn die Neugier, jene Lola selbst zu sehen. Diese hat sich inzwischen umgezogen und singt ebenfalls das Lied der Guste: „Kinder, heut’ Abend, da such’ ich mir was aus, einen Mann, einen richtigen Mann! Kinder, die Jungs häng’n mir schon zum Halse raus, einen Mann, einen richtigen Mann! Einen Mann, dem das Herze noch in Lieb’ erglüht, einen Mann, dem das Feuer aus den Augen sprüht!“

Auf der Jagd nach männlichen Opfern richtet Lola einen Suchscheinwerfer ins Publikum. Sie dreht ihn hin und her und lässt den Lichtkegel schließlich auf dem Professor stehen. Dass dieser für sie aber keineswegs der Mann ist, „dem das Herze noch in Lieb’ erglüht“, unterstreicht sie durch übertrieben pathetischen Gesang. Der Professor lässt sich davon zunächst nicht beeindrucken. Als Amtsperson sucht er auch in den hinteren Nebenräumen nach seinen Zöglingen, während auf der Bühne ein orientalischer Tanz gezeigt wird, von Horst Graff auf der Oboe und von Stefan Weintraub auf der Handtrommel begleitet. Nach einer peinlichen Begegnung mit Lola in ihrer Garderobe sucht Rath weiter nach den Schülern. Als pflichtbewusster Beamter, wieder eingeleitet durch das Glockensignal, leitet er am nächsten Morgen den Unterricht. Abends jedoch geht er erneut in den „Blauen Engel“, um seinen dort vergessenen Hut abzuholen. Bei seiner Ankunft hört man Guste mit ihrem „Oben, unten“-Walzerlied. In Lolas Garderobe gerät Rath immer mehr in erotische Verwirrung. Er erleidet einen Kollaps und muss sich bei einem Getränk erholen. Dann geleitet ihn der Direktor auf den Balkon der Fremdenloge. Lola hat inzwischen ihr Hauptlied begonnen: „Ich bin von Kopf bis Fuß auf Liebe eingestellt“. Nach der Refrain-Zeile „Das ist, was soll ich machen, meine Natur“, unterbricht der Direktor den Gesang abrupt, um den Professor als Ehrengast vorzustellen. Rath wird durch Zurufe aus dem Publikum begrüßt. Danach setzt Lola ihren Vortrag fort, betont lasziv auf einem Fass sitzend, immer mit Blick auf den Professor.

Männer umschwirr’n mich
Wie Motten um das Licht
Und wenn sie verbrennen
Ja dafür kann ich nicht

Dass diese Lola ihre Freier, die sie mit Insekten vergleicht, eigentlich verachtet, nimmt der alkoholisierte Lehrer nicht mehr wahr. Verklärt lächelnd blickt er auf die Sängerin, deren Lied er als Liebeserklärung versteht. Für Momente sieht man dazwischen am Bühnenrand einzelne Mitglieder der Weintraubs, so Kurt Kaiser an der Klarinette. Am nächsten Morgen, wenn wieder die Glockenspielmelodie zu Treu und Redlichkeit aufruft, kommt der Professor zu spät zum Unterricht. Obwohl die Schüler sich über ihn lustig machen, lässt der Gedanke an Lola ihn nicht mehr los. Als Rath sich auch gegenüber dem Direktor zu dieser Frau bekennt, verliert er seine Stellung als Lehrer. Zu Lolas Überraschung besucht er sie mit einem Blumenstrauß und macht ihr einen Heiratsantrag. Tatsächlich wird mit Mendelssohns „Hochzeitsmarsch" und einem gemeinsam gesungenen „Hoch soll'n sie leben" die Ehe besiegelt. Der Professor verlässt nun mit der Artistentruppe die Stadt. Da er selbst kein Artist ist, verkauft er Werbepostkarten. In einem anderen Etablissement singt Lola zum ersten Mal ihren Foxtrott-Song „Nimm dich in acht vor blonden Frau'n". Sie sitzt dabei auf dem Flügel und wird von Friedrich Hollaender und fünf Weintraubs begleitet. Für Rath kommt die Warnung vor der Frau als Raubtier zu spät, denn er ist seiner Gattin rettungslos verfallen.

Nach fünf Jahren kehrt die Truppe in die Heimatstadt des Professors zurück und gastiert wieder im „Blauen Engel". Die Kneipe ist überfüllt, denn die Werbung hatte die Mitwirkung des einstigen Gymnasiallehrers besonders hervorgehoben. Nach dem Auftritt einer hüfteschwenkenden Girlstruppe beginnt Lola wieder ihr Lied „Nimm dich in acht vor blonden Frau'n". Während sie mit einem anderen Mann flirtet, wird der Professor für seinen Auftritt vorbereitet und als Clown maskiert. Obwohl Rath sich weigert, kündigt ihn der Direktor als Attraktion an und schleppt ihn dann auf die Bühne. Rath ist aber nicht bereit, als eierlegendes „Huhn" mitzuwirken. Mit einem langen und verzweifelten Kikeriki-Schrei verlässt er die Bühne. Als er in der Garderobe versucht, Lola zu erwürgen, wird er in eine Zwangsjacke gesteckt. Nach längerem Warten verlässt Rath heimlich das Gebäude, während Lola noch einmal ihr „Ich bin von Kopf bis Fuß" anstimmt, jetzt nicht mehr verführerisch, sondern drohend kalt und brutal.

Mit schwankenden Schritten geht Professor Rath durch die verschneite Stadt zu seiner alten Schule, wo ihm trotz der nächtlichen Stunde der Hausmeister öffnet. In gespenstischer Stille steigt der ehemalige Lehrer die dunkle Treppe hoch und betritt sein Klassenzimmer. Während er mühsam nach vorn schreitet, erklingt ein einzelnes Motiv aus dem Lied „Üb' immer Treu und Redlichkeit", eben jener Ausschnitt, zu welchem die Worte „bis an dein kühles Grab" gehören. Dieses Motiv wird in sehr langsamem Tempo gespielt und, unterbrochen von einem langen Geigenton mit pochenden Bässen, mehrfach sequenziert. Inzwischen hat der Professor das Pult erreicht, wo er tot zusammenbricht. Zum Abschluss spielt das Orchester feierlich und vollständig die bekannte Glockenspielmelodie. Es ist das Hohelied der Bürgermoral, einer verknöcherten Moral, die dem Angriff der Triebwelt nicht standhielt. Zwölf Glockenschläge künden die Mitternachtsstunde, während das Licht verlöscht.

Josef von Sternberg hatte die Probeaufnahme mit Marlene Dietrich dem Hollywood-Produzenten Ben Schulberg gezeigt.[96] Dieser regte den Generaldirektor der Paramount an, sich in Berlin mit der Schauspielerin zu treffen. Die Ufa, welche sie nur auf Drängen des Regisseurs engagiert hatte, war nicht interessiert an einer weiteren Zusammenarbeit mit ihr. So folgte die Künstlerin dem Angebot aus Hollywood und unterzeichnete am 13. Februar einen Vertrag mit der Paramount. Am 1. April fand im Gloria-Palast an der Kaiser-Wilhelm-Gedächtnis-Kirche die Premiere des „Blauen Engel" statt. Obwohl die Plakate vor allem Emil Jannings zeigten, wurde es auch für Marlene Dietrich ein Riesenerfolg. Unmittelbar nach der Premiere reiste sie noch am späten Abend in die USA ab. Die Rezensenten stritten sich, wie legitim die freie Romanbearbeitung sei. Dennoch waren die 1.200 Sitzplätze des Gloria-Palasts über Wochen ausverkauft. Auf großes Interesse stießen ebenso die Schallplatten mit den Filmsongs; Heinrich Manns bislang wenig beachteter Roman musste in Neuauflagen nachgedruckt werden.

Als im Januar 1931 Hollaenders neues „Tingel-Tangel"-Kabarett seine Premiere feierte, kreuzte überraschend die aus Hollywood angereiste Marlene Dietrich auf. In der Pause stellte sie sich plötzlich an den Flügel, begrüßte Hollaender und sang dann „Ich bin von Kopf bis Fuß auf Liebe eingestellt". Dem Komponisten blieb nichts anderes übrig, als sie am Klavier zu begleiten. Während das Publikum den Filmstar umjubelte, waren die Kollegen und Kolleginnen verwirrt. Dass sie damit das Premieren-Programm durcheinanderbrachte, schien Marlene Dietrich nicht zu stören.[97] Auch in ihren Memoiren hat sie den Komponisten Friedrich Hollaender und die Weintraubs Syncopators nur knapp gewürdigt.

Weitere Filme (1930–1931)

Die Ufa hatte bereits im Dezember 1929 mit „Die Nacht gehört uns" ihren ersten Tonfilm präsentiert; zu den Attraktionen gehörte hier neben Hans Albers als Rennfahrer eine Damen-Jazzband. Am 7. Februar 1930 war der von Erich Pommer produzierte Spielfilm „Liebeswalzer" in die Kinos gekommen. In dieser Romanze des österreichischen Regisseurs Willi Thiele, die aus der unruhigen Gegenwart in die „gute alte Zeit" der österreichisch-ungarischen Doppelmonarchie zurückkehrte, spielte Lilian Harvey eine Prinzessin und Willy Fritsch den Sekretär eines Erzherzogs. Die Musik Werner Richard Heymanns wurde ausgeführt vom Paul Godwin Orchester, den Weintraubs Syncopators und dem ihnen vertrauten Sänger Austin Egen. Zumindest mit dem Titel „Okay, o käme doch …", den sie auch für die Schallplatte aufnahmen, dürften die Weintraubs im Film vertreten sein. Schon bald nach der deutschen Premiere wurde diese auch wirtschaftlich sehr erfolgreiche erste deutsche Tonfilm-Operette im Ausland gezeigt. Merkwürdigerweise ist sie heute verschollen.

Im Juni, nach Auftritten auf dem Dachgarten des Karstadt-Kaufhauses Berlin-Neukölln, dem damals größten Warenhaus Europas, beteiligten sich die Weintraubs an dem Film ▹ „Das Kabinett des Dr. Larifari". Der aus Dänemark stammende Kabarettist und

Sänger Max Hansen, mit dem sie schon bei „Fräulein Mama“ aufgetreten waren, hatte mit Paul Morgan und Carl Jöken das Drehbuch geschrieben. Morgan und Hansen, beide Mitbegründer des „Kabaretts der Komiker“, kannten die Film- und Operettenszene. Jöken hatte als Opernsänger begonnen und sich dann ebenfalls der Operette zugewandt. Das neue Projekt dieser drei Bühnenstars war eine Satire auf die Filmindustrie und dort vorherrschende Klischees. Zur Auseinandersetzung mit dem neuen Medium Tonfilm kam es damals vermehrt, beispielsweise in Fritz von Unruhs Drama „Phaea“, welches Max Reinhardt ab März 1930 am Deutschen Theater zeigte.[98] Hansen, Jöken und Morgan bezogen sich im Titel ihres Streifens wohl weniger auf Rosa Valettis zwei Jahre zuvor gegründetes Kabarett „Larifari“, als vielmehr auf den expressionistischen Horrorfilm „Das Kabinett des Dr. Caligari“ (1920). Während dieser in einer unbestimmten Vergangenheit spielte, reagierte der neue Film auf die Wirtschaftsprobleme der Gegenwart. Wie im „Blauen Engel“ wirkten die Weintraubs wieder als sichtbare Darsteller mit.

Die drei Hauptakteure Hansen, Jöken und Morgan stellen sich zu Beginn einzeln vor, jeder mit seinem richtigen Namen. Als Arbeitslose sprechen sie in einem Café über ihre weitere Zukunft. Ein Filmplakat „Das blonde Donaukind vom Rhein“ bringt sie auf die Idee, eine Tonfilmgesellschaft zu gründen. Man leiht sich Geld, mietet ein großes Büro und entwickelt kuriose Projekte. Unterdessen treffen bei der neuen Trio-Film-Gesellschaft Bewerbungen ein, etwa von einem Herrn namens Emil Jannings. Auch ein gewisser „Weintraubs“ bewirbt sich. Überrascht stellt das dreiköpfige Leitungsteam fest, dass es sich um eine Jazzband handelt. Die sieben elegant gekleideten Musiker bieten auf einer Bühne mit dem Wachsmann-Chanson „Ewige Liebe gibt's nur im Roman“ eine Probe ihres Könnens. Arno Olewski beginnt auf der gestopften Trompete die Melodie, die dann Horst Graff und Kurt Kaiser auf ihren Saxophonen übernehmen. Außerdem spielen Ansco Bruinier Sousaphon, Franz Wachsmann Klavier, Stefan Weintraub Vibraphon und Cyril Schulvater Banjo. Generaldirektor Max Hansen empfindet diese Hörprobe als „ganz nett“. „Aber es fehlt der Jazz-Appeal, der Toscanini. Mit einem Wort: Ich fehle.“ Er singt das Lied „Mein kleiner Bruder träumt von Ihnen Tag und Nacht“ von Robert Stolz, welches schon im Vorspann erklungen war, und dirigiert dabei die Jazzband. Aber Jöken und Morgan gönnen ihrem Chef diesen Erfolg nicht. Während die Band lebhafter wird und Hansen immer begeisterter wedelt, überreden die beiden hinter seinem Rücken die Musiker, nach und nach die Bühne zu verlassen. Zum Schluss, nachdem auch Bruinier abgezogen ist, bleibt nur noch Hansen zurück.

Da man für einen erfolgreichen Film auch schöne Frauen braucht, betreten die drei Produzenten schließlich das Kabinett des Dr. Larifari, einen Raum mit vielen Türen, aus denen jeweils einzelne Grazien heraustreten. Die fünfte Tür wird mit besonderer Spannung erwartet. Umso größer ist die Enttäuschung, als hier eine würdige Dame mit Hut und Mantel erscheint. Auf die Frage „Wer sind Sie? Was sind Sie?“ kommt die gesungene Antwort: „Ich bin von Kopf bis Fuß auf Liebe eingestellt.“ Es ist eine Schriftstellerin, deren Filmskript sogleich für das Familiendrama „Ehen, die im Sand verlaufen“ verwendet wird. Die Dreharbeiten geraten aus dem Ruder, da der Trio-Film das Geld ausgeht. So übernimmt der Generaldirektor persönlich die Tonregie, wobei er die Klangquellen verwechselt. Ähnlich wie im Vorjahr bei den Mikrophon-Problemen bei „Ein Tag Film" hört man den Mann plötzlich mit hoher Frauenstimme und das Kind im tiefen Bass. Allgemeines Chaos tritt ein. Das Gebäude bricht zusammen, das Firmenschild „Trio-Film" landet auf dem Müll und die drei Hauptdarsteller finden sich, wie zu Beginn, im Café wieder. Während ihr Blick auf das Plakat „Das blonde Donaukind vom Rhein" fällt, ertönt aus dem Radio der Schlager „Mein kleiner Bruder", von Max Hansen gesungen und von den Weintraubs gespielt.

Der Film entstand im Juni 1930 im Grunewald-Atelier Berlin, ergänzt um Außenaufnahmen am eindrucksvollen Ullstein-Haus in Tempelhof. Auf die Uraufführung am 1. August im Capitol am Zoo reagierte die Presse freundlich. Die Handlung sei „so offensichtlich parodistisch und nett gemacht, daß trotz einiger Breiten jedes Publikum Vergnügen daran haben kann".[99] Auch die *Berliner Börsenzeitung* regte Kürzungen an, lobte aber die Musik; die „Weintraub [sic] Syncopators bringen mit ihrem originellen musikalischen Können wirkliche künstlerische Höhepunkte in diesen Groteskfilm".[100] Da es kein kommerzieller Erfolg war, wurde die für die Produktion gegründete Trio-Film GmbH

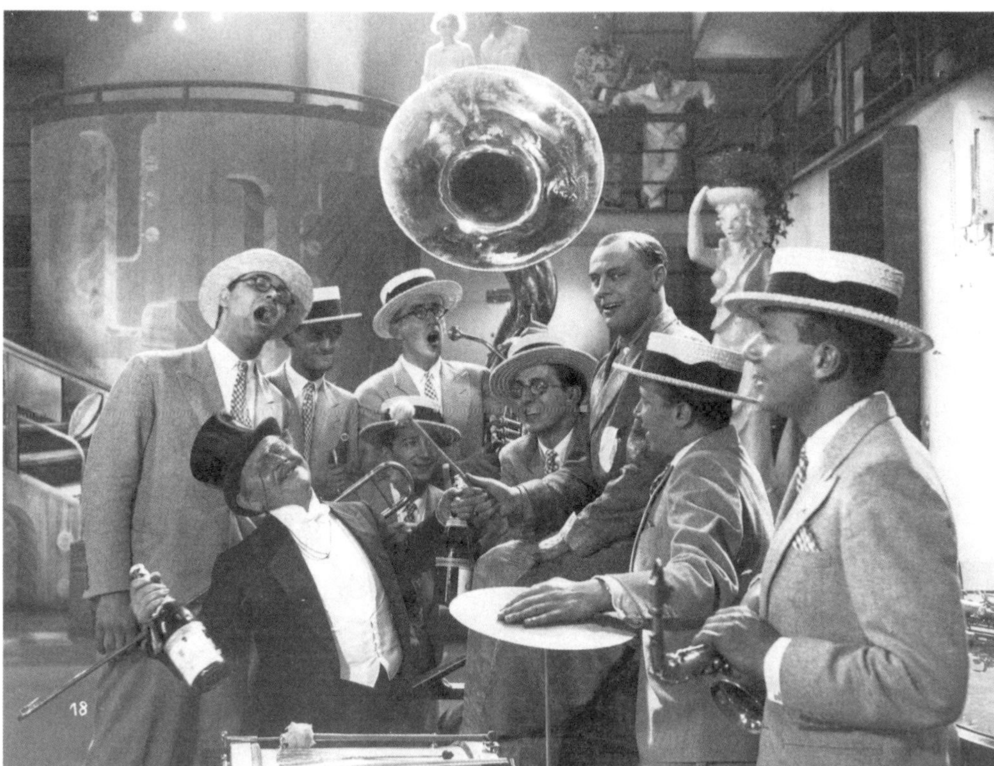

„Die zärtlichen Verwandten" (1930): Die Weintraubs mit Ralph Arthur Roberts und Harald Paulsen

wieder aufgelöst. Die Weintraubs entnahmen dem Projekt immerhin Anregungen für spätere Bühnenprogramme, etwa die Idee eines Musikwettstreits im Boxring und ebenso die „Verwechslung" von Klang und Tonquelle.

Vier Wochen später erlebte am 29. August im Berliner Universum-Kino der Film ▹ „Die zärtlichen Verwandten" seine Premiere. An den Dreharbeiten unter der Regie von Richard Oswald waren im Juli und August in den Ufa-Ateliers Neubabelsberg wieder die Weintraubs beteiligt gewesen. Es ist ein Lustspiel über lästige Gäste, die dem Ehepaar Linsemann (dargestellt von Harald Paulsen und Charlotte Ander) zum einjährigen Hochzeitstag ihren Besuch abstatten. Begleitet von den Weintraubs singen Felix Bressart und Ralph Arthur Roberts die Lieder „Wir sind die reizende, die goldige Verwandtschaft" und „Warum geht das Glück stets vorbei an mir?". Während die Gastgeber schon schlafen, dringen die Weintraubs nachts in deren moderne Villa ein. Lautstark begleiten sie Willy Rosen bei seinem Lied „Wenn heut' Nacht die Jazzband spielt". Die *Österreichische Film-Zeitung* lobte die Handlung als „überaus originell", während die *Berliner Börsenzeitung* von einem „sehr handfesten Schwank" sprach; kein Witz sei zu platt.

Von der musikalischen Ehekomödie „Einbrecher" (Regie: Hanns Schwarz) erhoffte sich die Ufa einen ähnlichen Erfolg wie bei der kurz davor entstandenen Tonfilmoperette „Die Drei von der Tankstelle", weshalb sie von dort die Besetzung mit Lilian Harvey, Willy Fritsch, Heinz Rühmann und Kurt Gerron übernahm. Wie bei den „Zärtlichen Verwandten" wirkte auch wieder Ralph Arthur Roberts mit. Während beim Tankstellen-Film Werner Richard Heymann die Musik geschrieben hatte, bekam jetzt Friedrich Hollaender diese Aufgabe. Für eine ausgelassene „Negerball"-Szene, aufgenommen im Palmensaal von Haus Vaterland[101], engagierte er den Jazzklarinettisten Sydney Bechet mit seiner schwarzen Band, im Film dirigiert vom dunkel geschminkten Franz Wachsmann. Den Pasodoble könnten möglicherweise die Weintraubs gespielt haben. Überliefert ist ein Foto mit dem Untertitel: Friedrich Holländer probt im Tonfilmatelier mit den Weintraubsynkopators den Schlager „Laß mich, laß mich deine Carmen sein". Im Vorspann zu diesem Film, der am 16. Dezember 1930 im Gloria-Palast uraufgeführt wurde, werden allerdings die Weintraubs Syncopators nicht genannt.

Auch im Vorspann zu dem experimentellen Tobis-Film „Das Lied vom Leben" des russischen Regisseurs Alexis Granowsky sind die Weintraubs nicht erwähnt. Franz Wachsmann, der die umfangreiche Filmmusik schuf und dirigierte, hatte als Komponisten der Songs Friedrich Hollaender und Hanns Eisler engagiert. Den Letzteren mag der als Textautor beschäftigte Walter Mehring vorgeschlagen haben, schließlich hatte Eisler für dessen Drama „Der Kaufmann von Berlin" die Bühnenmusik geschrieben. In einer Rezension für die *Rote Fahne* hatte Eisler die Hollaender-Revue „Bei uns um die Gedächtniskirche rum" als „langweiligen Schund" abgetan.[102] Die Sozialkritik von „Das Lied vom Leben" entsprach eher seinen Vorstellungen. Aus wirtschaftlicher Not heiratet eine junge Frau einen reichen Mann, erkennt aber schon während der Hochzeit die Verlogenheit dieser Ehe. Bei einem Selbstmordversuch wird sie von einem jungen Mann gerettet, der ihr den Sinn des Lebens erklärt und dann ihr Partner wird. Die Frau wird schwanger und kann ihr Baby nur mit Hilfe eines Kaiserschnitts zur Welt bringen. Diese Handlung wird nicht linear, sondern als komplexe Bildmontage erzählt. Stumme Außenaufnahmen vom Hamburger Hafen, von Hagenbecks Tierpark sowie aus der Entbindungsstation im Cecilienhaus Berlin-Charlottenburg wurden im Schubertsaal Berlin durch die Tonspur ergänzt. Die umfangreiche Musik dient als tönender Kommentar. So wird in der Filmpartitur Franz Wachsmanns die groteske Hochzeit durch einen Trauermarsch begleitet, ausgeführt von einem 25-köpfigen Orchester. Als Kommentare dienen aber vor allem die von Ernst Busch, Greta Keller und Leo Monosson gesungenen und von den Weintraubs Syncopators begleiteten Lieder nach Texten von Walter Mehring, Günter Weisenborn und Leo Hirsch.

Zu den Filmsongs gehört neben „Arbeitslied" (Eisler/Weisenborn, Hirsch), „Über das Seefahren" (Eisler/Mehring), „Kessel-Song" (Eisler/Mehring), „Paradiessong" (Als der Adam mit der Eva) (Hollaender/Mehring) und „Baby, wo ist mein Baby?" (Hollaender/Mehring) auch der „Song vom ersten Schrei" (Eisler/Mehring).[103] Hanns Eisler hat später dazu notiert: „Das Bild des Säuglings wurde von einer Ballade begleitet, in der beschrieben wurde, was auf das Kind alles wartet. Dadurch wurde Granowsky angeregt, auch solches im Bild zu zeigen." Dargestellt als Traum der Mutter sieht man zu den Worten „Wenn alles schreit, steh nicht beiseit" Aufnahmen vom sogenannten „Berliner Blutmai" 1929, bei dem die Polizei 33 Teilnehmer einer verbotenen KPD-Demonstration erschoss. Es entstand, so Eisler, „eine ausgezeichnete Montage von Bild und Ton, die damals große Aufmerksamkeit erregte, da sie sich grundlegend von der sonstigen Verwendung von Liedern im Film unterschied".[104] Recht unvermittelt folgen auf diese Lied-Montage Filmaufnahmen eines Elefantenbabys im Tierpark.

Der Film wurde im März 1931 fertiggestellt, musste aber wegen der realistischen Geburtsszene beträchtlich gekürzt werden. Anstoß nahm die Zensurbehörde auch an der Darstellung der Hochzeit, welche die Einrichtung der Ehe herabwürdige. In einer veränderten Fassung kam „Das Lied vom Leben" schließlich am 24. April im Mozartsaal Berlin zur Uraufführung. In den Presseveröffentlichungen tauchte Hanns Eisler nur unter dem Pseudonym H. Adams auf und blieben die Weintraubs Syncopators unerwähnt. Als einige Monate später eine dezidiert politische Revue „Wir sind ja sooo zufrieden" entstand, für die Hanns Eisler, Friedrich Hollaender und Kurt Weill die Musik beisteuerten, wurde ein Orchester namens „The red Syncopaters" angegeben.[105] Ob dabei Mitglieder der Weintraubs Syncopators mitwirkten, lässt sich nicht mehr feststellen.

Hinsichtlich eines politischen Engagements risikofreudiger als die Weintraubs war der aus der Pfalz stammende Ludwig Rüth, der mit seiner Lewis Ruth Band bei der Uraufführung der „Dreigroschenoper" mitgewirkt hatte. Seine Band spielte danach nicht nur bei „Die drei von der Tankstelle", sondern auch bei den politisch links engagierten Filmen „Kuhle Wampe" und „Niemandsland", beide mit Musik von Eisler. Als Darsteller beteiligte sich Rüth außerdem an dem Film „Die Fünf von der Jazzband", den Erich Engel, der Regisseur der „Dreigroschenoper", 1932 drehte. Theo Mackeben, der musikalische Leiter der „Dreigroschenoper"-Uraufführung, schuf die temporeiche Musik, die die Interpreten in diesem Film mit einer Akrobatik vorführten, wie man sie sonst nur von den Weintraubs kannte.[106] Eislers „Song vom ersten Schrei" fand auch unabhängig vom Film „Das Lied vom Leben" Verbreitung. Er wurde unter dem Titel „Anrede an ein neugeborenes Kind" veröffentlicht und mag die Anregung gegeben haben zu Eislers 1932 entstandenen „Wiegenliedern einer proletarischen Mutter", zu denen Bertolt Brecht den Text geschrieben hatte.

Gastspiele und Tourneen

„Die Weintraubs – Prototyp des neuen Musikers"

Wie Heinz Barger später berichtete, verhalf er den Weintraubs als neuer Manager sofort zu einer Tournee durch Berliner Lichtspielhäuser. „Damals brachten ja die Kinos, die etwas auf sich hielten, neben der Filmvorführung regelmäßig auch eine Bühnenschau. Die Weintraubs kamen beim breiten Publikum im Kino genauso gut an wie zuvor in der intimen Atmosphäre der Hollaender-Revuen."[107] Es gab 1928 in Berlin etwa 400 Kinos mit Sitzplätzen für insgesamt 150.000 Besucher. Die Weintraubs gastierten nur in den größeren Häusern. Als Barger um 1930 eine Werbebroschüre zusammenstellte, erwähnte er dort Auftritte im Ufa-Palast am Zoo, dem größten Kino Berlins, sowie im Universum am Lehniner Platz, in den Kammerlichtspielen, dem Alhambra am Kurfürstendamm 68, dem 1.400 Plätze umfassenden Piccadilly in der Bismarckstraße gegenüber der Städtischen Oper, im Wilmersdorfer Großkino Beba-Palast mit über 2.000 Plätzen und dem Neuköllner Mercedes-Palast mit sogar 2.300 Sitzplätzen. Auch auf der geräumigen Bühne des Phoebus-Palasts im Europa-Haus am Anhalter Bahnhof und im Germania-Palast an der Wilmersdorfer Straße traten die Weintraubs auf.[108] Zu weiteren Berliner Kinos, wo sie zu erleben waren, gehörten Elysium (Prenzlauer Berg), Filmeck, Luisen-Theater und Palladium (Kreuzberg), Luna-Lichtspiele (Schöneberg), Primus-Palast (Neukölln), Schloßpark und Titania-Palast (Steglitz), Mali (Mariendorf) und Cosmos (Tegel).[109] Die Weintraubs waren so begehrt, dass sie an manchen Tagen nacheinander in mehreren Lichtspielhäusern gastierten. John Kaiser zufolge wiederholten sie an einem Sonntag ihre Bühnenshow in zwei verschiedenen Kinos neun Mal: „Nach dem vierten Male wussten wir schon kaum noch, ob wir von Pankow nach dem Kurfürstendamm oder umgekehrt rasen sollten. Wir hatten alle die Instrumente in unseren Autos mit uns herumzuschleppen."[110]

Zwischen ihren zahlreichen Auftritten in Berliner Theatern, Varietés, Kinos, Hotels (Adlon, Bristol, Kaiserhof, Esplanade, Central etc.) sowie bei diversen Tanzveranstaltungen unternahmen die Weintraubs auch auswärtige Gastspiele. Nach einem Engagement im Berliner „Kabarett der Komiker" (KadeKo) reisten sie im Frühjahr 1928 mit Künstlern des KadeKo – darunter Willy Schaeffers, Rosa Valetti und Kate Kühl – nach Mannheim, Frankfurt und Wiesbaden. Ab 13. Mai traten sie im Städtischen Schauspielhaus Frankfurt auf. Zusammen mit Kate Kühl besuchten sie von dort aus bei einer Autofahrt auf den Feldberg das Alte Feldberghaus, in dessen Gästebuch sie ihre Autogramme hinterließen, ergänzt durch Skizzen ihrer Hauptinstrumente.[111] So zeichnete Franz Wachsmann einen Flügel, Kurt Kaiser eine Posaune, Paul Aronovici ein Banjo, Ansco Bruinier eine Trompete, Horst Graff ein Saxophon, Stefan Weintraub sein Schlagzeug und Kate Kühl, die drei Monate später bei der Berliner Uraufführung der „Dreigroschenoper" mitwirkte, eine Ukulele.

Es finden sich in den Werbebroschüren der Weintraubs umfangreiche Listen ihrer absolvierten Engagements. Aus ihr sind die jeweiligen Orte zu entnehmen, nicht aber die Termine. Auch über den Ablauf der Tourneen weiß man nur wenig. Der Bericht Friedrich Hollaenders über das Kopenhagen-Gastspiel vom Oktober 1928 gehört zu den Ausnahmen. Im Sommer 1929 sollen die Weintraubs in den Ostsee-Badeorten Zinnowitz und Koserow und im Oktober bei einer kurzen Europa-Tournee auch im Leipziger Kristallpalast[112] aufgetreten sein. Im Frühjahr 1930 kam es zu einer längeren Gastspielreise in der Besetzung mit Arno Olewski, Kurt Kaiser, Horst Graff, Marcel de Ridder, Cyril Schulvater, Ansco Bruinier und Stefan Weintraub. Sie begann im Februar mit einem vierwöchigen Engagement im Hamburger Hansa-Theater, einem 1893 gegründeten Privattheater am Steindamm, das sich seit einem Umbau 1927 noch stärker zu einem klassischen Varieté-Theater entwickelt hatte. Obwohl man hier internationale Gäste wie Hans Albers und Josephine Baker gewöhnt war, machte der Auftritt der Weintraubs einen Hamburger Kritiker „fassungslos ob der verblüffenden Virtuosität, mit der die sechs verteufelten Burschen dreißig Instrumente beherrschen", darunter das neuartige Radiotone. So gespielt bekomme man ganz neuen Respekt vor dem amerikanischen Jazz mit seinen modernen Rhythmen. Nicht nur dem Ohr werde etwas geboten, sondern ebenso dem Auge.

Nach vier Wochen in Hamburg begann am 1. März 1930 ein Gastspiel im Albert-Schumann-Theater Frankfurt. Zwischen den Auftritten in diesem großen Haus gegenüber dem Hauptbahnhof spielten die Weintraubs im nahegelegenen Carlton Hotel. Die *Frankfurter Zeitung* sprach von einem „Kollektiv des musikalischen Clowns [...] Bisweilen wagt man an Chaplin zu denken." Auch in Mannheim, wo sie für drei Tage im Kabarett Libelle auftraten, hinterließen sie starken Eindruck. „Die Weintraubs sind Prototyp des neuen Musikers", schrieb Karl Laux in der *Neuen Badischen Landeszeitung*. „Er ist nicht mehr der Laune des Kapellmeisters unterstellt. Er ist ein freier Mann."[113] Ab 19. März gastierte die Band im Kölner Etablissement Charlott-Cherie, im Wechsel mit dem Capitol-Kino am Hohenzollernring. Von „moderner Kammermusik" voll Geist, Intuition und Intellektualität" sprach das *Kölner Tageblatt*. Ein ausführlicher Bericht im *Kölner Stadtanzeiger* stellte die sieben Bandmitglieder vor, die jetzt mit ihren Instrumenten „sprechen". Die Musik inspirierte ihn, selbst im „Jazzstil", frei und mit vielen Gedankenstrichen zu schreiben. Die Weintraubs würden mit einem besonderen Fluidum bekannte

Schlager „voller Esprit verhunzen“. Beglückt seufzte er: „Ach, es sind herrliche enfants terribles, sie sind herrlich unzünftig und ungekünstelt und jonglieren dabei mit ihren dreißig Instrumenten herum.“ Nach dem Nachmittags-Auftritt im Charlott packten sie die Instrumente in ihre Autos und fuhren zum Kino. „Dann wieder von zweiundzwanzig bis zwei ins Charlott, dann pennen, dann Charlott, Capitol, Charlott…“[114] Am 24. März wurde das Kölner Gastspiel vom Sender Langenberg übertragen.

Von Köln ging es weiter ins Café Kiefer Saarbrücken, das sich mit 1.000 Plätzen zu einem der führenden deutschen Konzert-Cafés entwickelt hatte. Auch hier schilderte ein Kritiker den kometenhaften Aufstieg der siebenköpfigen Band: „Aus den Dilettanten wird eine Kapelle, deren Können und Wollen, deren Zusammenspiel und Vielseitigkeit ans Wunderbare grenzt. Ein symphonisches Jazzorchester, dessen öffentliches Auftreten zur Sensation des Tages, dessen Leistungen bald internationale Anerkennung gefunden haben.“ Bestaunt wurde neben der Fähigkeit der Musiker, blitzschnell zwischen verschiedenen Instrumenten zu wechseln, ihre Gleichberechtigung. „Keiner tritt vor den anderen hervor, keiner hebt sich aus der Reihe heraus. Sie brauchen keinen Stehgeiger, keinen Stabführer und sind doch so fabelhaft aufeinander abgestimmt, so unerhört sicher und genau, spielen mit so unvergleichlichem Rhythmus und Begeisterung, wie es nur bei Künstlern möglich, deren Musikalität in der Tiefe wurzelt, das Blut erwärmt, das Hirn durchstrahlt.“[115]

Im April führte die Tournee für zwei Wochen ins Düsseldorfer Apollo-Theater, ein neobarockes Gebäude an der Königsallee für bis zu 3.000 Besucher; dazwischen wechselte man ins nahegelegene Café Tabaris. Nach einem kurzen Abstecher nach Paris, wo man im Empire-Varieté gastierte, ging es über die Ostertage nach Aachen ins neueröffnete Capitol-Kino sowie ins Palast-Hotel Quellenhof. Es folgte am Monatsende noch eine Woche im Thalia-Theater Wuppertal. Dieses 1906 eröffnete Gebäude am Elberfelder Wupperufer hatte 1929 eine große Kinoorgel sowie eine neue Beleuchtung erhalten. Täglich fanden hier Varieté-Aufführungen statt, gefolgt von Kinovorstellungen.[116] Das Programmheft stellte die Weintraubs als das beste deutsche Jazz-Orchester vor. Es verfüge über mehr als 30 verschiedene Instrumente, dazu ein Radiotone, „ein kürzlich in Frankreich erfundener Apparat, der es gestattet, seine Töne radioähnlich an beliebigen Stellen des Raumes erklingen zu lassen“.[117] Die Musiker wiederum bestaunten die Schwebebahn, welche direkt neben dem Theater vorbeifuhr und Ansco Bruinier zu einem Schüttelreim inspirierte: „Stürzt einmal ein die Schwebebahn / Dann zittre Fisch! – und bebe Schwan!“[118]

Girl-Rummel in Wien

Als besonders erfolgreich erwies sich ein Gastspiel in Wien, wo das Ronacher, das wichtigste Varieté-Theater Österreichs, nach mehrjähriger Renovierung wiedereröffnet wurde. Der neue Direktor Bernhard Labriola präsentierte die Weintraubs, „die lustigste Jazzband am Kontinent“, als Hauptattraktion. Als die Musiker am 29. August 1930 mittags um 13 Uhr am Franz-Josefs-Bahnhof ankamen, wurden sie auf dem Bahnsteig von ihm und einer Dameneskorte empfangen. Die Presse berichtete vom „Girl-Rummel", von 20 Taxis, Fotoreportern, Blumen, Ansprachen und der Dankesrede der Weintraubs. „Rasch verfrachteten sie sich und ihr Gepäck in den bereitstehenden Autos, die vielen hübschen jungen Mädeln, die sich als die Girls des Varietees, und die uniformierten Damen, die sich als dessen Billeteusen entpuppten, füllten die übrigen, und unter großem Halloh setzte sich die ganze Kavalkade in Bewegung."[119]

Am nächsten Abend folgte die Wiedereröffnung des Ronacher als geschlossene Gala-Vorstellung. Die früheren Tische und Stühle waren jetzt durch Sitzreihen ersetzt. Zu den über 100 Angestellten des Hauses gehörten ein eigenes Orchester, eine Jazzband, die Girltruppe sowie die Kartenverkäuferinnen. Ähnlich wie im Programmheft des Berliner Wintergartens wurden die Weintraubs auch in Wien als „sieben Jungens" vorgestellt, die sich schon im Gymnasium für den Jazz begeistert hatten. Die hier bislang nur von Schallplatten und Filmen bekannte Truppe sei nun erstmals „in Fleisch und Blut" zu erleben. Für ihre Wien-Auftritte ergänzten sie Elemente ihres Wintergarten-Programms durch Österreich-Spezifisches wie den Slowfox „Leutnant warst Du einst bei den Husaren" (Robert Stolz) und eine Nummer „Alt-Wien im Jazz". Der Presse zufolge fanden die Weintraubs beim Wiener Publikum „eine ganz außerordentlich warme, beifällige Aufnahme"; sie „haben das, was man Kontakt mit dem Publikum nennt, in ganz unerhörter Weise und verbreiteten im Hause eine glänzende Stimmung".[120] Man bewunderte die Künstler, „deren jeder seine Instrumente mit kaum dagewesener Vollendung beherrscht", ebenso ihren unwiderstehlichen und „aus dem Herzen kommend(en)" Humor.[121] Der Kritiker der *Neuen Freien Presse* war überrascht über das gute Deutsch der internationalen Truppe und schrieb: „Als die Künstler, die auch sehr nett deutsch singen, zum Schlusse Wiener Weisen, wie das Fiakerlied und den Deutschmeistermarsch brachten, wollte der Jubel kein Ende nehmen und Weintraubs Syncopators mussten sich zu Zugaben entschließen."[122]

Nach dieser glänzenden Eröffnung war das Ronacher fast ständig ausverkauft, obwohl es täglich zwei, an Sonn- und Feiertagen sogar drei Vorstellungen gab. Angesichts der günstigen Eintrittspreise zwischen 1 und 5 Schilling wurden bis Ende November 250.000 Gäste gezählt. Während ihres Wien-Aufenthalts besuchten die Weintraubs auch das Plattengeschäft von His Master's Voice in der Kärntner Straße, dessen Inhaber Friedrich Klopfer ihnen schon bei der Ankunft hatte Blumen überreichen lassen. Die Weintraubs revanchierten sich mit einem großen Foto aus dem Atelier Lili Baruch, welches die bis dahin gültige Besetzung mit Franz Wachsmann am Klavier zeigte. „Unserem lieben Herrn Klopfer, dem liebenswürdigen Protektor unseres Schaffens in Wien" lautete die handschriftliche Widmung, gefolgt von Autogrammen von Stefan Weintraub, Horst Graff, Kurt Kaiser, Baby Schulvater, Arno Olewski, Ansco Bruinier und Georg Haentzschel.

Haentzschel war erst kurz vor dem Wien-Gastspiel hinzugekommen. Marcel de Ridder hatte die Gruppe im Sommer verlassen und ihm war vorübergehend der Pianist Mar-

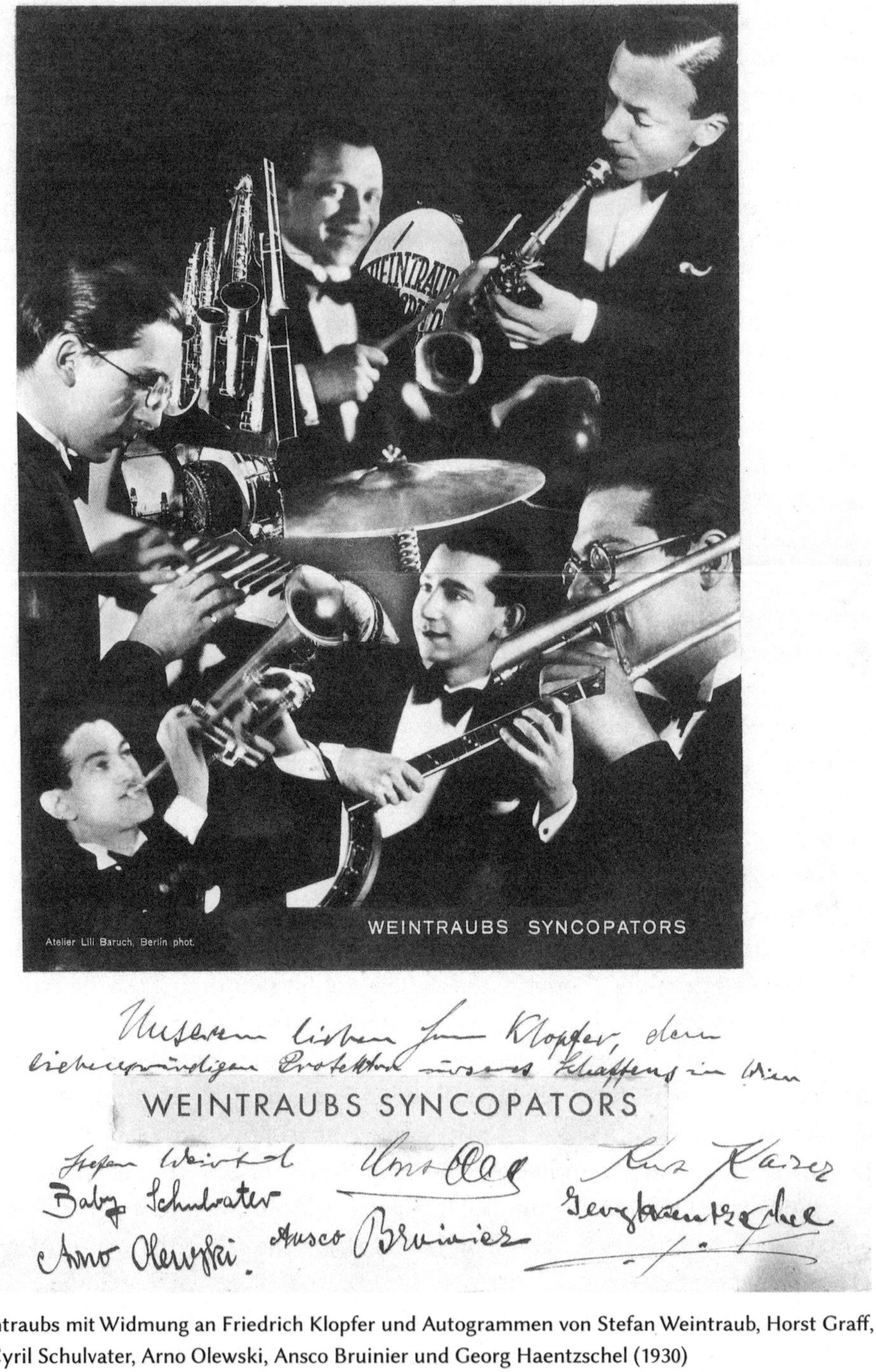

Foto der Weintraubs mit Widmung an Friedrich Klopfer und Autogrammen von Stefan Weintraub, Horst Graff, Kurt Kaiser, Cyril Schulvater, Arno Olewski, Ansco Bruinier und Georg Haentzschel (1930)

tin Roman (1910–1996) gefolgt. Dieser hatte 1929 Sidney Bechet begleitet und bei Marek Weber mitgespielt, bis er dann eine eigene Band im Haus Vaterland leitete.[123] Nachfolger Romans wurde der erst 21-jährige Georg Haentzschel, der noch bis 1929 am Stern'schen Konservatorium studiert, aber bereits in den Orchestern von Marek Weber und Lud Gluskin gespielt hatte.[124] Das Kollektivprinzip der Weintraubs entsprach nicht den Vorstellungen dieses ehrgeizigen Pianisten. Dies geht aus einem damals veröffentlichten Artikel der Wiener *Radiowelt* hervor. Unter der Überschrift „Republik Weintraub" hieß es dort zunächst: „Ein Weintraubianer ist seinen Mitsyncopators in jeder Hinsicht gleichberechtigt." Deshalb würden nur durch sieben teilbare Honorare ausgehandelt. Aber es gebe doch so etwas wie ein heimliches Oberhaupt, glaubte der Autor des Beitrags zu wissen. Dies sei der Pianist Georg Haentzschel, dem sich alle fügten, „erstens weil er der körperlich Stärkste von allen sieben ist und zweitens weil er Jazz als Pubertätskomplex mit sich herumträgt". Bei ihm beginne die magische Verbindung zu den übrigen Sechs, „und das Ganze brilliert und flimmert und versetzt die Zuhörer in sympathische Raserei". Haentzschel hatte sich geärgert, dass Friedrich Klopfer ein veraltetes Gruppenfoto erhalten hatte. Der *Radiowelt* übergab er deshalb eine „korrigierte" Version dieses Fotos, wobei er den Pianistenkollegen Wachsmann durch sein eigenes Bild überklebt und das Ganze mit neuen Autogrammen hatte versehen lassen.[125] Außerdem sorgte Haentzschel dafür, dass das Abendkonzert der Weintraubs Syncopators, das Radio Wien am 14. September ausstrahlte, eine Jazzimprovisation enthielt, in welcher er als einziger Solist erwähnt wurde. Trotz des großen Erfolgs beendeten die Weintraubs angesichts weiterer Verpflichtungen in Berlin schon am folgenden Abend ihr Wien-Gastspiel.[126] Die Direktion des Ronacher gab aber bekannt, dass die beliebte Jazzband schon jetzt für die Eröffnung der Saison im September 1931 engagiert sei.[127]

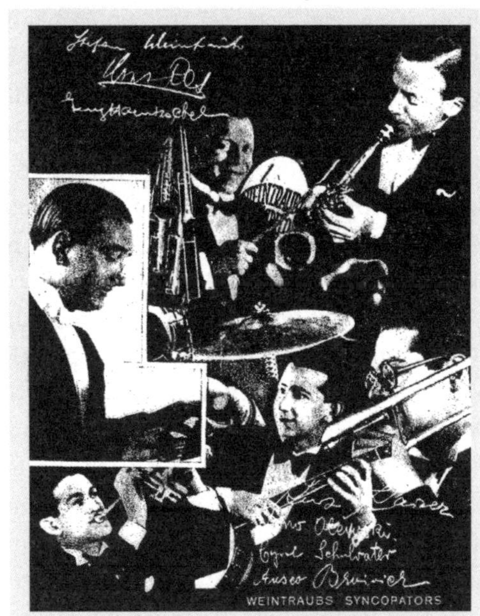

Abbildung aus dem Artikel „Republik Weintraub", in: *Radiowelt* 1930, Nr. 37

Zwei Wochen später, am 1. Oktober 1930, verließ Ansco Bruinier endgültig die Truppe, der er seit August 1926 als Sousaphonist, Cellist, Sänger und Kunstpfeifer angehört hatte. Dazwischen hatte er für vierzehn Monate pausiert, um sein Studium als Chemie-Ingenieur abzuschließen. Im Unterschied zu seinen Bandkollegen, die ihre bisherige Ausbildung oder Berufstätigkeit zugunsten einer hauptberuflichen Musikerexistenz aufgegeben hatten, war für ihn das Musikmachen ein leidenschaftlich betriebenes Hobby geblieben. Jetzt trat

Bruinier eine Stellung als Petroleum-Ingenieur in Rumänien an. Heinz Barger hatte vergeblich versucht, ihn zum Bleiben zu bewegen und sogar mit einer Schadensersatzklage gedroht.[128] Dann aber übergab er Bruinier am 10. November einen Abschiedsbrief, der eine Art Zeugnis darstellte: „Sie haben durch Ihr vielseitiges musikalisches Können, Ihre Gewandtheit in schauspielerischen Dingen und künstlerisches Feinempfinden sowohl im Tanzsalon, auf der Bühne und am Mikrophon stets Ihren Platz ausgefüllt und dadurch zum allseitigen großen Erfolg des Orchesters beigetragen."[129] Unterzeichnet war der Brief von Stefan Weintraub, Horst Graff, Arno Olewski, Kurt Kaiser, Cyril Schulvater und Heinz Barger. Für den Ölkonzern Shell wurde Bruinier zuerst in Rumänien, dann auf Borneo und in Argentinien tätig. 1936 kehrte er nach Deutschland zurück, wo er bis zu seiner Pensionierung in der Hamburger Shell-Niederlassung arbeitete.

Kurz nach Bruinier verabschiedete sich Arno Olewski wegen Atemproblemen von den Weintraubs. Nach längerem Sanatoriumsaufenthalt fuhr er im Mai 1931 nach New York, wo er sich der Felix Amstel Band anschloss.[130] Regelmäßig musizierte er außerdem in Schiffs-Bands der Hamburg-Amerika-Linie.[131] An seine Stelle trat als nunmehr festes Mitglied der der Gruppe bereits vertraute Trompeter Adolf Rosner. Georg Haentzschel hatte den Abschiedsbrief für Bruinier nicht unterzeichnet. Er verließ die Band nach wenigen Monaten und blieb bis zu seinem Tod 1992 in Deutschland. Ihm hatte auch die ständige Komik missfallen, die seiner Ansicht nach auf Kosten der musikalischen Qualität ging.[132] Die Weintraubs wollten aber weder auf die Showelemente noch auf die prinzipielle Gleichberechtigung verzichten. In einem Porträtartikel, der unter dem Titel „Synkopierende Freunde" im September 1931 in der *Funk-Woche* erschien, lautete der Schlusssatz: „Alle Einnahmen, alle Unkosten des Orchesters werden gleichmäßig geteilt; Abstimmung entscheidet über alle Schritte."[133] Der neue Pianist Leo Weiss war mit dieser Regelung einverstanden. Als Sohn polnischer Eltern 1908 in Berlin geboren, war er nach dem Schulabschluss zunächst an der Börse tätig, bevor er 1923 eine Musikerlaufbahn einschlug und als Pianist in den Orchestern von Marek Weber, Dajos Béla und Lud Gluskin mitwirkte.[134] Leo Weiss sollte von nun an der ständige Pianist der Weintraubs bleiben.

Nach einer umfangreichen Tournee durch Süddeutschland und Sachsen traten die Weintraubs im August 1931 in der Scala (Martin-Luther-Straße 22) auf, dem 1920 eröffneten zweiten großen Varieté-Theater Berlins neben dem Wintergarten. Angesichts der Wirtschaftskrise hatte dort die Direktion ähnlich wie beim Ronacher die Zahl der Vorstellungen erhöht und die Eintrittspreise gesenkt. So konnte man ab 1931 Nachmittagsvorstellungen der Scala bereits für 50 Pfennig besuchen.[135] Neben dem Titel „You're Driving Me Crazy" (Walter Donaldson) in einem „symphonischen Arrangement" Marcel de Ridders gehörten zur neuen Bühnenschau der Weintraubs zwei Arrangements von John Kurt Kaiser: der Foxtrott „Wenn die Helene nicht so schüchtern wär" (Fred Cools) sowie der „Tiger Rag" in einer „sportlichen Bearbeitung" – Kaiser spielte hier Posaune auf dem Boden liegend. Im Oktober 1931 gastierten die Weintraubs erneut im Ronacher. Diesmal blieben sie den ganzen Monat in Wien und ergänzten ihre Varieté-Auftritte durch 5-Uhr-Tees in Hübners Salon im Parkhotel Schönbrunn. Am 20. Oktober durften sie an einem vom Radio übertragenen Funkkabarett teilnehmen, das im „Allerheiligsten" des Wiener Musiklebens, dem Großen Saal des Musikvereins, stattfand.[136] Von der Donaumetropole reiste die Band in die Schweiz weiter. Dort war sie beispielsweise im Corso-Theater Zürich sowie im Küchlin-Theater Basel zu Gast, von wo es am 5. November eine Radio-Übertragung gab. Den Jahreswechsel 1931/32 verbrachten die Weintraubs in Berlin, wo die Künstler-Agentur Jakob Figini sie und andere bekannte Bands für Kino-Auftritte engagiert hatte.[137]

Von Magdeburg bis New York

Auch im neuen Jahr 1932 ging die Band wieder mit viel Gepäck auf Reisen. Leider lassen sich die Orte und Termine der umfangreichen Konzerttourneen heute nicht mehr vollständig rekonstruieren. So ist man auf einzelne Dokumente angewiesen, etwa auf einen Autogrammzettel mit der handschriftlichen Eintragung „Zu unserem Gastspiel im Fürstenkaffee / 1.2.32 / Weintraubs Syncopators".[138] Es folgen die Unterschriften von Stefan Weintraub, Horst Graff, Baby Schulvater, Jack Rosner, Marcel de Ridder und Freddy Wise. Demnach war de Ridder, der inzwischen im eleganten Berliner Gourmania-Restaurant mit einer eigenen Band auftrat[139], zeitweise zu den Weintraubs zurückgekehrt. Auch schon beim Ronacher-Gastspiel im Oktober 1931 hatte er wieder mitgewirkt. Wann genau der US-Amerikaner Freddy Gordon Wise festes Bandmitglied wurde, lässt sich nicht feststellen. Als Saxophonist und Klarinettist hatte er vorher im Casa Loma Orchestra sowie in „Danny Polo's American College Band" gespielt, er konnte aber auch tanzen und singen. Der Zettel stammt aus dem Nachlass von Dietrich Schulz-Köhn, dem später als „Dr. Jazz" bekannten Radiomoderator, damals noch Student der Jazz-Klasse am Hoch'schen Konservatorium Frankfurt. Im beliebten Fürsten-Café in Magdeburg-Wilhelmstadt erlebte er an jenem 1. Februar 1932 die Weintraubs und ließ sich ihre Autogramme geben. Zu den Namen ergänzte er mit Bleistift jeweils die Instrumente.

Belegt sind für dieses Frühjahr weitere Auftritte in Dresden, Saarbrücken, Basel, Freiburg im Breisgau (Januar bis Februar), in Zürich und Prag (März), Brünn, Prossnitz, Mährisch-Ostrau, Reichenbach, Plauen, Leipzig (April), jeweils in der Besetzung wie in Magdeburg. Zum Programm gehörte jetzt auch „My Melancholy Baby" in einem „sinfonischen Arrangement" von Franz Wachsmann.[140] Im Mai kehrten die Weintraubs ins Hansa-Theater Hamburg zurück, wo sie ihre halbstündige Bühnenschau als Teil eines großen Revueprogramms mit „You're Driving Me Crazy" begannen. Danach feierten sie „10 Jahre Jazz – Arrangement John Kaiser", offenbar eine Rückschau auf verschiedene Jazzstile. Die Variationen der nächsten Nummer ▹ „If I Had You" (Ted Shapiro) stammten von Franz Wachsmann, während den Abschluss wie schon im Berliner Wintergarten die gemeinsam geschaffene „Weintraubiade" bildete.

Im Juni 1932 erlebte man die Weintraubs im Hotel Europäischer Hof in Bremen, dem einstigen Hôtel de l'Europe, das 1928 wiedereröffnet worden war. Die Tournee ging im Juli weiter nach Essen. Auf einem von Horst Bergmeier überlieferten Foto sieht man die Band bei einem Freiluftauftritt im dortigen Grugapark. Am Klavier saß jetzt wieder Leo Weiss. Er war auch dabei, als die Band nach einem kurzen Gastspiel in den Kölner Zoo-Gaststätten am 19. Juli in Hamburg zusammen mit ihrem Manager die „New York" bestieg, das Flaggschiff der Hamburg-Amerika-Linie (Hapag). Laut der Passagierliste galten die sieben Musiker Graff, Kaiser, Rosner, Schulvater, Weiss, Wise und Weintraub nicht als Passagiere, sondern als Besatzungsmitglieder.[141] Vermutlich spielten sie schon während der Überfahrt an Bord. Der 22-jährige Adi Rosner war der jüngste, Barger und Weintraub (beide 34) die ältesten Mitglieder der Reisegruppe. Leider hatte Heinz Barger den Einfluss der amerikanischen Musikergewerkschaft, die angesichts der damaligen Arbeitslosigkeit die Konkurrenz auswärtiger Musiker abwehrte, unterschätzt. Schon die Auftritte der Weintraubs im Londoner Palladium, die Jack Hylton ihnen vermittelt hatte, waren durch die britische Musikerwerkschaft verhindert worden.[142] Ebenso abweisend verhielt sich nun auch die US-amerikanische Gewerkschaft. Deshalb wurde den Weintraubs in New York nicht gestattet, ihre Instrumente von Bord zu nehmen. Die Musiker konnten zwar durch Manhattan spazieren und die Wolkenkratzer bestaunen – sie besuchten auch

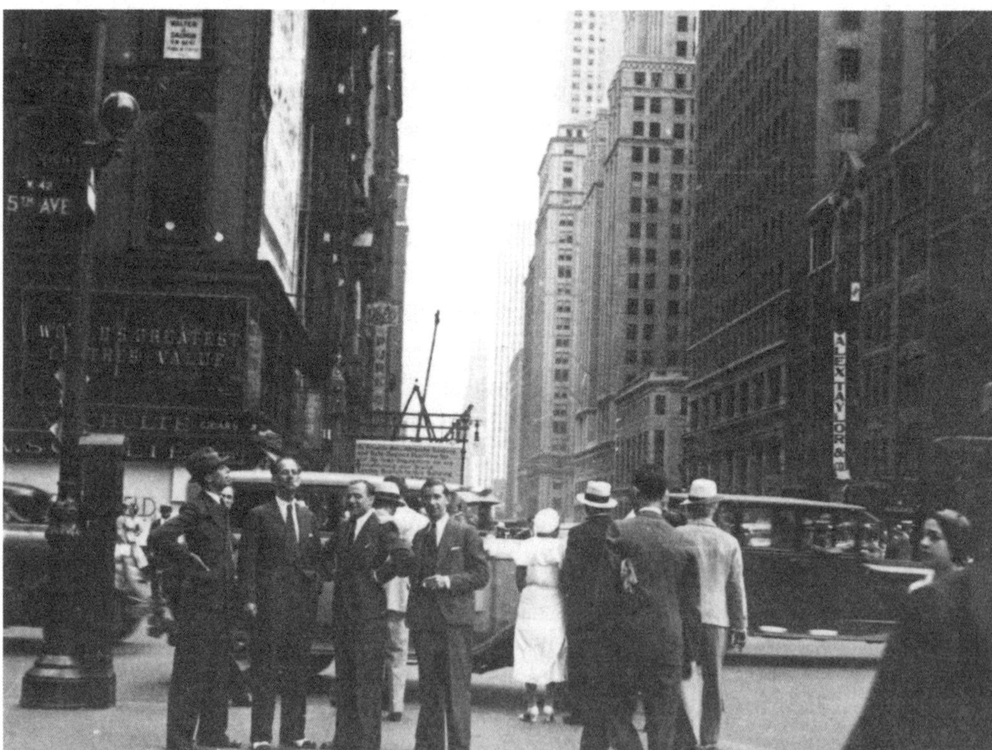

Mitglieder der Band auf der 5th Avenue in New York 1932

Paul Whiteman, den sie schon in Berlin gehört hatten –, aber auftreten durften sie nicht. So blieb ihnen nur der Ausweg, auf dem Schiffsdeck zu spielen und dazu ein Team der Fox Film Corporation einzuladen. Es entstand ein kurzer Streifen, in dem man die sieben Weintraubs hinter aufgereihten Musikinstrumenten sieht. Leo Weiss sitzt am Klavier und Stefan Weintraub hinter der großen Trommel mit der Aufschrift „Weintraubs" – das Wort „Syncopators" fehlt. Plötzlich erscheinen hinter dem Klavier Freddy Wise, Horst Graff und John Kaiser, die zusammen das deutschsprachige Lied „Auf Wiedersehn, leb' wohl" singen. Dann nehmen sie Blasinstrumente zur Hand und beenden das Stück instrumental. Schon wenige Tage später traten die Musiker die Heimreise nach Hamburg an. Obwohl die Faszination der amerikanischen Tanz- und Jazzmusik den Gründungsimpuls der Weintraubs Syncopators gebildet hatte und obwohl sie wesentlich zur Popularisierung dieser Musik in Europa beitrugen, sind sie nie wieder in die USA zurückgekehrt. Presseberichten zufolge fuhr die Gruppe von Hamburg sofort weiter zu Aufnahmen nach Berlin. Möglicherweise handelte es sich um Einspielungen der Spoliansky-Titel für den Film „Muss man sich gleich scheiden lassen" (Regie: Hans Behrendt).

Bernhard Labriola führte inzwischen in Wien das Ronacher weiter, wo im Mai 1932 Josephine Baker gastiert hatte. Im gleichen Jahr mietete er das riesige Stadttheater von Budapest und baute es zu einem Varieté um. Die Eröffnung des Labriola-Szinház-Varieté am Tisza Kálmán-Platz fand am 19. August statt. Dazu lud der Impresario wieder die Weintraubs Syncopators als Hauptattraktion ein. Wie schon bei der Neueröffnung des Ronacher zwei Jahre zuvor ließ er die Berliner Gäste bei ihrem Eintreffen am Hauptbahnhof von Budapest mit großem Presserummel empfangen. Die Weintraubs, die zuletzt in Pressburg/Bratislava gespielt hatten, wussten davon nichts. Sie kamen bereits mit einem früheren Zug an und wollten schnell zum Hotel fahren, um sich vor dem Auftritt auszuruhen. Wie Heinz Barger später berichtete, war dies unmöglich. Der Bahnhofsvorplatz wimmelte von Menschen, und eine Musikkapelle stand bereit. Stefan Weintraub fragte einen der Umstehenden, was los sei. Er erfuhr, dass eine berühmte Berliner Jazzband erwartet wurde. „Natürlich durften wir den uns zugedachten herrlichen Empfang nicht schmeißen. Wir mussten von einer möglichst verlassenen Plattform aus den Bahnsteig erreichen, auf dem der Zug einfuhr und dann möglichst unauffällig in diesen Zug einsteigen, um gleich darauf umso auffälliger wieder auszusteigen. Das klappte nur mit Hindernissen." So hatte man erst Bahnsteigkarten zu lösen und den dazu nötigen Automaten zu finden. „Irgendwie konnten wir uns dann doch noch in den Zug schmuggeln und stiegen gleich darauf mit großer Grandezza wieder aus. Es war wirklich ein herrlicher Empfang. 50 kostümierte Ballettratten und Platzanweiserinnen standen in Reih und Glied, davor eine Abordnung der Stadtverwaltung mit dem Herrn Oberbürgermeister persönlich an der Spitze. Und natürlich eine Blaskapelle."[143] Nicht anders als bei der Eröffnung des Ronacher in Wien feierten die Weintraubs auch bei ihrem ersten Auftritt in Budapest einen rauschenden Erfolg.

Reiches Repertoire in den Medien

Plattenaufnahmen im Beethoven-Saal (1930)

Schallplatten der Weintraubs machten Ausschnitte aus ihrem Repertoire dauerhaft verfügbar, obwohl dabei die gerade für diese Band so wichtige optische Dimension fehlte. Als die Syncopators am 30. Januar 1930 im Beethoven-Saal der Philharmonie neue Electrola-Aufnahmen einspielten, lag das einmonatige Wintergarten-Engagement gerade hinter ihnen. Die beiden zentralen Nummern ihres dortigen Programms, aktuelle Titel in verschiedenen historischen Stilen vorgeführt, zeichneten sie jetzt auf. Sogenannte Paraphrasen waren im 19. Jahrhundert eine bekannte Praxis der klassischen Musik. So hatte Beethoven ein Thema aus dem Händel-Oratorium „Judas Maccabäus" für Cello-Variationen aufgegriffen, Paganini und Liszt verwendeten populäre Opernmelodien für Virtuosenstücke. Sehr beliebt waren etwa ab 1900 Variationen über das Volkslied „Kommt ein Vogel geflogen" von Siegfried Ochs, welche die vertraute Melodie nacheinander im Stile von Bach, Haydn, Mozart, Chopin, Brahms, Verdi und Wagner hören ließen. Diese Praxis übertrug Franz Wachsmann für die Weintraubs auf den Jazz und die Unterhaltungsmusik. Den Song ▹ „If I Had You" von Ted Shapiro verwandelten sie nacheinander in einen Walzer, eine orientalische Impression, einen Tango und einen Bayerischen Ländler. Hier beeindruckt wieder der rasche Wechsel zwischen verschiedenen Stilen und die fremdartige Wirkung, die Horst Graff auf seiner Oboe erzeugte. Vielseitigkeit demonstriert ebenso die Paraphrase über ▹ „Mütterlein, bleib' immer bei mir" (I'll Get By) von Fred Ahlert und Roy Turk mit ständig wechselnden Tempi, Rhythmen und Klangfarben. Nach einer geheimnisvollen Introduktion spielt die violinbegleitete Posaune das melodische Hauptthema, bis Flöten- und Banjo-Soli eine viel schnellere Trompeten-Version der Melodie und schließlich das kontrapunktische Gegenüber von Violine und tiefem Saxophon vorbereiten. Ein pompöser Schluss verweist schon auf die Filmmusik, mit der Wachsmann später in Hollywood – dann als Franz Waxman – seine größten Erfolge ernten sollte.

An diesem Januartag nahmen die Weintraubs im Beethoven-Saal nicht weniger als acht Titel auf, darunter ein flottes Arrangement des Foxtrott-Songs ▹ „Jericho" aus dem 1929 in New York gedrehten RKO-Musikfilm „Syncopation", dem sich die Weintraubs schon wegen des Titels verwandt gefühlt haben mögen. Für die Plattenrückseite wählten sie den One-Step ▹ „O.K." (Okay, o käme doch …) aus dem Ufa-Tonfilm „Der Liebeswalzer", der ab Februar 1930 zum Kino-Erfolg wurde. Für eine weitere Platte spielten sie den Walzer „Auf dein Wohl!" von Walter Jurmann und Fritz Rotter ein sowie den Slowfox „Ich bin verliebt in meine eigene Frau". Obwohl es auch in der Operette „Die Tanzgräfin" von Robert Stolz einen gleichnamigen Titel gibt, nennt das Plattenetikett hier Peter Kreuder und Max Hansen als Urheber, Nico Dostal als Arrangeur. Es ist elegante Tanzmusik, in der neben einer beweglichen Saxophongruppe auch eine Celesta auffällt.

Nicht zuletzt wurden an jenem 30. Januar Instrumentalversionen von zwei Musiktiteln aus dem „Blauen Engel“ eingespielt. ▹ „Nimm dich in acht vor blonden Frau’n“ gemeinsam arrangiert von Cyril Schulvater, John Kaiser und Franz Wachsmann, beginnt mit dem Xylophon, bevor Arno Olewski auf der Trompete die Melodie spielt und zum Schluss eine kurze Jazz-Improvisation einfügt. Den Boston-Walzer ▹ „Ich bin von Kopf bis Fuß auf Liebe eingestellt“, die wichtigste Musiknummer des Films, hatte John Kaiser reizvoll arrangiert. Nach einer kurzen Violineinleitung beginnt die Melodie mit weichen Saxophonakkorden im langsamen Dreivierteltakt. Die gestopfte Trompete spielt kurze Phrasen, bis nach einem Abschnitt in einer anderen Tonart die zwei Violinen wiederkehren. Sie begleiten die nun von der Posaune gespielte Melodie. Die einschmeichelnde Musik lässt die aggressiven Textelemente vergessen.

Alle acht Aufnahmen, die an diesem Tag entstanden, kamen mit der Interpretenbezeichnung „Weintraubs Syncopators“ bei Electrola heraus. Eine Woche später, am 6. Februar, wurden in der Berliner Singakademie diese beiden Filmsongs erneut aufgenommen, jetzt aber mit Friedrich Hollaender und Marlene Dietrich und ergänzt durch englischsprachige Versionen. Bei der Veröffentlichung nannte das Plattenetikett „MARLENE DIETRICH. Begleitung: Fr. Hollaender und seine Jazz-Symphoniker“. Dies galt ebenso bei „Ich bin die fesche Lola“ und „Kinder, heut’ Abend such ich mir was aus“, den zwei übrigen Titeln aus dem „Blauen Engel“, die am 19. Februar ebenfalls in der Singakademie eingespielt wurden. Man weiß, dass die Weintraubs Syncopators im ganzen Februar im Hamburger Hansa-Theater engagiert waren. Hatte Hollaender deshalb andere Musiker engagiert? Entsprechend hatte Horst Bergmeier betont, Marlene Dietrich sei hier nicht von den Weintraubs, sondern von einem Ufa-Studioorchester begleitet worden.[144] Diese Information stammte vermutlich sogar von Stefan Weintraub, mit dem Bergmeier in Kontakt stand. Die erwähnte Begleitband ähnelte den Weintraubs in Stil und perfektem Zusammenspiel verblüffend. Dennoch scheinen die Syncopators ausgerechnet an den bekannten Plattenaufnahmen mit dem Filmstar nicht beteiligt gewesen zu sein.

Unglücklicherweise zerbrach während der Plattenproduktion die Matrize zum Hauptschlager „Ich bin von Kopf bis Fuß“, so dass dieser noch einmal aufgenommen werden musste.[145] Bei der Nachproduktion am 3. März im Beethoven-Saal der Philharmonie entstand die heute bekannte Aufnahme des berühmten Filmschlagers, für die ein anderes Arrangement in kleinerer Besetzung ver-

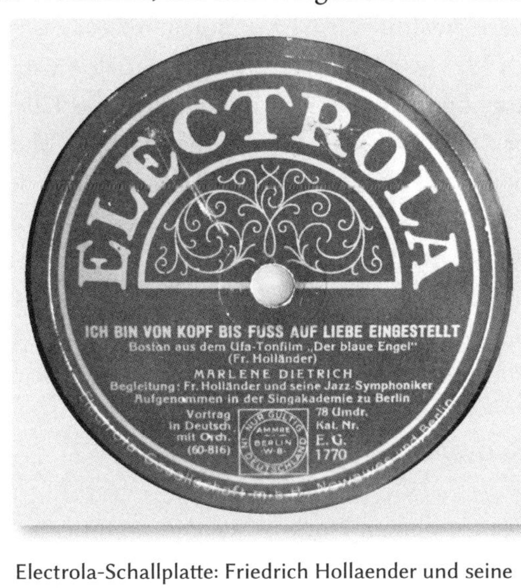

Electrola-Schallplatte: Friedrich Hollaender und seine Jazz-Symphoniker (1930)

wendet wurde. Wieder nennt das Plattenetikett neben Marlene Dietrich die Begleitung durch „Friedrich Holländer und seine Jazz-Symphoniker". Die Weintraubs können an dieser Aufnahme kaum beteiligt gewesen sein, hatten sie inzwischen doch ein Engagement am Schumann-Theater Frankfurt angetreten. Von Frankfurt kam man damals mit dem Zug nicht so schnell nach Berlin wie von Hamburg. Ein freier Tag zwischen Engagements in Saarbrücken und Düsseldorf war jedoch der 31. März. Denkbar ist deshalb, dass die Weintraubs zu den „Jazz-Symphonikern" gehörten, mit denen Hollaender an diesem Tag Songs aus seiner Bühnenmusik zu „Phaea" aufnahm. Als dieses Mediendrama am 13. Mai am Deutschen Theater herauskam, erwähnte die Presse die Electrola-Platten Friedrich Hollaenders mit den Jazzsymphonikern, nicht aber die Weintraubs.[146]

Die Electrola hatte die Platten mit den Songs aus dem „Blauen Engel" schon vor der Filmpremiere ausgeliefert, jedoch in so kleiner Stückzahl, dass sie in Berlin schon innerhalb von zwei Tagen ausverkauft waren.[147] Electrola-Platten gehörten damals zu den teuersten auf dem Markt. Angesichts der Wirtschaftskrise, die insgesamt für einen Umsatzrückgang sorgte, waren sie für viele Käufer unerschwinglich.[148] Als Antwort auf diese schwierige Marktlage boten andere Firmen preiswertere Produkte wie etwa die Electrocord- bzw. Cordy-Platten an. Für diese Labels nahmen die Weintraubs im August 1930 mindestens zehn Titel auf, darunter „I Like To Do Things For You" (Musik: Jack Yellen u. Milton Ager). Dieser Foxtrot stammt aus dem US-amerikanischen Revuefilm „The King of Jazz" über Paul Whiteman und sein Jazzorchester, der unter dem Titel „Der Jazzkönig" in Deutschland gezeigt wurde. Die Weintraubs wurden hier als Internationale Jazzer bezeichnet. Ihre Aufnahme swingt lässig. Erstmals arbeiteten sie mit ihrem neuen Mitglied Freddy Wise zusammen, der sich auch als eleganter Sänger erweist. Zum englischsprachigen Refrain steigt er ein – als der Mann, der für seine Geliebte alles tut, der sie verwöhnt. Wise ist dann auch Gesangssolist beim Foxtrot „Love Made A Gypsy Out Of Me" (Zimmermann, Philipps u. de Costa). Auch hier stellen zuerst Trompete und Saxophon die Melodie vor, die nach einer Überleitung in der violinbegleiteten Singstimme beginnt. Ohne Gesang erklingt dagegen Theo Mackebens Slowfox „Treuloses Glück" aus dem Tonfilm „Die Jagd nach dem Glück", der am 27. Mai 1930 im Berliner Marmorhaus Premiere hatte. Neben dem Schlager „Wenn die Elisabeth nicht so schöne Beine hätt'" von Robert Katscher nahmen die Weintraubs für das Billig-Label noch zwei weitere Filmmelodien auf: „Komm, träum mit mir das süße Märchen" und „Grenadier-Marsch" aus der Lubitsch-Filmkomödie „Liebesparade". Die meisten Titel existieren auch auf anderen Platten, während die von Freddy Wise gesungenen Stücke konkurrenzlos sind.[149]

Radioprogramme (1930–1932)

Die Comedian Harmonists dokumentierten fast ihr gesamtes Repertoire auf Schallplatten, die Weintraubs dagegen nur Ausschnitte. Wie umfangreich und vielseitig ihre Auswahl war, zeigte sich in ihren Programmen bei Radiosendern wie Funkstunde, Deutschlandsender, Königswusterhausen, Basel, Bern, Beromünster, Danzig, Dresden, Bremen, Breslau, Königsberg oder Leipzig. So gastierten die Weintraubs im September 1930 bei Radio Wien mit dieser Programmfolge[150]:

Radio Wien, 14. September 1930: Abendkonzert der Weintraubs Syncopators
Irving Berlin: With You, Foxtrott
Demniker: For Instance, Foxtrott
Sylwar, Brown, Henderson: Heut' ist mir das Glück gut, Foxtrott
D. Bee: Bee-ology, Slowfox
Valentin Thébault: Corazon Gaucho, Tango
V. Thébault: Abandonada, Tango
Maceo Pinkard: Okay, Baby, Foxtrott
Wakefield, Joël: Lucky-Girl, Foxtrott
Jazzimprovisationen (Klaviersolo: G. Haentzschel)
Herb Brown: Singing in the Rain, Foxtrott
P. Wendling: Swinging in A Hammock, Foxtrott
McDermott: If I Had A Girl Like You, Foxtrott
P. Packay: In A Garden Of Roses With You, Foxtrott
Victor Schertzinger: Komm, träum mit mir das süße Märchen, engl. Waltz aus dem Tonfilm „Liebesparade“
Werner Bochmann: Madam, Sie sind ja kolossal verliebt, Foxtrott
Sylwar, Brown, Henderson: Wenn die Gänseblümchen blühn, Foxtrott
Armstrong-Ellington: Black and Tan-Phantasie, Negro Spirituals, Blues
Schertzinger: Grenadiermarsch aus dem Tonfilm „Liebesparade“

Direkt nach diesem Programm brachte der Wiener Sender an jenem 14. September Nachrichten über den Ausgang der Reichstagswahlen in Deutschland. Sie hatten zu einem gewaltigen Stimmenzuwachs für die NSDAP geführt, die nun plötzlich mit 107 Sitzen die zweitstärkste Reichstags-Fraktion hinter der SPD geworden war. Auch die Weintraubs dürften über dieses beängstigende Ergebnis diskutiert haben. Drei der an diesem Abend gespielten Titel, „Komm, träum' mit mir das süße Märchen“, „Grenadiermarsch“ und „Wenn die Gänseblümchen blüh'n“, hatten sie soeben für Cordy-Platten aufgenommen.

Rundfunksendungen mit den Weintraubs liefen zuweilen noch unter der Überschrift „Jazzmusik“, so das folgende Programm von Radio Wien vom Oktober 1931, ausgestrahlt zur besten Sendezeit:

Radio Wien, 28. Oktober 1931, 19:35 Uhr: „Jazzmusik“[151]
Dave Dreyer – Harry Richman: You Don't Need Glasses. Foxtrott
Franz Lehár: Dein ist mein ganzes Herz, aus der Operette „Land des Lächelns“ (F. Wachsmann)

Trumbauer-Malneck: Choo-Choo (Eisenbahnphantasie)
Al Jolson: Sonny Boy: a) Originalthema, b) à la Puccini, c) à la Chopin, d) à la Beethoven, e) à la Wagner (am Flügel: Marcel de Ridder)
W. Donaldson: You're Driving Me Crazy (John Kaiser)
Boyd Senter: Clarinet-Tickle (Klarinettensolo: Horst Graff)
John Green: Out Of Nowhere
Mabel Wayne: Monthery, engl. Waltz (John Kaiser)
Herb Brown: Woman in the shoe. Foxtrott (John Kaiser)
[Xylophonsolo: Stefan Weintraub]
Werner Richard Heymann: Bomben auf Monte Carlo. Potpourri aus dem gleichnamigen Tonfilm (John Kaiser)

Auch Operettenmelodien galten demnach als „Jazz", sobald sie von einem Jazz-Ensemble gespielt wurden. Bemerkenswert ist, dass inzwischen Arrangements von John Kaiser die von Franz Wachsmann verdrängt hatten. In einem Programm des Senders Hamburg vom 24. Mai 1932 kehrte jedoch Wachsmann mit zwei „sinfonischen Arrangements" wieder, ergänzt durch Arrangements von John Kaiser, Jack Rosner und Horst Graff. In der Überschrift war nun nicht mehr von Jazzmusik die Rede. Mit der Weltwirtschaftskrise hatte diese Musikform beträchtlich an Attraktivität verloren. Es mehrten sich in der Presse Aufsätze mit dem Titel „Abschied vom Jazz".[152] Seit dem Zusammenbruch der New Yorker Börse galten die USA nicht mehr als das Land der Zukunft. Die Wintergarten-Direktion war nicht der einzige Veranstalter, der die englischsprachige Bezeichnung der Band mit Skepsis betrachtete. Auch der Sender Hamburg verzichtete 1932 auf den Beinamen „Syncopators".

Sender Hamburg, 24. Mai 1932, 22:20 Uhr: „Die Weintraubs spielen"[153]
Schertzinger: Introduktion (Grenadiermarsch aus dem Tonfilm „Liebesparade")
Roy Turk: Mütterlein, bleib immer bei mir (sinfonisches Arrangement von Franz Wachsmann)
Coslow-Johnston: Just One More Chance, Slowfox
Mabel Wayne: Monthery, engl. Waltz aus dem Tonfilm „Der Jazzkönig" (arr. John Kaiser, Refraingesang: Freddie Wise)
Franz Lehár: Dein ist mein ganzes Herz (sinfonisches Arrangement von F. Wachsmann)
Benjamin Godard: Berceuse (Solo für Posaune)
Zigeunerklänge nach ungarischen u. russischen Motiven (arr. Jack Rosner) (Solo für Violine)
Sonny Boy, im Stile alter Meister (arr. Franz Wachsmann und Marcel de Ridder). (Solo für Klavier): a) Originalthema; b) à la Puccini; b) à la Chopin ; c) à la Beethoven; e) à la Wagner.
Boyd Senter: Clarinet-Tickle (arr. Horst Graff) (Solo für Klarinette im Negro-Stil)

Werner Richard Heymann: Potpourri aus dem Tonfilm „Bomben auf Monte Carlo“ (arr. John Kaiser)
Ring: How I am to know (sinfonisches Arrangement)
Willy Rosen: Wenn du mal in Hawaii bist. Tango
Schermann und Lewis: Eine kleine Frau macht den Himmel blau, Foxtrott. Refraingesang: Freddie Wise
Potpourri aus Wiener Liedern (arr. Georg Haentzschel)
You're Driving Me Crazy (sinfonisches Arrangement von M. de Ridder)
Mominez, original kubanischer Rumba
Burnett und Norton: My Melancholy Baby (sinf. Arrangement von Franz Wachsmann). Refraingesang: Freddie Wise
Zehn Jahre Jazz. Potpourri alter und neuer Schlager (arr. John Kaiser)

Mit der allgemeinen Jazzkrise verschwanden typische Jazztitel aus den Programmen der Weintraubs, wurden synkopische Rhythmen mehr und mehr durch weit geschwungene Melodien ersetzt.

Finale in Berlin

Angriffe von rechts

Am 14. Februar 1932 verschlug es die Weintraubs ins Stadttheater von Freiburg im Breisgau, einer mittelgroßen Stadt von knapp 100.000 Einwohnern, die politisch mehrheitlich der katholischen Zentrumspartei nahestanden. Aber die Nazis hatten seit 1930 auch hier erheblich an Zustimmung gewonnen; in der Wählergunst stand die NSDAP inzwischen weit vor der SPD an zweiter Stelle. Dies beeinflusste die Einstellung der Freiburger Öffentlichkeit zum Jazz, was sich an den Pressestimmen zum Weintraubs-Gastspiel ablesen lässt. Die sozialdemokratische *Volkswacht*, die schon vorher für das Konzert geworben hatte, berichtete: „Man raste und trampelte und die phänomenalen Musikanten mussten ihrer Vortragsfolge noch einige Einlagen hinzufügen.“ Die zentrumsnahe Freiburger *Tagespost* wünschte eine erneute Begegnung mit den Weintraubs: „Möge es nicht ihr letzter Besuch in Freiburg gewesen sein!“ Das auflagenstärkste Blatt vor Ort, die *Freiburger Zeitung*, welche der nationalliberalen DVP nahestand, äußerte sich über die Leistung der Musiker ebenfalls anerkennend, über den Jazzaspekt allerdings kritisch.

Klare Ablehnung kam vom nationalsozialistischen Kampfblatt *Der Alemanne*. Ohne die Virtuosität der Band zu leugnen, stellte es ihre Musik als eine Gefahr für die deutsche Kultur dar. „Es ist ein Gebot der künstlerischen Selbsterhaltung, diesen negro-amerikanischen Barbarismus überall und immer bis zur Vernichtung zu bekämpfen.“ In einem seriösen Institut wie dem Freiburger Stadttheater seien solche Klänge nicht am Platze. Schon der Name Weintraubs Syncopators bedeute „im ersten wie im zweiten Teil" eine Beleidigung; indirekt wurde die Band damit als jüdisch-amerikanisch diffamiert. Scharf antisemitisch forderte diese Zeitung zum Schluss: „Es ist Zeit, dass unser Theater den jüdischen Dreck so langsam beiseitelässt, und dem Geschmack der deutschen Einwohnerschaft unserer Stadt mehr Rechnung trägt."[154]

Die Polarisierung der politischen Meinungen in den letzten Jahren der Weimarer Republik ließ die Auftritte der Weintraubs Syncopators nicht unberührt, zumal wenn von „Jazz" die Rede war. Einhellige Zustimmung hatte diese Musikart in Deutschland allerdings nie gefunden. So hatte sich Reichsaußenminister Gustav Stresemann schon 1927 auf der Frankfurter Musikmesse gegen den „nervenschwächenden" Jazz ausgesprochen, was sogar international für Aufsehen sorgte.[155] Über das Saxophon, das typische Jazzinstrument, schrieb 1928 ein Münchener Professor, es klinge „wie der Gesang eines kastrierten Negers".[156] Dass manche Jazzbands als Kollektive auftraten, galt als Anzeichen einer kommunistischen Tendenz. Jazz wurde dem verhassten „Kulturbolschewismus" zugerechnet.[157] Der große Erfolg der Krenek-Oper „Jonny spielt auf", die einen schwarzen Jazzmusiker in den Mittelpunkt rückte, hatte scharfe Nazi-Proteste hervorgerufen. Aus ihnen ging 1930 in Thüringen der Regierungs-Erlass „Wider die Negerkultur für deutsches Volkstum" hervor, ein Vorläufer späterer Jazzverbote.[158] Der Jazz, der für die Deutschen einmal Lebensfreude und Optimismus verkörpert hatte, stellte aus Sicht der NSDAP eine gefährliche fremdrassige Invasion dar, einen Angriff auf den germanischen Rasseninstinkt.

Der Widerstand von rechts gegen den sogenannten „Kulturbolschewismus" und eine angebliche „jüdische Überfremdung" wuchs. Am 13. Oktober 1930, dem Tag der Eröffnung des neuen Reichstags, in dem die NSDAP jetzt mit 107 Sitzen vertreten war, hatten in Berlin Hitler-Anhänger in der Leipziger Straße Schaufenster des Kaufhauses Wertheim und anderer Geschäfte in jüdischem Besitz eingeschlagen. Zwei Monate später gab es bei der Premiere des Antikriegs-Films „Im Westen nichts Neues" Nazi-Störungen, und am 12. September 1931, dem Tag des jüdischen Neujahrsfestes, kam es auf dem Kurfürstendamm zu antijüdischen Ausschreitungen der SA. Obwohl diese von Goebbels befohlene Aktion als Sonderfall gesehen wurde, zumal 33 daran beteiligte SA-Männer danach zu Freiheitsstrafen verurteilt wurden, entschloss sich das ebenfalls am Kurfürstendamm gelegene Kabarett der Komiker, angesichts der zunehmenden Störungen politische Themen weitgehend auszublenden und sich noch ausschließlicher auf reine Unterhaltung zu konzentrieren.[159] Die Weintraubs Syncopators verzichteten jetzt in Deutschland auf den zweiten Teil ihres Namens, der Anstoß erregt hatte, weil er auf US-amerikanische Vorbilder hinwies, und ließen sich nur noch als „Die Weintraubs" ankündigen. Entsprechend entfernten sie das Wort „Syncopators" von der großen Trommel.

1932 nahmen sie die Musik für den Film „Muß man sich gleich scheiden lassen?" (Regie: Hans Behrendt) der Münchner Reichsliga-Film GmbH auf. Der Werbung zufolge war dies „ein Lustspiel mit ungewöhnlichen Verwicklungen, mit zwerchfellerschütternder Komik, mit schönen Frauen, eleganten Männern, mit Musik und Gesang".[160] In den Hauptrollen sah man Ivan Petrovich und Else Elster sowie Lotte Lang als Operettensängerin. Zu den Filmsongs „Es ist nie zu spät für eine schöne Stunde" und „Muß man sich gleich scheiden lassen?", welche die Weintraubs unter Leitung von Alfred Strasser einspielten, hatte Mischa Spoliansky die Musik und Fritz Rotter die Texte geschrieben. Ende 1932 entstand die Tonfilmoperette „Glück über Nacht" der Hermann Millakowsky-Film GmbH über einen jungen Raketenbauer, der kurz vor dem Start seiner Rakete am Telefon versehentlich mit einer jungen Musikstudentin verbunden wird.[161] Die Weintraubs wirkten an diesem Film, der am 25. Dezember 1932 in Leipzig zur Uraufführung kam, nicht mit. Jedoch spielten sie am 6. Januar 1933 zwei von Paul Abraham komponierte Filmsongs für die Electrola ein. Den Foxtrot ▹ „Ich kauf' mir 'ne Rakete" hatten im Film Hermann Thimig und Szöke Szakall gesungen. In der Aufnahme der Weintraubs trug der auf dem Etikett nicht erwähnte Tenor Max Mensing[162] den witzigen Text von Robert Gilbert vor:

Vorne macht es zisch und hinten knallt's
Schon flieg' ich der Venus um den Hals
(Ahhhh!)
Jammern meine Gläubiger hinauf:
„Zahl die Schulden!", sag' ich: „Kommse rauf!"
Und wenn du etwas Geld erbst
Von Großpapa, dann spar's
Und kauf dir 'ne Rakete
Und komm zu mir zum Mars
Zum Mars, zum Mars, zum Mars, zum Mars

Im Unterschied zum Film ergänzten die Weintraubs in ihrer Plattenaufnahme viele schnelle Glissandi, um die rasche Bewegung einer Rakete nachzuahmen. Beim zweiten Filmsong, dem Foxtrott ▹ „Wenn wieder Frühling ist", waren möglicherweise auch Bandmitglieder beim Ensemblegesang beteiligt. Auch hier spielte Gilbert im Text diskret auf die wirtschaftliche Not an: „Wenn wieder Blumen blühn / und ich viel Geld verdien / dann kauf' ich Sonnenschein / und schick ihn Dir per Rohrpost ein."

Am 15. Dezember hatten unter der Regie von Kurt Gerron die Dreharbeiten für einen neuen Film der Berliner Boston-Film Company mit dem Titel „Das goldene Saxophon" begonnen. Als diese Mitte Januar 1933 abgeschlossen waren, gab die Presse die Besetzung der Hauptrollen mit Hans Albers und der jungen Luise Rainer bekannt. Albers verkörpert Hannes Eckmann, den Leiter einer Tanzkapelle, der sich in Marita Costa (Luise Rainer), die reizende Dirigentin einer Damenkapelle, verliebt. Beide wollen mit ihren Ensembles am Wettbewerb um das „Goldene Saxophon" teilnehmen[163], wissen zunächst aber nicht, dass sie Konkurrenten sind. So kommt es, dass Maritas Manager, um die Rivalen auszuschalten, die Instrumente der Eckmann Boys stehlen lässt. Versehentlich erwischen die damit beauftragten Gauner die Instrumente der Damen. Aber Hannes Eckmann tritt als edelmütiger Retter auf und bringt so Marita auf seine Seite. Zum Happy End erhalten beide Bands gemeinsam den ersten Preis, das „Goldene Saxophon“. Zwei tatsächlich existierende Ensembles wurden für den Film engagiert: die Weintraubs Syncopators als Eckmann Boys und „Die 20 Wienerinnen von Mario Guido“ als Damen-Orchester. Hinter dem Künstlernamen Mario Guido verbarg sich der vielseitige Max Goldberg, einst Generaldirektor des Berliner Lunaparks.[164]

Die hier besonders wichtige Filmmusik komponierten neben Paul Mann und Stefan Weiß vor allem Walter Jurmann und Bronislaw Kaper. An die Weintraubs fielen vier Titel, die sie am 25. Januar auf Schallplatte einspielten: der Tango „In 24 Stunden kann soviel gescheh'n“, der Foxtrott „Ich bin der Hans im Glück“, der Slowfox ▹ „Immer wenn ich glücklich bin, muss ich schrecklich weinen“ und der Pasodoble ▹ „Mein Gorilla hat 'ne Villa im Zoo“. Ein „Hans im Glück“ ist im Film Hannes Eckmann, der auf die verführerische Kraft der Musik vertraut: „Ich red' bei Frauen kein Wort, ich wirk' sofort, mit Musik, mit Musik.“ Was Hans Albers im Film und auf einer Odeon-Aufnahme im Sprechgesang vortrug, verteilte die Electrola-Aufnahme auf mehrere Stimmen, gesungen von den später auch in den USA erfolgreichen Brüdern Harry, Herbert und Sylvester Wiere, die schon im Film mitgewirkt hatten, und einem Ensemble „5 Songs“. Bei „Immer

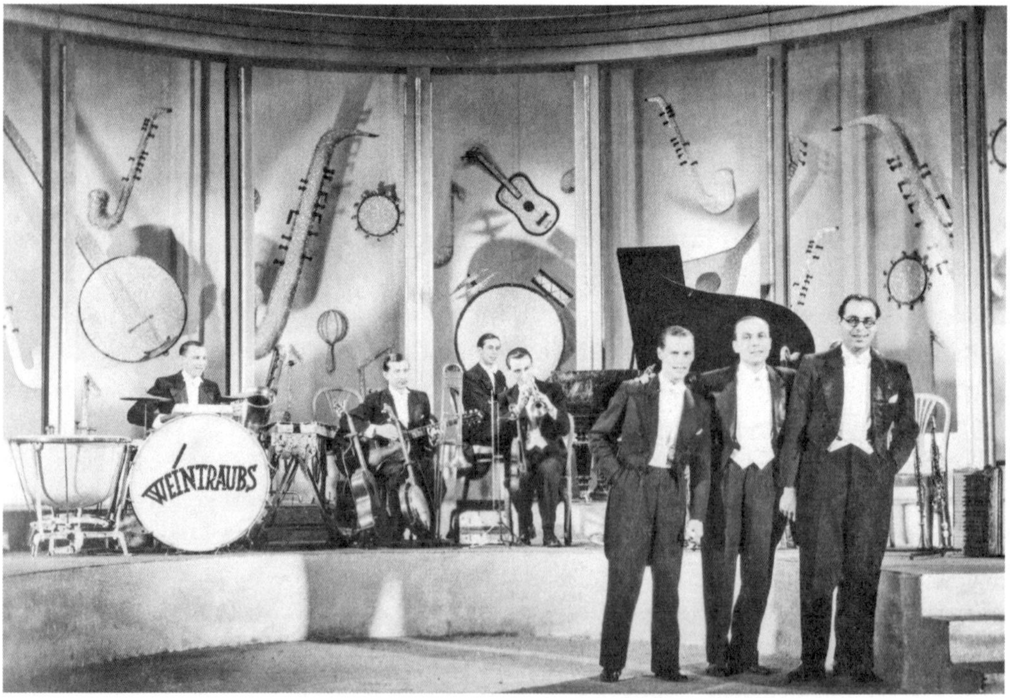

Die Weintraubs ca. 1932: vorne Freddy Wise, Horst Graff und John Kaiser, am Flügel Leo Weiss

wenn ich glücklich bin" gibt es neben mehrstimmigem Gesang auch gesprochene Partien, was deutlich parodistischer wirkt als bei Albers. Noch mehr den Comedian Harmonists im Wechsel von Ensemble und Soli gleicht der Gesang bei „Mein Gorilla hat 'ne Villa im Zoo". Dieses große Urwaldtier kümmert sich nicht um Politik, sondern findet sein höchstes Glück darin, die Gemahlin zu jucken. „Frau Gorilla die hält still / Wenn er sie mal küssen will. / Ja, wenn er will, ja dann Villa."

Ein letztes Mal im Wintergarten

Während sich die Unterhaltungsindustrie immer ausschließlicher in Traumwelten flüchtete, hatte sich inzwischen die Welt außerhalb der Aufnahmestudios erheblich verändert. Reichspräsident Paul von Hindenburg ernannte am 30. Januar 1933 Adolf Hitler zum Reichskanzler. Viele Deutsche nahmen damals zunächst an, die Koalitionsregierung der NSDAP mit nationalkonservativen Verbündeten sei ebenso kurzlebig wie alle vorangehenden Regierungen. Jedoch schon am 1. Februar wurde der Reichstag aufgelöst. Weitere Notverordnungen schränkten die demokratischen Rechte ein. Gesetze und Verbote schufen Fakten, die kaum rückgängig zu machen waren. Immerhin strebte die Nazi-Partei nach den vielen Krisen ein „tausendjähriges Reich" an.

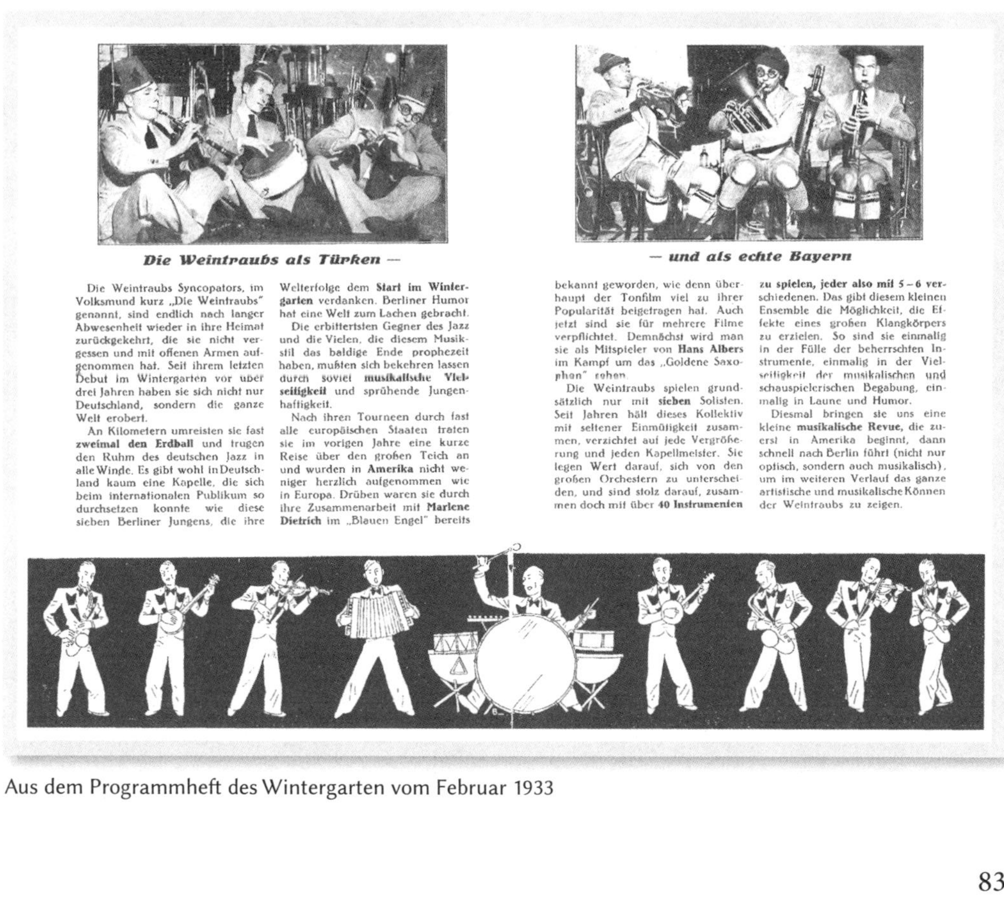

Die Weintraubs als Türken — — und als echte Bayern

Die Weintraubs Syncopators, im Volksmund kurz „Die Weintraubs" genannt, sind endlich nach langer Abwesenheit wieder in ihre Heimat zurückgekehrt, die sie nicht vergessen und mit offenen Armen aufgenommen hat. Seit ihrem letzten Debut im Wintergarten vor über drei Jahren haben sie sich nicht nur Deutschland, sondern die ganze Welt erobert.

An Kilometern umreisten sie fast **zweimal den Erdball** und trugen den Ruhm des deutschen Jazz in alle Winde. Es gibt wohl in Deutschland kaum eine Kapelle, die sich beim internationalen Publikum so durchsetzen konnte wie diese sieben Berliner Jungens, die ihre Welterfolge dem **Start im Wintergarten** verdanken. Berliner Humor hat eine Welt zum Lachen gebracht.

Die erbittertsten Gegner des Jazz und die Vielen, die diesem Musikstil das baldige Ende prophezeit haben, mußten sich bekehren lassen durch soviel **musikalische Vielseitigkeit** und sprühende Jungenhaftigkeit.

Nach ihren Tourneen durch fast alle europäischen Staaten traten sie im vorigen Jahre eine kurze Reise über den großen Teich an und wurden in **Amerika** nicht weniger herzlich aufgenommen wie in Europa. Drüben waren sie durch ihre Zusammenarbeit mit **Marlene Dietrich** im „Blauen Engel" bereits bekannt geworden, wie denn überhaupt der Tonfilm viel zu ihrer Popularität beigetragen hat. Auch jetzt sind sie für mehrere Filme verpflichtet. Demnächst wird man sie als Mitspieler von **Hans Albers** im Kampf um das „Goldene Saxophon" sehen.

Die Weintraubs spielen grundsätzlich nur mit **sieben** Solisten. Seit Jahren hält dieses Kollektiv mit seltener Einmütigkeit zusammen, verzichtet auf jede Vergrößerung und jeden Kapellmeister. Sie legen Wert darauf, sich von den großen Orchestern zu unterscheiden, und sind stolz darauf, zusammen doch mit über **40 Instrumenten zu spielen, jeder also mit 5 – 6 verschiedenen.** Das gibt diesem kleinen Ensemble die Möglichkeit, die Effekte eines großen Klangkörpers zu erzielen. So sind sie einmalig in der Fülle der beherrschten Instrumente, einmalig in der Vielseitigkeit der musikalischen und schauspielerischen Begabung, einmalig in Laune und Humor.

Diesmal bringen sie uns eine kleine **musikalische Revue,** die zuerst in Amerika beginnt, dann schnell nach Berlin führt (nicht nur optisch, sondern auch musikalisch), um im weiteren Verlauf das ganze artistische und musikalische Können der Weintraubs zu zeigen.

Aus dem Programmheft des Wintergarten vom Februar 1933

Noch aber gab es in Berlin Varieté-Theater wie das Scala und den Wintergarten. Als wäre es mit dem Produktionsteam des Films „Das goldene Saxophon" abgesprochen, traten die beiden auf der Leinwand miteinander rivalisierenden Bands nacheinander im Wintergarten auf. So waren dort im Januar die „20 Wienerinnen" zu erleben und im folgenden Monat die Weintraubs Syncopators. Sie wurden für das Februar-Programm in Zeitungsanzeigen neben dem Ballett Gsovsky und anderen Attraktionen als „Die lustigen Weintraubs" angekündigt. Das Programmheft[165] nannte den vollständigen Namen dieser Band, die nach langen Reisen endlich wieder in ihrer Berliner Heimat angekommen sei. Von Amerika, hieß es, seien die Musiker direkt in den Wintergarten gefahren. „An Kilometern umreisten sie fast zweimal den Erdball und trugen den Ruhm des deutschen Jazz in alle Winde. Es gibt wohl in Deutschland kaum eine Kapelle, die sich beim internationalen Publikum so durchsetzen konnte wie diese sieben Berliner Jungens." Der Hinweis auf den „Ruhm des deutschen Jazz" richtete sich an Fans ebenso wie an nationalstolze Skeptiker. Aber selbst Gegner dieser Musikart sollten sich bekehren lassen durch so viel Vielseitigkeit und sprühende Jungenhaftigkeit. Natürlich fehlten nicht Hinweise auf die Zusammenarbeit mit Marlene Dietrich im „Blauen Engel" und auf die bevorstehende Premiere des Films „Das goldene Saxophon". Obwohl die Weintraubs grundsätzlich nur aus sieben Solisten bestünden, könnten sie mit mehr als 40 Instrumenten die Effekte eines großen Klangkörpers erzielen. Ihre jetzt vorgeführte Revue, so las man weiter, beginne in Amerika, komme aber schnell nach Berlin, „um im weiteren Verlauf das ganze artistische und musikalische Können der Weintraubs zu zeigen".

Die Bühnenschau, welche die Weintraubs am Vormittag des 5. Februar auch bei einem von Alfred Braun moderierten Sonntagskonzert der Funkstunde boten, wurde im Programmheft als Jazzrevue angekündigt.[166] Vorangegangen waren Opernmelodien, Ballett-Einlagen und zwei kürzere Auftritte der Weintraubs unter anderem mit „My Melancholy Baby", „Es führt kein andrer Weg zur Seligkeit" von W. R. Heymann, „Auf Wiedersehn, leb' wohl" in einem sinfonischen Arrangement von Jack Rosner sowie einer von John Kaiser arrangierten Nummer „10 Jahre Jazz! Potpourri alter und neuer Schlager". Den Schluss des Programms bildete die vollständig von Kaiser arrangierte Jazzrevue. Sie begann mit dem Foxtrott „Crazy People" (James V. Monaco), setzte sich fort mit einem Titel „New York – Berlin" (ein Autor wurde nicht genannt), dem Lied „Irgendwo auf der Welt", das Werner Richard Heymann und Robert Gilbert im Vorjahr für den Film „Ein blonder Traum" geschrieben hatten, und endete mit Variationen über „Carneval von Venedig" nach Wolfgang Amadeus Mozart. Wie sich dabei musikalische Vielseitigkeit mit szenischer Komik verband, hat Heinz Barger am Beispiel der ersten Nummer geschildert: „Wenn sich der Vorhang öffnete, saßen die Weintraubs vor einer kunstvoll aufgestapelten Auslage von insgesamt fast 50 Instrumenten. Sie spielten den Schlager ‚Crazy people'. Nach ein paar Takten wechselten sie die Plätze, d.h. jeder rutschte um einen Platz nach links, wobei er nicht nur den Stuhl, sondern auch das Instrument seines Nachbarn zur Linken übernahm. Das ging solange rundherum, bis jeder wieder seinen alten Platz einnahm und dabei sein Können auf sämtlichen Instrumenten unter Beweis gestellt hatte."[167] Im nächsten Stück, vermutlich also „New York – Berlin", stellten sich die Syncopators als Solisten vor und trieben dabei verrückte, aber sorgfältig einstudierte Clownerien. „Der Saxophonist kämpfte einen hoffnungslosen Kampf mit dem Beleuchter, der seinen Lichtkegel immer wieder woanders hinrichtete, bis der verzweifelte Musiker Hammer und Nägel holte und den Lichtfleck am Boden festnagelte. Der Klarinettist seinerseits trieb solange Kapriolen, dass seine Kollegen auf der Bühne anfingen, Zeitung zu lesen, Karten zu spielen und ihn schließlich wie einen gefällten Boxer auszuzählen begannen."[168] Andere Nummern gestalteten die Weintraubs als Paraphrase. Eine Mozart-Komposition mit dem Titel „Carneval von Venedig" existiert nicht. Vermutlich war der Gassenhauer „Mein Hut, der hat drei Ecken" gemeint, der gelegentlich als „Carneval von Venedig" Mozart zugeschrieben wurde. Diese Melodie spielte die Band nacheinander im Stile von Beethoven, Chopin, Mozart, Puccini und Mozart, um in voller Blechbesetzung à la Richard Wagner zu enden.

Insgeheim konnte man dieses unterhaltsame Programm auch als einen subtilen Kommentar zur Gegenwart verstehen, als Ironisierung der „verrückten Leute", die jetzt in Berlin an der Macht waren. Im Januar 1933 war eine Notenausgabe von „Crazy People" mit dem deutschen Titel „So meschugge" erschienen. Die Revue der Weintraubs richtete den Blick danach an einen fernen Ort „irgendwo auf der Welt", wo es noch „ein kleines bisschen Glück" gab.

Irgendwo auf der Welt
Gibt's ein bisschen Seligkeit
Und ich träum' davon schon lange lange Zeit

Obwohl im Publikum auch SS- und SA-Männer saßen, verliefen die Auftritte der Band ungestört. Barger erinnerte sich: „Zum Schluss verbeugten sich nicht nur immer wieder die Weintraubs vor dem Vorhang, sondern konnten dankerfüllt auch auf ihre unzähligen Instrumente zeigen, die an Ständern hängend sich ebenfalls gerührt verbeugten, weil sie durch einen Trick unsichtbar bewegt werden konnten."[169] Die *Berliner Morgenpost* hob in ihre Rezension am neuen Wintergarten-Programm die Tanznummern einer Artistin Rassana und eines Schimmelhengsts hervor und erwähnte dann kurz die Berliner Band: „Tanz und Musik vereinen die Weintraubs, die lustigen Jungen, denen die temperamentvoll gefiedelten und geblasenen Rhythmen selbst in die Beine gehen."[170] Der Begriff Jazz wurde in der gleichgeschalteten Presse gemieden.

Letzte Medienproduktionen 1933 in Deutschland

Am 18. Februar wirkten die Weintraubs wohl letztmals an einer Berliner Tanzveranstaltung mit: beim Ball „Im Reich der Reklame" in den Sälen des Zoologischen Garten, wo auch das Orchester von Otto Kermbach neben einer Notstandskapelle stellungsloser

Musiker auftrat.[171] Ihr Wintergarten-Engagement endete am 28. Februar. Dazwischen entstand am 17. Februar für die Electrola eine Schallplattenaufnahme mit den Gesangssolisten Eva Busch, der Ehefrau des Schauspielers Ernst Busch, und dem von zahlreichen Platten bekannten Eric Helgar. Sie sangen das Walzerlied „O Annabella“ aus der Nelson-Revue „Etwas für Sie“ und den Foxtrot „Jo-Jo“ aus der Revue „Es hat geklingelt“. Das alte Jo-Jo-Spiel hatte sich ab August 1932 in einer neuen amerikanischen Version über ganz Europa verbreitet. Siegfried Kracauer bezeichnete es damals als „eine Art Kaugummi für die Hand“, passend zur Weltwirtschaftskrise, in der man zum Zeitvertreib irgendeine sinnlose Tätigkeit suchte.[172] „Ich sag nicht ja-ja, ich sage jo-jo“, heißt es mit Worten von Hans Hannes und Kurt Schwabach. „Ich sag nicht na-na, ich sag no-no, ich sing nicht la-la, ich singe lo-lo.“ In der Weintraubs-Aufnahme folgt danach Scat-Gesang von Freddy Wise, jeweils von Blasinstrumenten imitiert.

Heinz Barger und seine „lustigen Jungen“ taten alles, um Provokationen zu vermeiden. An die Stelle von Jazzrhythmen trat nun europäische Folklore. So nahmen sie noch im Februar für die Electrola mit Kurt Mühlhardt den Tango „Juanita, du dunkle Schöne“ auf und mit Erwin Hartung den spanischen Walzer „La Castiliana“ (Musik: Hans Salter). Hatten die Weintraubs zuvor bayerische Volksmusik nur parodiert, so wandten sie sich ihr jetzt in „Mein Schatz vom Tegernsee“ (Musik: Hans Lengsfelder) etwas „ernsthafter“ zu. In diesem „Alpenfoxtrott“ folgen auf Kuhglocken und Jodeln die Worte „Mein Schatz vom Tegernsee ist eine dralle Sennerin“. Deutlich parodistischer wirkt der Stimmungswalzer „Kikeriki“ auf der Plattenrückseite: „Wenn der Hahn auf dem Mist spaziert, macht er kikeriki. Wenn die Henne ein Ei verliert, macht er kikeriki.“ Die Weintraubs lieferten dazu, ergänzt durch Nebengeräusche wie eine muhende Kuh und andere Tierstimmen, alpenländische Blasmusik im schunkelnden Walzerrhythmus. Obwohl Text und Musik kaum als anstößig gelten konnten, entschied sich die Electrola, die neuen Platten nicht mehr in Deutschland, sondern bei ihrer österreichischen Schwesterfirma Columbia Austria herauszubringen. Nicht nur der Jazz war im neuen Deutschland verpönt, sondern auch die jüdische Herkunft der Weintraubs Syncopators.

Eine weitere mit Heinz Barger vereinbarte Ufa-Filmproduktion, wurde, wie er berichtete[173], kurz vor Drehbeginn abgesagt. Eventuell handelte es sich um den mit Richard Oswald geplanten Film „Das Lied der Großstadt“, den die Weintraubs in einem Prospekt erwähnt hatten. Dagegen konnte die Kriminalgroteske „Hände aus dem Dunkel“ (Regie: Erich Waschnek) der Terra-Film, bei welcher die Band neben den Schauspielern Karin Hardt, Hans Brausewetter, Margo Lion und Leonard Steckel wieder darstellerisch beteiligt war, fertiggestellt werden. Die Musik hatte der bei Heinz Tiessen und Arnold Schönberg ausgebildete Josef Zmigrod geschrieben, der unter dem Künstlernamen Allan Gray in Kabarett und Film erfolgreich war; für die Ufa hatte er zu so bekannten Produktionen wie „Berlin Alexanderplatz“, „Emil und die Detektive“ (beide 1931) und „F. P. 1 antwortet nicht“ (1932) die Filmmusik beigesteuert. Für „Hände aus dem Dunkel“ komponierte er die Songs „Männer sind alle egal“ und „Was ist das ganze Leben ohne ein bißchen Glück“.

Bevor der Film am 25. April in die Kinos kam, gab es allerdings Probleme mit der Zensur. Kurz zuvor war der Komponist wegen seiner jüdischen Herkunft nach Paris geflohen. Wegen angeblicher Verunglimpfung der Polizei und Gefährdung der öffentlichen Sicherheit wurde die Produktion schließlich 1936 verboten.

In diesem Februar-Monat, in dem die Weintraubs ihre Wintergarten-Bühnenschau absolvierten, wurde in Deutschland keineswegs spielerisch, sondern in erschreckendem Tempo und mit rabiaten Mitteln die parlamentarische Demokratie zerstört. Der Reichstagsbrand des 27. Februar und die dadurch ausgelösten Verfolgungsmaßnahmen bedeuteten eine letzte Vorstufe zur Diktatur. Dennoch kam es am 17. März im Berliner Gloria-Palast zur Premiere des unterhaltsamen Films mit Hans Albers und den Weintraubs als Eckmann Boys. Da Saxophone unter dem neuen Regime in Misskredit gefallen waren, hatte die Ufa für diese Produktion inzwischen den weniger anstößigen Titel „Heut' kommt's drauf an" gewählt. Dem Zeitgeist entsprechend reagierte die Presse distanziert. „Etwas verspätet kommt dieser Film auf die Welt", kommentierte die *Berliner Morgenpost.* „Der Jazz-Taumel ist längst vorüber, die Konkurrenzen um goldene Saxophone sind ausgekämpft – ein Stoff von gestern."[174] Trotz „Jazz-Radau" und „Saxophon-Gequake" habe man aber an der massiven Grazie des blonden Hans Albers seine Freude. Dieser Schauspieler entsprach dem jetzt propagierten Rassenideal. Albers war „Der Held des Tages", so der österreichische Titel der heute leider verschollenen Produktion.

Bereits im Januar hatte die Ufa einen Film „Gruß und Kuss, Veronika" angekündigt. Paul Hörbiger und die junge Franciska Gaál sollten nach einem Drehbuch von Kurt Schwabach und in der Regie von Carl Boese die Hauptrollen spielen. Mitte März waren die Dreharbeiten beendet. Im Film entwickelt sich unter vielem Hin und Her eine Romanze zwischen dem Blumenmädchen Veronika und einem ihrer Kunden, dem Geschäftsmann Paul Rainer. Die Musik schrieb ein alter Bekannter der Weintraubs: Franz Wachsmann. Er dürfte dafür gesorgt haben, dass seine frühere Band engagiert wurde. Zuständig für die Musikaufnahmen war Helmut Wolfes, der musikalische Leiter schon beim Albers-Film. Ein einziges ▹ Lied durchzieht die ganze Produktion. Es klingt schon an in der instrumentalen Einleitung und wird dann von Franciska Gaál, der Darstellerin des Blumenmädchens, angestimmt: „Hat ein Mädel Lust zum Küssen und ihr Schatz ist grad nicht da, schreibt sie einfach: Bitte komm doch. Gruß und Kuss, Veronika." Die Melodie kehrt in verschiedenen Formen wieder, auch einmal in dramatischem Moll. Viel seltener taucht der zweite Schlager auf, der Slowfox ▹ „Die kleinen Mädchen mit dem treuen Blick", den Paul Hörbiger im Duett mit dem Blumenmädchen singt. Diese beiden Filmschlager nahmen die Weintraubs vermutlich im Februar auch für Electrola-Schallplatten auf. Mit leicht metallischer, aber textverständlicher Stimme sang Eva Busch den flotten Hauptschlager. Der Slowfox „Die kleinen Mädchen mit dem treuen Blick" wurde nur instrumental eingespielt. Mit diesen Filmschlagern wollte man an den Kinoerfolg anknüpfen. Allerdings kam „Gruß und Kuß, Veronika" erst im August 1933 in die Lichtspielhäuser.

Flucht ins Ausland

Zu diesem Zeitpunkt befanden sich die Weintraubs Syncopators längst nicht mehr in Deutschland. Heinz Barger erinnerte sich 1964 in einer Radio-Sendung: „Was wir in Berlin zu sehen bekamen, gefiel uns gar nicht. Wir sahen, wie das Reichstagsgebäude in Flammen aufging, mussten erleben, wie die Bücher von Thomas Mann und Heinrich Mann, von Erich Kästner, von Tucholsky und vielen, vielen anderen unter dem Gejohle jugendlicher Nazis verbrannt wurden. Wir hörten im Radio die Stimme des Mannes, der entschlossen schien, Deutschland in ein Chaos von Hass und Wahnsinn zu verwandeln.“[175] Das Ende ihres Wintergarten-Engagements hat Stefan Weintraub so beschrieben: „Eines Abends, als wir in unseren Umkleideraum kamen, kommt ein Mann und sagt: ‚Kinder, der Reichstag brennt!‘ Also wir haben aus dem Fenster gesehen, der Wintergarten war ja nicht weit vom Reichstag, und haben gesehen, was los ist. Und daraufhin haben wir beschlossen, morgen oder übermorgen fahren wir weg.“[176] Heinz Barger berichtete: „Nachdem wir beschlossen hatten, Deutschland zu verlassen, annullierte ich unverzüglich alle Verträge mit deutschen Etablissements. Ein Anruf in Prag führte zu einem sofortigen Engagement im Nachtclub ‚Boccaccio‘ im Prager Hotel Steiner. Der Empfang war herzlich, der Erfolg groß.“[177] Am Ende dieses Gastspiels bot der Hoteldirektor den Musikern ausnahmsweise schon vor ihrem Auftritt Champagner an. Bei Stefan Weintraub führte dies zu einem Schwips, so dass ihm danach beim Musizieren mehrfach die Trommelstöcke aus der Hand fielen. Barger war peinlich berührt. Aber das Publikum jubelte und meinte, dies sei ein extra einstudierter Showeffekt.

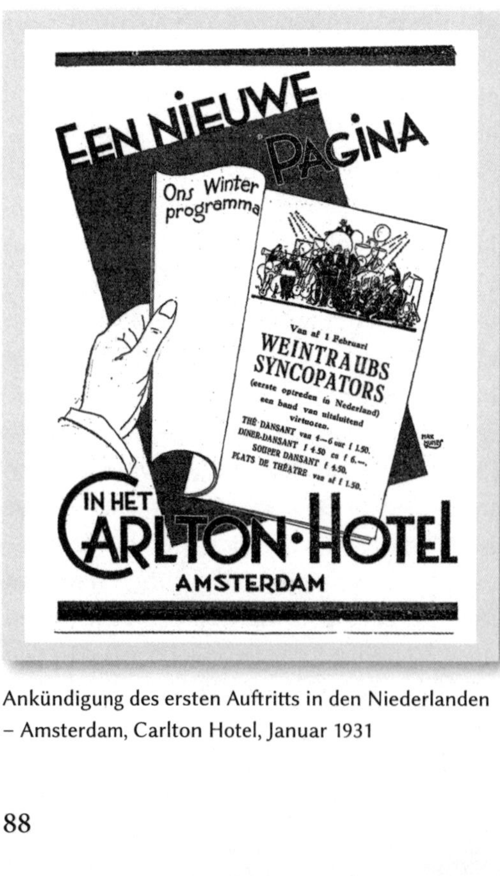

Ankündigung des ersten Auftritts in den Niederlanden – Amsterdam, Carlton Hotel, Januar 1931

Es folgte eine ausgedehnte Konzerttournee durch die Schweiz, wo die Band ebenso wie in Prag wieder unter ihrem vollständigen Namen auftrat. Nach Stationen in Zürich, Luzern, Basel, Winterthur und St. Gallen ging es in den französischen Landesteil, nach Genf, Neuchâtel und Chaux-de-Fonds. Im August waren die Weintraubs wieder einmal in Kopenhagen zu Gast und traten erneut in der National-Scala auf. Die Presse sprach von einer international bekannten Show-Band, deren junge Mitglieder in gleichem Maße Artisten wie Musiker seien. Liegend würden sie mit ihren Saxophonen Ball spielen und blitzschnell von der grotesken Komödie zu gefühlvollen Melodien übergehen, einmal als Dorfmusikanten, dann als Wolgaschlepper auftretend. Damit lösten sie stürmischen Beifall aus.[178] Einer anderen Zeitung gefielen besonders die Variationen über Mozarts „Karneval in Venedig".[179] Cyril Schulvater nutzte den Aufenthalt in der dänischen Hauptstadt, um sich hier am 28. August einen britischen Pass ausstellen zu lassen.

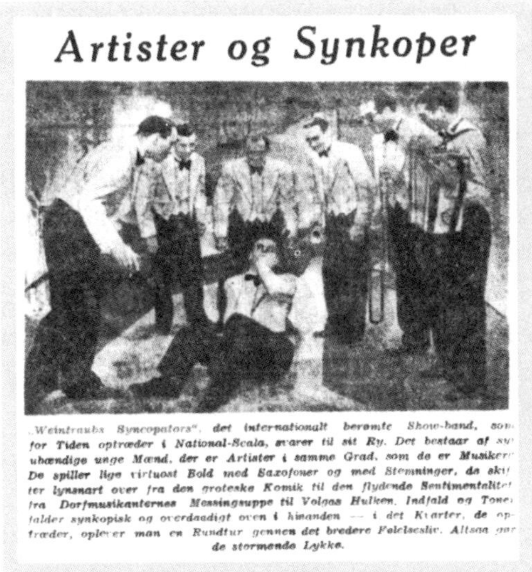

Artister og Synkoper

„Weintraubs Syncopators", det internationalt berømte Show-band, som for Tiden optræder i National-Scala, svarer til sit Ry. Det bestaar af syv ubændige unge Mænd, der er Artister i samme Grad, som de er Musikere. De spiller lige virtuost Bold med Saxofoner og med Stemninger, de skifter lynsnart over fra den groteske Komik til den flydende Sentimentalitet fra Dorfmusikanternes Messingsuppe til Volgas Hulken. Indfald og Toner falder synkopisk og overdaadigt oven i hinanden — i det Kvarter, de optræder, oplever man en Rundtur gennem det bredere Følelsesliv. Altsaa gør de stormende Lykke.

Bericht über die Auftritte in der National-Scala Kopenhagen, in *Dagens Nyheder*, 18. 8. 1933

Für die Monate September und Oktober hatte Barger Engagements in den Niederlanden vereinbart, wo die Band erstmals im Februar 1931 aufgetreten war (damals im Carlton-Hotel Amsterdam). Jetzt begann ihr Gastspiel in einem der Tuschinski-Filmtheater in Rotterdam. Der aus Polen stammende Abraham Tuschinski war als junger Mann in diese große Hafenstadt gekommen, wo er 1911 ein erstes Kino eröffnete. Weitere eigene Filmtheater folgten bald. Sein Traum war aber ein Lichtspielhaus im Weltformat. Dies verwirklichte der Unternehmer 1921 mit der Eröffnung des Tuschinski-Theaters Amsterdam, einem Gebäude im Art Déco-Stil, bis heute das bekannteste Kino der Niederlande. In einem kleineren Saal war dort das Cabaret „La Gaité" untergebracht.

Dieser jüdische Theaterunternehmer dürfte seine Weintraubs wohl auch nach ihren Zukunftsplänen gefragt haben. Dabei wird das Schicksal der deutschen Juden unter dem Hitler-Regime zur Sprache gekommen sein. Spätestens jetzt wurde den Weintraubs bewusst, dass sie alle jüdischer Herkunft waren. Vor 1933 hatte dies fast nie eine Rolle gespielt. Die aus ihrer „nichtarischen" Herkunft erwachsenden Nachteile hatten diese Berliner Musiker allerdings schon bemerkt, als die Ufa das mit ihnen geplante Filmprojekt absagte und die Electrola die neuen Schallplatten nicht mehr in Deutschland herausbrachte. In Rotterdam berieten die Weintraubs Syncopators ernsthaft über ihre Zukunft und kamen nun endgültig zu der schwerwiegenden Entscheidung, nur noch im Ausland aufzutreten. Sie entschlossen sich zu einem ausführlichen Pressegespräch, in dem sie neun Jahre nach ihrer Gründung Bilanz zogen.

Selbstauskunft in Den Haag

Zu diesem Zweck fuhren drei Bandmitglieder zusammen mit ihrem Manager nach Den Haag, wo der nächste Auftritt stattfinden sollte. Nach dem Gespräch erschien am 7. September 1933 in der dortigen Tageszeitung *Het Vaderland* ein langer Artikel unter der Überschrift „Weintraubs Syncopaters vertellen" (Die Weintraubs Syncopators erzählen).[180] Man las hier von der Begeisterung, mit der die Musiker über ihre Arbeit sprachen. Der Wortführer sei ein Südamerikaner, dessen Name leider im Stimmengewirr verloren ging. Dies war John Kaiser, dessen Vater um 1900 von Peru nach Deutschland gekommen war. Sein Sohn, der weiterhin die peruanische Staatsbürgerschaft besaß, berichtete stolz, dass die Weintraubs Syncopators nach dem Ensemble des Briten Jack Hylton die älteste europäische Jazzband seien. Nach der Gründung in Charlottenburg durch einen künftigen Apotheker, durch Jura- und Ingenieur-Studenten sei man zunächst nur vor Freunden aufgetreten. Angesichts der wachsenden Beliebtheit intensivierten die Bandmitglieder ihre Musikstudien und fanden bald Beachtung auch bei Fachleuten.

Den Schritt zum Theater verdankten sie dem Komponisten Werner Richard Heymann. Er beteiligte die jungen Musiker an der Aufführung des Wedekind-Dramas „Franziska" in der Regie von Karlheinz Martin und mit Tilla Durieux in der Hauptrolle. Erwähnt wurde dabei explizit das Theater in der Königgrätzer Straße. Dort habe Friedrich Hollaender die jungen Musiker gesehen und an die Nelson-Revue vermittelt. Kurt Robitschek, im Artikel „Robert Schek" genannt, habe sie dann zum Kabarett der Komiker geholt. Es folgten Deutschlandtourneen, Auftritte in den Berliner Varieté-Theatern Wintergarten und Scala sowie Gastspiele in Budapest und Prag. In den USA seien sie allerdings nur in Radio und Film aufgetreten.

Ausführlich beschrieben die Weintraubs den niederländischen Journalisten ihre Arbeitsweise. Es gebe bei ihnen keinen Dirigenten und keinen Regisseur, sondern ein kollektives System. Bei Entscheidungen genüge die einfache Mehrheit von vier Stimmen. Da jeder Musiker sechs Instrumente spiele, könne man sich auf sieben Mitglieder beschränken. So bleibe es bei einer lebendigen Zusammenarbeit und guten Arbeitsmoral. Man müsse außerdem nicht stundenlang Tanzmusik spielen, sondern nur zwanzigminütige Programme, was das Musizieren frisch erhalte. Da die Band in jeder Stadt nur acht oder vierzehn Tage gastiere, komme es zu keiner ernsthaften Konkurrenz mit den einheimischen Musikern. Die Programme würden sich mit jedem Auftritt ändern. Zum Beispiel komme man bei Mozarts „Karneval von Venedig" vom Original schnell zur Parodie, zur Wiedergabe als Tango, als Walzer und im bayerischen Stil – „nach Tiroler Art" mit entblößten Knien. Auf diese Weise wird jeder Titel stetig erweitert, so dass man sich nach zehn Aufführungen kaum noch an die erste Version erinnere.

Auch über New York sprachen die vier Gäste. Dort hätten sie ihren Freund Paul Whiteman besucht, der sie im Biltmore Hotel herzlich begrüßte. Ihn hatten sie schon bei seinem Berlin-Gastspiel kennengelernt. Dann folgt unvermittelt dieser Satz: „In New York tauschten sie auch Telegramme mit Friedrich Hollaender aus, der wie die Syncopators selbst Emigrant ist." Beiläufig weist dieser Satz auf den eigenen Emigrantenstatus hin, der sonst unerwähnt blieb. Man wollte die brandneue Entscheidung nicht an die große Glocke hängen, offenbar um zu Hause gebliebene Angehörige nicht zu gefährden.

Mit keinem Wort wurde die jüdische Herkunft der Musiker und die für Juden besonders bedrohliche Situation in Deutschland angesprochen.

In Den Haag sollten die Weintraubs ihre Bühnenschau vor dem Ufa-Film „Heut kommt's drauf an" präsentieren. Deshalb war der letzte Teil des Gesprächs dem Thema Film gewidmet. Man begann mit dem frühen Streifen „Ein Tag Film" von Max Mack und erwähnte Hans Albers, der als damals noch kaum bekannter Schauspieler in einer Nebenrolle mitwirkte. Beim nächsten Film für Rudolf Nelson sei die Tontechnik schon weiter entwickelt gewesen, so dass „einige Tricks" angewendet werden konnten. Aber selbst noch im „Blauen Engel" sei es wegen der Aufnahmetechnik nötig gewesen, die Zahl der mitwirkenden Bandmitglieder auf sechs zu beschränken. Ein Filmprojekt mit Richard Oswald habe bislang nicht realisiert werden können, weil dieser Regisseur nach Paris ging. Für die Wintersaison seien in den niederländischen Kinos aber noch die Filme „Gruss und Kuss, Veronika", „Muss man sich gleich scheiden lassen?" und „Hände aus dem Dunkel" zu erwarten, bei denen die Weintraubs ebenfalls mitgewirkt hatten.

Als ihre Freunde erwähnten sie bei dieser Gelegenheit Max Reinhardt, Josephine Baker, Max Pallenberg und Marlene Dietrich. Besonders hoben die Weintraubs Herrn Tuschinski als neuen Bewunderer hervor; dreimal sei er in dieser Woche in ihre Vorstellungen gekommen. Zum Schluss berichtete Stefan Weintraub von der fabelhaften Anreise mit einem KLM-Flugzeug. Man habe in Kopenhagen einen Direktflug gebucht, um nicht durch Deutschland reisen zu müssen. Die einstige Heimat war für die Weintraubs inzwischen so gefährlich, dass sie dieses Land nicht einmal durchqueren wollten.

Wie angekündigt setzten die Weintraubs Syncopators ihre Tournee am 8. September im City Theater Den Haag fort. Zum Monatsende kamen sie nach Amsterdam ins prachtvoll mit glasierten Ziegeln, Keramikskulpturen sowie schmiedeeisernen Gittern und Lampen verzierte Tuschinski-Theater. Vom 6. bis 12. Oktober waren sie im Rembrandt-Theater Arnheim zu Gast, auch hier wieder in Verbindung mit dem Hans-Albers-Film. Die gleichzeitig am 10. Oktober im Berliner Primus-Palast stattfindende Uraufführung von „Muss man sich gleich scheiden lassen?" versäumten sie natürlich. Von Arnheim ging es weiter nach Hilversum, wo ihre Präsentation des „Tiger Rag" als Boxkampf viel Beifall fand. Der Sender Radio Hilversum begeisterte sich so sehr für die Gäste, dass er sie an mehreren aufeinanderfolgenden Tagen ins Programm nahm.

In Berlin war der Film „Der blaue Engel" inzwischen verboten worden. Hasserfüllt schrieb damals Joseph Goebbels, dies sei Unrat, von einer stinkenden Stadt ausgespien.[181] Der Roman „Professor Unrat" und andere Werke Heinrich Manns waren am 10. Mai ebenso wie solche von Bertolt Brecht, Erich Kästner, Kurt Tucholsky und Stefan Zweig von der Bücherverbrennung betroffen. Jules Marx, der Inhaber der Varieté-Theater Wintergarten, Scala und Plaza, musste seine Unternehmen an „arische" Betreiber übergeben. Viele Freunde und Kollegen der Weintraubs waren bereits aus Deutschland geflohen. Neben Friedrich Hollaender und Richard Oswald sind auch Paul Abraham, Ralph Benatzky, Curt Bois, Kurt Gerron, Robert Gilbert, Paul Graetz, Allan Gray, Max Hansen, Werner

Richard Heymann, Bronislaw Kaper, Walter Jurmann, Erich Pommer, Max Reinhardt, Kurt Robitschek, Fritz Rotter, Kurt Schwabach, Mischa Spoliansky und Franz Wachsmann zu nennen. Als „Nichtarierinnen“ waren ebenso Fritzi Massary, Elisabeth Bergner, Tilla Durieux, Rosa Valetti sowie Luise Rainer und Franciska Gaál, die beiden Hauptdarstellerinnen der Filme „Heut kommt's drauf an“ und „Gruss und Kuss, Veronika“, ins Ausland geflohen. Ernst Busch, der Sänger im „Lied vom Leben“, war aus politischen Gründen schon im März in die Niederlande gegangen. Eva Busch, seine Ehefrau, war ihm wenig später gefolgt.

Auch für andere Flüchtlinge aus Deutschland, etwa für den Pianisten Martin Roman, waren die Niederlande inzwischen zum Zufluchtsort geworden. Manchen von ihnen konnte Abraham Tuschinski helfen. So eröffnete Rudolf Nelson im 1934 sein Exilkabarett im „Gaité“ des Amsterdamer Tuschinski-Theaters. Hier war dann auch Erika Mann mit ihrer „Pfeffermühle“ zu Gast. Bis 1940 widersetzten sich die Niederlande dem Druck aus Nazi-Deutschland. Als aber im Mai 1940 deutsche Bomber die Stadt Rotterdam zerstörten, vernichteten sie auch die dortigen Filmtheater. Unter der deutschen Besatzung wurde Abraham Tuschinski ins Durchgangslager Westerbork gebracht und dann nach Polen deportiert. Am 17. September 1942 wurde er in Auschwitz ermordet. Den Weintraubs Syncopators blieb dieses Schicksal erspart, weil sie sich neun Jahre zuvor als Gäste dieses jüdischen Unternehmers in Rotterdam für den Weg ins Exil entschieden hatten.

TEIL II (1933–1937)

Beginn des Exils

Niederlande, Belgien, Schweiz (1933–1934)

In Rotterdam war im September 1933 die Entscheidung für das Exil gefallen. Den ungewissen Weg in die Fremde zogen die Weintraubs der Rückkehr in ihre deutsche Heimat vor, wo sie nicht mehr willkommen waren. In Berlin ließen die sieben Musiker und ihr Manager ihre Angehörigen und die Wohnungen zurück. Letztere befanden sich durchweg in den gutbürgerlichen westlichen Stadtbezirken Charlottenburg, Wilmersdorf und Schöneberg. Horst Graff hatte zuletzt in Charlottenburg in der Wilmersdorfer Straße 80 gewohnt; seine Eltern Hermann und Friederike und der Bruder Wilhelm blieben in Berlin. John Kaiser hatte ebenfalls in Charlottenburg gelebt. Von dem stattlichen Haus in der Giesebrechtstraße 17 hatte er sich zuletzt im März 1933 in die Schöneberger Luitpoldstraße 20 zu seiner Tante Rosa Guttmann umgemeldet. Kaisers Eltern waren früh verstorben, aber er hatte noch zwei jüngere Brüder Ernst und Fritz. Cyril Schulvaters Eltern Robert und Jenny sowie sein Bruder Ernest lebten weiterhin in Berlin, die Mutter in Wilmersdorf in der Prinzregentenstraße 25, im gleichen Haus wie der Kabarettist Willy Schaeffers. Stefan Weintraub, dessen Vater 1927 gestorben war, ließ die Mutter Hulda sowie den Bruder Max und die Schwester Elfriede zurück. Er selbst war schon vor 1933 von der Knesebeckstraße 28 nach Schöneberg umgezogen; hier in der Barbarossastraße 46 lebte später auch seine Mutter. Die Eltern von Leo Weiss, der zuletzt in Charlottenburg in der Dahlmannstraße 4 gewohnt hatte, blieben ebenfalls in Berlin. Heinz Bargers letzte Büro-Adresse lag in der Kleiststraße 13, unweit des Nollendorfplatzes. Seine Schwester, die Fotografin Lili Baruch, emigrierte 1933 mit ihrem Ehemann Peter Altschul und der Tochter Mirjam in die Schweiz.

Nicht alle jüdischen Musiker flohen sofort ins Ausland. So unternahm Paul Aronovici in einer Band zusammen mit dem Saxophonisten Walter Fischgold, mit Tänzerinnen und anderen Solisten weiterhin Deutschland-Tourneen. Obwohl er nur noch vor jüdischen

Hörern auftreten durfte, blieb er bis März 1939 in Deutschland; erst dann reiste Aronovici nach Shanghai aus.[182] Auch die Comedian Harmonists, zu denen jüdische Mitglieder gehörten, blieben einstweilen in Deutschland. Für die Weintraubs Syncopators begann dagegen eine Reisephase, in der sie ohne feste Bleibe in ständig wechselnden Quartieren über Jahre aus ihren Koffern leben mussten. Neben dem Manager Heinz Barger gehörten zum Team weiterhin Horst Graff, John Kurt Kaiser, Cyril Schulvater, Stefan Weintraub, Leo Weiss und Freddy Wise, alle unverheiratet, aber oft von Frauen umschwärmt. Adi Rosner war nicht mehr dabei. Als polnischer Jude war er in Berlin von Hitlerjungen verprügelt worden, weshalb er sich entschloss, zunächst in den Niederlanden zu bleiben.[183] Später ging er nach Warschau, wo er eine eigene Band gründete.

Ein Ersatz für Rosner wurde schließlich mit Emanuel Frischer gefunden. Als Sohn polnischer Eltern 1913 in Charlottenburg geboren, hatte er schon früh Geigenunterricht erhalten, bevor er neunjährig zur Trompete wechselte. Großen Eindruck machte ihm ein Auftritt der Weintraubs Syncopators im Alhambra-Kino am Kurfürstendamm. Dadurch angeregt gründete Frischer mit einem klavierspielenden Mitschüler die „Charles Jazz Syncopators". Trotz seiner Mitwirkung auch in professionellen Ensembles studierte er nach dem Abitur Zahnmedizin an der Berliner Universität. Daneben wurde er Trompeter in der Band des polnischen Geigers Arkadi Flato im Hotel „Kaiserhof" am Wilhelmplatz. Weil dieses Luxus-Hotel zum Wohnsitz Adolf Hitlers geworden war und Frischer zudem als polnischer Jude nicht länger an der Universität bleiben durfte, ging er im März 1933 mit seinem Bandleader nach Warschau. Hier kam es zur Begegnung mit Leo Weiss, dem ebenfalls aus polnischer Familie stammenden Pianisten der Weintraubs. Als ihm dieser berichtete, seine Band suche einen Trompeter, begriff Emanuel Frischer dies als Chance seines Lebens. Ein Traum wurde damit für ihn wahr. Er brach sein Medizinstudium ab und beendete noch ein laufendes Engagement, um zum Jahresende hauptberuflich Mitglied der Weintraubs Syncopators zu werden. Seine Eltern Salomon und Feigel, den Bruder Adolf und die Schwester Charlotte, polnische Staatsbürger wie er selbst, ließ er in Berlin zurück. Frischer verband seitdem sein Schicksal mit dem der erfolgreichen Jazzband. Er war 20 Jahre alt und damit ihr jüngstes Mitglied. Schnell musste er sich der Gruppe einfügen und neben dem umfangreichen Repertoire auch alle szenischen Details erlernen. Wie Adi Rosner konnte er gleichzeitig auf zwei Trompeten spielen.

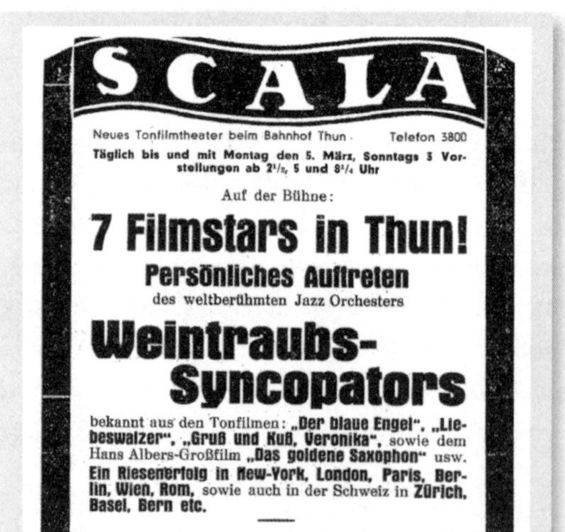
SCALA
Neues Tonfilmtheater beim Bahnhof Thun · Telefon 3800
Täglich bis und mit Montag den 5. März, Sonntags 3 Vorstellungen ab 2½, 5 und 8¼ Uhr
Auf der Bühne:
7 Filmstars in Thun!
Persönliches Auftreten
des weltberühmten Jazz Orchesters
Weintraubs-Syncopators
bekannt aus den Tonfilmen: „Der blaue Engel", „Liebeswalzer", „Gruß und Kuß, Veronika", sowie dem Hans Albers-Großfilm „Das goldene Saxophon" usw.
Ein Riesenerfolg in New-York, London, Paris, Berlin, Wien, Rom, sowie auch in der Schweiz in Zürich, Basel, Bern etc.

Zeitungsannonce vom Februar 1934 aus Thun (Schweiz)

Die nächsten Stationen der Weintraubs nach den Niederlanden waren die belgischen Städte Liège, Brüssel, Anvers, Gand und danach die Schweiz, welche sie bereits von früheren Gastspielen kannten. 1930 waren sie im Züricher Corso-Varieté am Bellevue aufgetreten, kurz darauf im Küchlin-Theater Basel. Als die Band im September 1931 ins Corso-Varieté zurückkehrte, bezeichnete die Presse sie als eines der besten Jazzorchester der Gegenwart, dessen Bühnenschauprogramm „ohne Atempause, toll an toll, Auge und Ohr von famoser Parodie zu Parodie hetzt. Selbst vom Standpunkt des Musikers aus betrachtet ist es kein alltägliches Vergnügen, solch Ensemblespiel zu hören."[184] Im Februar 1932 waren sie im Corso-Theater Bern „mit Riesenbeifall" begrüßt worden. „Diese sieben Musiker spielen mit Bravour zu pikanten Klangwirkungen. Mit einem Rhythmus, der elektrisiert. Sie bieten Ernstes, Heiteres, Groteskes und Parodistisches, zum Teil in drolligster Aufmachung." Besonders hatte hier neben der eigentümlichen Klangwirkung einer kubanischen Rumba der von den Weintraubs gespielte Bernermarsch gefallen.[185] Als diese Band nun ab Dezember 1933 wieder in der Schweiz gastierte, verband sie mehrere Auftritte mit dem neuen Film „Gruss und Kuss, Veronika", der sie auf der Leinwand zeigte. Diese multimediale Kombination lief ab 30. Dezember für etwa eine Woche im Capitol-Kino Bern.

Nach Auftritten in Biel, Winterthur, Olten, St. Gallen, Basel, Mailand, Zürich und Solothurn erlebte man die Weintraubs ab Ende Februar 1934 in Thun unweit von Bern. In dieser beschaulichen Ortschaft am gleichnamigen See hatte einst Johannes Brahms drei schöpferisch inspirierte Sommer verbracht. Jetzt erwähnte die örtliche Presse Erfolge der Weintraubs in New York, London, Paris, Berlin, Wien, Rom, Zürich, Basel und Bern und die Filme „Der blaue Engel", „Liebeswalzer", „Gruß und Kuss, Veronika" und „Das goldene Saxophon". Die „sieben Filmstars" seien nun zu Gast in Thun, einer Stadt von damals 16.000 Einwohnern.[186] Im dortigen Scala-Theater kombinierten sie ihre Bühnenschau mit dem Musikfilm „Das Lied der Sonne" des Operntenors Giacomo Lauri-Volpi. Mit diesem Gastspiel, so der Rezensent, biete die Direktion des Scala-Theaters den Einheimischen Dinge, um derentwillen sie bislang für teures Geld nach Bern oder Basel fahren mussten. „Die Weintraubs Syncopators gehören zu den ganz großen Nummern, die man nur auf erstklassigen Bühnen zu sehen und hören bekommt. Hoffentlich merken das die Thuner." Die grotesken Mittel amerikanischer Bands würden von den Weintraubs weit übertroffen. „Sie erweisen sich als wahre Verwandlungskünstler. In einem knappen Augenblick verwandeln sie sich aus befrackten Herren in jodelnde Tiroler mit Hopplahüterl und Kniehosen. Und einen Augenblick später taucht aus dem Dunkel eine orientalische Landschaft mit Minaretts und Palmen auf, vor der eine Gruppe von Arabern im Burnus ihre monotonen Melodien spielt. Und schwupp ändert das Bild wieder und plötzlich sehen wir ein russisches Dorf und auf den wippenden Knien rasen die Männer in bunten russischen Kostümen im Tanz über die Bretter zu den Klängen der Balalaika." Der schnelle Wechsel der Szenerie bilde aber nur die Folie für die Musik selbst. „Mit unglaublicher Sicherheit halten die Weintraubs trotz rassigstem Tempo und vielerlei Zutaten sich selbst fest im Takt."[187] Nach Beendigung ihres Thun-Gastspiels hielten sie sich mit Auftritten unter anderem in Aarau, Lugano und Luzern noch einige Wochen in der Schweiz auf. John Kurt Kaiser besuchte am 28. März in Zürich das peruanische Konsulat, wo er einen neuen Reisepass erhielt.[188]

In Deutschland wurde die Band inzwischen schon von vielen Musikliebhabern vermisst. Nachdem im Berliner „Café Uhlandeck“ eine Gruppierung „Weintraub Symphoniker“ aufgetaucht war[189], bemühte sich auch das Propagandaministerium, diese Lücke durch „Arier“ zu schließen. Peter Kreuder zufolge bildete die Band „Die Goldene Sieben“, die 1934 mit ausdrücklicher Billigung der Behörden gegründet wurde, den gesuchten Ersatz.[190] Initiatoren waren der Gitarrist Harald Kirchstein und Willi Stech, Parteimitglied und Hauspianist des Deutschlandsenders.[191] Neben Franz Thon, Willy Berking und Freddie Brocksieper stieß auch Georg Haentzschel zur „Goldenen Sieben“, die bald zu einem der erfolgreichsten Tanzorchester des Dritten Reiches avancierte. Trotz musikalischer Ähnlichkeiten sprach man nicht mehr von „Jazz“, sondern von „moderner deutscher Tanzmusik“. Auch Otto Kermbach hatte sich den neuen Umständen angepasst. 1933 schuf er den Marsch „Mit Pauken und Trompeten“, ein Jahr später ein Potpourri von Soldaten- und SA-Liedern mit dem Titel „Unter Kameraden“.[192]

Im faschistischen Italien (1934–1935)

Heinz Barger hatte inzwischen in Zürich ein neues Büro eingerichtet. Auf dem dafür gedruckten Briefpapier bezeichnete er sich als Impresario der Original Weintraubs Syncopators, „Adresse Permanente: ZÜRICH (SUISSE), Mühlebachstr 46 part., Korrespondenz in deutsch, english, français, italiano“. Am 10. Februar war er über Chiasso nach Italien eingereist, wo er zwei Tage später in Milano eine Aufenthaltsgenehmigung erhielt.[193] Nachdem er entsprechende Verträge ausgehandelt hatte, konnten die Weintraubs im Mai eine ausgedehnte Italien-Tournee beginnen, durch ein Land, das seit 1922 von den Faschisten um Benito Mussolini beherrscht wurde. Für Plattenaufnahmen erarbeitete sich die Band ein neues Repertoire, bei dem sie die nationalen Interessen des Gastlandes berücksichtigte. Anders als unter dem Hitler-Regime war Jazz in Italien nicht verpönt; der „Duce“ liebte sogar diese Musikart. Am 16. Mai begannen in Mailand erste Aufnahmen im Studio von La Voce del Padrone, dem italienischen Zweig von His Master’s Voice. Eingespielt wurde an diesem Mittwoch der einschmeichelnde langsame Walzer „Ditemi …“ (Sag mir), laut Etikett geschaffen von „L. Weiss, rid. J. Kaiser – Pino Perotti“. Sollte es sich um eine Komposition von Leo Weiss handeln, bearbeitet von John Kaiser? Und was hatte bei diesem Instrumentalstück der Name des Textautors Perotti zu suchen? Vielleicht sollte ein Italien-Bezug hergestellt werden. Bei den nächsten Einspielungen am 4. und 5. Juni standen jedenfalls Titel italienischer Autoren im Vordergrund. Begonnen wurde mit „Non scordar“ (Vergiss nicht) von Millietto Nervetti, im Refrain mit Worten von Alfredo Bracchi, gesungen vom Tenor Renzo Mori. Dessen Stimme hörte man auch beim Foxtrott „Mille baci“ (Tausend Küsse) des Autorenteams Angelo Nizza, Riccardo

Morbelli und Daniele Dax sowie beim „Canzone dello Scugnizzo“ (Lied des Straßenbengels), einem Titel von Eldo di Lazzaro und Concina. Foxtrotts scheinen damals in Italien beliebt gewesen zu sein. Zu dieser Kategorie gehört auch die von den Weintraubs eingespielte Nummer „Spiagge“ (Strände), komponiert von Angelo Rizza und Eldo di Lazzaro. Ein langsamer Fox war ▹ „Nostalgico slow“ (Ruhige Nostalgie) von Marf und Vittorio Mascheroni.[194]

Ergänzt wurden diese italienischen Kompositionen durch drei internationale Nummern. Der Foxtrott „Serenata perduta“ (Die vergessene Serenade) entstammte dem amerikanischen Musical- und Tanz-Film „Gold Diggers“, der in Italien unter dem Titel „La Danza delle Luci“ lief. Der Foxtrott ▹ „Ninon“ (Bronislaw Kaper / Walter Jurmann) war dem deutschen Gesangs- und Liebesstreifen „Ein Lied für Dich“ von Joe May entnommen; diese Produktion mit dem Tenor Jan Kiepura war in den Ufa-Ateliers in Neubabelsberg gedreht, aber durch Außenaufnahmen in Neapel ergänzt worden. Ein aktueller Titel war ebenso der Foxtrott „You Can’t Play My Ukulele“ (Du kannst meine Ukulele nicht spielen) von Al Hoffman, Al Goodhart und Ralph Blue.

Auf den Platten-Etiketts von „Disco ‚Grammofono‘“ ist neben den Ausführenden – „I Weintraubs Syncopators. Orchestra Jazz“ – und den Autoren der betreffenden Musiktitel jeweils auch der Arrangeur genannt. Drei Bandmitglieder hatten sich diese Aufgabe geteilt, wobei Leo Weiss besonders hervortrat. Er schrieb die Arrangements für „Non scordar“, „Ninon“, „You Can’t Play My Ukulele“ und „Canzone dello Scugnizzo“. Beim

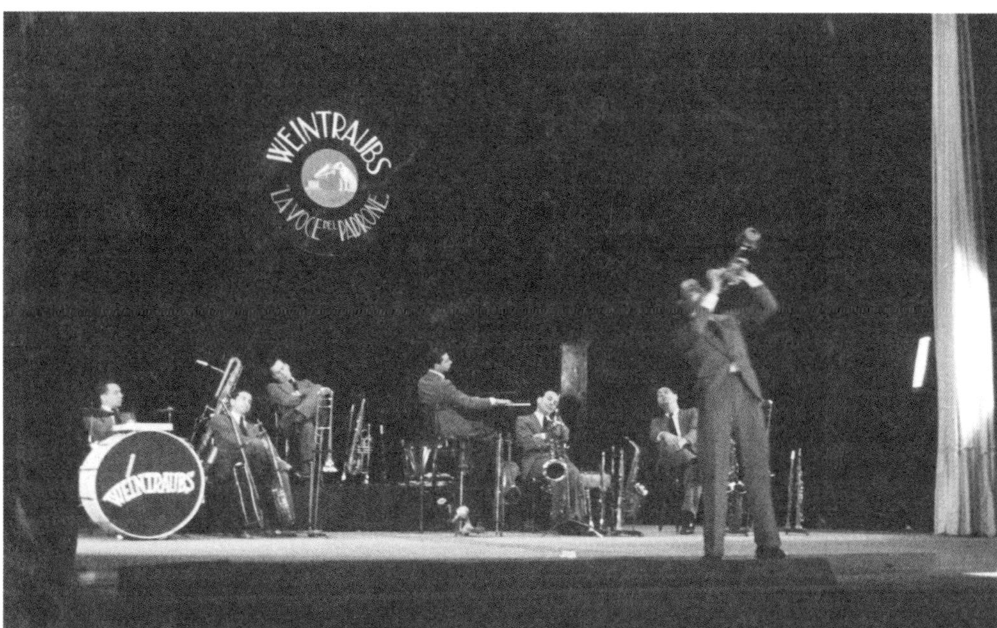

Auftritt unter dem Logo der Plattenfirma „La Voce del Padrone“ (1934). Während des Trompetensolos von E. Frischer langweilen sich die anderen demonstrativ.

flotten Foxtrott „Non scordar“ ist er selbst mit einem swingenden Klaviersolo zu hören. Bei „Ninon“ wird die eingängige Melodie von der gestopften Trompete gespielt; es ist die Liebeserklärung an eine Frau, hier dargestellt durch die Violine. Im Ukulele-Song singen drei Weintraubs den klavierbegleiteten Refrain, wobei die Stimme von Freddy Wise deutlich zu erkennen ist. John Kaiser arrangierte die drei Titel „Serenata perduta“, „Mille baci“ und „Nostalgico slow“, wobei er in der Serenata in den bewegten Foxtrott der Saxophongruppe eine langsamer mit Vibrato gespielte Trompetenmelodie einfügte. Wie ein Filmausschnitt wirkt „Mille baci“. Die Aufnahme blendet sich in Klaviermusik ein, wozu eine weibliche Stimme Küsse zählt. Nach Trompeten- und Violinsoli und dem gesungenen Refrain hört man wieder eine Frau sprechen: „Ein Kuss, zwei Küsse, drei…“. Der Mann unterbricht sie schon nach dem dritten Kuss und lädt sie nach Hause ein. Horst Graff schließlich übernahm das Arrangement von „Spiagge“, wobei er sein Hauptinstrument, das Saxophon, prominent hervorhob.[195] Eine einzige Aufnahme blieb unveröffentlicht. Sie trug den Titel „Barger“. Hatte die Band damit ihren Manager ehren wollen?

Heinz Barger hatte mit der Firma des einflussreichen Filmproduzenten und Kinobesitzers Stefano Pittaluga Auftritte in großen Filmtheatern vereinbart. Auch in Italien wurden damals Filmvorführungen durch Bühnenshows eingeleitet. Die jeweils eine Woche dauernden Auftritte begannen am 28. Mai in Turin, setzten sich am 4. Juni in Bologna fort, gefolgt ab 11. Juni von einer Woche in Florenz.[196] Nach einem Gastspiel Ende

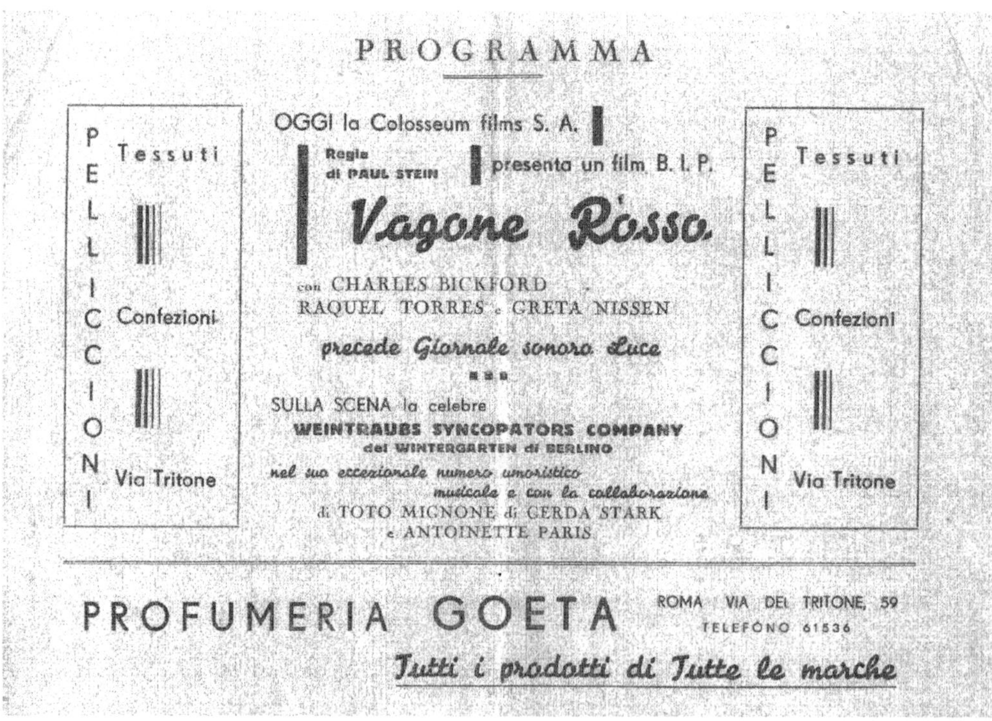

Programmzettel des Cinema-Teatro Galleria Rom. Auftritt mit Toto Mignone, Gerda Stark und Antoinette Paris

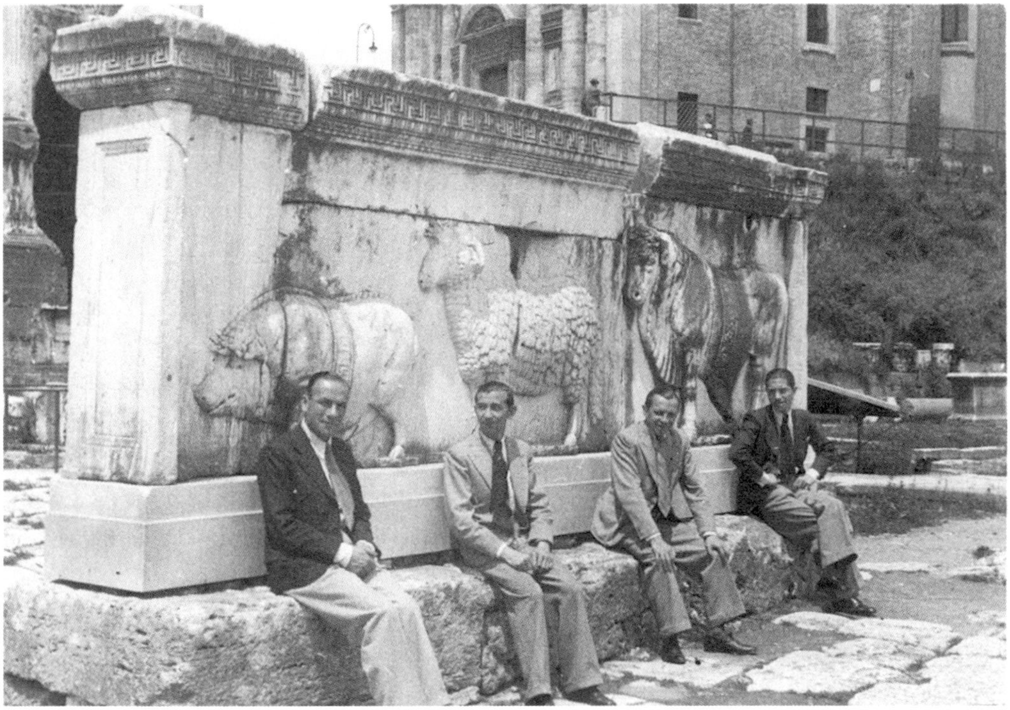

Horst Graff, Cyril Schulvater, Stefan Weintraub und Emanuel Frischer auf dem Forum Romanum in Rom (1934)

Juni im Teatro Mostra del Mare in Triest[197] startete am 7. Juli ein Engagement im Lido Dancing Venedig.[198] In diesem mondänen Ambiente auf der Nehrung der Lagunenstadt dürften die Weintraubs auch einige neue Schallplattentitel zu Gehör gebracht haben. Leo Weiss nutzte den Venedig-Aufenthalt, um beim deutschen Konsulat einen fünf Jahre gültigen Reisepass abzuholen. Als er mit seinen Kollegen eines Nachmittags beim Aperitif auf der Piazza San Marco saß, übergab der Kellner dem Manager ein Telegramm. Es war ein Angebot der russischen Botschaft in Prag zu einem Moskau-Gastspiel im nächsten Monat. Die Einladung wurde diskutiert und als reizvoll bewertet, wie Heinz Barger berichtete: „Erstens interessierte uns natürlich das Land, in dem noch keiner von uns gewesen war. Zweitens war uns bekannt, dass Stalin die amerikanische Jazzmusik bisher als kapitalistische Verirrung abgelehnt hatte. Der Gedanke, mit unserer Show, mit unserem Jazz vor einem Publikum aufzutreten, das noch nie etwas Ähnliches gehört hatte, reizte uns ungemein. Wir beschlossen einstimmig, das Angebot anzunehmen.“[199] Da die Band aber für 1934 bereits ausgebucht war, antwortete Barger, man sei interessiert, allerdings erst im nächsten Jahr.

Ihre Tournee führte die Weintraubs in den folgenden Monaten quer durch ganz Italien, von Bergamo und Como im Norden bis nach Neapel und Sizilien. Im Filmtheater Galleria in Rom ergänzten sie den britischen Zirkusfilm „Vagone Rosso“ (Red Wagon) von Paul Stein mit einer Show, bei welcher sie von dem bekannten Tänzer und Schauspieler Totò Mignone, der Sängerin Gerda Stark und der Tänzerin Antoinette Paris unterstützt wurden. Angekündigt wurde die Band als „la celebre Weintraubs Syncopators Company del Wintergarten di Berlino".[200] Mit Mignone gastierten sie dann auch Anfang Januar 1935 in Bologna sowie vom 21. bis 27. Januar im Filmtheater Vittoria in Turin; hier waren auch wieder die beiden aus Wien stammenden Damen Gerda Stark und Antoinette Paris dabei. Die letztere muss Freddy Wise ganz besonders fasziniert haben.

Österreich und Tschechien

Nach einer fast neunmonatigen Italien-Tournee verließen die Musiker dieses südeuropäische Land am 29. Januar 1935 in Tarvisio und reisten über Arnoldstein nach Österreich ein.[201] Barger war wieder vorausgefahren und hatte alles vorbereitet. Schon am 24. Januar meldete die Wiener Presse, die Direktion des Ronacher habe für Februar erneut die Weintraubs Syncopators engagiert, jene Gruppe also, welche „neben den Clowns Rivels den größten Erfolg [errang], den je eine Varieté-Attraktion in Wien erzielt hat".[202] Die auflagenstarke Boulevardzeitung *Die Stunde* wies auf diese Künstler hin, welche die Varieté-Musik kultiviert hätten. „Denn sie haben trotz allem Sinn für das Auge der Zuhörer niemals vergessen, daß es ihre erste Aufgabe ist, Musik, und zwar gute Musik, zu machen." Erwähnt wurde ihre Zusammenarbeit mit Friedrich Hollaender und Franz Wachsmann, zwei mittlerweile in Hollywood erfolgreichen Komponisten, mit denen sie weiter in Kontakt stünden. „Man kennt die Weintraubs natürlich in Wien, aber trotzdem sind sie immer neu. Nicht nur, weil sie mit der Zeit gehen und stets die neuesten und besten Werke der aktuellsten und modernsten Komponisten bringen, sondern weil auch die Einkleidung der Piecen immer anders, immer neu und stets überraschend ist."[203] Illustriert wurde der Artikel durch ein Foto, das die sieben Musiker auf Schiffsliegestühlen zeigte.

Einen ganzen Monat lang traten die Weintraubs Syncopators – wie in Italien mit vollständigem Namen angekündigt – wieder im Ronacher auf. Dieses Varieté-Theater in Wiens erstem Bezirk wurde inzwischen nicht mehr von Bernhard Labriola geleitet. Als er 1933 die Nelson-Revue mit dem Conférencier Max Ehrlich engagierte, war er in Drohbriefen aufgefordert worden, das Gastspiel der „Berlinerischen Juden" zu beenden. Trotz Polizeischutz kam es zu antisemitischen Krawallen, so dass das Programm nach nur drei Vorstellungen abgesetzt werden musste. Obwohl in Österreich die Nazi-Partei verboten war, etablierte hier der klerikale „Ständestaat" ein faschistoides System. 1934 verließ Labriola die Stadt und zog nach Wiesbaden. Die Weintraubs arbeiteten im Februar 1935 deshalb mit einer anderen Leitung zusammen.[204] Täglich zweimal fanden im Ronacher ihre teilweise im Radio übertragenen Vorstellungen statt. Zusätzlich trat die Band am 10. Februar zu später Stunde auf einem Faschingsfest der Secession und am 23. Februar bei einer Tanzveranstaltung in den Sophiensälen auf.[205] In Wien hatte sich Horst Graff in die verwitwete britische Tänzerin Margery Minna Graham verliebt. Sie wollte ihrem neuen Partner folgen und ihn auf seiner Tournee begleiten. Die Weintraubs engagierten außerdem den 20-jährigen Fritz („Ray“) Goldner als Bühnenhelfer. Er hatte schon bei einem anderen Ensemble als „Bandboy“ gearbeitet und konnte Trompete spielen. Goldner kümmerte sich ab sofort nicht nur um die wechselnden Bühnen, die Requisiten und die Instrumente, sondern als ausgebildeter Elektriker auch um die Beleuchtung, die in den Programmen der Weintraubs eine wichtige Rolle spielte. Verantwortlich für das Bühnenlicht war damals John Kaisers Partnerin „Putchen“[206], über die später noch mehr zu erfahren ist.

Von Wien aus reiste die jetzt um zwei Personen erweiterte Gruppe in die Tschechoslowakei und blieb dort für sieben Wochen. In Mährisch-Ostrau, ihrer ersten Station, wo Emanuel Frischer am 14. März einen polnischen Pass erhielt, gastierten die Weintraubs im „Weißen Raben“. Von dort fuhren sie nach Prag, wo sie vom 16. bis 20. März im Tonfilmtheater der Urania sowie wieder im Grand Hotel Steiner (heute Grand Hotel Bohemia) auftraten.[207] Dieses 1927 eröffnete Luxushotel verfügte auf den Zimmern über Privattelefone, was damals noch ungewöhnlich war. Zum Haus gehörte der mit prachtvollem Stuck und böhmischem Kristall dekorierte und bis heute erhaltene Boccaccio-Tanzsaal, wo die Weintraubs nachmittags und abends jeweils ein halbstündiges Programm boten. Der Abendtermin begann erst zu später Stunde, nach Beendigung ihres Engagements im Urania-Theater. Es folgten Auftritte in den mährischen Städten Troppau, Olmütz, Prossnitz, Zlin und Neutitschein.

Besonders erfolgreich verlief ab 30. März ein zweiwöchiges Gastspiel in der mährischen Hauptstadt Brünn, welche die Weintraubs bereits zum vierten Mal besuchten. Der deutschsprachige *Tagesbote* berichtete, die international gefeierte Band stehe unmittelbar vor einer Amerika- und Australien-Tournee. Stammte diese kuriose Information etwa von Barger? „Die gleich am ersten Abend den Marmorsaal im Landhaus-Café bis auf den sprichwörtlich berühmten letzten Platz dicht gefüllte Zuhörerschaft war restlos entzückt und feierte die sieben Jazzvirtuosen wie junge Götter.“[208] Zu den begeisterten Hörern gehörte auch der Hobby-Trompeter Erich Vogel, den Stefan Weintraub Jahrzehnte später in New York wiedersehen sollte.

Auftritte in den nordböhmischen Städten Teplitz-Schönau, Aussig, Bodenbach und Reichenberg hatten einige Band-Mitglieder wegen der Grenznähe offenbar zu letzten Berlin-Visiten genutzt. Dann begann am 10. Mai ein Gastspiel im Deutschen Theater der westböhmischen Industriestadt Pilsen, von der Presse so angekündigt: „Der erste Teil des umfangreichen Programms ist seriös gehalten und enthält neben vielen Sonderleistungen auch das lyrische italienische Straßenlied, die französische valse musette und die Rapsodie in Blue [sic] von Gershwin. Der zweite Teil umfasst die berühmte Bühnenschau der Weintraubs.“[209] Von Pilsen ging es nach Prag, wo die Reise nach Moskau begann. Die Sowjetunion war das nächste Ziel der Weintraubs, nicht etwa die USA oder Australien.

Einladung in die Sowjetunion

Von Prag nach Moskau

In Prag hatte Heinz Barger mit der sowjetischen Botschaft über die Einladung verhandelt. Er reiste dann selbst nach Moskau und informierte seine Musiker per Telegramm über die Ergebnisse, bis schließlich am 18. April 1935 ein 50-tägiges Russland-Engagement zustande kam. Bargers Vertragspartner war die Staatliche Vereinigung der Musikhallen, Estraden- und Zirkus-Unternehmen (abgekürzt GOMEZ), die dem Volkskommissariat für Bildung unterstand. Die sowjetische Seite, vertreten durch den GOMEZ-Direktor A. M. Dankman, verpflichtete sich in dem Vertrag, der Jazzkapelle Weintraubs Syncopators vom 20. Mai bis 8. Juli für jedes Konzert eintausend Rubel zu zahlen. Eine Wiederholung am gleichen Tag brachte 500 Rubel zusätzlich. Für die Laufzeit des Vertrags standen der zehnköpfigen Gruppe acht Zimmer und ein Nebenraum zur Verfügung. Zusätzlich sollte sie freie Verpflegung und die Reise- und Transportkosten für Schlafwagen der 2. Klasse erhalten. Allerdings waren die Weintraubs nicht berechtigt, von den sowjetischen Behörden den Wechsel der Rubel in ausländische Devisen zu fordern. Zudem mussten sie ihre Einkünfte selbst versteuern und bei Warenexporten die geltenden Bestimmungen beachten.[210] Weitere Aktivitäten bedurften der Genehmigung der GOMEZ. Der in deutscher Sprache abgefasste Vertrag gab als Adresse des sowjetischen Partners den Zwetny Boulevard 13 in Moskau an, für Barger sein Büro in Zürich.

Die Bandmitglieder erhielten Visa für die UdSSR sowie Fahrkarten für die Bahnfahrt von Prag nach Moskau. Es fehlten jedoch ausreichend Gepäckscheine für den Transport der vielen Instrumente. Die Aufregung war groß, denn diese waren notwendige Bestandteile der Tournee. Stefan Weintraub entschied, ohne vollständiges Instrumentarium abzureisen und nach der Ankunft sofort für die Nachlieferung zu sorgen.[211] Am 22. Mai trafen die Musiker schließlich in Moskau ein. Sämtliche Lieder waren inzwischen von der Zensurbehörde ins Russische übersetzt und genehmigt worden. Bei der Ankunft herrschte in Moskau Staatstrauer, denn wenige Tage zuvor, am 18. Mai, war über der Stadt das achtmotorige Großflugzeug Tupolew ANT-20 „Maxim Gorki", der Stolz der sowjetischen Ingenieure, bei dem waghalsigen Flugmanöver eines Begleitjägers gerammt worden und danach in eine Siedlung gestürzt. Angesichts von insgesamt 50 Toten wurde eine Trauerwoche angeordnet. In diesem Zeitraum durften keine Konzerte stattfinden, weshalb die Weintraubs stattdessen zu Stadtbesichtigungen eingeladen wurden. Ray Goldner zufolge sollte dies auf der Tournee eine Ausnahme bleiben; sonst habe man von den besuchten Städten zumeist nur Hotel und Auftrittsort kennengelernt.[212] Heinz Barger berichtete von der Moskau-Rundfahrt: „Für unser Warten in der Stadt wurden wir in protzige Cadillacs verfrachtet. Dabei fuhren damals in den Straßen von Moskau und Leningrad noch fast keine Autos. Und die Taxen waren uralte offene Ford-Wagen." Schon bald bemerkte er die Armut der breiten Bevölkerung. „Der Alltag der Einheimischen sah überhaupt ganz anders und bedeutend weniger hübsch aus als die Empfänge und Bankette, mit denen man uns Ausländer beeindrucken wollte.“[213]

Als nach Beendigung der Staatstrauer wieder Konzerte stattfinden durften, waren die fehlenden Instrumente immer noch nicht eingetroffen. Um das Publikum nicht länger warten zu lassen, entschlossen sich die Weintraubs, drei Tage lang ohne Instrumente als Gesangsgruppe aufzutreten. Die Auftritte fanden auf der Freiluftbühne des Eremitage-Parks im Zentrum von Moskau statt. Zehn Tage später trafen dann die restlichen Instrumente ein[214], woraufhin schließlich die vollständige Show gezeigt werden konnte. Wie Barger und Weintraub später berichteten, übertraf die Begeisterung des Moskauer Publikums alles, was sie anderswo erlebt hatten. Junge Zuhörer rissen sich um ihre Autogramme. Und im Metropol-Hotel, wo damals renommierte ausländische Gäste untergebracht wurden, gab man zu Ehren der Weintraubs ein Bankett mit vielen Lobreden.[215]

Jazz unter Stalin

Der US-amerikanische Bandleader Sam Wooding hatte 1926 mit seinen dunkelhäutigen „Chocolate Kiddies“ nach Auftritten in Westeuropa auch in der Sowjetunion gastiert[216], woraufhin hier mehrere Jazzbands gegründet wurden. Dennoch wurde der Jazz schon ab 1928 wieder bekämpft. Die Ausrufung des ersten Fünfjahresplans, der in großem Maßstab die Industrialisierung betrieb, war von Fremdenfeindschaft begleitet. Von Einfluss war dabei ein Artikel „Über die Musik der Degeneration“, den der verehrte Schriftsteller Maxim Gorki am 18. April 1928 in der *Prawda* veröffentlichte; er bezeichnete den Jazz dort als letzte Stufe eines Verfallsprozesses. Anatoli Lunatscharski, bis 1929 einflussreicher Volkskommissar für Bildung, und die Vereinigung Proletarischer Musiker (RAPM) nahmen dies zum Anlass, gegen die angeblich unmoralische Musik vorzugehen.[217] Als aber 1932 der Fünfjahresplan erfolgreich abgeschlossen wurde, endete die kulturrevolutionäre Phase. Die RAPM wurde aufgelöst und die Polemik gegen den Jazz eingestellt. Überall entstanden jetzt Jazzbands, genannt „Dschas“. Ein Korrespondent der *New York Times* berichtete 1933: „Jedes der großen Hotels in Moskau hat seine eigene Jazzband und ein eigenes Tanzparkett, ursprünglich wahrscheinlich für die Ausländer und Touristen. Doch immer mehr waren auch Russen anzutreffen, insbesondere am ‚Roten Samstag‘, dem Abend vor ihrem freien Tag.“ Nachdem Jazzmusik in der Sowjetunion für mehrere Jahre fast verboten war, erlebe sie nun eine erstaunliche Wiedergeburt. „Besucher, die hier die gute alte russische Volksmusik mit Balalaika und Gitarre erwarten, müssen lange suchen. In Cafés, Restaurants und Vergnügungsparks finden sie Orchester, die als Reaktion auf die öffentliche Nachfrage eigene Versionen des amerikanischen Jazz spielen.“[218]

Es gab allerdings noch Schwierigkeiten und Hindernisse. So wurden Saxophone in der Sowjetunion weder hergestellt noch eingeführt. Die wenigen vorhandenen Exemplare galten als Kostbarkeiten und wurden auch dann noch gespielt, wenn einzelne Klappen ausfielen. Da außerdem kaum Jazznoten und -schallplatten vorhanden waren, baten die Musiker ihre ausländischen Gäste, entsprechendes Material mitzubringen. Als Seeleute der sowjetischen Handelsmarine von diesem Bedarf erfuhren, begannen sie über die Häfen von Odessa, Leningrad, Murmansk und Wladiwostok heimlich Jazzplatten einzuführen. Auch einige jazzbegeisterte Diplomaten schleusten Platten ein, die dann von Arrangeuren transkribiert wurden. Ebenso selten wie der Import von Schallplatten waren Gastspiele ausländischer Jazzbands. Zu den Ausnahmen gehörte der aus Idar-Oberstein stammende Bobby Astor mit seiner Band. Astor, mit bürgerlichem Namen Heinz Alfred Stern, hatte 1930 eine Bigband gegründet, die in Berlin im Femina-Palast und dem Palais de Danse in der Behrensstraße auftrat. Wegen seiner jüdischen Herkunft war ihm 1933 in Deutschland ein Auftrittsverbot erteilt worden. Umso dankbarer nahm Astor 1934 das Angebot eines Prager Impresarios zu einem Konzert in Leningrad an. Da er seine Bigband inzwischen aufgelöst hatte, griff er auf das Quintett eines Freundes zurück, das er um weitere Musiker ergänzte. Auf der viertägigen Schifffahrt von Hamburg nach Leningrad traf die bunte Truppe zum ersten Mal zusammen. Noch an Bord schrieb Astor neue Arrangements, die er gleich einstudierte. Der Auftritt im Leningrader Erholungspark (russisch „Sad Otucha") im Sommer 1934 war groß angekündigt worden und stark besucht. Mangels Repertoire endete das Konzert aber schon nach 25 Minuten, weshalb der russische Bandleader Georgi Landsberg es als erbärmlich bezeichnete.[219] Dennoch erinnerte sich Astor später an begeisterte Reaktionen von jungen Zuhörern und russischen Musikerkollegen. Spontan wurde er danach aufgefordert, sein Programm im Moskauer Eremitage-Garten zu wiederholen.[220]

Noch erfolgreicher als Bobby Astor war in der Sowjetunion Antonin Ziegler, der mit seinem Prager Swing-Orchester ab Oktober 1934 in Moskau gastierte. Wegen der starken Resonanz lud man ihn im folgenden Jahr zu einer umfangreichen Sowjetunion-Tournee ein, welche über Kiew, Tiflis und Eriwan bis nach Sibirien führte. Um auch dem Publikum in der Provinz zu gefallen, übernahm Ziegler russische Volkslieder und politische Massenlieder in die Programme. Wegen angeblichen Schwarzmarkthandels musste er aber die Leitung abgeben und die Sowjetunion verlassen. Unter dem Namen „Johnson's Band" setzten seine Musiker ihre Tourneen noch bis 1937 fort.[221]

Aufgenommen mit offenen Armen

Erster Auftrittsort der Weintraubs in Moskau war der Eremitage-Garten, ein öffentlicher Vergnügungspark, der 1894 eröffnet worden war. Dazu gehörte ein Theater, in dem um 1900 mehrere Theaterstücke Anton Tschechows, so „Onkel Wanja" und „Die drei Schwestern", zur Uraufführung gebracht wurden. Die Weintraubs spielten in der Estrade, also vermutlich auf der Freiluftbühne dieses Parks. Aus diesem Anlass erschien am 10. Juni 1935 in der *Deutschen Zentral-Zeitung*, dem in der sowjetischen Hauptstadt erscheinenden Organ der deutschen Sektion der Kommunistischen Internationale, ein ausführlicher

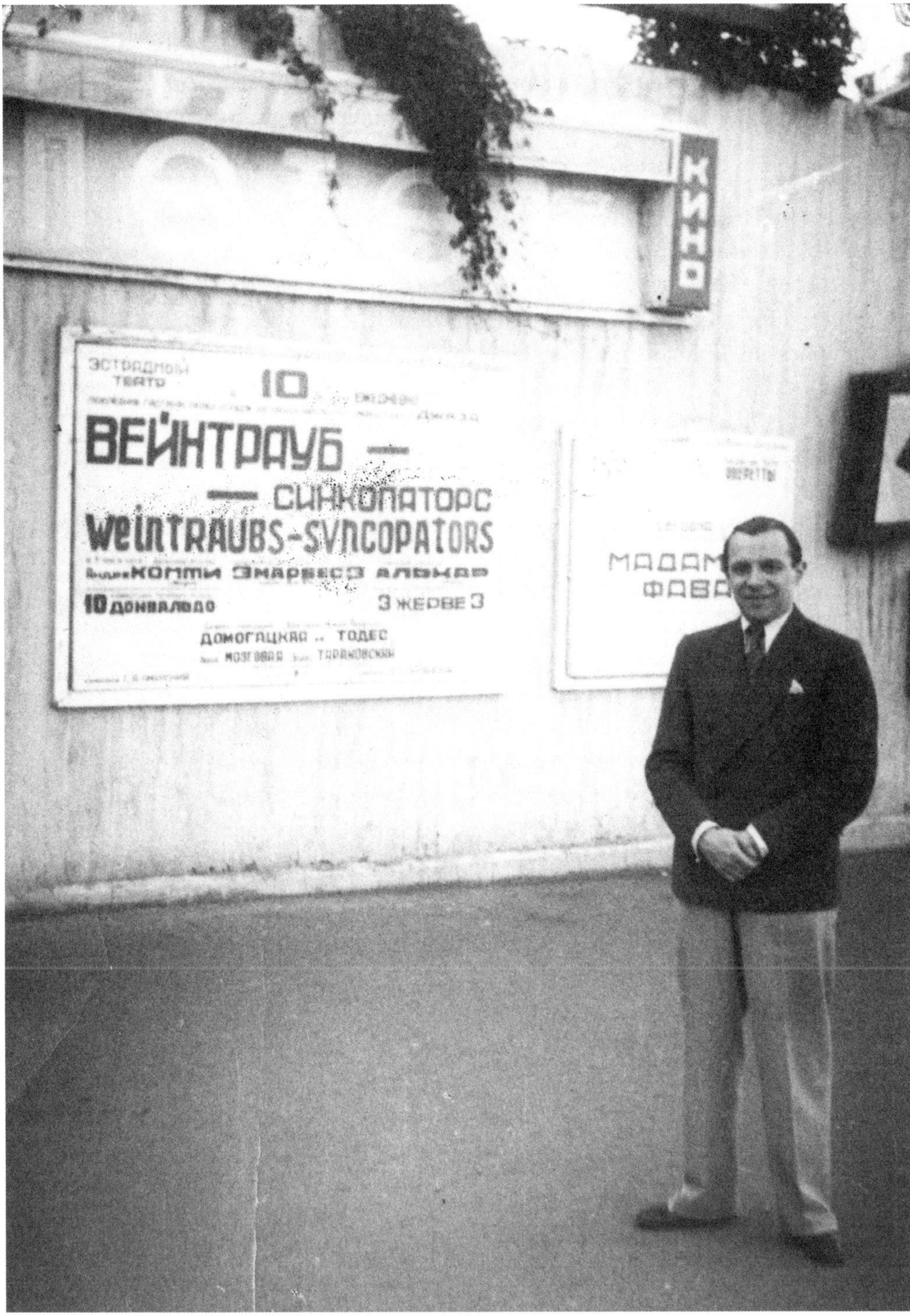

Stefan Weintraub vor russischem Konzertplakat

Artikel.[222] Er beschrieb das Besondere dieser Band: „Diese sieben jungen Leute haben ein atemberaubendes Tempo, wechseln mit affenartiger Geschwindigkeit die Szenerie, die Stimmung, die Kleider, die Instrumente, deren sie im ganzen 40 haben." Die schönsten Melodien würden plötzlich enden: „Wenn der Zuhörer gerade am schönsten schwelgt, bricht es ab – ein schneidender Ton, ein wilder Rhythmus, ein kolossaler Lärm zerstören die ganze Emotion. Das wird noch unterstrichen durch die dramatische Darstellung der ‚seelischen Wirkung' durch die Musiker selbst: Während der Posaunist ganz verklärt seine schmalzige Melodie spielt, strömen den anderen die Tränen aus den Augen, ein nicht endenwollendes Handtuch wächst aus der Rocktasche des Schlagzeugers hervor, um die verweinten Augen der andern abzutrocknen; der Saxophonist greift sich ans Herz, findet es nicht, bis sein Nachbar ihm den richtigen Fleck zeigt. Im nächsten Augenblick steht schon der Trompeter an der Rampe und kann sich nicht von seinem so schön gelungenen letzten Ton trennen, bis alle seine Kameraden in Verzweiflung geraten und ihn mit einem kräftigen Paukenschlag in die Wirklichkeit zurückrufen."

Der Autor erklärte diese besondere Art der Darbietung aus der Entwicklung des Jazz im europäischen Westen. Das übersättigte bürgerliche Publikum in den kapitalistischen Ländern brauche immer neue Reize, etwa die Ergänzung der Musik durch Bühnenshows mit leicht bekleideten Girls. Dies habe den Weintraubs den Weg gewiesen. „Sie persiflieren das Schlechte, das Lächerliche, Überlebte, Degenerierte der westeuropäischen – und amerikanischen – Musikauffassung soweit es sich um die sogenannte ‚leichte' Musik handelt und bieten hiermit etwas völlig Neues. Für unsere Zuhörer und Zuschauer ist das ein etwas abgelegenes Gebiet. Denn bei uns kann der Jazz nicht zu der Entartung gelangen, wie in der vergifteten Atmosphäre der bürgerlichen ‚Belustigungen', die vor allem Ablenkung vom Klassenkampf bezwecken." Der zweite Teil des Artikels referiert ein ausführliches Gespräch mit den Mitgliedern dieses Musikerkollektivs. „Es gibt kein Oberhaupt und keine Untergebenen in der Truppe. Alle sind gleichberechtigt und in gleicher Weise interessiert." Junge Männer aus verschiedenen Nationen und Berufen hätten sich hier zusammengefunden. Ihre Entwicklung von bloßer Tanzmusik über Revue und Film zu immer stärkerer Einbeziehung szenischer Elemente diene nicht zuletzt dem Ziel, dem bürgerlichen Publikum dies mitzuteilen: „Euer Gehabe ist lächerlich, komisch und albern."

Ihre Einreise in die Sowjetunion hätten die Weintraubs nicht bereut. Ein Ganzjahresvertrag sei in Vorbereitung und die Musiker freuten sich schon darauf. Stefan Weintraub erklärte: „Die Sowjetunion ist das einzige Land, in dem man mit offenen Armen aufgenommen wird, in dem es keine Schwierigkeiten mit der Spielerlaubnis, keinen Konkurrenzkampf, keinen Brotneid gibt, in dem man in Ruhe und ernsthaft arbeiten kann." Dies sei der Band besonders krass aufgefallen, weil sie soeben aus dem faschistischen Italien kämen. Weintraub bot an, sowjetischen Jazzkapellen Hilfestellung zu leisten und ihnen Unterricht zu geben. „Wir freuen uns auch, hier im Tonfilm zu spielen, denn die sowjetischen Filme stehen auf einem sehr hohen Niveau." Ein großes Lob spendete er schließlich der künstlerischen Qualität der Moskauer Theater sowie den schönen Metro-Bahnhöfen.

Die Herkunft der Musiker aus Deutschland wurde nicht erwähnt. Auf den Plakaten war von amerikanischem Jazz die Rede. Dennoch nahm man in Berlin den Moskauer Zeitungsartikel zur Kenntnis. Stefan Weintraubs Kritik des faschistischen Italien wurde hier in einer Zeitung hämisch kommentiert: „Die Weintraubsyncopators, die typischen Vertreter des hysterischen Jazz, für die man kein Ohr mehr bei uns hat, betätigen sich im Ausland. Ihre Gepflogenheiten, die charakterlich gesehen, wenig Erfreuliches bargen und die Abneigung gegen ihresgleichen bestärkten, haben sie beibehalten. Kaum haben sie ein Land verlassen, in dem sie ihr Geld ‚machten' und das Gastrecht ungeschmälert ausnutzten, dann benutzen sie die nächste Gelegenheit, darüber herzuziehen."[223]

Der in der *Deutschen Zentral-Zeitung* erwähnte Ganzjahresvertrag wurde tatsächlich am 23. Juni geschlossen. Die Staatliche Vereinigung der Musikhallen, Estraden- und Zirkus-Unternehmen knüpfte dabei an den früheren 50-Tage-Vertrag an, bot aber jetzt noch bessere Konditionen. Die russische Seite verpflichtete sich, den Weintraubs im Zeitraum vom 9. Juli 1935 bis zum 8. Juli 1936 monatlich dreißig Auftritte aller Art zu garantieren. Neben regulären Konzerten war die musikalische und artistische Mitwirkung an dreiaktigen Theater-Revuen in der Music Hall vorgesehen. Dafür sollte die Band pro Monat 67.500 Rubel erhalten. Das Honorar erhöhte sich um 1.125 Rubel, wenn ein Auftritt am gleichen Tag im selben Gebäude wiederholt wurde. Wie schon im ersten Vertrag stellte die russische Seite ihren Gästen acht Zimmer und einen Nebenraum zur Verfügung. Nun übernahm sie die Kosten für Eisenbahnfahrten der 1. Klasse einschließlich Gepäck bis 750 Kilo, bei größeren Strecken jedoch nicht die Mehrkosten für Flugreisen.

Der Vertrag berechtigte die Weintraubs, ihre Verpflichtungen in der Sowjetunion nach Absprache viermal durch Auslandsreisen bis zu vier Wochen zu unterbrechen. Die Laufzeit des Vertrags verlängerte sich dann um die im Ausland verbrachte Zeit. Bei Auslandsreisen wollte die GOMEZ die Transportkosten bis zur sowjetischen Grenze und auch die Visa-Formalitäten übernehmen. Wie schon im früheren Vertrag gab es Restriktionen beim Devisentausch und Warenexport; das Verbot, fremde Währungen zu exportieren, war auch einem Stempel in den Reisepässen zu entnehmen.[224] Für alle weiteren Auftritte, ebenso für Aktivitäten bei Radio, Tonfilm und Schallplatten, war die Genehmigung der GOMEZ nötig.[225] Am Schluss des Dokuments trug Direktor Dankman wieder die Moskauer Adresse seiner Organisation ein.

Wie schon die deutschsprachige *Zentral-Zeitung* zeigte sich auch die russische Tageszeitung *Smena*, das Organ des Leningrader Bezirks- und Stadtkomitees des Komsomol, der Nachwuchsorganisation der kommunistischen Partei, von den Weintraubs Syncopators beeindruckt. Die Entstehung dieser Band deutete sie als Antwort auf die westliche Wirtschaftskrise: „Zwei junge Ärzte, ein Ingenieur, drei Studenten und ein Angestellter hatten keine Arbeit. Die jungen Leute – lebensfroh und energisch – waren gute Laienmusiker. In der Not haben sich die Freunde zusammengeschlossen und in einem neuen Beruf zu arbeiten begonnen. Eine solche Geschichte ist für den heutigen Westen nichts Ungewöhnliches. So entstand die Jazzband Weintraubs Syncopators." Angesichts dieser

Vorgeschichte sei das jetzt erreichte künstlerische Niveau erstaunlich. „Vor uns steht ein wahrhaft hervorragendes Ensemble. Es reicht zu sagen, dass jedes Bandmitglied ein gutes Dutzend Instrumente in Vollkommenheit beherrscht, welche sie in einem intensiven und bravourösen Tempo spielen, temperament- und glanzvoll. Jedes von dieser Jazzband gespielte Stück ist eine mit Humor angereicherte Pantomime." Von den Weintraubs könne man nicht nur die schöpferische Bearbeitung von Vorlagen lernen, sondern auch „extreme Vollendung der Darbietung, Unmittelbarkeit des szenischen Spiels und echten musikalischen Humor".[226]

Die Zeitschrift *Sowjetskoje iskusstwo* (Sowjetische Kunst), das Organ des Volkskommissariats für Bildung der UdSSR, würdigte die Weintraubs in einem größeren Zusammenhang unter der Überschrift „Von den Ursprüngen des Jazz".[227] Der Autor Mikhail Druskin war ein bedeutender sowjetischer Pianist und Musikforscher, der Berlin kannte. Während er von 1930 bis '32 dort bei Artur Schnabel studierte, war er 1931 der Solist bei der Uraufführung von Strawinskys Klavierkonzert mit den Berliner Philharmonikern gewesen. Jetzt allerdings bezeichnete Druskin die Weintraubs als amerikanische Jazzband. Ihr Gastspiel hebe sich wegen ihres hohen musikalischen Niveaus positiv von früheren Auftritten westeuropäischer Jazz-Ensembles ab. Er sei lehrreich, die gut einstudierten Auftritte dieser Band zu besuchen. Das Zusammenspiel von Musik und szenischer Darstellung sei bewundernswert. Während er die Nummern mit Geige und Cello für schwach hielt, hob Druskin den Posaunisten hervor, der auf dem Boden liegend schwierigste Passagen spielte (er identifizierte ihn fälschlich als Stefan Weintraub). In der Sowjetunion könne der Jazz in Zukunft noch eine stärkere Rolle spielen, wenn das parodistische Element so sozialkritisch verarbeitet würde wie etwa in den Songs von Kurt Weill oder den Kampfliedern von Hanns Eisler. „Das ist ein Weg der revolutionären, effektiven Verwendung des Jazz."

In Moskau traten die Weintraubs außerdem im Zentralen Sportclub der Armee (Club Krasnoi Armii), im Haus der Architektur (Dom Architektura), im Künstlerclub (Artistscheski Club) sowie im Sommertheater von Bolshewo bei Moskau auf. Vermutlich den ganzen Monat Juli waren sie zusammen mit anderen Künstlern und Artisten im Leningrader Erholungspark zu Gast, um dann im August nach Moskau zurückzukehren. Ab Monatsende nutzten sie die ihnen vertraglich zustehende Möglichkeit einer Auslandsreise. Die Fahrt ging über Helsinki nach Stockholm, wo am 26. August ein sechstägiges Engagement begann; zweimal täglich traten die Weintraubs im Vergnügungspark Gröna Lund auf.[228] Graff und Weintraub ließen sich in der deutschen Gesandtschaft neue fünf Jahre gültige Reisepässe ausstellen, wobei Stefan Weintraub als Berufsbezeichnung „Artist" und als Wohnort „z. Zt. auf Reisen" eintrug.[229] Von Stockholm fuhr die Gruppe nach Göteborg weiter, wo sie vom 1. bis 15. September im Vergnügungspark Liseberg engagiert war[230], und kehrte dann für drei Tage nach Stockholm zurück. Für Stefan Weintraub war der Schweden-Besuch von besonderer Bedeutung, lernte er hier doch die 21-jährige Gertrud Irene Bergmann kennen. Er verliebte sich in die aus Göteborg stammende blonde

Frau, die sich entschloss, ihren 17 Jahre älteren Partner zu begleiten. Am 19. September verließ die nun auf elf Personen angewachsene Gruppe Stockholm und erreichte nach einer kurzen Schiffsreise am nächsten Tag das finnische Turku, um am 21. September wieder in Leningrad einzutreffen.

Hier blieben die Musiker für drei Monate und beteiligten sich an der Seite von Artisten und Ballettmädchen an einer umfangreichen Revue. John Kaiser zufolge handelte es sich um eine burleske Anti-Nazi-Operette mit dem Titel „Der dunkle Spalt".[231] Ray Goldner berichtete später: „Es gab alles, was das Show Business zu bieten hat, wie im Zirkus mit ganz verschiedenen Nummern. Es war wie eine Show in einer Show."[232] Viel Beifall fanden wieder die komödiantischen Elemente. „Kaiser und Schulvater hatten eine kleine Tanzeinlage, die das Publikum von den Sitzen riss. Oder auch wenn Freddy Wise in seinem Ballettröckchen auftrat. Diese Nummern haben die Leute überall begeistert."[233] Die Auftritte fanden in der Leningrader Music Hall sowie im dem bereits bekannten Vergnügungspark „Sad Oticha" statt. Hier trafen die Weintraubs im November auf die Jazzband des Schweizers Teddy Stauffer. Dieser hatte mit seiner Band schon ab 1930 in Deutschland gastiert, sollte die größte Beliebtheit aber erst ab Juli 1936 während der Berliner Olympiade erzielen. Im November 1935 befand sich Stauffer gerade auf einer Tournee mit dem Schiff „Reliance" der Hamburg-Amerika-Linie, eben jenem Schiff, auf dem 1933 Paul Aronovici gespielt hatte.

Von Beginn an hatten Stefan Weintraub und Heinz Barger die zurückgelegten Reisekilometer notiert und addiert. Als man im November auf insgesamt 80.000 Kilometern kam, entstand eine englischsprachige Broschüre mit einer Übersicht über alle abgeschlossenen Engagements. „419 contracts and not one disagreement" war gleich zu Beginn zu lesen. Dann folgte eine umfangreiche und nach Ländern geordnete Liste der bisherigen Auftrittsorte. Unter dem Stichwort „U.S.S.R. (Russia)" waren dort für Leningrad Music-Hall (3 Monate), Philharmonie, Sad Oticha, Lensowjet, Narodnii Dom und Kulturclub genannt, für Moskau neben der Eremitage (zweimal) unter anderem Club Krasnoi Armii und Dom Kino. Überraschend ist auch ein Filmprojekt mit der sowjetischen MOSFILM unter dem Titel „Sport und Liebe" erwähnt. Weitere Informationen dazu konnten bisher nicht gefunden werden.[234]

Im Dezember wurde der bisherige Vertrag mit den Weintraubs beendet und in eine neue Vereinbarung überführt. John Kaiser erklärte dies so: „Die enormen Honorarzahlungen wurden unwirtschaftlich für die Moskauer Organisation. Deshalb waren wir gezwungen, den Vertrag der Gofilegt Staatsphilharmonie und Vaudeville Organisation in Tiflis, Georgien, zu übertragen. Diese schickte uns nach Abschluss unseres Leningrader Vertrags in etwa 30 verschiedene russische Städte, wo wir ein jazzsymphonisches Konzertprogramm spielten."[235] Der neue Vertrag, der am 2. Dezember 1935 in Leningrad geschlossen wurde, übernahm alle Rechte und Verpflichtungen der früheren Vereinbarung.[236] Weiterhin sollten die Weintraubs bei 30 Konzerten pro Monat auch von der Gofilegt monatlich 67.000 Rubel erhalten.

Quer durch ein Riesenreich

Von Leningrad ging die Tournee über Moskau weiter in den südlichen Teil der Sowjetunion bis zur türkischen Grenze. Beim Anblick des Berges Ararat erinnerten sich einige Musiker an die biblische Geschichte von der Arche Noah. Am 21. Dezember kam die Gruppe in Tiflis an und reiste von dort weiter nach Eriwan, der Hauptstadt Armeniens. Man kehrte dann in die georgische Hauptstadt Tiflis zurück, wo die Weintraubs zwei Wochen blieben und den Jahreswechsel erlebten. Vom 11. bis 19. Januar 1936 folgten Konzerte in Baku am Kaspischen Meer, auf zweisprachigen Plakaten als „Auftritt des europäischen Jazz" angekündigt. Dann kehrte man für mehrere Wochen nach Moskau zurück. Konzerte gab es hier unter anderem in der Music Hall, die ab 1923 zunächst als Zirkus-Musikhalle für ein Publikum von etwa 600 Personen zur Verfügung stand. 1928 hatte die Halle als „Ausstellungs-Varieté-Theater-Musikhalle" ein neues Konzept erhalten: Mit eigener Choreographie und durchgearbeiteten Programmen wurden Elemente von Kabarett, Operette, Zirkus und Ballett vereint; auch der aus Odessa stammende populäre jüdische Jazzsänger Leonid Utjossow (bzw. Utesov) war hier zu hören. In dieser Moskauer Musikhalle, die von der GOMEZ und A. M. Dankman verwaltet wurde[237], traten nun auch die Weintraubs auf. Für den Beginn ihrer Bühnenschau wurde ein kleines Auto gebaut. Goldner erwähnte eine Eisenbahnszene auf einer Drehbühne, wobei eine Tuba als Lokomotivschornstein fungierte.[238] Heinz Barger hatte sich schon seit Monaten um sowjetische Schallplatten-Aufnahmen bemüht. Auf Briefpapier seines Züricher Büros schrieb er einen offenbar von ihm selbst stammenden Vertragsentwurf nieder. Demnach sah er mindestens zwölf Aufnahmen vor, vier mit „symphonischem Jazz", vier mit Ausschnitten aus der Leningrader Revue der Weintraubs und vier mit neuesten amerikanischen Schlagern. Die Aufnahmen sollten unter Mitwirkung russischer Sänger innerhalb von zwei Tagen abgeschlossen und mit mindestens 20.000 Rubeln honoriert werden. Die russische Seite, hier als Grammotrust bezeichnet, sollte sich verpflichten, eventuell benötigte Streicher zur Verfügung zu stellen und Zusatzkosten für Arrangements zu bezahlen.[239] Obwohl Barger diesen Entwurf schon ins Russische hatte übersetzen lassen, kam es offenbar zu keinem Vertragsabschluss.

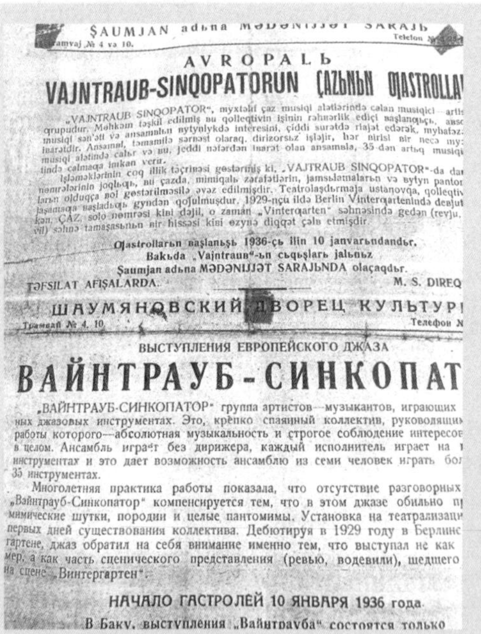
ŞAUMJAN adьna
AVROPALЬ
VAJNTRAUB-SINQOPATORUN ÇAZЬNЬN QASTROLLA
Qastrollarьn başlanьşь 1936-çь ilin 10 janvarьndandьr.
Bakьda „Vajntraub"-ьn çьqьşlarь jalьnьz
Şaumjan adьna MƏDƏNIJJƏT SARAJЬNDA olaçaqdьr.
TƏFSILAT AFIŞALARDA. M. S. DIREQ
ШАУМЯНОВСКИЙ ДВОРЕЦ КУЛЬТУР
Трамвай № 4. 10 Телефон №
ВЫСТУПЛЕНИЯ ЕВРОПЕЙСКОГО ДЖАЗА
ВАЙНТРАУБ-СИНКОПАТ
„ВАЙНТРАУБ-СИНКОПАТОР" группа артистов—музыкантов, играющих ных джазовых инструментах. Это, крепко спаянный коллектив, руководящим работы которого—абсолютная музыкальность и строгое соблюдение интересов в целом. Ансамбль играет без дирижера, каждый исполнитель играет на инструментах и это дает возможность ансамблю из семи человек играть бол 35 инструментах.
Многолетняя практика работы показала, что отсутствие разговорных „Вайнтрауб-Синкопатор" компенсируется тем, что в этом джазе обильно п мимические шутки, породии и целые пантомимы. Установка на театрализаци первых дней существования коллектива. Дебютируя в 1929 году в Берлинс гартене, джаз обратил на себя внимание именно тем, что выступал не как мер, а как часть сценического представления (ревью, водевили), шедшего на сцене „Винтергартен".
НАЧАЛО ГАСТРОЛЕЙ 10 ЯНВАРЯ 1936 года.

Konzertankündigung aserbeidschanisch und russisch in Baku, Januar 1936

Der Schauspieler und Sänger Ernst Busch, mit dem die Weintraubs 1929 beim „Kaufmann von Berlin" und danach dem Film „Das Lied vom Leben" zusammengearbeitet hatten, genoss in der Sowjetunion hohes Ansehen. Er hielt sich ab Oktober 1935 in Moskau auf und nahm dort Anfang März 1936 als Gesangssolist mehrere Schallplatten auf. Dazu gehörten von Hanns Eisler „Kominternlied", „Einheitsfrontlied", „Alabamasong" und „Lied der Baumwollpflücker", außerdem „Thälmannlied" und „Lied der Moorsoldaten".[240] Die *Deutsche Zentral-Zeitung* berichtete von diesen „ersten deutschen Sowjetschallplatten", die für den Gramplasttrust mit einem deutschen Aufnahmeleiter, einem früheren Mitarbeiter der Lindström AG, im Moskauer Gewerkschaftshaus entstanden seien.[241] Begleitet wurde Ernst Busch von einem Chor und einer nicht weiter identifizierten Jazzband. Handelte es sich dabei um die Weintraubs Syncopators? Tatsächlich hielten sich diese Anfang März noch in Moskau auf. Möglicherweise waren also diese Busch-Aufnahmen identisch mit den sowjetischen Schallplatten, an die sich Stefan Weintraub und Manny Fisher später vage erinnerten.[242] Dass die Weintraubs auf dem Plattenetikett ungenannt blieben, könnte sich daraus erklären, dass die GOMEZ die nötige Genehmigung nicht erteilt hatte.

Ernst Busch wurde damals in der Sowjetunion regelmäßig zu Radio-Sendungen, darunter Auslandssendungen für deutsche Arbeiter, herangezogen. Auch die Weintraubs wollten dieses Medium nutzen. Am 26. Juni schloss Barger einen Vertrag mit einer Moskauer „Fabrik für Schallaufzeichnungen WRK".[243] Vorgesehen war eine Aufnahme mit 50 Minuten Jazz, die dann unbegrenzt im Umkreis des gesamten Radiokomitees der UdSSR gesendet werden durfte. Dafür sollten die Weintraubs ein einmaliges Honorar von 5.000 Rubel erhalten. Es ist nicht bekannt, ob die geplante Aufnahme wirklich stattfand.

Stefan Weintraub berichtete von einem Zusammentreffen mit Ernst Lubitsch in dessen Moskauer Hotel.[244] Dieser längst in Hollywood tätige Regisseur war damals in die sowjetische Hauptstadt gereist, um sich bei dem Schauspieler Gustav von Wangenheim Anregungen für seinen Film „Ninotschka" zu holen. Emanuel Frischer erinnerte sich an eine lange und ausgelassene Party im Hotel Moskwa, in dem die Weintraubs untergebracht waren. Ihnen wurden dort große Mengen von Kaviar und Wodka spendiert. Dazu waren russische Mädchen eingeladen, die sich mit den Musikern amüsierten. Bei dieser Party, die drei Tage und drei Nächte gedauert haben soll, lernte Frischer die junge und hübsche Russin Lidia Gluszkow kennen, in die er sich unsterblich verliebte.[245]

Ein Abstecher

Die monatlichen Geldzahlungen füllten die Taschen der Weintraubs. Sie wussten nicht, was sie mit den vielen Rubeln anfangen sollten, zumal die Kosten für Reise, Unterkunft und Verpflegung vom Veranstalter übernommen wurden. So kauften sie teure Pelzmäntel, die sie auf einer weiteren Auslandsreise legal ausführen und gegen Devisen verkaufen wollten.[246] Von Moskau fuhren sie zunächst in die ukrainische Stadt Charkow, wo sie am 8. März 1936 Transit-Visa erhielten. Ein weiteres Visum, ausgestellt vom Innenministerium am 15. März, erlaubte die Rückkehr in die Sowjetunion bis spätestens 15. Mai. Am 21. März reiste die Gruppe nach Polen und stieg in Warschau im teuren Hotel Europejski ab. Um den Musikern Entspannung zu gönnen und eigene Erledigungen zu ermöglichen, hatte Barger für den Monat April keine weiteren Engagements vereinbart. Emanuel Frischer fuhr nach Deutschland weiter, wo er vermutlich die Eltern besuchte. Auch Ray Goldner reiste noch einmal zu seiner Familie nach Wien. John Kaiser gab damals der Leipziger Meldebehörde das Golf-Hotel Berlin am Bahnhof Zoo als seine neue Wohnadresse an.[247] Freddy Wise nutzte das Verlassen der Sowjetunion sogar für einen kurzen Trip mit der S.S. Bremen nach New York, wo er am 1. April ankam.[248] Die übrigen Musiker fuhren von Polen über die Tschechoslowakei nach Ungarn. Nachdem die neunköpfige Gruppe wieder vollständig war, erhielt sie am 30. April im Rumänischen Konsulat Budapest ein Visum für ein 15-tägiges Engagement in Bukarest. Dort absolvierten die Musiker im Mai im Cinema Savoy täglich drei, an Sonn- und Feiertagen vier Auftritte. Für jeden Tag erhielten sie 100 US-Dollar, was ihnen wichtig war.[249] Schließlich hatten sie nicht zuletzt deshalb ihre Sowjetunion-Tournee unterbrochen, um legal Geld konvertibler Währungen zu bekommen.

Über Tiraspol, die Hauptstadt Transnistriens, kehrte die Gruppe am 15. Mai wieder in die Sowjetunion zurück.[250] Hier trafen Ende Mai auch die Comedian Harmonists zu einer viermonatigen Tournee ein. Barger berichtete später, er habe dieses Gastspiel organisiert. Die Comedian Harmonists hatten sich inzwischen nach ihrer Trennung von den nichtjüdischen Mitgliedern in Wien neugegründet. Nach Auftritten in Kiew, Tiflis, Batumi, Baku, Odessa, Rostow und Moskau endete ihre Tournee in Leningrad. Auch die Comedian Harmonists besaßen jetzt ganze Koffer voll Rubel, die sie nicht ausführen durften. Sie beschlossen deshalb, länger in Leningrad zu bleiben und dort das Geld aufzubrauchen.[251]

Die Gofilegt, der zweite sowjetische Vertragspartner der Weintraubs, betreute vor allem Zirkus-Veranstaltungen. So fanden weitere Auftritte häufig in Zirkusarenen statt, in denen Konzertpodien aufgestellt wurden.[252] Die Route der Band lässt sich aus Aufzeichnungen von Ray Goldner und John Kaiser recht genau rekonstruieren.[253] Die Gruppe war nach ihrer Rückkehr aus Ungarn und Rumänien in mehrere Orte der Ukraine – nach Dnipropetrowsk, Kamenskoye, Stalino / Donezk, Kramatorsk, Mariupol und Krasnyj Lutsch – gereist. Als sie Mitte Juni in Rostov am Don ankam, erfuhr die Band von einem Konzert des berühmten Gitarristen Andrés Segovia, das sie sich nicht entgehen ließ. Nach weiteren Auftritten in Süd-Russland (Taganrog, Jeisk, Rostov und Krasnodar) kehrten die Weintraubs Ende Juni nach Rostov zurück. Hier vollzog Emanuel Frischer am 4. Juli die standesamtliche Trauung mit Lidia Gluszkow. Die Frage der Staatsbürgerschaft wollte er später klären. Warum die beiden gerade in Rostov heirateten, ist unbekannt.

Von dort reiste die Gruppe nach Sotschi am Schwarzen Meer, wo sie sich in einer angenehmen Urlaubswoche von den Strapazen erholen konnten. Nach Auftritten in Gagri am Schwarzen Meer ging es am 21. Juni in einer mehrtägigen Bahnfahrt in die weißrussische Stadt Minsk. Nach zwei Wochen folgten Smolensk und Vitebsk und danach wieder der Süden, wo die Weintraubs in der zweiten Augusthälfte für elf Tage in Odessa auftraten. Während ihr Manager schon in Richtung Mandschurei unterwegs war, bereisten die Musiker Georgien (Batumi und Tiflis) sowie Aserbeidschan (Baku). Ab Mitte September ging es über Tschetschenien (Groszny) und den nördlichen Kaukausus (Kislovodsk, Piatigorsk und Jessentuki) am 24. September nach Rostov zurück, offenbar ein bevorzugter Standort. Nach einem kurzen Gastspiel im südrussischen Taganrog am Asowschen Meer kamen die Weintraubs am 6. Oktober in die Stadt, die den Namen des Diktators führte, der seit 1922 das große Land mit harter Faust regierte: Stalingrad.

Unerwartete Probleme

In dieser Stadt, dem heutigen Wolgograd, erhielten die Weintraubs die alarmierende Nachricht, Jenny Schulvater sei festgenommen worden. Ihr Sohn Cyril hatte im Vorjahr seinem Bruder Ernest ein lukratives Engagement vermittelt, als Saxophonist in Sid Bartons Jazzband im Grand Hotel Europe in Leningrad zu spielen. Ernest Schulvater lud daraufhin seine Mutter in diese russische Stadt ein. Jenny Schulvater hatte sich um 1931 von ihrem Mann getrennt. Als alleinstehende Jüdin fühlte sie sich in Berlin zunehmend unwohl und nahm deshalb die Einladung gerne an. Mit einem Visum, das ihr der Sohn besorgt hatte, kam sie gegen Ende 1935 nach Leningrad. Als sie dort merkte, wie sehr sich die Russinnen für westliche Artikel interessierten, verkaufte sie im Hotel mitgebrachte Strümpfe, Lippenstifte und Pullover und machte damit gute Geschäfte. Die Weintraubs erfuhren davon, auch von ihren Geldwechsel-Aktivitäten, beachteten dies aber nicht weiter. Zwar waren sie berufsbedingt untereinander ständig in nahem Kontakt. Dennoch war es ein ungeschriebenes Gesetz der Gruppe, dass sich niemand in das Privatleben der anderen einmischte. Dies betraf nicht zuletzt die Kontakte zum weiblichen Geschlecht. Während Horst Graff, Stefan Weintraub, Emanuel Frischer und wohl auch John Kaiser bereits Partnerinnen gefunden hatten, waren die übrigen Band mitglieder ledig geblieben.

Graff und Weintraub gaben später zu Protokoll: „Da Schulvater und seine Familie in der Gruppe nicht besonders beliebt waren, hat sich niemand von uns darum gekümmert. Deshalb waren wir natürlich überrascht, als Cyril uns in Stalingrad ein Telegramm aus Moskau zeigte mit der Nachricht, seine Mutter sei auf dem Weg von Leningrad nach Moskau verhaftet worden. Wir fragten ihn nach dem Grund. Er gab keine Erklärung, sondern zuckte nur die Achseln.“[254] Dennoch diskutierte man über Cyrils Mutter, die die übrigen Bandmitglieder nur kurz in Moskau gesehen hatten. Man ahnte, dass ihre illegale Geschäftstätigkeit der Grund für die Verhaftung sei, war aber überzeugt, Jenny Schulvater würde nach einer kurzen Verhandlung wieder freigelassen werden. Mitte Oktober reisten die Weintraubs von Stalingrad nach Moskau, wo der Prozess stattfand.

Heinz Barger, der zu diesem Zeitpunkt bereits in Japan angekommen war, setzte die Abreise seiner Musiker von Moskau in den Fernen Osten für den 1. November fest. Diese Nachricht alarmierte alle, auch Horst Graff und seine Freundin Margery. Beide dachten schon seit einiger Zeit an Heirat, ahnten aber, dass die Verbindung einer Britin mit einem deutschen Juden Probleme mit sich bringen würde. Margery Graham, als Tochter eines britischen Zivilbeamten in Indien geboren, hatte beim britischen Vizekonsul in Leningrad angefragt, ob sie ihre Staatsangehörigkeit behalten dürfe. Dieser hatte sie an den deutschen Generalkonsul verwiesen, der ihr antwortete, für solche Fragen sei das Auswärtige Amt in Berlin zuständig. In Deutschland war die Ehe eines Juden mit einer Arierin nicht erlaubt; die Nürnberger Rassengesetze, die dies untersagten, waren 1935 in Kraft getreten. Da aus Berlin nie eine Antwort eintraf und Horst und Margery die weitere Reise als Paar fortsetzen wollten, entschlossen sie sich zur Heirat, ohne die Frage der Staatsbürgerschaft geklärt zu haben. Am 1. November, dem Tag der Abreise, fand in Moskau die zivile Trauung statt.[255]

Cyril Schulvater war ebenfalls beunruhigt, als er von dem Abfahrtstermin erfuhr. Er wollte zunächst in Russland bleiben, um seine Mutter bei ihrem Prozess zu unterstützen. Da aber die Weintraubs auf ihn nicht verzichten konnten, übergab er seinem Bruder die nötigen Anweisungen und trat dann mit den Musikerkollegen die lange Fahrt mit der Transsibirischen Eisenbahn an. Erst mehrere Monate später sollten die Weintraubs von Cyril erfahren, dass seine Mutter zu einer zweijährigen Gefängnisstrafe verurteilt worden war, obwohl ihr Sohn Ernest mit Unterstützung eines Anwalts in Revision gegangen war. Ihre Haft verbüßte Jenny Schulvater in einem Gefängnis in Karaganda in Kasachstan. Ernest Schulvater blieb in der Sowjetunion und nahm dort weitere Jazz-Engagements an, um die Entlassung seiner Mutter abzuwarten.

Schmerzhaft war die notwendige Abreise aus Moskau auch für Emanuel Frischer, denn seine russische Frau erhielt nicht die Erlaubnis, die Sowjetunion zu verlassen.[256] Alle Bemühungen, für sie die polnische Staatsbürgerschaft und einen polnischen Pass zu bekommen, waren fehlgeschlagen. So gab es am Moskauer Bahnhof eine herzzerreißende Abschiedsszene des frisch verheirateten Paares. Frischer versicherte aber seinen Kollegen, es seien alle notwendigen Schritte eingeleitet, um seine Frau bald wiedersehen zu können.

Im japanischen Kaiserreich

Heinz Barger verhandelt

Während die Weintraubs-Gruppe im August 1936 noch ihre Sowjetunion-Tournee fortsetzte, war Heinz Barger schon zur Vorbereitung der nächsten Auftritte in Richtung Japan vorausgereist. Ursprünglich hatte er sich um weitere Engagements in Mitteleuropa bemüht, was die Band angesichts des spanischen Bürgerkriegs jedoch ablehnte.[257] Nach einer mehrtägigen Fahrt mit den komfortablen, aber altmodischen Wagen der Transsibirischen Eisenbahn erreichte der Manager am frühen Morgen des 30. August die Grenze zur Mandschurei. Dieses riesige Gebiet, das ursprünglich zu China gehörte und dann vom russischen Zarenreich beansprucht wurde, war seit 1931 von der japanischen Armee besetzt. Japan hatte hier das Mandschurische Kaiserreich (Mandschukuo) errichtet, einen Marionettenstaat, der nur von wenigen Nationen anerkannt wurde. Die Okkupanten machten Japanisch zur Amtssprache, förderten die Wirtschaft und modernisierten die ursprünglich russische Eisenbahn. Zur angenehmen Überraschung Heinz Bargers lief der Zug an der mandschurischen Grenzstation in einen blitzsauberen Bahnhof mit schönen Gartenanlagen ein. Nach einer ausführlichen Gepäckkontrolle musste er aussteigen und die Öffnung des Passbüros um 8 Uhr abwarten, um das Visum für die Mandschurei zu erhalten.

In einem ausführlichen Brief an seine Mutter hat Barger die Prozedur geschildert: „Es erscheinen zwei Schreiber und schließlich ein Consul, ein junger ernster Mann mit Brille und dickem schwarzem Haar. Mit den Japanern ging es rasch, sie verneigten sich dreimal gen Osten, der Consul ebenso, dann wurde gestempelt und zierliche Schriftzeichen eingezeichnet."[258] Als der Beamte gegen Bargers Einreise Bedenken zu erheben schien, erwähnte dieser die japanische Takarazuka Theater Company, mit der er in Verbindung stehe. „Das erleichtert ihn sichtlich. Ob ich a German sei u. from Berlin, was ich bejahe. ‚Oh – Olympic Games – good' strahlt er jetzt über das ganze Gesicht. Die Preußen des Ostens lieben die Preußen des Westens." Als Berliner respektiert erhielt Barger schnell alle nötigen Eintragungen mit insgesamt elf winzigen Stempeln. „Meine Paßseite sieht aus – wie ein wildgewordener Flohzirkus!"

Nach einem ausgezeichneten Frühstück im Bahnhofsrestaurant bestieg er den mandschurischen Zug nach Harbin. „Da falle ich denn doch auf den Rücken! Was heißt hier Asien! Ein nagelneuer Express in Stromlinienform, wie ich ihn in Europa noch nie sah. Alles Pullmann-Wagen. Und innen – das Zauberhafteste, was man sich erträumen kann. Das ist nicht Asien, das ist letzter Schrei Amerikas!" Angesichts des geringen Preisunterschieds wählte er ein Abteil der 1. Klasse und genoss damit für 29 Stunden bis Harbin allen Luxus mit Clubsesseln, breitem Bett, Dusche, Rasiertisch und rotierenden Ventilatoren. Schon kurz nach der Abfahrt überreichte ihm das Personal bequeme Morgenschuhe, einen Kimono aus schwarzer Seide, Tee und schließlich die gedruckte Einladung zum Mittagessen.

Zuvor hatte Barger beobachtet, wie ein Waggon voll schwerbewaffneter japanischer Soldaten an die Lokomotive gehängt wurde. „Man erklärte mir auf meine erstaunten Fragen, dass das Land noch viele Banditen und Räuberbanden hat, die gern Züge anhalten, beschießen und ausplündern. Deshalb die Vorsichtsmaßnahme. Und zwei Stunden lang während der weiten Strecke müssen sogar die Fenster mit Gardinen zugezogen werden, angeblich wegen militärischer Geheimnisse." Offenbar traf die japanische Herrschaft im Lande nicht nur auf Zustimmung.

Am 1. September kam der Zug schließlich mittags in Harbin an, dieser 1898 als russische Bahnstation gegründeten Stadt, in die nach der Oktoberrevolution viele Russen geflüchtet waren. Von hier aus koordinierte das 1917 gegründete Far Eastern Jewish Central Information Bureau die Übersiedlung jüdischer Flüchtlinge nach Ostasien, nicht zuletzt nach Shanghai.[259] Barger erlebte Harbin als eine „hochoriginelle Stadt, in der sich Europa mit Asien vereint und Russen, Japaner und Chinesen zusammenleben". Obwohl vor dem Bahnhof auch Straßenbahnen, moderne Autobusse und Taxis standen, ließ er sich in einer zweirädrigen Rikscha zu seiner Unterkunft, dem Hotel „Moderne", bringen. Nach einem ausführlichen Stadtspaziergang holte er geschäftliche Informationen ein, um die Auftritte der Band vorzubereiten. Von den vier Filmtheatern vor Ort gefiel ihm trotz der kleineren Bühne das Kino im Hotel „Moderne" am besten. „Es hat 1000 Plätze, bringt gute Filme, hat das beste Publikum und liegt am Strom der Hauptstraße." Die Verhandlung mit dem Inhaber, einem russischen Juden, dauerte allerdings mehrere Tage. Man bot ihm eine Beteiligung an den Einnahmen an, während Barger feste Gagen forderte. Immerhin erreichte er schließlich wenigstens für den ersten Abend eine Garantieinnahme. „Jetzt beginnen die Verhandlungen über alle Details des Vertrages; über die Preisaufschläge, den Termin und alle sonstigen Punkte wird erbittert gekämpft. Ich entwerfe den ersten Vertrag, die Direktion wünscht viele Punkte zu ändern und läßt Gegenentwürfe aufsetzen. Es wird langsam und sehr pedantisch gearbeitet. Ich habe viel Zeit, mich weiter in der Stadt zu tummeln." Barger lernte die verschiedenen Kulturen Harbins kennen und bemerkte dabei die wirtschaftliche Not der Russen, die unter der japanischen Konkurrenz litten. „Tausende wandern aus, entweder zurück in die Sowjetunion, wo man sie in Gnaden wieder aufnimmt, oder nach Shanghai."

Als nach einer Woche endlich der Vertrag ausformuliert war, bereitete Barger die Weiterfahrt vor. Ursprünglich hatte er über Wladiwostok nach Japan reisen wollen. Wegen des ungünstigen Anschlusses gab er sein Intourist-Fahrscheinbuch zurück und tauschte es gegen eine Bahnfahrt der 2. Klasse durch das ebenfalls japanisch besetzte Korea ein. „Am nächsten Abend, während Harbin als Manöver für Flugzeugangriffe gerade völlig verdunkelt wird, kann ich in dem verhängten, verdunkelten Bahnhof den Express durch Korea besteigen. Ich will unbedingt zurückkommen, wenn die Weintraubs wirklich in Harbin gastieren." Die Nacht und den folgenden Tag durchquerte der Zug die Mandschurei, bis am Nachmittag die koreanische Grenze erreicht war. Als er 20 Stunden später am 9. September gegen Mittag in Busan an der koreanischen Südküste ankam, lag dort schon das Schiff bereit, das kurz darauf in See stach.

Leider erlebte Heinz Barger an jenem Tag, seinem 38. Geburtstag, eine unruhige Überfahrt, die ihn erstmals in seinem Leben seekrank machte. Kurz vor der Ankunft im japanischen Shimonoseki musste er einen Fragebogen ausfüllen. Ihn beeindruckte das Entgegenkommen des zuständigen Beamten, der ihn vom Schiff bis zum Zug begleitete und ihm dort sein Abteil zeigte. „Ich habe nie höflichere, freundlichere und fairere Menschen kennengelernt als hier in Japan. Wer behauptet, der Japaner sei falsch, listig, verlogen, unfair und gemein, ist selbst ein gemeiner Lügner. Es sind die Amerikaner, die diesen Unsinn in die Welt setzen, weil sie die japanische Konkurrenz fürchten." Der positive Eindruck bestätigte sich auch im Speisewagen. „Die Menükarte mit ihrer bunten Handmalerei ist allein schon eine Augenweide." Barger fand Platz neben einem der wenigen Nicht-Japaner, der sich als ein Landsmann, als ein Berliner, entpuppte. Er war mit seiner Familie nach Honolulu übergesiedelt und hatte Japan schon mehrfach besucht. Dieser Herr, der die Weintraubs von Berlin kannte, führte Barger in die japanische Kultur ein und bestätigte die Geschäftsempfehlungen, die ihm schon vorher einige Deutsche und Engländer gegeben hatten.

Als Barger fast drei Tage nach seiner Abreise aus Harbin am Nachmittag des 10. September endlich in Tokio eintraf, quartierte er sich wie empfohlen in der besten Unterkunft der Stadt, dem Imperial Hotel, ein. Dieses von Frank Lloyd Wright entworfene und 1923 eröffnete Gebäude wirkte auf ihn „wie ein indisches Maharadschaschloss... der merkwürdigste Bau, den ich je gesehen habe". Hier folgte Barger dem Rat seiner Gewährsleute, auf keinen Fall sofort die Verhandlungspartner zu kontaktieren. „Die Leute müssen zu Ihnen kommen, sagt man mir. Sie sind der große Mann, der zu Verhandlungen bereit ist, nicht umgekehrt. Nur so imponiert es den Japanern." Man müsse um sich einen Nimbus aufbauen, beispielsweise durch Zeitungsinterviews, und es so arrangieren, dass die Reporter von sich aus kämen. Um das einzufädeln, entwickelte der Manager einen Plan.

„Am zweiten Tag nach meiner Ankunft suche ich offene Couverts aus meinem Koffer und tue das beste und interessanteste Photomaterial meiner Nummern hinein, nicht, ohne einige Revuebilder mit wenig bekleideten girls hinzuzufügen. Ich trage die Couverts am Mittag hinunter, übergebe sie offen dem Portier und bitte, sie mir aufzuheben. ‚Soll ich sie aufs Zimmer schicken?' ‚Nein – unten lassen!' und ich verlasse das Hotel. Vorher hatte ich mir genau die Reihenfolge der Bilder gemerkt, wie sie in den Couverts lagen. Meine Rechnung stimmt. Als ich abends nach Hause komme, hole ich die Couverts ab und bemerke sofort, daß die Reihenfolge der Photos verändert ist. Ich bin sicher, daß vom Hotelboy bis zum ersten Detektiv alle die Photos betrachtet und studiert haben. Abwarten, was weiter wird."

Bargers Plan ging auf. Schon am nächsten Morgen erhielt er in seinem Zimmer auf einem Tablett die Visitenkarte eines Redakteurs der großen Zeitung *Hochi News*, der ihn sprechen wollte. Als der Journalist wenige Minuten später selbst anrief, antwortete Barger, er sei momentan leider sehr beschäftigt. Vielleicht in zwei Stunden sei ein Treffen möglich. Der Redakteur wartete mit einem Fotografen bereits in der Hotelhalle, wo dann das Interview stattfand. Eine halbe Stunde später kam ein zweiter Reporter und bald darauf ein Vertreter des englischsprachigen *Japan Advertiser.* „Wie ich aufblicke, sind schon 3 Photographen in der Halle und haben Aufstellung genommen. Der Laden ist richtig, denke ich mir und sehe die Vorbereitungen für weitere Blitzlichtaufnahmen." Tatsächlich erschienen in den nächsten Tagen mehrere illustrierte Zeitungsartikel über Barger und die Weintraubs Syncopators.

Das führte dazu, dass ihn wieder einige Tage später die Takarazuka Theater Company zu einem Treffen einlud. Dieses Unternehmen ging auf den Industriellen Kobayashi Ichizō zurück, der nach der Gründung der Hankyū-Eisenbahngesellschaft (1907) auch die japanische Kultur modernisieren wollte. Während im traditionellen Kabuki-Theater nur Männer auftraten, wirken bei der Takarazuka-Revue, die 1913 auf Ichizōs Initiative entstand, ausschließlich Frauen mit. Ein Vertreter dieses Theaterunternehmens hatte bereits in Wien Kontakt zu Barger aufgenommen, der ihn jetzt zu einer Aufführung ins neue Takarazuka-Theater gleich gegenüber dem Hotel einlud. Auf einer Bühne, die größer war als die des Berliner Wintergartens, begann die Show vor 2.500 Zuschauern mit einer Wiener Liebesgeschichte um Johann Strauß. „Der verliebt sich, immer geigend, in ein – na und so weiter! Ein wilder Kitsch. Alles nur von Mädels dargestellt, auch die Männerrollen. Die Mädels sehen reizend aus, aber die Kleidung ist ihnen ungewohnt." Während die vom Orchester gespielte Musik des Walzerkönigs kaum wiederzuerkennen war, überzeugte eine in Frankreich spielende Szene den deutschen Gast viel mehr. „Nun muß ich staunen, wie das Orchester Jazz hinlegt, wie die Bilder sich drehen und mit welchem Tempo sich hier eine Revue abwickelt, die in Paris glatt bestehen könnte."

Am nächsten Morgen fuhr Barger zu einem anderen Theater, dem Nippon Gekijo, auch Nichigeki genannt. In diesem riesigen siebenstöckigen Kinogebäude, das ihn wegen der halbrunden Form an den Atrium-Beba-Palast in Berlin erinnerte, befand sich die Takarazuka-Geschäftsleitung. Hier traf Barger Herrn Hata, den perfekt Deutsch sprechenden Schöpfer der Mädchen-Revue. Dieser erklärte, die Einladung europäischer Ensembles nach Japan sei bisher immer an den hohen Reisekosten gescheitert. Barger erwiderte, er könne eine Lösung finden. „Wie wollen Sie das machen?", fragte der Impresario. Darauf Barger: „Lassen Sie das meine Sorge sein. Geben Sie mir nur mehrmonatliche Kontrakte." Dass seine Musiker schon in Richtung Japan unterwegs waren und nicht extra aus Berlin anreisen mussten, verschwieg er. Auch die etwa gleich große Konkurrenzfirma, die Shochiku Company, wurde erwähnt. Allerdings müsse sich Barger zwischen beiden Gesellschaften entscheiden.

Obwohl dem Manager damit bereits wesentliche Schritte gelungen waren, war er von einem Vertrag noch weit entfernt. Man brauche Zeit, erläuterte er seiner Mutter. „In Japan geht alles schön langsam und allmählich und wer zum Ziel kommen will, muss Geduld haben und diplomatisch vorgehen. Ankommen und Abschließen, wie in Europa, ist ausgeschlossen, noch dazu, wo ich Dinge anbiete, die man nicht einmal dem Hörensagen nach kennt. Hinzukommt, daß das japanische Gehör ganz anders vorgebildet ist und für europäische Musikbegriffe erst jetzt langsam durch Film und Revue und Dancings geschult ist." Trotz der anderen Musikauffassung der Asiaten hatte Barger jedoch deren großes Interesse für Humor, Groteske und Parodien bemerkt. „Über Chaplin und Buster Keaton lachen sie sich tot. Jeder lustige Einfall auf der Bühne findet sein Echo im Parkett, für Burlesken haben sie volles Verständnis. Von dieser Seite aus könnte das Debüt ein Erfolg sein."

Barger nahm auch Kontakt auf zum zweiten großen Film- und Theaterkonzern, der schon 1902 gegründeten Shochiku Company. Er hatte in Erfahrung gebracht, dass sie insgesamt neunzehn Theater besaß, davon allein neun in Tokio. Es gab großes Interesse, aber auch Terminprobleme. Die Pressearbeit ging unterdessen weiter. „Reporter von Nachrichtenbüros haben mich interviewt und geknipst und ich weiß nicht, in wieviel Dutzend oder hundert Zeitungen meine Pläne und mein Antlitz schon erschienen ist. Jedenfalls bin ich momentan sicher der meist reproduzierte Mann in Japan. Man erkennt mich in Läden und Restaurants, man fragt mich, ob es wahr ist und wann die Künstler denn kämen. Heute bringt gar die allergrößte Tageszeitung, die *Tokyo Asahi*, ein Interview mit Bild in der Abendausgabe." Hier eine Übersetzung des Artikels:

Sieben-Mann-Band besucht endlich Japan.
Auslandstournee der Takarazuka-Mädchen ebenfalls in Sicht

Die berühmte Weintraubs-Band aus Berlin, populär als „7-Mann-Band" in Europa und den japanischen Fans schon wohlbekannt durch Schallplatten und die Filme „Der blaue Engel" und „Walzerkrieg", wird unser Land Mitte November endlich besuchen. Geplant ist ein Aufenthalt von etwa drei Monaten mit Aufführungen an verschiedenen Orten einschließlich Tokio.

Mr. Heinz Barger, der Manager der Band, der schon vor Ankunft der Band nach Japan kam, verhandelt nun mit dem Takarazuka Theater, um ein Opernensemble mit 200 Mädchen zu bilden und durch die USA und Europa zu reisen. Mr. Barger erzählte uns das Folgende im Imperial Hotel:

„Ich plane vor allem ein Programm aus zwei Teilen. Im ersten Programm zeigen wir die alten Zeiten Japans im Kabuki-Stil. Im zweiten Programm konzentrieren wir uns auf das erstaunlich entwickelte Japan mit Aufführungen fröhlicher Mädchen. Wenn wir das Programm mit der leuchtenden Perspektive beenden, die Olympischen Spiele 1940 in Tokio durchzuführen, wird das bestimmt in der ganzen Nation Begeisterung erwecken."

Takarazuka ist ebenfalls interessiert an dieser Idee und arbeitet jetzt an einem Projekt, eine große Theatergruppe, zusammengesetzt aus der Toho Theaterkompanie und ihrer eigenen Mädchen-Operntruppe, zu bilden und sie erstmals in der Welt zu präsentieren. Dieser Plan wird hoffentlich etwa im nächsten Frühling verwirklicht werden.

Trotz der Erwähnung der Jazzband in der Überschrift und im ersten Absatz stieß die von Barger vorgeschlagene Zusammenarbeit mit der japanischen Revue auf mehr Interesse. Einen günstigen Anknüpfungspunkt hatte der Deutsche in der nächsten Olympiade entdeckt, die 1940 für Tokio geplant war. „Mein Trick ist, von der Olympiade zu schwärmen und zu versichern, man müsste eine jener großen japanischen Girlrevuen nach Amerika und Europa bringen und damit gleichzeitig für Tokyo 1940 Reklame machen. Diese Idee gefällt ihnen allen und ich warte nur, dass man mir anbietet, dieses Management zu übernehmen."

In den Verhandlungen mit den beiden Theaterkonzernen Shochiku und Takarazu kam es dann endlich zu konkreten finanziellen Angeboten. Sogar eine Zusammenarbeit der rivalisierenden Konzerne erschien angesichts der umfangreichen Tourneepläne als möglich. Obwohl die Japaner von Barger vor allem die Einführung europäischer Elemente in ihre eigenen Revuen erwarteten, steuerte dieser dann doch auf sein eigentliches Interesse zu. „Langsam und vorsichtig konnte ich auf den Konzentrationspunkt Weintraubs kommen, vor dem sie ein bißchen Angst haben, weil sie nicht sicher sind, ob das Publikum dieses Genre goutieren wird. Ich gewinne mit meiner Behauptung, daß die optischen komischen Einfälle auch Taubstumme zum Lachen bringen, die Mehrheit der Besucher auf meine Seite und nun geht der Gagenkampf los." Schließlich kam es noch zu einem guten Ergebnis. Am 5. Oktober vereinbarte Barger mit dem Direktor der Takarazuga-Kompanie gegen ein Pauschalhonorar von 10.000 Yen bis zu 90 Auftritte zwischen 21. November und 20. Dezember. Jede Bühnenschau sollte höchstens 30 Minuten dauern.[260]

Erfolgreich auch in Japan

Zwei Monate nach Barger erreichten die Weintraubs nach der mehrtägigen Fahrt mit der Transsibirischen Eisenbahn am Nachmittag des 8. November 1936[261] ebenfalls die Grenze zur Mandschurei. Ihr Zug musste allerdings bis zum Einbruch der Dunkelheit warten, bevor er die Grenze passierte – angeblich sollten die Passagiere militärische Anlagen nicht sehen.[262] Emanuel Frischer zufolge fand der Wechsel vom russischen zum japanischen Personal mitten auf einer langen Brücke statt. Einige Bandmitglieder waren nervös, weil sie illegal Devisen mit sich führten. Glücklicherweise entdeckten die Grenzbeamten bei der Gepäckkontrolle nicht die Geldscheine, die Goldner in einem alten Wecker und Schulvater in seinem Cello versteckt hatten[263], so dass die Musiker bald umsteigen und mit dem eleganten Zug der mandschurischen Eisenbahn nach Harbin weiterfahren konnten. Dort trafen sie am 10. November ein und traten im Kinosaal des Hotels „Moderne" das Engagement an, das Barger für sie organisiert hatte. Vermutlich wurden sie dort, wie geplant, von ihrem Manager in Empfang genommen.

Danach durchquerte die Gruppe das landschaftlich reizvolle Korea und erreichte den Hafen von Busan, wo das umfangreiche Gepäck gerade noch rechtzeitig vor Abfahrt des

Schiffes an Bord kam. In Tokio wurden auch sie im luxuriösen Imperial Hotel untergebracht. Eine englischsprachige Zeitung meldete die neuen Hotelgäste wie folgt: „Mr. and Mrs. John K. Kaiser, Mr. and Mrs. Stefan Weintraub, Mr. Leo Weiss, Mr. and Mrs. Freddy Wise, Mr. and Mrs. Horst Graff and Mr. Cyril Schulvater.“[264] Diese Angabe verblüfft, waren doch Emanuel Frischer und Horst Graff die einzigen verheirateten Bandmitglieder. Frischers russische Ehefrau hatte allerdings die Sowjetunion nicht verlassen dürfen, so dass auch er zunächst nicht mit den anderen nach Tokio kam. Offenbar hatten aber weitere Musiker gegenüber der Hoteldirektion die Partnerinnen, mit denen sie ein Zimmer teilten, als ihre Ehefrauen bezeichnet. Im Falle von Stefan Weintraub war dies die Schwedin Gerti Bergmann. Wer aber waren die Partnerinnen von John Kurt Kaiser und Freddy Wise? Bei Wise handelte es sich um die 20-jährige Tänzerin Antoinette Paris, die 1934/35 in Italien zusammen mit den Weintraubs aufgetreten war. Sie hatte die weite Reise von Europa nach Japan gewagt, um mit Freddy Wise vereint zu sein. Eine Freundin von John K. Kaiser war bislang nur unter dem Spitznamen „Putchen“ erwähnt worden.

Die derart vergrößerte Gruppe wurde bei ihrer Ankunft von Mr. Hata, dem Chef der Takarazuka-Revue, in fließendem Deutsch begrüßt – er hatte in Heidelberg Germanistik studiert. Es folgte ein festliches Essen, an dem auch Tänzerinnen der Revue teilnahmen. Die gemeinsame Bühnenschau sollte am 21. November im nahegelegenen Nippon Gekijo beginnen, das damals als das größte Filmtheater Asiens galt. Als aber die Weintraubs dort ankamen, entdeckten sie an der Fassade eine Hakenkreuzfahne. Die deutschen Gäste sollten damit geehrt werden. Barger hatte zwar die Herkunft der Gruppe aus Berlin erwähnt, jedoch verschwiegen, dass sie dort nicht willkommen war. Obwohl in Japan, seit 1936 Bündnispartner des Dritten Reichs, Juden damals noch nicht verfolgt wurden, hätte man wohl wenig Verständnis aufgebracht, wenn die Weintraubs ihre Distanz zum Regime betont hätten. Dennoch konnte es Barger erreichen, dass die Hakenkreuzfahne entfernt wurde. Im Gekijo Filmtheater war die Bühnenschau der Weintraubs zwischen zwei Filme eingebettet. In der Woche vom 21. bis 30. November waren dies die japanische Produktion „Hikoroku Laughs Out Loud“ und das amerikanische Film-Musical „Dancing Pirate“, in der zweiten Woche (1. bis 9. Dezember) „Boulder Dam“ und „Tokyo Rhapsody“. Es folgten bis zum 20. Dezember Auftritte im Takarazuka Theater in Yokohama, wo die Band zusätzlich auch bei zwei Bällen im New Grand Hotel spielte.[265]

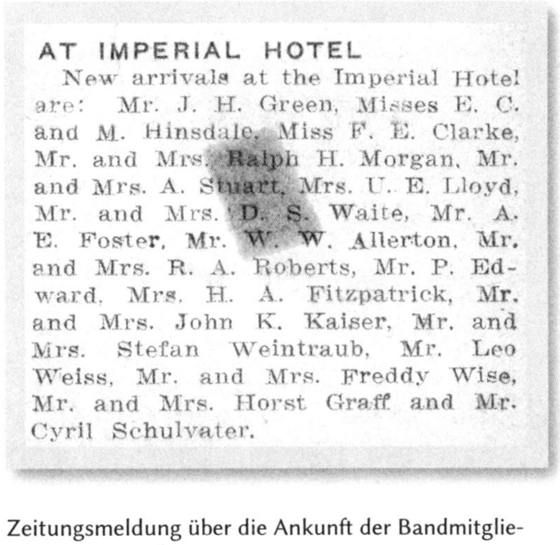
AT IMPERIAL HOTEL

New arrivals at the Imperial Hotel are: Mr. J. H. Green, Misses E. C. and M. Hinsdale, Miss F. E. Clarke, Mr. and Mrs. Ralph H. Morgan, Mr. and Mrs. A. Stuart, Mrs. U. E. Lloyd, Mr. and Mrs. D. S. Waite, Mr. A. E. Foster, Mr. W. W. Allerton, Mr. and Mrs. R. A. Roberts, Mr. P. Edward, Mrs. H. A. Fitzpatrick, Mr. and Mrs. John K. Kaiser, Mr. and Mrs. Stefan Weintraub, Mr. Leo Weiss, Mr. and Mrs. Freddy Wise, Mr. and Mrs. Horst Graff and Mr. Cyril Schulvater.

Zeitungsmeldung über die Ankunft der Bandmitglieder im Imperial Hotel Tokyo

In Japan konnten die Weintraubs wieder Schallplattenaufnahmen machen. Ihr Partner war hier das mit der britischen EMI kooperierende, sonst aber unabhängige Label Nippon Columbia. Bei den Aufnahmen, die am 11. Dezember begannen, wurden wie in Italien nationale Interessen des Gastlandes beachtet. So entstanden gleich am ersten Tag Einspielungen der japanischen Titel „Wake Ga Arunoyo“ und „Ai No Tsubasa“ (beide komponiert von Nabuyuki Takeoka) wie auch von populären Foxtrotts („China Town“, „Happy Days“, „Avalon“, „Dinah“, „Goodnight Sweetheart“), dazu ein Song „Schöne Frau“ und ▹ „My Melancholy Baby“. Der letzte Titel, komponiert 1912 von Ernie Burnett, war seit den 1930ern Jazzstandard. Die Weintraubs boten hier ein interessantes Arrangement mit wechselnden Tempi. Es beginnt mit dem Anfang der Refrainmelodie, vom Saxophon leise vor einem Streicherteppich gespielt, bevor nach einer Klavierüberleitung Manny Frischer mit gestopfter Trompete den vollständigen Refrain erklingen lässt. Nach Violinpartien singt Freddy Wise:

Come to me my melancholy baby
Cuddle up and don't be blue
All your fears are foolish fancy, maybe
You know dear that I'm strong for you …

Zum Schluss hört man die Melodie im Saxophon als langsamen Walzer, dann als Foxtrott. Eine ähnliche Mischung japanischer und internationaler Titel folgte am 14.und 21. Dezember. Jetzt gab es dazu „Waltz Favourites“ wie „Falling in Love Again“ aus dem „Blauen Engel“. Den Vokalpart bei ▹ „Honolulu Baby“ aus dem Laurel & Hardy-Film „Sons of Desert“ sang Freddy Wise.

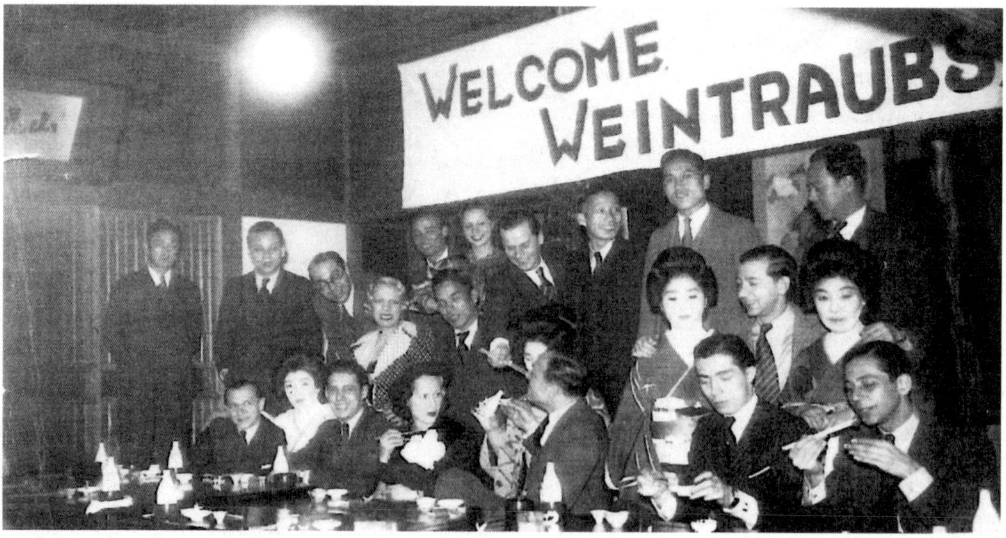

Empfang der Weintraubs in Tokio (1936)

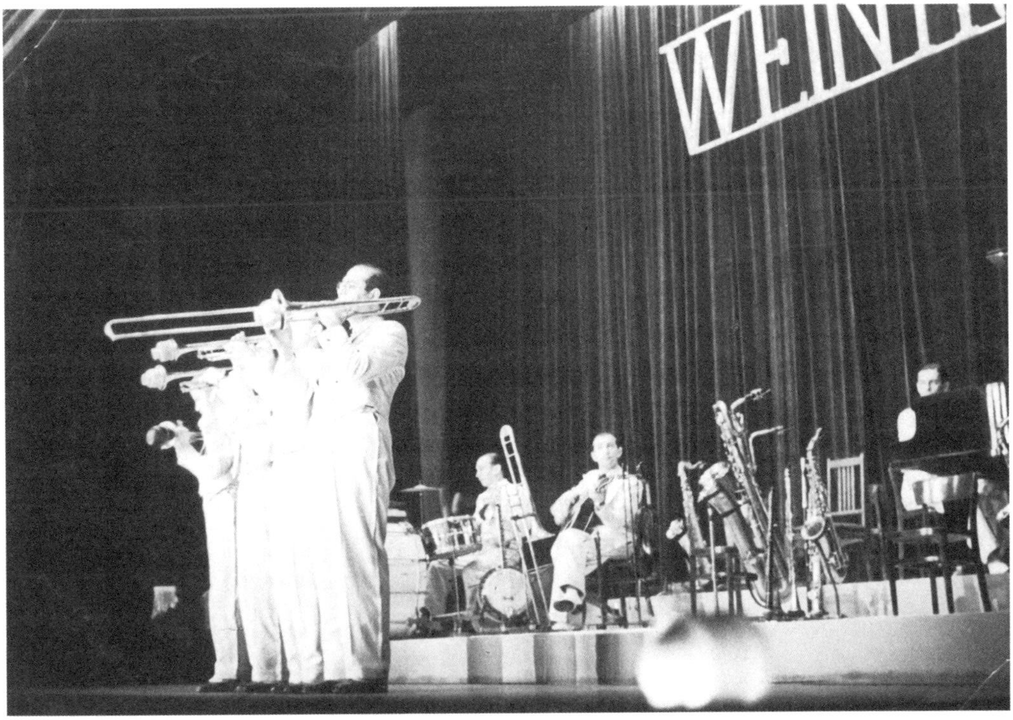

Die Weintraubs Syncopators auf der Bühne des Nippon Gekijo

Nach einem Engagement im Takarazuka Theater von Nagoya (22.–28.12.) traten die Weintraubs am 29. Dezember ein einwöchiges Engagement im Hankyu Kaikan in Kobe an, unterbrochen durch den Silvesterball im traditionsreichen Oriental Hotel.[266] Am 5. Januar 1937 begann eine Auftrittswoche im Kyoto Takarazuka Gekijo Theater, bevor die Gruppe am 12. Januar in das ihnen bereits bekannte Filmtheater in Tokio zurückkehrte. Da die Auftritte am Abend stattfanden, war tagsüber Zeit für weitere Plattenaufnahmen.[267] Am 18. Januar standen ausschließlich japanische Titel auf dem Programm, darunter wieder eine Komposition von Nabuyuki Takeoka: „Akagi Shigure“[268]. Die Einleitung erinnert an europäische Barockmusik, bevor dann, begleitet von Mandoline und Xylophon, eine pentatonische Melodie in Trompete und Flöte erklingt. Offenbar wurde eine Synthese von europäischer und asiatischer Musik angestrebt. Erst zum Schluss sind kurz Jazzelemente zu hören. Am nächsten Tag folgten Aufnahmen der zwei westlichen Titel „Isle of Capri“ (Wilhelm Grosz) und „In einer kleinen Konditorei“ (Fred Raymond).

Dasjenige Mitglied der Weintraubs Syncopators, das sich am intensivsten mit japanischen Traditionen beschäftigte, war John Kurt Kaiser. Er schrieb einen Aufsatz über das dortige Musikleben und die traditionellen Zupfinstrumente Shamisen und Koto, die Shakuhachi-Flöte und die Taiku-Trommel, den er, ergänzt durch eigene Zeichnungen, später in Australien veröffentlichte.[269] Dabei konstatierte er die Liebe der Japaner zu ihren

Traditionen, aber auch ihr wachsendes Interesse für westliche Musik. Auch Heinz Barger setzte sich mit solchen Fragen auseinander. In seinem Reisebericht bedauerte er, dass die uralten Bräuche Japans immer mehr verschwänden. „Dann kam Tonfilm/Radio und der Jazz wie ein Taifun und ob die Alten schreien und wettern und toben, die Jugend schreit nach Jazz und überrennt alle Mauern wie in Russland. Die Tonfilmrevuen der Amerikaner, die Platten der Jazzkapellen und die Einflüsse Europas haben das Land überflutet. Die Jugend will steppen und Jazz tanzen und up to date sein und heraus aus dem Kultus jahrtausendealter Überlieferungen."[270] Die Weintraubs versuchten immerhin, eine Brücke zwischen dem Alten und dem Neuen herzustellen.

Abreise zweier Musiker

Während eines einwöchigen Engagements im Theater Shochiku Za in Osaka, das am 21. Januar 1937 begann, wurden noch einmal die Zuständigkeiten innerhalb der Gruppe besprochen. Gemäß dem schriftlich fixierten Ressortplan war Stefan Weintraub verantwortlich für Abrechnungen, Auszahlungen, Reise-Sitzungen, Abrechnung und die Kor-

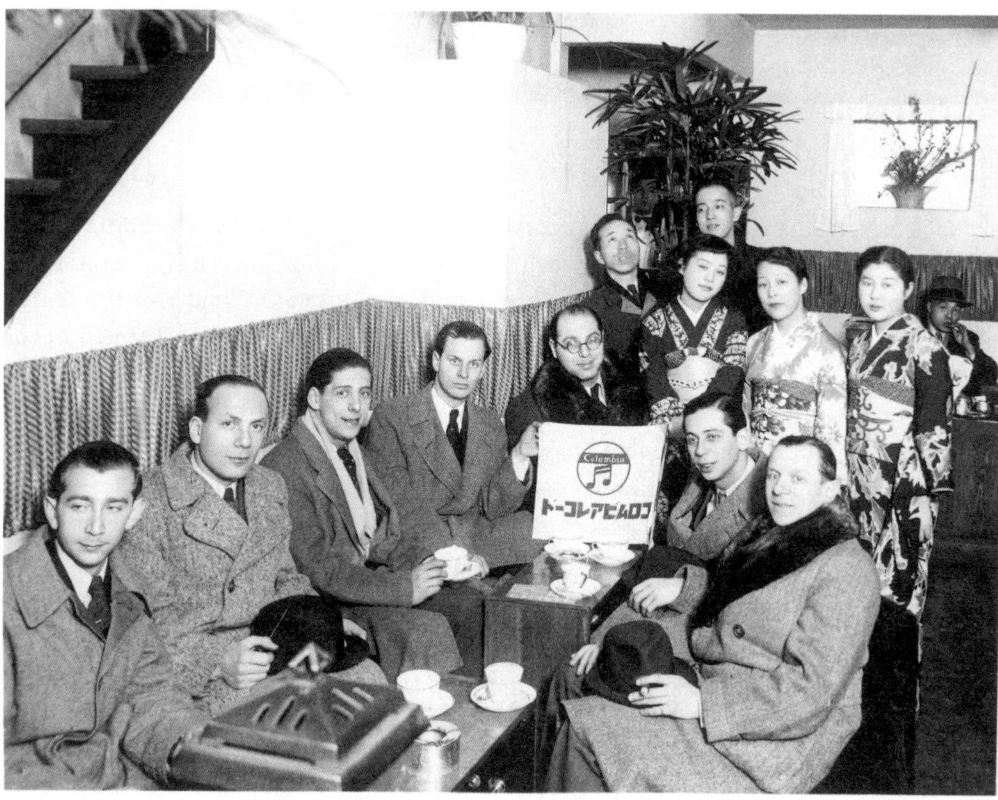

Bei der japanischen Plattenfirma im Februar 1937 – von links: Schulvater, Graff, Goldner, Wise, Kaiser, Weiss, Weintraub. Emanuel Frischer wurde durch Goldner ersetzt.

respondenz mit Barger, während John Kaiser und Leo Weiss die Arrangements besorgen sollten. Freddy Wise übernahm die technische Leitung, besonders für Beleuchtung und Bühnenaufbau, während Cyril Schulvater das Äußere auf der Bühne und die Anschaffung neuer Kleidung beaufsichtigte.[271] Es fehlten in dieser Liste merkwürdigerweise Horst Graff und Emanuel Frischer. Dessen russische Frau, welche die Sowjetunion nicht verlassen durfte, hatte ihn wegen der noch immer ungeklärten Situation dringend um Unterstützung gebeten. Frischer besprach dies mit seinen Kollegen, die ihm schweren Herzens die Abreise nach Moskau gestatteten. Frischer erhielt aber nur ein Transit-Visum nach Polen, so dass er seine Frau Lidia bei einem Zwischenaufenthalt in Moskau nur kurz sehen konnte. In Warschau besuchte er seine Mutter und setzte alle Hebel in Bewegung, um für Lidia ein polnisches Visum zu erhalten. Diese Aktivitäten erstreckten sich über mehrere Wochen, führten aber nicht zum Erfolg. So musste Frischer schließlich die Rückreise antreten. Wiederum nur mit einem Transit-Visum kam er erneut nach Moskau, wo sich unter Stalin die politische Situation inzwischen zugespitzt hatte und angebliche Regimegegner brutal verfolgt wurden. Seine Frau konnte Frischer nur für wenige Stunden sprechen. Sie war inzwischen krank und lag in einem Krankenhaus.

Währenddessen mussten die Weintraubs auf Emanuel Frischer verzichten. Für ihn sprang Ray Goldner, der bislang nur hinter der Bühne agiert hatte, als Trompeter ein. Er beteiligte sich auch an den nächsten Plattenaufnahmen von drei ausschließlich japanischen Titeln am 7. und 8. Februar. Am 17. Februar begann eine zweiwöchige Tournee durch die Mandschurei, welche Barger mit der Eisenbahngesellschaft vereinbart hatte, gefolgt im März von einer kurzen Tournee durch Korea, mit mehreren Konzerten in der Hauptstadt Seoul, unter der japanischen Besatzung Keijo genannt.[272]

Obwohl für April weitere Schallplattenaufnahmen vorgesehen waren und die Band weiterhin ihre Bühnenschau zeigte, drängte nach Frischer auch John Kaiser zu einer Reise. Er muss schon länger mit der 1910 in Berlin geborenen Gerty Margarete Pfund befreundet gewesen sein. Sie war die mit Kaiser verbundene Frau mit Spitznamen „Putchen", die Ray Goldner zufolge 1935 in Wien für das Bühnenlicht verantwortlich war. Ihren Spitznamen behielt Margarete Pfund auch noch in Australien. Da ihr Name in anderen Berichten und Unterlagen fehlt, ist

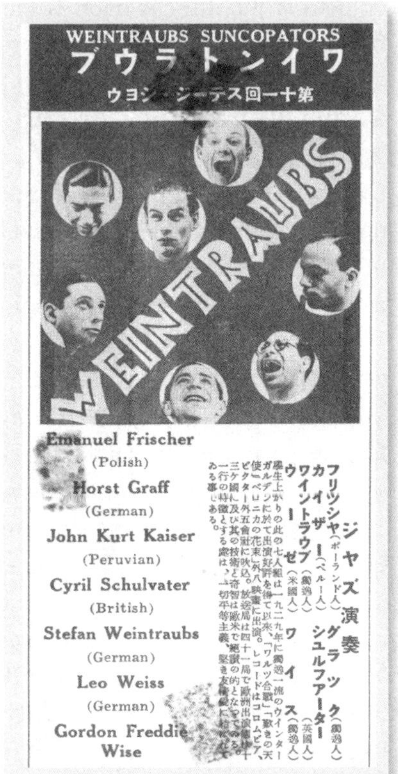

Werbung mit Hinweis auf die Nationalität der Musiker, in: *Japan Theater News*, 21. 11. 1936

unklar, ob sie die Weintraubs weiter begleitet hat. Als aber die Band im November 1936 in Tokio eintraf, muss Gerty Margarete Pfund ihren Geliebten dort bereits erwartet haben. Sie war die geheimnisvolle Mrs. Kaiser, die bei der Ankunft der Band im Imperial Hotel gemeldet wurde. Als ihre Mutter in Berlin im Sterben lag, wollte sie dringend dorthin fahren. Ihr Freund konnte es nicht verantworten, sie die zehntägige Reise von Tokio nach Deutschland alleine antreten zu lassen. So entschloss sich John K. Kaiser, sie zu begleiten.[273] Am 6. April erhielt er in Yokohama ein Transitvisum durch China und im deutschen Konsulat einen Sichtvermerk zur Einreise ins Deutsche Reich. Gemeinsam fuhren sie nach Berlin, wo die Freundin nach dem Tod der Mutter einstweilen bei ihrem Vater blieb. Kaiser nutzte den Aufenthalt in Deutschland zu einem Abstecher in seine Geburtsstadt Leipzig, wo er sich laut seinem Reisepass am 21. April 500 Reichsmark aus einem Ausländerkonto auszahlen ließ. Möglicherweise klärte er hier auch Erbschaftsangelegenheiten, denn Kaiser war Miteigentümer eines Hauses in Zwickau, dem Geburtsort seiner Mutter.[274] Da er 25 Tage lang auf sein Visum warten musste, konnte er die Rückreise erst verspätet antreten. Als er schließlich in der Mandschurei eintraf, erfuhr er, dass er nicht mehr nach Tokio fahren, sondern die übrigen Weintraubs in Shanghai treffen solle.[275]

Vorbereitungen für Down Under

Da Australien das nächste Ziel sein sollte, reiste Heinz Barger, der sich jetzt Henry Barger nannte, schon nach Sydney voraus. Hier traf er am 28. Mai 1937 eine Vereinbarung mit Snider & Dean Theaters Ltd., einem der größten Kinounternehmen des Kontinents. Leon Samuel Snider, der aus einer polnischen Einwandererfamilie stammende Inhaber, hatte Verständnis für verfolgte jüdische Musiker.[276] Mit ihm schloss Barger eine Vereinbarung, wonach die Weintraubs mit einem „Stage and Vaudeville Act" eine 16-wöchige Australien-Tournee durchführen sollten. Ein Pauschal-Honorar von 225 Pfund pro Woche wurde festgelegt und die Übernahme der Reisekosten vom japanischen Kobe. Bereits vier Tage später berichtete der *Sydney Morning Herald* über das bevorstehende Gastspiel der „etwa 12 Instrumentalisten", die alle Arten von Musik spielen, „von Jazzmelodien bis zur großen Oper".[277] Inwiefern konnte Barger von einer zwölfköpfigen Gruppe sprechen? Weiterhin bestand die Band aus sieben Musikern. Dazu kamen drei Frauen, Gerti Bergmann, Margery Graff und Antoinette Paris, sowie der Bühnenassistent Ray Goldner. Horst Graff, Stefan Weintraub und Leo Weiss waren deutsche Staatsbürger, Cyril Schulvater Südafrikaner mit britischem Pass, Ray Goldner Österreicher, Freddy Wise US-Amerikaner, Kurt Kaiser Peruaner, Gerti Bergmann Schwedin und Antoinette Paris Italienerin.

Unklar war weiterhin die Staatsangehörigkeit von Graffs Ehefrau Margery. Schon in Harbin hatte sich ihr Mann beim britischen Konsul um eine Klärung bemüht, war jedoch auf das Konsulat in Tokio verwiesen worden. Dort erklärte der britische Konsul, man müsse abwarten, ob die Deutschen der Ehefrau einen deutschen Pass gäben. Dann allerdings könne er nichts mehr tun, denn laut Gesetz verliert eine Britin ihre Staatsangehörigkeit, wenn sie einen Ausländer heiratet. Margery Graff dürfe nur dann ihren britischen Pass behalten, wenn ihr ein deutscher verweigert würde. Diese Weigerung müsse schriftlich bestätigt werden. Da der deutsche Konsul dies aber nur mündlich mitteilte, fragte der britische Konsul das Home Office in London um Rat. Von dort kam die Antwort, Margery Graff sei nicht mehr britische Staatsbürgerin und solle sich um eine andere Staatsbürgerschaft bemühen, beispielsweise die japanische. Das lehnte Margery Graff kategorisch ab.[278]

In Australien hatte inzwischen Snider & Dean das australische Innenministerium um die Einreisegenehmigung für die Weintraubs gebeten. Am 3. Juni bezeichnete ein Memorandum des Ministeriums den Antragssteller als ein seriöses Unternehmen. Da die Tournee keinen australischen Arbeitsplatz gefährde, sondern zusätzliche Beschäftigung schaffe, wurde sie positiv bewertet. Dies war nicht selbstverständlich, denn wenige Monate zuvor hatte die Musikergewerkschaft gegen die Einreise ausländischer Bands protestiert.[279] Den Weintraubs bot das Ministerium nun an, bis zu zwölf Monaten gastieren zu dürfen, falls die Veranstalter für diesen Zeitraum alle Garantien übernehmen. Vier Tage später zeichnete der Minister das Memorandum ab, worauf unverzüglich ein Telegramm an den Britischen Konsul in Tokio ging: „Visit Australia approved Weintraubs theatrical troupe twelve persons. Interior 7.6.1937“. Am folgenden Tag schickte das Ministerium eine entsprechende Mitteilung an den Veranstalter, der am 12. Juni die gewünschte Erklärung abgab: „Wir verpflichten uns hiermit, Sorge zu tragen a) für den Lebensunterhalt dieser Personen, solange sie in Australien sind, b) dass sie schließlich aus diesem Land abreisen, c) dass sie keine Belastung für irgendeine öffentliche oder wohltätige Einrichtung während ihres Aufenthalts im Commonwealth werden.“

Das erwähnte Telegramm ermächtigte das britische Konsulat in Kobe, den Mitgliedern der Gruppe ein auf zwölf Monate befristetes Besuchervisum für Australien auszustellen. Margery Graff erhielt die Genehmigung, weiter ihren britischen Pass zu benutzen.[280] Die im australischen Nationalarchiv gesammelten Reisepässe bestätigen, dass der British Passport Officer von Kobe am 11. Juni entsprechende Visa ausgab.[281] Da eine direkte Reise von Japan nach Australien damals nicht möglich war, musste man die Route über Shanghai, Hongkong, Manila und Singapur nehmen. Mit ihrem umfangreichen Gepäck bestieg die Weintraubs-Truppe ein Schiff, das sie am 12. Juni nach Shanghai brachte. In dieser großen Stadt, die von dem verheerenden japanischen Flächenbombardement fünf Jahre zuvor immer noch beschädigt war, erwarteten sie John Kaiser sowie bereits seit zwei Wochen Emanuel Frischer. Nachdem diese die fehlenden Visen erhalten hatten, ging es mit dem Schiff „President Hoover“ der Dollar Lines weiter nach Hongkong. Von hier fuhren sie auf dem Frachtdampfer „Calchas“ der Blue Funnel-Reederei auf die von den USA kontrollierten Philippinen, wo sie drei Tage blieben. Dann bestieg die Gruppe am 23. Juni in Manila das Frachtschiff „Gorgon“ der britischen Blue Funnel Line, das sie zuerst nach Singapur brachte. Von dort startete es am 28. Juni über zwei exotische Häfen im niederländischen Java nach Australien.[282]

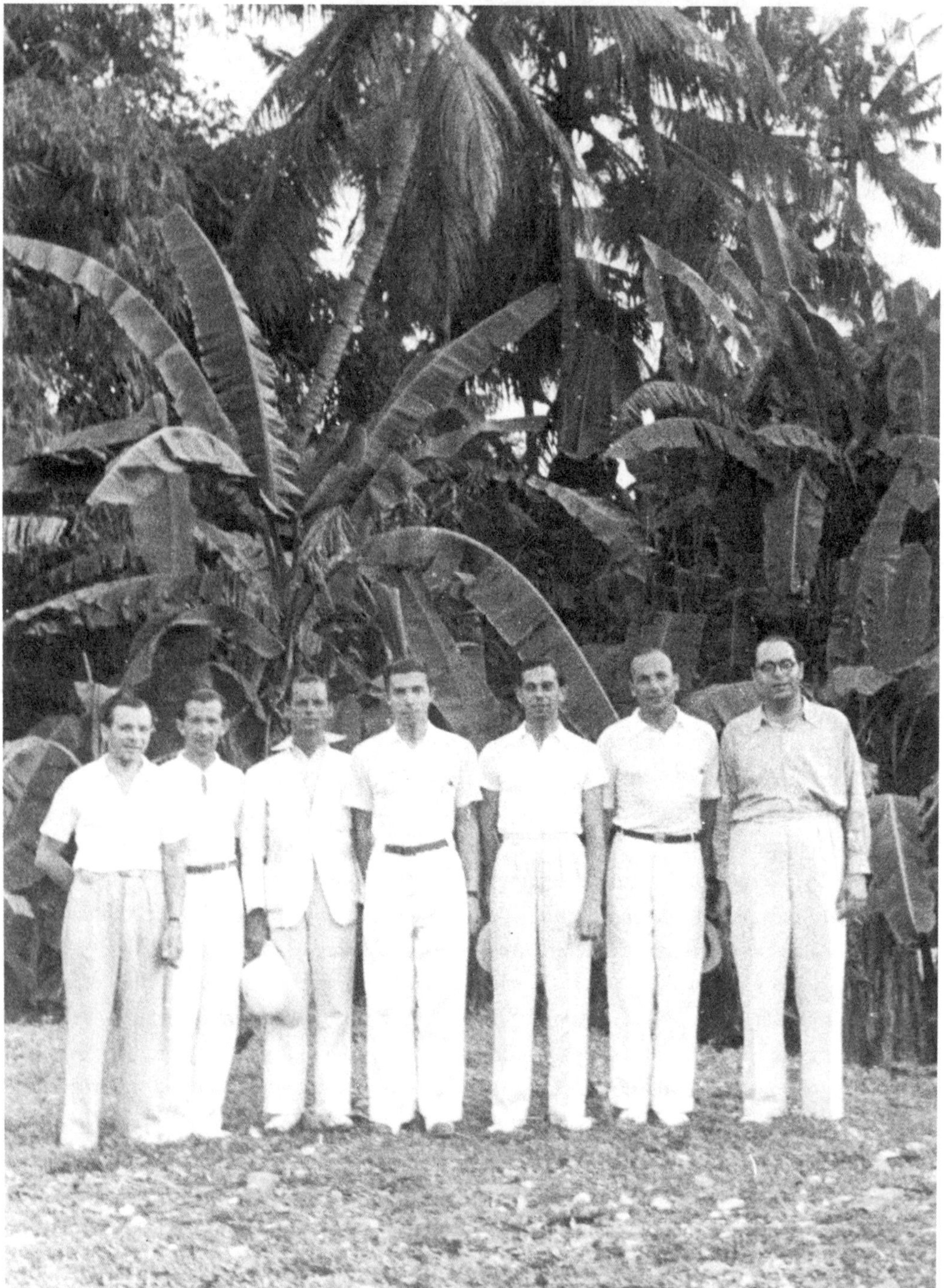

Die Weintraubs vor Bananenpflanzen, vermutlich auf Java (1937) – von links: Weintraub, Schulvater, Wise, Frischer, Weiss, Graff, Kaiser

Teil III (1937–1945)

Start in Australien

Landung auf einem fernen Kontinent (1937)

Das von Europa so weit entfernte Australien war von den Briten ab 1787 zunächst nur als Sträflingskolonie verwendet worden, bevor sich hier ab 1822 auch freie Siedler niederließen. Die Ureinwohner, die Aborigines, waren von Beginn an brutal verfolgt und oft ermordet worden. Unter den britischen Kolonien auf diesem Kontinent war New South Wales die älteste und größte. Ihr Hauptort wurde Sydney genannt, um den britischen Innenminister Lord Sydney zu ehren. 1826 kam es zur Gründung von South Australia, der einzigen australischen Kolonie ohne Sträflinge. Hierhin zogen viele deutsche Siedler, die aus religiösen oder politischen Gründen aus ihrer Heimat geflohen waren. 1835 entstand Melbourne, benannt nach dem damaligen Premierminister von Großbritannien. Als 1851 nördlich dieser Stadt Gold gefunden wurde, folgte ein Goldrausch mit dem Ansturm vieler Abenteurer. Melbourne blühte auf und wurde Hauptstadt des Commonwealth of Australia, zu dem sich im Jahr 1901 die Kolonien dieses Kontinents zusammenschlossen.

Obwohl Australien 1931 formell unabhängig wurde, blieb die Bindung an Großbritannien eng. Dies zeigte sich in der Sprache ebenso wie in den Ortsnamen, der Architektur und den Lebensgewohnheiten. Trotz der sehr dünnen Besiedlung kam es zu einer restriktiven Einwanderungspolitik. Eine 1901 formulierte „White Australia Policy" sollte das Land hellhäutigen Siedlern vorbehalten. Darüber wurden auch die deutschen Juden informiert, die ab 1933 nach neuen Zufluchtsorten suchten. Ein ausführlicher Australien-Artikel der Zeitschrift *Jüdische Auswanderung*, herausgegeben vom Hilfsverein der Juden in Deutschland, hob den Nationalismus der Australier hervor und zitierte ihren Slogan „Ein Kontinent, eine Sprache und ein Volk", der an ähnliche Parolen in Hitler-Deutschland erinnerte.[283] Ein „Sprachentest", ursprünglich zur Abwehr polnischer Juden entwickelt, gab den Einwanderungsbehörden die Möglichkeit, missliebige Personen zurückzuweisen. Auf diese Weise wurde 1934 der Schriftsteller Egon Erwin Kisch, ein Repräsentant der deutsch-jüdischen Kultur Prags, am Betreten des Kontinents gehindert. Die Behörden hatten von seiner kommunistischen Gesinnung erfahren und erklärten ihn trotz seines gültigen Visums zur unerwünschten Person. Sie unterwarfen diesen polyglotten Autor einem Sprachentest und beschuldigten ihn, des Gälischen (!) nicht mächtig zu sein. Kisch konnte nur dadurch die Einreise erzwingen, dass er bei der Ankunft vom Schiff auf die Kaimauer sprang und sich dort das Bein brach. Der Autor beschrieb dies in seinem Reportageband „Landung in Australien", der 1937 in Amsterdam herauskam.

Die aus Japan eingereisten Weintraubs Syncopators besaßen gültige Visa und standen zudem nicht im Verdacht, Kommunisten zu sein. Dennoch verlief auch ihre Landung in Australien nicht ohne Komplikationen. Als ihr Schiff, die „Gorgon", am 6. Juli 1937 in der kleinen westaustralischen Hafenstadt Derby ankam, stolperte Stefan Weintraub an Bord so unglücklich über ein Kabel, dass er sich die Kniescheibe brach. In den nächsten Häfen Broome, Pt. Hedland und Cossack, in denen das Frachtschiff Station machte, gab es keine gute medizinische Versorgung. So wartete Weintraub bis zur Ankunft in Fremantle, wo man ihn am 14. Juli in ein Krankenhaus der nahegelegenen Stadt Perth brachte.[284] Hier musste er operiert werden und acht Tage bleiben.

Wie alle 39 Passagiere hatte Stefan Weintraub schon vor der Ankunft ein Formular „Personal Statement and Declaration" ausgefüllt. Dort hatte er neben Schiffsnamen und -klasse, Ankunftsdatum und -hafen auch persönliche Daten wie Geburtsort und -tag, Familienstand, Nationalität, „Rasse" und Ausstellungsort des Reisepasses eingetragen. Die meisten Mitglieder der Band entschieden sich bei „Rasse" für „europäisch". Als letzte permanente Anschrift nannten sie ihre Wohnung in Berlin, nur Kaiser setzte hier das Imperial Hotel Tokio ein. Bei der heiklen Frage nach der bisherigen und künftigen Berufstätigkeit mieden Weintraub, Graff und Weiss den Begriff „musician" und entschieden sich für „artist". Dabei dürften die unliebsamen Erfahrungen mit der amerikanischen Musikergewerkschaft eine Rolle gespielt haben. Emanuel Frischer war noch vorsichtiger und trug unter beiden Rubriken „dentist" (Zahnarzt) ein. Es fanden sich auf dem Formular außerdem Fragen nach der mitgebrachten Geldsumme, nach Bürgen sowie schließlich, ob man als Tourist einreisen oder dauerhaft im Land bleiben wolle. Angesichts des zwölfmonatigen Besuchervisums, das sie erhalten hatten, gaben die Musiker eine einjährige Geschäftsreise an.

Henry Barger hatte gegenüber der Firma Snider & Dean von einer zwölfköpfigen Truppe gesprochen, bestehend aus sieben ausführenden Künstlern mit drei Partnerinnen sowie zwei Beleuchtungs- und Bühnenassistenten. Die Passagierliste der am 14. Juli in Fremantle einlaufenden „Gorgon"[285] verzeichnete aber nur elf Mitglieder der Gruppe mit Beruf, Alter, Familienstand sowie „Rasse":

Name	Profession	Age	Married/Single	Race
Mr. Leo Weiss	Artist	29	S	German
Miss G. Bergmann	Dancer	23	S	Swedish
Mr. J.K. Kaiser	Artist	30	S	Peruvian
Mr. E. Frischer	Artist	24	S	Polish

Mr. H. Graff	Artist	32	S	German
Mr. S. Weintraub	Artist	39	S	German
Mr. F. Goldner	Artist	23	S	Austrian
Mr. C. Schulvater	Artist	29	S	S. African
Miss M. Graham	Dancer	23	S	English
Miss A. Paris	Dancer	20	S	Italian
Mr. G. F. Wise	Artist	32	S	American

Wie die sieben Musiker wurde hier auch Fritz Goldner als „Künstler" bezeichnet. Ein zweiter Bühnenassistent fehlte. Als Beruf der drei Frauen war „Tänzerin" angegeben. Die Ehefrau von Horst Graff reiste als Single mit einem britischen Pass ein, ausgestellt auf den Nachnamen ihres verstorbenen ersten Ehemanns. Unter der Rubrik „Country of Last Permanent Residence" war bei allen „Japan" eingetragen, unter der Überschrift „Country of Intended Future Residence" durchweg „Australia".

Am nächsten Tag sollte die Gruppe mit dem Schiff „Manunda" nach Sydney weiterfahren. Stefan Weintraub war noch im Krankenhaus und konnte nicht mitkommen. Am 15. Juli erschien in der lokalen Zeitung *The West Australian* ein Artikel über die eben aus Japan eingetroffene berühmte deutsche Jazzband. Ein Mitglied habe sich leider in Derby bei einem Unfall die Kniescheibe gebrochen. „Er musste deshalb nach seiner Ankunft in Fremantle in ein Krankenhaus gebracht werden und wird die anderen Mitglieder der Band nicht nach den östlichen Bundesstaaten begleiten können. Es ist nicht bekannt, ob schon ein Ersatzspieler gefunden wurde, der spielt, bis Mr. Weintraub seinen Platz wieder einnehmen kann."[286]

Ohne ihren Schlagzeuger traf die Gruppe sechs Wochen nach ihrer Abreise aus Japan Ende Juli endlich in Sydney ein, einer Großstadt von damals etwa 1,3 Millionen Einwohnern. Eine dortige Zeitung hatte bereits von dem Unfall berichtet. Er werde dem Veranstalter Probleme bereiten: „Eigentlich hätten die Weintraubs am 23. Juli am Mayfair-Theater beginnen sollen, aber einer von ihnen brach sich die Kniescheibe auf dem Schiff in Fremantle und wurde dadurch aufgehalten – eine ziemlich teure Erfahrung für den Veranstalter, da ihn die Auftritte £ 400 pro Woche kosten."[287] In Wahrheit sah der Vertrag eine Zahlung von 225 Pfund pro Woche vor.[288] Wenige Tage später wusste man, dass der noch fehlende Musiker demnächst eintreffen werde. Zur Beschleunigung seiner Ankunft verließ Weintraub schon in Adelaide das Schiff und reiste per Zug nach Sydney.[289] So kündigte am 28. Juli eine Anzeige den Beginn der vereinbarten Auftrittsserie für den 4. August an. Die Verbindung einer ausgearbeiteten Bühnenshow mit einem Film, so gab die Direktion von Snider & Dean bekannt, werde eine neue Ära der Bühnen- und Filmunterhaltung einleiten, die sich im Ausland bereits bewährt habe. Über die Band hieß es: „The Weintraubs – pronounced W-i-n-e t-r-o-b-e-s – direct from great success in Paris, Vienna, Brussels, Prague, Venice, and Rome … present the champagne of mirth, melody and music. The Weintraubs are the world's greatest comedy Syncopators." Dass sie in Wahrheit nicht direkt aus Europa kamen, sondern aus Asien, wurde verschwiegen, war doch Europa für Australier attraktiver. Ein anderer Artikel bezeichnete die Band wegen ihrer internationalen Zusammensetzung als eine Art Völkerbund, „a League of Nations".[290]

Das zentral gelegene Mayfair Theatre in der eleganten Castlereagh Street gehörte zu Sydneys größten und schönsten Filmtheatern. 1909 als The Roxy Theatre eröffnet, war es 1932 in Mayfair Theatre umbenannt und 1934 im Art-Deco-Stil umgebaut worden. Hier boten die Weintraubs ihre Bühnenschau vor dem Abenteuerfilm „Michael Strogoff" (nach Jules Verne), was begeisterte Reaktionen von Publikum und Presse hervorrief. Der Kritiker des *Sydney Morning Herald* bezeichnete die Mitglieder der Band als „ungewöhnlich witzige und versierte Vertreter ihrer besonderen Kunst".[291] Sie böten mit ihrem Programm viel mehr als nur kompetentes Musizieren. Als Komiker und Tänzer würden sie ihre Positionen blitzschnell für neue Szenen wechseln und bei allem Tempo immer ein genaues Timing wahren. In der bis ins kleinste Detail ausgearbeiteten Show sei die Zeit wie im Fluge vergangen. „Obwohl die Unterhaltung tatsächlich 25 Minuten dauerte, schien es im Rückblick, als habe sie höchstens die Hälfte dieser Zeit eingenommen." Höhepunkte des Programms waren für den *Daily Telegraph* ein „schluchzendes" Saxophon-Solo, die Nachahmung einer Drehorgel und eine pantomimische Absurdität mit Gesten und Instrumenten der ganzen Kompanie. Was so spontan wirkte, sei mit erstaunlichem Tempo- und Zeitgefühl abgelaufen.[292] Wenn man überhaupt Filmvorführungen durch eine Show ergänzt, so eine andere Zeitung, müsse dies genau so geschehen.[293]

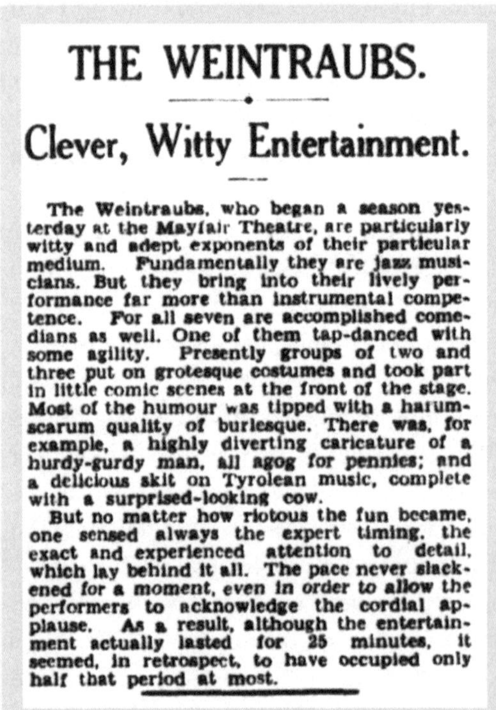

THE WEINTRAUBS.

Clever, Witty Entertainment.

The Weintraubs, who began a season yesterday at the Mayfair Theatre, are particularly witty and adept exponents of their particular medium. Fundamentally they are jazz musicians. But they bring into their lively performance far more than instrumental competence. For all seven are accomplished comedians as well. One of them tap-danced with some agility. Presently groups of two and three put on grotesque costumes and took part in little comic scenes at the front of the stage. Most of the humour was tipped with a harum-scarum quality of burlesque. There was, for example, a highly diverting caricature of a hurdy-gurdy man, all agog for pennies; and a delicious skit on Tyrolean music, complete with a surprised-looking cow.

But no matter how riotous the fun became, one sensed always the expert timing, the exact and experienced attention to detail, which lay behind it all. The pace never slackened for a moment, even in order to allow the performers to acknowledge the cordial applause. As a result, although the entertainment actually lasted for 25 minutes, it seemed, in retrospect, to have occupied only half that period at most.

Bericht über den ersten Auftritt in Australien im Mayfair Theatre Sydney, in: *The Sydney Morning Herald*, 5.8.1937

Einen lebendigen Eindruck von ihren Auftritten gab ein dreiminütiger Cinesound-Werbefilm ▹ „Weintraubs Bring Novel Musical Act to Australia", der ab 21. August in den Snider & Dean-Kinos gezeigt wurde.[294] Hier sah und hörte man die sieben in strahlend weiße Anzüge gekleideten Musiker. Vor dem drapierten Vorhang mit aufmontiertem Riesen-Saxophon befand sich links die Trommel mit der Aufschrift „Weintraubs" und im Zentrum ein weißer Konzertflügel. Mitten im Spiel standen die Musiker auf und tauschten, ohne das Stück zu unterbrechen, ihre Plätze und Instrumente. Wer nicht gerade ein Blasinstrument spielte, sang außerdem. Mit traumhafter Sicherheit funktionierten die fließenden Übergänge. Emanuel Frischer nahm zum Schluss zwei Trompeten zur Hand und blies beide gleichzeitig. Beim nächsten Musiktitel war auf der dunklen Bühne im Lichtkegel nur ein einziges Instrument zu sehen: eine Geige. Man hörte aber die Töne eines Saxophons. Nach wenigen Takten folgte ein Saxophonist mit Banjotönen oder ein Piccoloflötist mit Klängen in tiefer Basslage. Prinzipiell durfte man seinen Augen nicht trauen, weil immer „falsche" Klänge den optischen Eindruck dementierten. John Kaiser trug im Gestus eines pathetischen Opernsängers eine Arie vor, bewegte aber nur Lippen, Mund, Hände und Schultern, während eine unsichtbare Posaune mit Wauwau-Dämpfer den „Gesang" produzierte. Stefan Weintraub bearbeitete seinen eigenen Kopf mit Trommelschlegeln, wobei er durch aufgeblasene Backen den Resonanzraum vergrößerte. Alle diese Effekte folgten Schlag auf Schlag. Immer wieder trat ein einzelner Musiker in den Lichtkegel, und jeweils ein anderer imitierte ihn unsichtbar auf seinem Instrument.

Ausgerechnet am 4. August, als die Auftrittsserie der Weintraubs in Sydney begann, wies ein bebilderter Zeitungsartikel auf ein bevorstehendes Gastspiel der Comedian Harmonists hin.[295] Ihnen wurde in den großen Konzertsälen jeweils ein ganzer Abend eingeräumt, was die Weintraubs mit Neid registriert haben dürften. Allerdings stellten die Kinoauftritte nur einen Teil ihrer australischen Aktivitäten dar. Als Höhepunkt war eine spektakuläre Revue vorgesehen, für die bekannte Künstler wie der Komiker Roy Rene ‚Mo', die Tivoli Ballet Girls und „Australia's Queen of Song", Gladys Moncrieff, engagiert

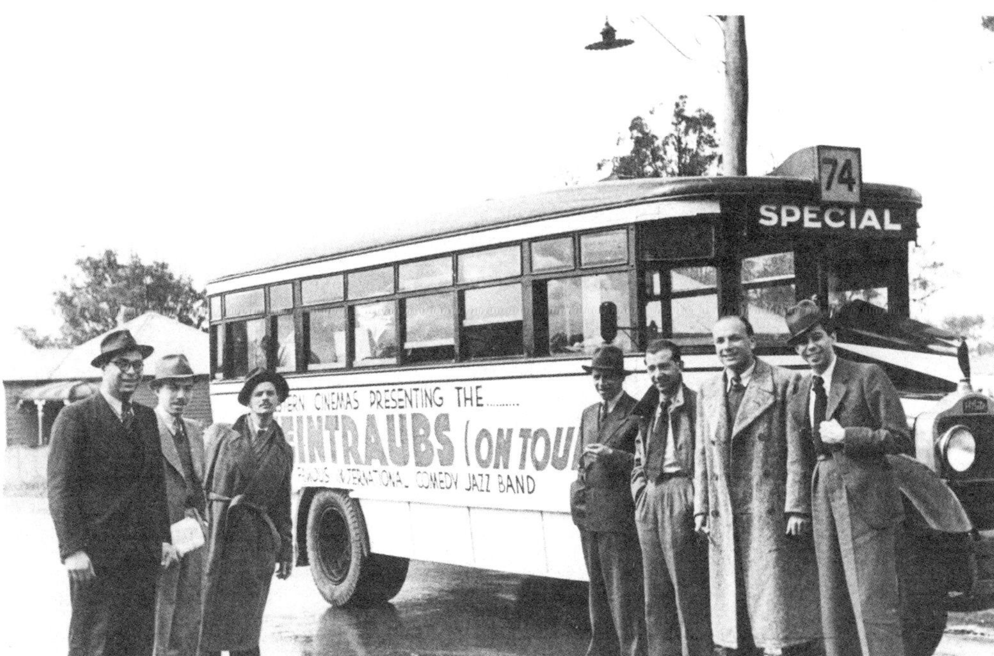

Die Weintraubs auf Tour in Australien – von links: Kaiser, Frischer, Wise – Weintraub, Schulvater, Graff, Weiss

waren.[296] Diese Show wurde bereits geprobt, fiel jedoch ins Wasser, da von der südlichen Insel Tasmanien eine Polio-Epidemie in den Bundesstaat Victoria einwanderte. Die Fälle von Kinderlähmung nahmen rasch zu, weshalb Schulen und Theater in Melbourne geschlossen wurden. Damit entfielen neben der geplanten Revue auch die für September geplanten Auftritte in dieser zweiten großen Stadt Australiens.

Stattdessen setzten die Musiker ihre Tournee in dem von der Epidemie verschonten Staat New South Wales fort, wo sie kleinere Orte wie Katoomba, Dubbo, Bathurst, Parkes und Orange besuchten. Ihre Reise führten sie in einem Bus durch, der sie als „The Weintraubs. Famous International Comedy Jazz Band" bezeichnete. Von New South Wales ging es gen Norden, nach Brisbane in Queensland. Hier traten sie ab Mitte September zwei Mal täglich bei „De-Luxe Sessions" im St. James Theatre auf, wieder verbunden mit einer Filmvorführung („Thunder in the City"). In den Anzeigen hieß es: „Here's hot Rhythm ... Swing Music ... Jazz and Comedy ... Presented by world-famous Syncopators." Von Brisbane aus besuchten sie das Koala-Reservat Lone Pine und ließen sich dort fotografieren.[297] Nach Auftritten im Victory Theatre in Newcastle kehrten sie im Oktober nach Sydney zurück, wo sie am Civic Theatre wieder vor dem Film „Michael Strogoff" spielten. Aber die große spektakuläre Revue fand nicht mehr statt. Die Kinderlähmung

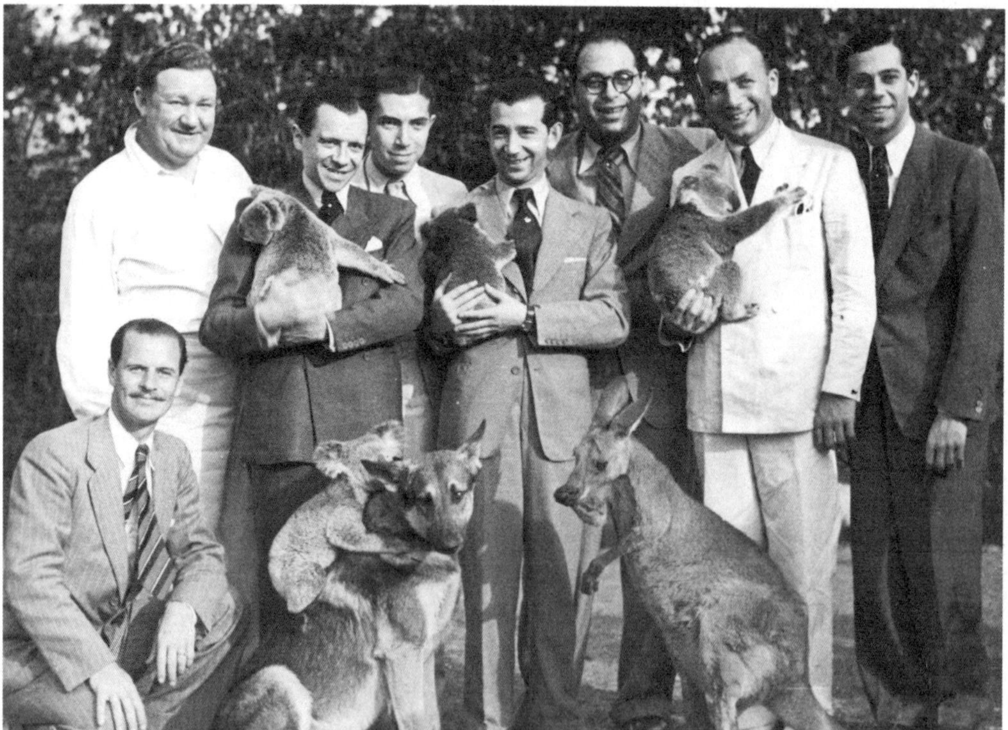

Die Weintraubs im September 1937 im Koala-Reservat Lone Pine – von links: Wise (unten), Weintraub, Frischer, Schulvater, Kaiser, Graff, Weiss

verhinderte den ganz großen Auftritt und gab außerdem dem Veranstalter Snider & Dean die Möglichkeit, den Vertrag schon nach acht Wochen zu beenden. Eine Vertragsklausel erlaubte dies bei Einwirkungen höherer Gewalt.

Gastspiel oder Einwanderung?

Die unerwartete Beendigung des Vertrags beunruhigte die Weintraubs. Sie machten sich Sorgen über ihre weitere Zukunft. Sollten sie darauf vertrauen, dass Henry Barger ihnen weitere Engagements in anderen Ländern verschaffte? Wohl zu Unrecht klagten sie, er habe sie in Australien im Stich gelassen. Da sich der Manager allerdings längst wieder in Japan befand, bemühte sich an seiner Stelle Horst Graff um neue Auftritte. Die erhoffte Zusammenarbeit mit der Australian Broadcasting Commission, der landesweiten Radiogesellschaft, kam nicht zustande.[298] Graff verhandelte außerdem im Oktober mit dem in Paris ansässigen Impresario Alexander Levitoff über eine Südostasien-Tournee ab April 1938.[299] Dennoch fragten sich die Musiker, wie es langfristig weitergehen solle, zumal eine Rückkehr nach Deutschland ausgeschlossen war. Seit vier Jahren waren sie pausenlos auf Tournee gewesen. Wäre es nicht sinnvoll, einen neuen festen Standort zu finden und in Australien zu bleiben?

Stefan Weintraub, der Älteste der Gruppe, entschied sich in diesem Sinn. Am 27. Oktober 1937 schrieb er an das Innenministerium, er habe Australien liebgewonnen und wolle sich hier niederlassen. Da ausländischen Musikern kaum je eine unbefristete Aufenthaltsgenehmigung erteilt wurde, signalisierte er die Bereitschaft zum Berufswechsel. Er gab an, wieder als Pharmazeut tätig sein zu wollen, in dem Beruf, den er vor seiner Musikerlaufbahn praktiziert habe. Für Australien wolle er ein Mundwasser nach deutschem Vorbild herstellen und vertreiben, vielleicht auch ein Schuhputzmittel.[300] Weitere Kollegen zeigten sich angesichts der schwierigen Bedingungen ebenfalls zum Berufswechsel bereit. Leo Weiss gab an, eine Künstleragentur gründen zu wollen. Emanuel Frischer hatte wohl erfahren, dass seine medizinische Ausbildung in Australien nicht anerkannt würde. Auf der Suche nach einer anderen Beschäftigung kam er auf die Idee, ein Café nach europäischem Vorbild zu eröffnen. Er beherrsche sechs Sprachen (Englisch, Deutsch, Polnisch, Russisch, Italienisch und Französisch) und habe auf seinen vielen Reisen so viele Cafés kennengelernt, dass er zuversichtlich sei, selbst ein ähnliches Etablissement mit Erfolg leiten zu können.[301] Frischer nannte für sich die gleiche Adresse wie Weintraub, so dass man vermuten kann, dass sich auch weitere Bandmitglieder in diesen ersten Monaten in Darlinghurst, Roslyn Ave. 12, niedergelassen hatten. Leo Weiss lebte dagegen wie John Kaiser in einem benachbarten Quartier in Potts Point, Roslyn Gardens 51.

Im Auftrag des Innenministeriums überprüfte Inspektor Mitchell, ein Mitarbeiter der Commonwealth Investigation Branch, die Anträge. Diese Spezialabteilung der Polizei unternahm geheimdienstliche Untersuchungen gegen mögliche subversive Bedrohungen des Staates. Der Inspektor beurteilte Frischers Chancen in dem angegebenen Beruf skeptisch; Cafés nach Art Wiener Kaffeehäuser, wo man überwiegend Zeitung liest, würden überwiegend eine Bohème anlocken, meinte er, kaum aber ein zahlungskräftiges Publikum. Frischer selbst sei als typischer polnischer Jude ein Bohème-Typ, den es wahrscheinlich – so argwöhnte der Australier – wieder zur Musik hinziehe. Günstiger wurden die Anträge von Weiss und Weintraub bewertet. Da Weintraub immerhin sechs Jahre lang bei einer großen Berliner Chemiefirma gearbeitet habe und bereits einen kooperationswilligen australischen Partner in dieser Branche besaß, räumte ihm der am 8. Dezember nach Canberra geschickte Bericht gute Chancen ein.[302] Nachdem das Innenministerium schon im November den Antrag von Weiss positiv entschieden hatte, ging noch im Dezember auch bei Weintraub eine entsprechende Nachricht ein. Am 21. Januar 1938 erhielt mit Frischer ein drittes Bandmitglied die Berechtigung zum dauerhaften Wohnsitz in Australien.

Obwohl die Weintraubs selbst ihren Australien-Aufenthalt inzwischen als Einwanderung bewerteten, traten sie nach außen hin weiterhin als internationales Tournee-Ensemble auf. Sie wollten eigentlich weiter als Musiker tätig sein und nur im äußersten Notfall den Beruf wechseln und zögerten deshalb die Entscheidung darüber so lange wie möglich hinaus. *The Australian Music Maker and Dance Band News*, die führende Zeitschrift für Tanz- und Unterhaltungsmusik, hatte in ihrer August-Nummer die Comedian Harmonists auf dem Titelblatt abgebildet. Erst im November, nachdem die Tournee der Weintraubs schon beendet war, stellte das Blatt auch die zweite Berliner Gruppe vor.[303] Merkwürdigerweise finden sich über ihre Auftritte in Australien nur knappe Bemerkungen („ein Programm intelligenten Humors … die originellste Tanzbandvorführung, die jemals in diesem Land zu erleben war"). Umso mehr erfuhr man über die kollektive Arbeitsweise der Gruppe, über ihre weltweiten Reisen mit Stationen an insgesamt 207 Orten sowie über die sieben Bandmitglieder, die der Reihe nach porträtiert wurden.

Über Stefan Weintraub war zu lesen, er sei deutscher Staatsbürger, Schlagzeuger, Geschäftsführer der Gruppe und ihr „Gag-Erfinder". Horst Graff, von Haus aus Betriebswirt und Sekretär der Weintraubs, beherrsche alle Instrumente der Band, schreibe aber auch Arrangements wie der dreißigjährige Peruaner „John Kay", so nannte Kurt Kaiser sich nun. Den Familiennamen Kaiser, der im damaligen Australien noch unvorteilhafter wirkte als schon in der Weimarer Republik, vertauschte er damit gegen den Künstlernamen aus seiner ersten Jazzband, den Sid Kay's Fellows. Kay spiele Posaune, Saxophon, Klarinette und Akkordeon und sei zudem kompositorisch bewandert. Der Südafrikaner Cyril Schulvater habe in Berlin Gebrauchsgrafik studiert, sei aber schon öffentlich als Cellist hervorgetreten, bevor er sich den Weintraubs anschloss. Der Amerikaner Freddy Gordon Wise, der in Paris zur Band stieß, habe vorher zu Danny Polo's American College Band in Berlin sowie zum Casa Loma Orchestra gehört, während der Pianist Leo Weiss erste Jazzerfahrungen bei Lud Gluskin's American College Band gesammelt habe. Jüngstes Mitglied der Band sei der polnische Trompeter und Geiger „Manny Fisher" – unter diesem Namen trat Emanuel Frischer in Australien auf.

Im August 1924 sei die Band mit dem Ziel gegründet worden, mit Musik ihr Publikum zum Lachen zu bringen. Auch auf den Theaterbühnen Max Reinhardts sowie im Film habe sie große Erfolge errungen, nicht zuletzt in Zusammenarbeit mit Friedrich Hollaender und Marlene Dietrich. Behauptungen, die vielen Reisen der Gruppe hätten mit der politischen Situation in Deutschland zu tun, seien völlig lächerlich. Schon lange vor dem Regierungswechsel sei man viel gereist. Offenbar wollten die Weintraubs auf keinen Fall als Flüchtlinge erscheinen. So hieß es über ihre Zukunftsperspektiven: „Wenn sie Australien verlassen, gehen sie nach Indien und Südafrika und so weiter und weiter in ihrem nie endenden Streben, neue Bühnen an neuen Schauplätzen zu bespielen."

Inzwischen hatte Henry Barger von der Beendigung des Snider & Dean-Vertrags erfahren. Er erkundigte sich deshalb beim australischen Handelskommissar in Tokio nach dem weiteren Schicksal der Gruppe. Am 9. Dezember gab der Handelskommissar seine Frage an das Innenministerium in Canberra weiter, das wiederum die Musiker kontaktierte. Horst Graff wies die Befürchtungen, die Weintraubs seien inzwischen mittel- und hilflos, als unbegründet zurück. Angesichts der ungewissen Situation trennte sich zum Jahresende allerdings Cyril Schulvater von der Gruppe. Er wollte sich dauerhaft in Australien niederlassen und eröffnete mit seinem Bruder in Sydney einen Hamburger Shop, in dem später zeitweise auch Goldner arbeitete.

Triumph in Neuseeland (1938)

Da Barger weiterhin in Japan blieb und mit ihm offenbar nie ein ordentlicher Arbeitsvertrag geschlossen worden war, übernahm Graff dessen Aufgaben als Manager. Er hatte in dieser Funktion einen guten Start, konnte er doch mit einem neuseeländischen Veranstalter für die „Weintraubs Comedy Melodians" eine attraktive Tournee aushandeln; der neue Name rückte das komödiantische und melodische Element in den Vordergrund. Gebräuchlich war „The Weintraubs" als Kurzform des Bandnamens. Am 5. Januar 1938 informierte Graff das australische Innenministerium und beantragte für elf Personen ein Visum zur erneuten Einreise nach Australien. Seinem Schreiben fügte er Briefe der Rundfunkstation 2UW sowie des großen Veranstalters J.C. Williamson (Sydney) bei, die ihr Interesse bekundeten, diese Künstler nach ihrer Rückkehr aus Neuseeland zu engagieren. Am 18. Januar verzichtete Graff in einer schriftlichen Erklärung auf etwaige Ansprüche gegenüber Snider & Dean. Die weitere Existenz der Band sei durch einen Vertrag über zunächst vier Wochen mit der neuseeländischen Radio Features Corporation Wellington gesichert. Auch für die Zeit nach der Rückkehr nach Australien lägen bereits Optionen vor. Graff hatte für vier Wochen in Neuseeland ein Gesamthonorar von 720 Pfund vereinbart. In dem Bericht, den das Innenministerium am 1. Februar an das Handelsministerium schickte, wurde daraus das phantastische Honorar von 720 Pfund pro Woche.

Als die Gruppe im Juli des Vorjahres in Fremantle eingereist war, hatte sie elf Personen umfasst. In seinem Antrag übernahm Graff für die Rückkehr aus Neuseeland diese Zahl, wechselte aber stillschweigend einige Namen aus. Anstelle des inzwischen ausgeschiedenen Cyril Schulvater und von Graffs Ehefrau Margery, die als Britin kein Visum benötigte, fügte er zwei deutsche Staatsbürger ein, die bislang kaum oder gar nicht in Erscheinung getreten waren: Kays Freundin, die 1910 geborene Margarete Pfund, und ihren Vater Richard Pfund. Dieser hatte als pensionierter Ober-Telegraphen-Sekretär zuletzt in Berlin-Köpenick gelebt und war mit seiner Tochter wenige Monate zuvor, im Oktober 1937, in Sydney eingetroffen. Bei den Weintraubs wurde „Gertie" Pfund nun als Stage Manager tätig.[304] Als Mitglieder der Reisegruppe nannte Graff demnach in seinem Antrag[305]:

Stefan Weintraub	German
John Kaiser	Peruvian
Leo Weiss	German
Freddy G. Wise	American
Emanuel Frischer	Pole
Horst Graff	German
Fritz Goldner	Austrian
Gertie Bergmann	Swede
Antoinette Paris-Wise	Italian
Gertie Pfund	German
Richard Pfund	German

Antoinette Paris und Freddy Wise hatten im Oktober geheiratet. Es wurde aber keine glückliche Ehe, so dass die junge Frau ihren Mann bereits vor der Abreise nach Neuseeland wieder verließ. Am 27. Januar reiste sie zurück nach Wien, woher sie stammte.

Neuseeland war wie Australien zunächst eine britische Kolonie gewesen und hatte Großbritannien im Ersten Weltkrieg ebenfalls militärisch unterstützt. Im gemeinsamen Australian and New Zealand Army Corps (ANZAC) hatte man in opferreichen Schlachten gegen die Mittelmächte gekämpft, was immer noch tief im Gedächtnis blieb. Am 1. Februar trafen die Weintraubs auf der Nordinsel in der Stadt Auckland ein. Angekündigt wurden sie als „Comedy Harmony Syncopation: The Weintraubs"; sie kämen unmittelbar von einer triumphalen Europa-Tournee – wie in Australien war diese Falschmeldung auch in Neuseeland werbewirksam – und seien die amüsantesten und vielseitigsten Vaudeville-Musiker, die man hier je kennenlernte. In Auckland, wo sie in der Stadthalle gastierten, wurden sie als „einzigartiges Sextett" begrüßt. „Sie sind Sänger und Komiker und ebenso Instrumentalisten, und unter ihnen ist sogar auch ein Tänzer. Im Ergebnis ist das Programm ungewöhnlich vielfältig und das Publikum fragt sich immer, was wohl als nächstes folgt." Der Programmzettel informierte nicht nur über die Geschichte der Band, ihre umfangreichen Reisen („nearly 100,000 miles") und die Abfolge der Musiktitel, sondern auch über die verschiedenen Instrumente, welche die Musiker spielten:

> Presenting for the First Time in New Zealand / the WEINTRAUBS / internationally famous comedy instrumentalists / comprising: Many Fischer (Trumpet, Violin, Mellophone, Vocalist), Horst Graff (Alto, Soprano, Baritone Sax, Clarinet, Flute, Oboe, Trumpet, Trombone, Vocalist), John Kay (Trombone, Alto-Tenor-Soprano Saxophone, Clarinet, Bass Clarinet, Vocalist), Freddy Wise (Tenor, Bass Saxophone, Clarinet, Trumpet, Vocalist, Dancer), Leo Weiss (Piano), Stefan Weintraub (Drums, Vibraphone, Xylophone, Guitar, Harmonica). Composer-Arrangers: Many Fischer, John Kay, Leo Weiss.
>
> Concert Programme:
> 1 "Meet the Boys" ("There's a New World Coming") Foxtrot – Kennedy/Carr
> 2 "Make a Wish", Symph. arr. – Oscar Straus
> 3 "Annabella". French street song – Rudolph Nelson
> 4 Medley of Famous Viennese Songs – Benatzki-Strauss
> 5 "Polluschka". Russian Cossack Song (composer unknown)
> 6 "Blow Your Horn". Swing Foxtrot – Walter Donaldson
> 7 Variations in the Style of Classical Masters. Theme: „Trees" – Oscar Rasbach
> a) Richard Wagner b) Johann Strauss c) G. Puccini d) François Chopin e) Franz Liszt
> 8 "Clarinet Tickle" – Boyd Senter
> 9 "Oh, I hate myself" – Davis, Young, Ager
> 10 Jazz Memoirs, Medley – Arr. John Kay
> 11 "Here We Are" – Leo Weiss
> 12 Gramophone-Intermezzo (Sous les toits de Paris) – Moretti
> 13 "VERONICA", Novelty Foxtrot – Frank Waxman
> 14 "Carnival of Venice". Variations of the theme by W.A. Mozart
> 15 "Swing Trouble". Potpourri – Brown/Hubay
> 16 "Weintraubiade" Specialties – Arr. The Weintraubs[306]

Als die intelligenteste Nummer erschienenen dem Kritiker des *New Zealand Herald* die Variationen über Oscar Rasbachs Lied „Trees" (1922) in verschiedenen historischen Stilen. „Die Puccini-Version war herausragend, weil der Stil und die Melodien aus ‚La Boheme' und ‚Tosca' klug in die von ‚Trees' eingepasst war." Eingefügt in das Programm der Weintraubs waren Soloeinlagen des australischen Tenors Edward M. Smith sowie eines Maori-Chores.[307] Die Tournee startete im Februar in Auckland und ging dann weiter nach Wanganui, Wellington, Christchurch, Timaru, Dunedin, Wellington und Hasting

Die Weintraubs standen in Neuseeland nicht mehr im Schatten der Comedian Harmonists, sondern erhielten Kritiken von gleicher Länge. So hieß es in einer Rezension über ihr Gastspiel in der auf der Südinsel gelegenen Stadt Christchurch:

> Wer die Weintraubs sieht und hört, wird sofort verstehen, warum es im kultivierten Europa, in Amerika, Australien und Neuseeland nicht eine einzige ablehnende Stimme gegen ihre Auftritte gab. Musikalität von einer ebenso graziösen wie geschliffenen Qualität kennzeichnete das Konzert, das die Truppe gestern Abend im St. James' Theatre gab. Das Spiel war durchweg lebensstrotzend, aber nie prahlerisch, und führte einen verzaubert von Stimmung zu Stimmung. Keine Leidenschaft fehlte in dieser Musik; guter Musik entnahmen die Spieler die wesentliche Substanz, sie folgten ihr in allen überbordenden Tempi und verweilten bei ihr, wenn es nötig war, wie in den Wiener Melodien, und begleiteten sie alle gleich gut in Geschmack und Ausführung.
> Moderner Jazz und Swingmelodien bildeten den größten Teil des Programms. Berücksichtigt man das erstaunliche Talent, das jedes Mitglied der Weintraubs Gruppe an den Tag legte, mögen manche Musikfreunde dies bedauert haben. Dennoch hat man die glänzenden Neuheiten, die unerwartet mit exquisit gespielten Klassikern abwechselten, nicht bereut. Die Musiker spürten bei dem großen Publikum keinen Mangel an Wärme oder an Ansporn, ihr Bestes zu geben. Während des ganzen Konzerts spielten sie mit feinem Elan, ohne dabei etwas an musikalischer Substanz zu verlieren. Die ganze Aufführung war ein freudiges Ereignis.

Wieder wurde die enorme Vielseitigkeit der Musiker hervorgehoben und ihre Fähigkeit, bekannte Titel wie „Trees“ oder das französische Chanson „Annabelle“ in verschiedenen historischen Stilen zu variieren. Das sei nicht nur originell, sondern sogar herausragend. Zusammenfassend hieß es: „The Weintraubs carry delight in their hands“ – die Weintraubs tragen Entzücken in ihren Händen.[308]

Als die Gruppe noch im Februar in His Majesty's Theatre in Dunedin gastierte, wies die Presse besonders auf die Lichteffekte hin, die es so in Neuseeland bisher nicht gab; dies verdanke sich einem eigenen Elektriker, der die Tournee begleite.[309] Ihre genialen Späße, so ein anderer Kritiker, „entsprangen dem Bestreben der Musiker, sich selbst rückhaltlos zu vergnügen. Ihre vitale Lebenskraft befeuerte die Aufführung ebenso wie die Menschenmenge.“[310] Im Opernhaus von Wellington bewunderte das Publikum die instrumentale Perfektion jedes einzelnen Musikers, die auch als Sänger hohen Ansprüchen genügten. Neben dem konzertanten Teil, zu dem Gershwins „Rhapsody in Blue“ gehörte, wurden einzelne Szenen hervorgehoben, die das Publikum zu spontanem Lachen verführten, so etwa, wenn die Ensemblemitglieder einmal als Schlangenfarmer auftraten, dann als eine „sehr, sehr Tiroler Band einschließlich Kuh“ oder beim „Boxkampf“ eines Posaunisten mit einem Saxophonisten.[311]

Es folgten im März umjubelte Abende unter anderem im Mayfair Theatre in Palmerston und in His Majesty's Theatre in Auckland. Auf Grund der starken Nachfrage wurde die Tournee um zwei Monate verlängert. Die Presse äußerte sich in Superlativen. „Das Beste dieser Art, das jemals in Wellington zu hören war“, hieß es in der

Zeitung *Dominion*. Und im *Auckland Star*: „Solche musikalische Clownerie war eine Offenbarung". Ein anderes Blatt resümierte: „Es ist kaum denkbar, dass Neuseeland jemals irgendeine Musikgruppe gehört hat, die mit den Weintraubs zu vergleichen ist. Sie sind etwas erfrischend Neues und machten großen Eindruck."[312] In einer Anzeige war die Rede von der schnellsten, lustigsten, witzigsten und melodischsten Show, die jemals irgendein Publikum begeistert hat.[313] Dass die Musiker ursprünglich aus Berlin kamen, der Hauptstadt des jetzt besonders verhassten Deutschen Reiches, hatte Graff wohlweislich verschwiegen und wurde auch in der Presse mit keinem Wort erwähnt. In einer Zeitung hieß es vielmehr, diese internationale Truppe habe sich in Paris zusammengefunden.[314]

Gerne hörten es die Einheimischen, wenn ein so weitgereister Künstler wie Horst Graff die landschaftlichen Schönheiten Neuseelands pries.[315] Wie schon bei früheren Gelegenheiten, etwa 1933 in Den Haag, erwies sich John Kurt Kaiser alias Sydney John Kay auch hier wieder als ein besonders gefragter Gesprächspartner. Bei einem Empfang des Canterbury Travel Club in Christchurch erläuterte er die Geschichte der Gruppe.[316] Einer Reporterin in Dunedin erschienen seine auf den weiten Reisen gesammelten Erfahrungen mit Frauen und Essensbräuchen so interessant, dass sie dazu einen eigenen Artikel veröffentlichte. Dort erfuhr man von Kays Hochachtung für die sowjetischen Frauen, die mit den Männern gleichberechtigt seien. In Japan hatte er dagegen erlebt, wie sich die Frauen ihren Partnern wie Sklaven unterordnen mussten. Auch in Italien sei die weibliche Bevölkerung meist im Hintergrund geblieben. Voll Bewunderung äußerte sich Kay dagegen über die Klugheit, Schönheit und Sportlichkeit der australischen Frauen, ihren Männern darin sogar oft überlegen.[317]

Freddy Wise, den seine junge Frau so früh wieder verlassen hatte, entschloss sich noch während der Tournee zur Rückkehr in die Heimat; von Neuseeland reiste er in die USA. Da die Band jetzt nur noch aus fünf Musikern bestand, bemühte sie sich sofort um Ersatz. Manny Fisher schlug seinen Bruder Adolf vor, der einstweilen noch als Sänger und Kontrabassspieler in einem französischen Club in Beirut auftrat. Horst Graff kontaktierte daraufhin am 16. März das australische Innenministerium, welches diesen Vorschlag akzeptierte.[318] Es informierte

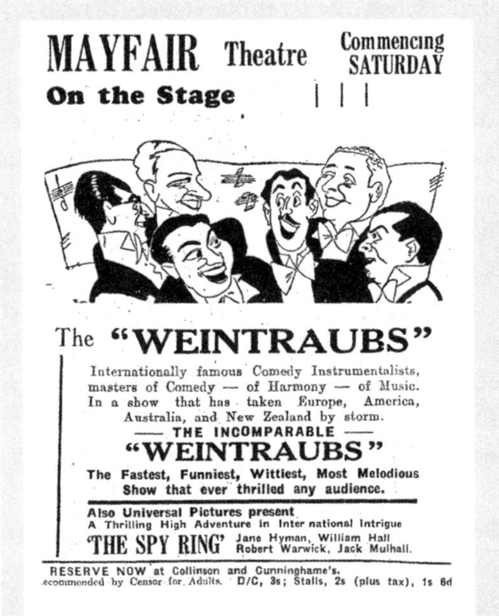

Anzeige aus dem *Manawatu Standard* (Palmerston, Neuseeland), 4. 3. 1938

Graff, „dass der Minister genehmigt hat, dass Mr. Frischer und seine Frau für einen Zeitraum von zwölf Monaten nach Australien zugelassen werden, um mit der obengenannten Truppe aufzutreten. Wie von Ihnen erbeten, wurde am 7. April 1938 ein Überseetelegramm an den britischen Konsul in Beirut, Syrien, geschickt, der ihm die Genehmigung für Mr. und Mrs. Frischer mitteilt."[319] Kaum hatte Adolf Frischer dies erfahren, reiste er sofort aus Syrien ab und traf bereits am 10. Mai mit seiner nichtjüdischen Frau Hildegard in Sydney ein.

Elf Tage später, am 21. Mai, kehrten die Weintraubs als Erste-Klasse-Passagiere der „Awatea" von ihrer triumphalen Neuseeland-Tournee nach Sydney zurück. Wie bei ihrer ersten Ankunft in Australien hatten sie erneut das Formular „Personal Statement and Declaration" ausfüllen müssen. Mit Ausnahme von Kaiser gaben alle Musiker Berlin als ihren letzten festen Wohnsitz an. In Australien wollten sie in den nächsten zwölf Monaten als Künstler (artists) tätig sein.[320] Sie konnten dies offen benennen, weil für ein Besuchervisum nicht die gleichen Beschränkungen galten wie bei Anträgen für dauerhaften Wohnsitz. Auf die Frage „Do you intend to settle in Australia?" antworteten Weintraub und Weiss, sie hätten sich dort bereits niedergelassen. Offenbar bezogen sie sich damit auf die ihnen am Jahresende erteilte dauerhafte Aufenthaltsgenehmigung. Als ihren künftigen Wohnsitz nannten Kaiser, Weintraub und Weiss die gleiche Adresse: 51, Roslyn Gardens, Potts Point. In diesem lebhaften und dicht besiedelten Vorort in Hafennähe östlich des Stadtzentrums von Sydney sollten die meisten Bandmitglieder auch noch in den nächsten Jahrzehnten leben. Erneut erhielten alle eine Aufenthaltsgenehmigung für zwölf Monate, was ihnen wenigstens vorübergehend den Berufswechsel ersparte. Um nicht sofort als Bruder von Manny Fisher erkannt zu werden, wurde Adolf Frischer unter dem Künstlernamen „Adi Normand" neues Bandmitglied. Aber trotz ihrer glänzenden Erfolge in Neuseeland und trotz der Absichtserklärungen der Rundfunkstation 2UW sowie des großen Veranstalters J.C. Williamson fand die Band für die nächsten vier Monate kein Engagement.[321]

Dabei hatte ihnen Henry Barger ein attraktives Angebot unterbreitet. Nachdem sich sein großes Revue-Projekt mit Japan zerschlagen hatte, war er im März in die USA gereist. Nach einem Aufenthalt in Hollywood schrieb er am 26. Mai aus New York ausführlich an Stefan Weintraub. Darin wehrte er sich gegen den Vorwurf, die Band im Stich gelassen zu haben. Allerdings erwarte er noch eine Provision für seine langwierigen Australien-Verhandlungen. Anders als in dieser Branche üblich hatte Barger bisher immer auf eigenes Risiko gehandelt und sich Reise- und Hotelkosten nie extra bezahlen lassen. Sein Japan-Projekt, das er als Chance seines Lebens begriffen hatte, war geplatzt. „Niemand wusste, dass auch im Osten Faschismus alle Aufbauarbeit zerstört oder auf Jahre zurückstellt."[322] In den USA gebe es eine schwere Wirtschaftskrise und eine Musikergewerkschaft, die vehement jede ausländische Konkurrenz abwehrt. „Und den Trick mit ‚Artisten' fressen sie eben leider hier nicht." Um Konflikte mit der Gewerkschaft zu vermeiden, hatten sich die Weintraubs bei der Einreise nach Australien stets nicht als

Musiker, sondern als „Artisten“ bezeichnet. Trotz solcher Schwierigkeiten sah Barger Chancen für eine USA-Tournee der Weintraubs und bot an, diese vorzubereiten. Dafür verlangte er allerdings vorweg eine angemessene Provisionszahlung. Obwohl Barger interessante Ideen für eine Revue mit der Paramount entwickelte, wurde sein Vorschlag nicht angenommen. Eine Antwort ist nicht überliefert. Die von Barger gewünschte Versöhnung kam nicht mehr zustande. Damit endete eine fruchtbare und fast zehn Jahre dauernde Zusammenarbeit.

Erst ab Oktober boten sich den Weintraubs wieder Rundfunkauftritte. Beim kommerziellen Sender 2KO, bei dem sie sogar vier Mal pro Woche zu hören waren, verblüfften sie als Instrumental- wie als Vokalensemble.[323] Im gleichen Monat meldete der *Australian Music Maker* weitere regelmäßige Radioauftritte der berühmten Band, deren Mikrophontechnik sogar Rundfunkexperten verblüffe. Sie würden nun auch über den Sender 2CH, Sydney, und weitere 26 Stationen regelmäßig in ganz Australien ausgestrahlt. Die Hörer seien von diesem Angebot begeistert: „Seit ihrem ersten Auftritt bei 2CH wurde die Station von lobenden Briefen überschüttet, und zahllose Telefonnachrichten von Hörern treffen nach jeder Sendung ein, die sich die Wiederholung bestimmter Nummern wünschen.“[324] Die imponierende Vielseitigkeit der Weintraubs inspirierte den Chorleiter Lew Myers, meldete das Wochenmagazin *Radio Pictorial of Australia*, ebenfalls mehrere Instrumente zu lernen.[325] Auch spätere Ausgaben dieser Zeitschrift erwähnten ihre regelmäßig am Donnerstagsabend ausgestrahlten „Melody Riddles“: jede Sendung enthielt fünf Melodie-Rätsel, dargeboten in Form von Sketchen. Für die Gewinner und die Einsender neuer Rätsel standen wöchentlich Preise im Gesamtwert von zehn Pfund zur Verfügung.[326]

Bewundert und als Konkurrenz gefürchtet

„My Melancholy Baby“: Prince’s Restaurant

Nach der vorübergehenden Beschränkung auf Radiostudios kamen Ende 1938 endlich wieder lohnende Bühnenauftritte auf die Weintraubs zu. Die Initiative ging von dem ehrgeizigen Restaurantinhaber James Charles Bendrodt aus. Der Sohn eines dänischen Kapitäns, 1891 in Kanada geboren, war 19-jährig nach Australien eingereist. Er begann fast mittellos – die Überfahrt hatte er sich als Heizer verdient – und arbeitete zunächst als Tanzlehrer. Aber schon 1923 gründete er in Sydney ein eigenes Unternehmen, das einen Tanzpalast und bald auch einen Nachtclub betrieb. Als 1938 das italienische Luxusrestaurant „Romano’s“ neue Räume am Martin Place in Sydneys Geschäftszentrum bezog, fühlte Bendrodt sich herausgefordert, der Stadt noch im gleichen Jahr ein zweites erstklassiges Speiselokal zu bieten – ebenfalls am Martin Place. Ein beträchtlicher

Gewinn beim Pferderennen gab ihm das nötige Kapital für eine solche Investition.[327] Da „Romano's" die Gäste mit einer eigenen Band unterhielt, wollte Bendrodt im neuen „Prince's" möglichst sogar Besseres bieten. Zu diesem Zweck ließ er mehrere Bewerber in Melbourne und Sydney vorspielen. In die engere Wahl kamen schließlich die in Melbourne engagierte Band von Craig Crawford sowie die in Sydney ansässigen Weintraubs. Der Impresario entschied sich für die Letzteren, nachdem sie ihm eine „Flüsterversion" von „My Melancholy Baby" vorgespielt hatten. Manny Fisher hatte zu diesem Zweck ein neues Arrangement geschrieben, als er hörte, dass dies Bendrodts Lieblingsmelodie sei.

Dennoch behauptete der Unternehmer noch kurz vor der Eröffnung seines Restaurants, die Entscheidung für eine bestimmte Band sei noch nicht gefallen. Das Branchenblatt *Australian Music Maker and Dance Band News* meldete dies in seiner Dezember-Nummer unter der Überschrift „Weintraubs or Craig Crawford for Sydney ‚Prince's'" und ergriff dabei unmissverständlich Partei für die einheimische Band: „In Sydney ist man allgemein überzeugt, dass Craig Crawford den Job bekommen wird." Seine Rivalen seien erfolgreich, aber problematisch: „Die Weintraubs sind Nicht-Gewerkschaftler und nur zwei von ihnen sind australische Staatsbürger."[328]

Die Musikergewerkschaft, die Musicians' Union of Australia, die ihre Mitglieder vehement gegen ausländische Konkurrenz verteidigte, beeinflusste Bendrodts Entscheidung erheblich. Angesichts der noch immer nicht überwundenen Wirtschaftskrise hatte diese Organisation schon mehrfach vor einer Bedrohung der ökonomischen und sozialen Standards durch den Zustrom von Flüchtlingen gewarnt. Als Reaktion auf den New Yorker Börsenkrach und auf die Einführung des Tonfilms, die drei Viertel ihrer Mitglieder arbeitslos machte[329], war 1929 die Satzung dieser Gewerkschaft verschärft worden: Sie forderte nun ein völliges Embargo ausländischer Musiker. Diese Regelung sollte zunächst für zwölf Monate gelten, wurde aber bis 1935 jährlich verlängert. Außerdem wurde die Gewerkschaft ermächtigt, nichtbritische Bewerber erst dann als Mitglieder zuzulassen, wenn sie nach fünfjährigem Aufenthalt die Staatsbürgerschaft erhalten hatten. Dem Wunsch der Australian Broadcasting Commission, welcher die meisten australischen Orchester unterstanden, qualifizierte ausländische Musiker zu gewinnen, widersetzte sich die Gewerkschaft hartnäckig. Sie ließ verlauten, schon ein einziges Engagement eines Ausländers könne einen weiteren Zustrom auslösen.[330] Der für den Distrikt New South Wales zuständige Gewerkschaftssekretär Frank Kitson sprach sich explizit gegen die Einwanderung ausländischer Musiker aus Hitler-Deutschland aus. Vor allem Juden seien unerwünscht.[331]

Diesen Widerstand der Gewerkschaft verspürten auch die Weintraubs, als sie sich um das Engagement in Prince's Restaurant bewarben. Der aus Neuseeland stammende Craig Crawford, der Leiter der australischen Band, kannte die strengen Regelungen genau, denn noch 1935 hatte er selbst nicht in Sydney auftreten dürfen, weil er und die übrigen Mitglieder seines Ensembles nicht der Gewerkschaft angehörten.[332] Erst kürzlich, im November 1938, hatte der *Australian Music Maker* den Kampf der Musicians' Union gegen ausländische Konkurrenz unterstützt und zustimmend das folgende, an Veranstalter gerichtete Rundschreiben abgedruckt:

> Geehrter Herr,
> angesichts zahlreicher Anfragen zu Musikerarbeitsplätzen und zur Mitgliedschaft in dieser Organisation, die von ausländischen Musikern eintrafen, sowohl vor Ort wie auch aus Übersee (vermutlich wegen des Exils von Juden aus Ländern unter faschistischer Kontrolle), halten wir es für sinnvoll, zum Schutz der australischen Musiker die weitere Mitgliedschaft auf britische Staatsbürger zu beschränken. Die große Zahl fähiger, in Australien beschäftigter Musiker macht einen solchen Schritt notwendig.
> Es gibt keinen größeren Anreiz, einen hohen musikalischen Standard zu erreichen, als die Aussicht auf Beschäftigung; den Arbeitgebern sei es deshalb in ihrem eigenen Interesse empfohlen, einheimische Begabungen zu begünstigen. Abgesehen von unseren gegenwärtig Arbeitslosen bringen die Konservatorien und andere Ausbildungsstätten jährlich eine Anzahl befähigter junger Australier mit wenig Aussicht auf Beschäftigung hervor, und dies nach kostspieligen Ausbildungsjahren. Die Unmöglichkeit, Neuankömmlinge aufzunehmen, ohne unserem Volk ein grobes Unrecht anzutun, ist deshalb offensichtlich.
> Ich bin sicher, dass Sie mit dieser Organisation übereinstimmen, dass jede in Australien verfügbare Arbeit das Vorrecht von Australiern sein sollte.
> Hochachtungsvoll,
> FRANK KITSON, Sekretär.[333]

Nicht künstlerische Argumente, sondern solche des Arbeitsmarktes waren es also, die das Branchenblatt dazu führten, Bendroth dringend das Engagement einheimischer Musiker zu empfehlen. Gegen die Weintraubs sprach allein, dass sie Ausländer waren; sie hatten sich bereits um die Mitgliedschaft bei der Gewerkschaft bemüht, waren aber abgewiesen worden. Wie schon in früheren Fällen musste sich der Impresario dem gewerkschaftlichen Druck beugen und Crawfords australische Band als Hauptattraktion engagieren.[334] Zunächst war für die Weintraubs sogar ein Zweijahres-Vertrag vorgesehen. Ihm zufolge hätten sie 32 Stunden pro Woche in Prince's Restaurant spielen sollen (Montag bis Samstag 21 Uhr bis 2 Uhr morgens, am Samstag zusätzlich von 15 bis 17 Uhr) und dafür 79 Pfund pro Woche erhalten. Rundfunkhonorare waren darin eingeschlossen.[335] Anlässlich des von der Gewerkschaft erzwungenen Engagements der australischen Band schloss Bendroth am 29. November mit den Weintraubs einen Vertrag mit einer Laufzeit von nur noch sechs Monaten. Vorgesehen waren nun bei einem Honorar von wöchentlich 54 Pfund einstündige Nachmittagsvorstellungen sowie ebenso lange nächtliche Auftritte mit Tanzmusik oder „Spezial-Shows".[336] Als am 7. Dezember im Erdgeschoss des im Art Noveau-Stil ausgestatteten Gebäudes, des MLC Building (42–46 Martin Place), die mit

Spannung erwartete Eröffnung des neuen Restaurants stattfand, spielte die australische Band zum Tanz auf. Dagegen durften „die Ausländer“ erst ab 23.30 Uhr als zusätzliche Attraktion, als „Specialty Act“, folgen.[337]

Trotz ihrer Herkunft aus Berlin wurden die Weintraubs als Wiener Künstler, als „Prince's Imported Viennese Novelty Show Band“ angekündigt. Der Machtantritt Adolf Hitlers hatte in Australien die aus dem Ersten Weltkrieg stammenden antideutschen Aversionen bestätigt und noch verstärkt. Die Stadt Wien galt dagegen seit dem erst wenige Monate zuvor erfolgten „Anschluss“ Österreichs ans Deutsche Reich als Opfer, das alle Sympathien für sich hatte – mehr Sympathien als aus Berlin vertriebene Juden. Als Erkennungsmelodie in Australien wählten die Weintraubs deshalb nicht etwa einen Song aus dem Film „Der Blaue Engel“, sondern Sigmund Rombergs Schnulze „You Will Remember Vienna“ aus dem 1930 entstandenen amerikanischen Operetten-Film „Viennese Nights“. Auch die Comedian Harmonists hatte man in Anzeigen als „sensationelles Wiener Vokalensemble“ präsentiert und im australischen Radio mit Titeln wie Schuberts „Heidenröslein“ oder „Vienna, City Of My Dreams“ vorgestellt.[338] „All are Viennese“, schrieb damals ein Journalist über diese Vokalisten.[339] Ähnlich bezeichnete Bendrodt die Weintraubs als Wiener. Ihre jüdische Herkunft wurde verschwiegen.

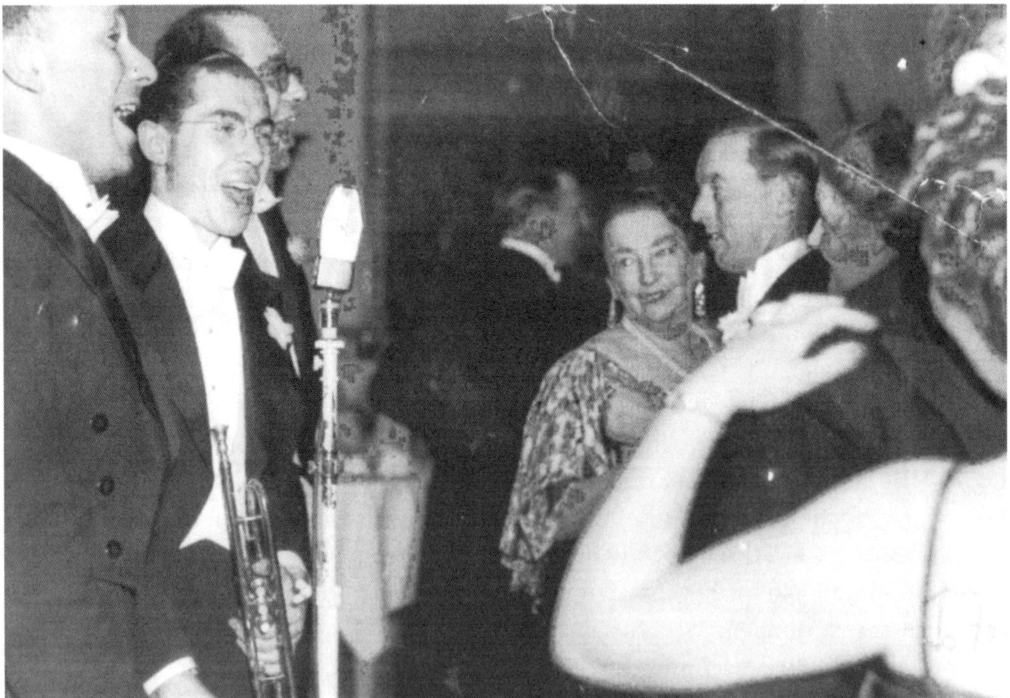

Tanz bei Prince's – von links: Stefan Weintraub, Manny Fisher und John Kay

Kampf um Publicity

„Prince's" war auf französische Gerichte spezialisiert und nannte sich „Australia's Most Famous Restaurant". Lunch wurde montags bis freitags von 12.30 bis 14.30 Uhr gereicht, von 15 bis 17 Uhr gefolgt vom Afternoon Tea, der an Samstagen mit Tanz verbunden war. Ein Early Dinner gab es ab 18 Uhr. Das gesellschaftlich attraktive „Dinner with Dancing" begann täglich um 20.30 Uhr und endete um 1 Uhr morgens. Die Crawford-Band bestritt dabei den Löwenanteil. Erst kurz vor Mitternacht, wenn sich die Gewerkschaftsmitglieder zum Abendessen zurückzogen, durften die Weintraubs im weißen Dinnerjacket die kleine Bühne betreten. Obwohl ihre späten Auftritte auf eine Stunde begrenzt waren, gewannen sie große Teile des Publikums. Dies war sogar dem *Australian Music Maker* zu entnehmen. Nach der Eröffnung des „Prince's" hatte es dort geheißen: „Die Weintraubs finden mit ihrer Komik und ihrer erstaunlichen instrumentalen Virtuosität die einhellige Zustimmung der Gäste."[340] Daneben zeigte ein Foto die Musiker beim „Wettkampf" mit ihren Instrumenten.

Dennoch unterstützte das Branchenblatt überwiegend die einheimische Band. Während es die Australier in mehreren Artikeln porträtierte, wurde ihren Rivalen eine solche Ehre nicht wieder zuteil. Hinweise auf die Existenz der Weintraubs fanden sich im *Australian Music Maker* meist nur noch in Form bezahlter Anzeigen. Zum Jahreswechsel setzten sie selbst eine halbseitige Anzeige ins Blatt, in der sie ihren Freunden in ganz Australien Neujahrswünsche übermittelten. Die Februar-Nummer des nächsten Jahres zeigte Fotos der Band auf zwei vollen Seiten, allerdings wieder in bezahlten Anzeigen. Einmal posierten die Weintraubs mit einer neuen Trommel der Firma Boosey & Hawkes, dann in einer doppelseitigen Anzeige des Saxophonherstellers Conn. Dieser stellte zwei Bands einander gegenüber: auf der linken Seite sah man die weißgekleideten Weintraubs, die alle Saxophon spielten, auf der rechten Seite in schwarzen Anzügen die Mitglieder von Craig Crawfords Band, die ihre Instrumente lächelnd in der Hand hielten. Eine riesige Überschrift „The Choice of the Artists" (Die Wahl der Künstler) überbrückte beide Seiten. Man konnte diese Zeile auch so verstehen, dass die Leser zwischen den beiden bei „Prince's" engagierten Künstlergruppen zu entscheiden hatten– zwischen denen, die wirklich spielten, und denen, die mit ihren Instrumenten nur posierten. Finanziert wurde die Anzeige durch die beiden größten Instrumentenhandlungen des Landes, Allan & Co. (Melbourne) und Nicholson's Pty. Ltd (Sydney), die sich dem gewerkschaftlichen Druck widersetzten.

Mit einer weiteren ganzseitigen Anzeige zwangen diese Firmen den *Music Maker* im Mai 1939 erneut zu einem Hinweis auf die Weintraubs.[329] Ein großes Foto zeigte die sechs Bandmitglieder ihrer Größe nach aufgereiht, jeweils mit einem Saxophon. Darunter prangte der folgende Text:

> CONN gratuliert DEN WEINTRAUBS
> die nach dem uneingeschränkten Erfolg bei Prince's, Sydney, nun das heiß begehrte „Rinso"-Programm des Senders 2CH in einem Netzwerk von 27 Stationen erobert haben. Ihre CONN-Saxophonausrüstung wurde von den Weintraubs gewählt, da Conn-Instrumente den Musikern helfen, das Beste aus ihren Fähigkeiten zu machen.

Werbung für die Instrumente war geschickt mit einem Hinweis auf die Musiker verbunden. Auch der kommerzielle Radiosender 2CH widerstand dem Druck der Gewerkschaft und bot der beliebten Band Sendeplätze und Presseberichte. Als das Wochenmagazin *Radio Pictorial of Australia* die jetzt aus sechs Musikern bestehende Gruppe im Juni 1939 seinen Lesern vorstellte[342], hieß es gleich zu Beginn des dreiseitigen Artikels, schon der Name Weintraubs sei ein Synonym für moderne Musik: „Diese ist raffiniert, fesselnd und überwiegend kontinental." Der Begriff „kontinental" bezog sich auf die Herkunft vom europäischen Festland. Die Weintraubs seien eine der besten Bands, die jemals Sydney besuchten, und ihre wöchentlichen Sendungen über 2CH gehörten zu den Höhepunkten des Programms. Stefan Weintraub hatte dem Reporter von seiner Jugend in Breslau erzählt, wo er im Alter von sieben Jahren ersten Klavierunterricht erhielt. Berufsmusiker sei er erst nach dem Zusammentreffen mit Horst Graff und nach Gründung der Band geworden. Zu ihrer eigenen Überraschung, so ergänzte er errötend, seien sie immer bekannter und schließlich berühmt geworden.

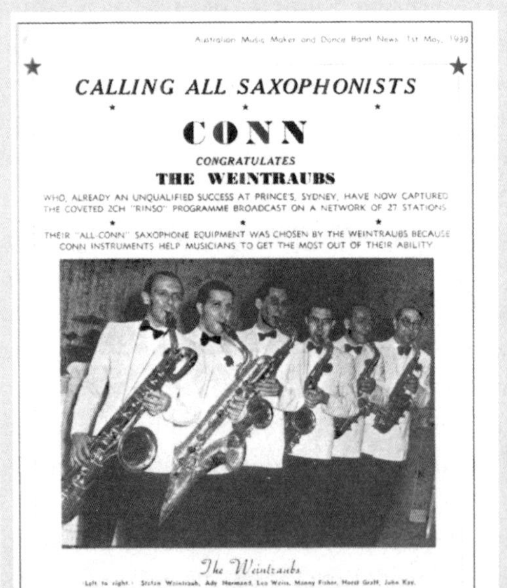

Mit Conn-Saxophonen im *Music Maker*, Mai 1939

Als eine ganz andere Persönlichkeit empfand der Reporter den hochgewachsenen und kräftig gebauten John Kay. Mit seinen dunklen, hinter dicken schildkrötenförmigen Brillengläsern blitzenden Augen strahle er Selbstsicherheit aus. Er sei in Peru geboren, aber in Deutschland erzogen, bis er sich nach einem vierjährigen Ingenieurstudium in Berlin der Band von Graff und Weintraub anschloss. Seine besondere Begabung läge beim Musikarrangement, jedoch sei er auch sonst intelligent und belesen, mit eigenständigen Meinungen zu vielen Themenbereichen. In Komplimente für die Unabhängigkeit der australischen Frauen streute Kay den Satz ein: „Ja, ich würde gerne für immer in Australien bleiben."

Der zuletzt in einem französischen Club in Beirut engagierte „Adi Normand" wollte als Franzose vorgestellt werden und verband einige französische Worte mit seinem noch ungeübten Englisch. Manny Fisher beeindruckte den Reporter durch sein perfektes Englisch und die randlose Brille, die ihm das Flair eines Intellektuellen gebe. Durch Musikmachen habe er sein Medizinstudium finanziert, bis er dann zu den Weintraubs stieß. Horst Graff, „der gutaussehende Bursche mit dem sanften Gesicht und den spöttischen Augen", erzählte, er habe während seines Ingenieurstudiums an der Berliner Universität die neuartige Jazzmusik aus den USA kennengelernt. Trotz einer konsequent klassischen Musikausbildung habe er sich schnell für diese Musizierform begeistert und dann gemeinsam mit Stefan Weintraub die Band gegründet. Schließlich der dunkelhaarige Leo Weiss, der schon in mehreren Bands internationale Tourneen unternommen hatte, bevor er sich den Weintraubs anschloss.

Warten auf die dauerhafte Aufenthaltsgenehmigung

Die Weintraubs, die so viel gute Laune versprühten und sich auch im *Radio Pictorial of Australia* mit strahlenden Gesichtern abbilden ließen, standen damals künstlerisch am Höhepunkt ihrer Laufbahn. Beim australischen Publikum waren sie, wie auch die vielen Anfragen der Radiohörer verrieten, sehr beliebt. Im August 1939 feierte die Band ihr 15-jähriges Bestehen und veröffentlichte aus diesem Anlass einen Prospekt.[343] Im Innern waren lobende Pressestimmen, vor allem aus Neuseeland, im Faksimile abgedruckt. Die Rückseite enthielt einen knappen Überblick über ihre verschiedenen Programmformen:

- World Famous Stage Show for Theatre, Music-Hall, Vaudeville or Movies (a 30 minutes riot of Melody, Comedy, Burlesque and Laughter)
- Full Evening Concert (2 Hours of Musical Features ranging from Symphony to Hot Rhythm)
- Whispering Swing (an exclusive Novelty in Dance Time)
- Tea Concert (specially selected Programmes for Entertainment)

Die Bühnenshow hatten sie vor allem zu Beginn ihres Australien-Aufenthalts in diversen Filmtheatern angeboten, das Full Evening Concert zuletzt in Neuseeland, während sie mit „Whispering Swing" ihr Publikum zu später Stunde in Prince's Restaurant unterhielten. Hier propagierten sie auch den neuen Modetanz „The Chestnut Tree"; dazu erschien ein eigenes Notenheft mit den Weintraubs auf dem Titelblatt.[344] Im Juni 1939 präsentierten sie bei Prince's aufsehenerregende Bühnenshows, so „das erste Ballett, das je in einem Restaurant gezeigt wurde. ‚Mexicano' ist der Titel und die Weintraubs sind verkleidet als Panchos und Villas."[345] In einem anderen Cabaret Interlude traten sie als Sträflinge mit klirrenden Ketten auf und stimmten einen herzzerreißenden Klagegesang an: Sie müssten eine Zuchthausstrafe verbüßen, weil sie beim Überqueren der Straße die Verkehrsregeln missachtet hatten.[346]

Die Popularität der Weintraubs beruhte auf ihrem in Deutschland erworbenen Können. Eben dieser Zusammenhang war für sie seit 1933 zu einem Existenzproblem geworden – nicht nur in ihrer Heimat. Während das Hitler-Regime sie als Juden längst aus dem deutschen Kulturkreis ausgeschlossen hatte, galten sie in Australien, wo die Judenverfolgung kaum Beachtung fand, trotz aller Tarnungen bald als Deutsche und wurden in wachsendem Maße mit Deutschland identifiziert. Dabei war es den Weintraubs spätestens seit der „Reichskristallnacht" offensichtlich geworden, dass es in Deutschland für sie als Juden keine weitere Existenzmöglichkeit gab. Die meisten Bandmitglieder hatten sich deshalb um einen dauerhaften Aufenthalt in Australien bemüht. Die entsprechenden Anträge von Stefan Weintraub, Emanuel Frischer und Leo Weiss waren Anfang 1938 positiv entschieden worden.

Die Bandmitglieder wollten nicht nur selbst in „Down Under" bleiben, sondern auch ihren nächsten Verwandten zur Ausreise verhelfen. Angesichts der sich in Deutschland zuspitzenden Judenverfolgung ging es nun darum, Leben zu retten. Stefan Weintraubs 79-jährige Mutter Hulda war zu alt, um noch eine so weite Reise anzutreten. Dagegen gelang Stefans Bruder Max Weintraub die Flucht nach Singapur. Der erst im Mai 1938 in Sydney gelandete Adolf Frischer beantragte noch im gleichen Jahr die Übersiedlung seiner Eltern nach Australien. Gestützt auf sein Gehalt als Mitglied der Weintraubs übernahm er die notwendige Garantie für ihren Lebensunterhalt und erhielt daraufhin die Genehmigung. Salomon und Feigel Frischer verließen Deutschland gerade noch rechtzeitig vor Kriegsbeginn und trafen am 4. Oktober 1939 in Sydney ein. Nur einen Tag später konnte Leo Weiss seinen Vater Josef dort am Hafen abholen. Kurz zuvor hatte Cyril Schulvater seinem Bruder Ernest und dessen russischer Frau zur Einreise verholfen.[347] Auch Ray Goldner, der inzwischen in Brisbane lebte, hatte dafür gesorgt, dass seine Mutter Camilla und seine Schwester Eva im Februar 1939 in Australien eintrafen.

Horst Graff hatte erst am 9. Januar 1939 für sich den dauerhaften Aufenthalt beantragt. Zwei Monate später bemühte er sich, seinen 74-jährigen Vater, die 66-jährige Mutter und den Bruder Wilhelm nach Australien zu bringen. Für alle drei übernahm er die notwendigen Bürgschaften und verwies dabei auf den noch bis zum 30. Juni 1939 laufenden Vertrag mit „Prince's", wo sein Gehalt neun Pfund pro Woche betrage.[348] Ein ähnliches Einkommen sei von künftigen Radioauftritten zu erwarten. Notfalls könne er seinem geigespielenden Bruder auch eine Tätigkeit bei den Weintraubs verschaffen.[349] Inspektor Mitchell nahm Graffs Antrag in seinem Büro in unmittelbarer Nähe von Prince's Restaurant entgegen. Am Ende dieses Schreibens ergänzte er die handschriftliche Bemerkung, „Weintraubs Orchester" erhalte keine dauerhafte Beschäftigung, da seine Mitglieder nicht der Gewerkschaft angehörten.

Um den Weintraubs eine langfristige Perspektive in Australien zu ermöglichen, hatte Horst Graff am 17. Februar im Namen der Band an die Gewerkschaft geschrieben: „Wir alle wollen in diesem Land bleiben und loyale Staatsbürger werden. Um uns abzusichern, würden wir gerne Mitglieder der Gewerkschaft werden und deren Regeln akzeptieren."[350]

Für weitere Fragen stehe er zur Verfügung. Ohne jede Begründung lehnte Frank Kitson diesen Antrag am 24. April ab. Offenbar aus einem persönlichen Gespräch hatte er erfahren, dass die Band mit staatlicher Genehmigung auftrete. Daraufhin hatte sich der Gewerkschaftssekretär schon am 24. Februar direkt an den Innenminister John McEwen gewandt:

> Werter Herr,
> durch den Repräsentanten der Winetraubs Comedy Melodians, die aus den Herren Stefan Weintraub, John Kay, Leo Weiss, Manny Fisher, Adi Normand und Horst Graff bestehen, wurde mir mitgeteilt, dass sie eine musikalische Tätigkeit in Australien aufgrund irgendeiner Genehmigung der Regierung annehmen. [...] Können Sie mich bitte informieren, ob diese Angabe korrekt ist und gegebenenfalls, was das für eine Genehmigung ist? [...] Angesichts unserer großen Liste von Arbeitslosen und dem winzigen Umfang musikalischer Aufträge in diesem Lande erscheint es als unfair, wenn Ausländer das wenige Verfügbare erhalten. Können Sie mir bitte Kopien der diversen Genehmigungen Ihres Ministeriums schicken und mitteilen, ob weitere Genehmigungen an Musiker erteilt werden sollen?[351]

Kitson kritisierte, dass Ausländer Engagements bekämen, während es immer noch arbeitslose australische Musiker gebe. Das Ministerium überprüfte daraufhin noch einmal die Einreisemodalitäten der Band. Der Sekretär des Ministers hielt am 20. März in einem ausführlichen Memorandum fest, die Weintraubs seien im Juli 1937 mit einem Vertrag von Snider & Dean angekommen. Drei Bandmitglieder, Leo Weiss, Stefan Weintraub und Manny Fisher, die in anderen Berufen tätig sein wollten, besäßen bereits eine dauerhafte Aufenthaltsgenehmigung. Inzwischen lägen auch Anträge von John Kay und Horst Graff vor, über die allerdings noch nicht entschieden sei. Ergänzend wurde die sichere Finanzsituation der Musiker erwähnt.[352]

Als der Gewerkschaftssekretär nicht sofort Antwort erhielt, schrieb er am 29. März und am 13. April erneut an den Innenminister. Bevor dieser reagieren konnte, fand ein Regierungswechsel statt. John Lyons, der bisherige Premierminister, war am 7. April plötzlich verstorben. Kitson wiederholte daraufhin am 18. Mai in einem Schreiben an McEwens Nachfolger Hattil Spencer Foll seine Bitten. Er schilderte den Sachverhalt nun noch dringlicher:

> Werter Herr,
> das Problem der in dieses Land einwandernden Musiker hat bei Mitgliedern dieser Organisation für große Unruhe gesorgt, weil es in diesem Beruf Arbeitslosigkeit gibt [...]; folglich stellt jeder einwandernde Musiker, der nach Australien eingelassen wird, ein Unrecht dar, tatsächlich oder potentiell, gegenüber dem unbeschäftigten australischen Musiker.

> Am 24. Februar schrieb ich an Ihren Vorgänger, Herrn J. McEwen, und berichtete, dass die Herren Stephan Weintraub, John Kay, Leo Weiss, Manny Fisher, Adi Norman, Horst Graff und Heinrich Krips hier musikalische Arbeit mit irgendeiner Genehmigung der Regierung annehmen. [...]
> Ich werde überschüttet von Nachfragen aus dem Ausland und von bereits eingetroffenen Musikern mit der Bitte um eine Beschäftigung, und ohne Zweifel ist die Situation alarmierend geworden. Ich bitte dringend um Ihre Mithilfe, um einen Zustrom ausländischer Musiker zu verhindern, denn so groß auch immer unsere Sympathien für sie sein mögen, können wir doch nichts Greifbares für sie tun, ohne nicht damit unseren australischen Spielern ein Unrecht anzutun.

Da bereits sein Vorgänger entsprechende Unterlagen vorbereitet hatte, konnte J.A. Carrodus, der Sekretär von Minister Foll, rasch antworten. Am 22. Mai teilte er Kitson mit, dass den Herren Stefan Weintraub, Emanuel Frischer und Leo Weiss eine permanente Aufenthaltsgenehmigung erteilt wurde. Dagegen sei über die Anträge von Horst Graff und John Kay noch nicht entschieden. Es sei zwar ein Prinzip des Ministeriums die Anträge individuell zu bewerten. Jedoch habe man die Sicht der Musikergewerkschaft zur Kenntnis genommen und werde keine solchen Bewerber zulassen, die als Band- oder Orchestermitglieder in Konkurrenz zu arbeitslosen Australiern treten könnten: „Angesichts der von der Gewerkschaft dargestellten Position wird in Zukunft besondere Sorgfalt bei der Zulassung ausländischer Musiker nach Australien angewandt werden." Kitson antwortete am 24. Mai umgehend und bat den Minister, die musikalischen Aktivitäten von Graff und Kay genauestens zu prüfen, bevor eine dauerhafte Aufenthaltsgenehmigung erteilt wird.

Dies war Anlass zur Sorge, zumal Ende Mai 1939 die zwölfmonatige Aufenthaltsgenehmigung, die die Weintraubs nach ihrer Rückkehr aus Neuseeland erhalten hatten, ablief. Drei Monate vor diesem Datum, am 5. Februar, hatte auch John Kay eine dauerhafte Aufenthaltsgenehmigung beantragt.[353] Ausführlich schilderte er in dem Antrag seine Lebensgeschichte, die Herkunft seiner Eltern, das frühe Ingenieurstudium und die Mitwirkung bei den Weintraubs Syncopators. Er bot nicht die Bereitschaft zum Berufswechsel an, ergänzte aber in einem weiteren Schreiben, dass er finanziell unabhängig sei und dem Staat nicht zur Last fallen werde. So habe er noch ein beträchtliches Guthaben auf einem Leipziger Konto sowie den Anteil eines in Familienbesitz befindlichen Hauses am Hauptmarkt in Zwickau.

Im Unterschied zu den Anträgen seiner Kollegen Frischer, Weintraub und Weiss wurde Kays Antrag am 13. Juli explizit abgelehnt. „Die Angelegenheit wurde sorgfältig überprüft", hieß es lapidar im Schreiben des Ministeriums, „aber bedauerlicherweise wurde Ihrem Antrag gegenwärtig nicht zugestimmt." Fünf Tage später erhielt auch Horst Graff einen negativen Bescheid. Dies stellte nicht nur seine eigene Zukunft, sondern auch die seiner Familie sowie die der von ihm betreuten Band in Frage. Erhielten Graff und Kaiser nur deshalb keine weitere Aufenthaltsgenehmigung, weil sie auf ihren Musikerberuf nicht verzichten wollten? In jedem Fall hatte die Regierung durch die Verweigerung der Aufenthaltsgenehmigung die gewerkschaftliche Forderung erfüllt.

Als Geschäftsführer der Weintraubs hatte Horst Graff inzwischen prominente Persönlichkeiten kennengelernt, die am Verbleib der Band in Australien interessiert waren. Zu ihnen gehörte der aus Neuseeland stammende Journalist und Schriftsteller Frederick Ehrenfried Baume, ein Nachfahre deutscher Juden, seit 1931 in Sydney Chefredakteur der Wochenzeitung *Sunday Sun and Guardian*.[354] In Kommentaren für den Rundfunksender 2GB hatte sich Baume so kritisch mit Hitler-Deutschland auseinandergesetzt, dass ihm wegen hartnäckiger Proteste des deutschen Generalkonsuls Dr. Rudolf Asmis die Sendungen wieder entzogen wurden. Als dieser prominente Journalist von Graffs Schicksal erfuhr, wandte er sich empört an den Innenminister.

> The Sun 28th July, 1939 Privat & Vertraulich
> The Hon. H. S. Foll
> Parliament House
> Canberra
>
> Mein lieber Senator,
> ich habe diesen Brief als „privat und vertraulich“ gekennzeichnet, da ich Sie zum ersten Mal um einen persönlichen Gefallen bitte.
> Mr. Horst Graff, dessen Nummer beim Innenministerium 39/3082 lautet, ist ein sehr erfolgreicher Leiter der Weintraub Band. Er ist seit 18 Monaten in diesem Land, hat aber keine Aufenthaltsgenehmigung erhalten. Er verdient £20 in der Woche, seine Frau ist Britin, und außerdem ist er ein sehr feiner Kerl.
> Ebenso wie ihm seine eigene Aufenthaltsgenehmigung verweigert wurde, so wurde ihm auch verweigert, seine Eltern in dieses Land zu bringen.
> Ich denke in der Tat, dass dies ein ungewöhnlicher Fall ist. Würde ich das nicht glauben, würde ich nicht deswegen meine Stimme erheben, aber es scheint seltsam, dass – mögen auch einige Typen Ihnen und Ihrem Ministerium nicht gefallen – ein Mann seines Kalibers ausgesperrt werden sollte.
> Hochachtungsvoll,
> F. E. Baume, Herausgeber[355]

Da Baume schon im August eine neue Aufgabe in Europa erhielt und er von Sydney nach London übersiedelte, verzögerte sich die Antwort des Ministers. Bevor der Fall Horst Graffs wieder aufgerollt werden konnte, trat im September 1939 eine völlige neue Situation ein, welche die Chancen für eine dauerhafte Aufenthaltsgenehmigung in unerreichbar weite Ferne rücken ließ.

Die Stunde der Denunzianten

Gefährliche Spione?

Die britische Kriegserklärung an Deutschland vom 3. September 1939 löste in Australien noch am Abend desselben Tages eine ähnliche Erklärung von Premierminister Robert Gordon Menzies aus: Auch das Commonwealth of Australia befände sich ab sofort im Kriegszustand mit dem Deutschen Reich. Schon in der darauffolgenden Nacht verhaftete die Polizei verdächtige Personen.[356] Der Geheimdienst, die Commonwealth Investigation Branch (CIB), hatte im Vorjahr Namenslisten für entsprechende Fälle vorbereitet. In erster Linie betraf dies deutsche Staatsbürger, deren Mitgliedschaft in der NSDAP bekannt war. In den ersten Kriegswochen wurden auf diese Weise 343 Deutsche festgenommen und in Internierungslager gebracht. Die Wohnungen der Betroffenen wurden durchsucht und Briefe und Dokumente beschlagnahmt.[357] Zusätzlich wurde am 9. September ein nationales Sicherheitsgesetz verabschiedet, welches die Rechte aller Ausländer einschränkte und Sicherheitsprüfungen zur Folge hatte.[358] Um Angehörige der Feindnation, also „feindliche Ausländer", am Informationsaustausch mit der Heimat zu hindern, wurde ihre Post kontrolliert, was den ohnehin langen Postweg noch mehr verlängerte. Mitglieder dieses Personenkreises mussten neben Fotoapparaten auch ihre Radios abgeben – eine für Musiker besonders schmerzliche Einschränkung. Außerdem durften sie ihre Wohnorte nur in Ausnahmefällen verlassen. Auch Flüchtlinge aus Deutschland gerieten unter Verdacht, denn man argwöhnte, die deutsche Regierung habe unter ihnen Agenten eingeschleust.[359]

Die Weintraubs, die nun ebenfalls observiert wurden, erklärten sich umgehend bereit, das British Empire im Kampf gegen Deutschland zu unterstützen und trugen sich in entsprechende Listen der Jewish Welfare Society ein. Ihr Arbeitgeber J. C. Bendrodt bezeugte am 4. September gegenüber dem Innenministerium: „Ich kann sagen, dass die Weintraubs mir gegenüber bei mehreren Gelegenheiten starke Anti-Nazi-Gefühle zum Ausdruck gebracht haben, und dass sie, wie ich weiß, sehr interessiert sind, loyale Staatsbürger zu werden." Auf Wunsch der Musiker ergänzte er, dass Horst Graff, Stefan Weintraub und Leo Weiss, die deutschen Mitglieder der Band, seit neun Jahren nicht mehr in Deutschland gelebt hätten.[360] Das Ministerium dankte Bendrodt für seinen Brief, wies aber darauf hin, dass die Ausländerkontrolle seit Kriegsbeginn in der Zuständigkeit des Verteidigungsministeriums lag.

Der Kriegszustand sorgte für ein generelles Misstrauen gegenüber Ausländern, die von Einheimischen nun sehr viel genauer als zuvor beobachtet wurden. Dies führte zu einer wachsenden Welle von Verdächtigungen und Denunziationen. Um in dieser Phase extremer Unsicherheit auch im Privatleben für klare Verhältnisse zu sorgen, heiratete John Kay an eben jenem 4. September seine deutsche Partnerin Margarete Pfund, die damit peruanische Staatsbürgerin wurde. Zwei Tage später beantragte er erneut eine dauerhafte Aufenthaltsgenehmigung. Auch Stefan Weintraub und Gertie Irene Bergmann entschlossen sich, ihre 1936 in Schweden begonnene Partnerschaft zu legalisieren. Die Hochzeit fand am 11. September statt. Da Stefan Weintraub inzwischen staatenlos war, durfte seine Frau ihre schwedische Staatsbürgerschaft behalten; einen Tag später erhielt sie im schwedischen Generalkonsulat einen neuen Pass.

Ausgerechnet am Hochzeitstag von Stefan und Gertie Weintraub traf in der Polizeistation des Sydney-Vororts Paddington eine vertrauliche Information ein, die den positiven Zeugnissen Bendrodts und Baumes widersprach. Ein Bewohner des Stadtteils Potts Point, in dem fast alle Weintraubs lebten, berichtete über verdächtige Machenschaften der Gruppe. Der Informant namens William Muir Augustus Buchan teilte mit, dass er 1937 (!) in Leningrad mit den Musikern in Berührung gekommen sei. Die Truppe hätte aus zehn Männern und mehreren Frauen bestanden. Die sowjetische Geheimpolizei hätte damals zwei Bandmitglieder wegen Spionage festgenommen und bei ihnen vollständige Pläne der vor Leningrad gelegenen und militärisch bedeutsamen Seefestung Kronstadt gefunden. Bei dem nachfolgenden Prozess habe eine Frau, offenbar die Mutter eines Bandmitglieds, die ganze Schuld auf sich genommen. Sie sei zu zwanzig Jahren Gefängnis verurteilt worden, während die übrigen Weintraubs aus Russland verbannt wurden. Dass die Strafe für die Gruppe milde ausfiel, verdanke sich allein der engagierten Fürsprache des deutschen Konsuls. Von Russland sei die Band nach Japan weitergereist, wo sie etwa sechs Monate blieb, bis sie einen Vertrag des australischen Veranstalters Snider & Dean erhielt. Buchan berichtete, er habe mit eigenen Augen gesehen, wie die Weintraubs junge „Deutsche mit extremer Nazi-Tendenz“ zu sich eingeladen hätten, darunter Angestellte der einschlägig bekannten deutschen Wollhandelsfirma Hardt & Co. Dem Denunzianten zufolge lebten alle Mitglieder dieser Band mit Frauen zusammen, ohne verheiratet zu sein.[361] Sie seien deutsche Staatsbürger mit mehreren Reisepässen anderer Länder und wie in Russland vermutlich auch in Australien als Spione tätig. Erhärtet werde diese Vermutung durch die Tatsache, dass der Anwalt der Musiker bereits verhaftet worden sei. William Buchan nannte die Adressen von Weintraub und Graff und riet den Beamten, Graff immer nur allein zu verhören, nicht in Gegenwart seiner englischen Frau, die als „eine sehr durchtriebene und raffinierte Frau bekannt ist“.[362] Bei einem zweiten Termin am 26. September berichtete er der Polizei, die russische Frau eines Bandmitglieds sei als Spionin durch die sowjetische Regierung verhaftet und zu fünf Jahren Gefängnis verurteilt worden. Er habe dies erfahren, weil er als Repräsentant einer US-amerikanischen Firma in Russland ein neues Telefonsystem installiert und dabei enge Kontakte zu sowjetischen Behörden gefunden habe. Bei dem Prozess gegen Mrs. Schulvater sei er persönlich gewesen und habe selbst gehört, wie diese zugab, die Pläne der Seefestung Kronstadt verkauft zu haben.[363]

Woher hatte der Denunziant diese merkwürdige Mischung aus falschen und richtigen Informationen erhalten und warum sammelte er sie? Handelte er mit seinem Gang zur Polizei allein aus patriotischen Motiven? Nach eigenen Angaben hatte jener William M. A.

Buchan im Ersten Weltkrieg in der Royal Air Force gedient und danach seit den 1920er Jahren als Kaufmann bei der Handelsfirma Burckhardt & Buchan in Shanghai gearbeitet. Bei einem Geschäftsbesuch in Leningrad habe er über einen Bekannten, einen hochrangigen russischen Regierungsangestellten, vom Prozess gegen die Weintraubs erfahren. Ob dies zutrifft, ist zweifelhaft. Allerdings belegt die Passagierliste der „Gorgon", dass ein in China lebender 38-jähriger britischer Kaufmann namens R.S.E. Buchan gemeinsam mit den Weintraubs von Singapur nach Australien einreiste.[364] Dies war Reginald Stuart Erskine Buchan, der Bruder und Geschäftspartner des Denunzianten. Da sich auf diesem Frachtschiff nur 39 Passagiere befanden, hatte er während der mehrtägigen Überfahrt ausgiebig Gelegenheit, die Künstler und ihre Frauen zu beobachten, deren Gespräche zu belauschen oder sogar selbst mit ihnen zu sprechen. Dabei muss sich bei diesem Reginald Buchan eine Mischung von Neid und Misstrauen entwickelt haben, worüber er seinen Bruder William informierte.

Die Polizei ging den schweren Vorwürfen nach, zumal sie über den in London geborenen William Buchan nur Gutes hörte; er sei ein weitgereister, gebildeter Mensch. „Er hat keine Vorurteile gegen jede Art von Juden oder Deutschen, aber erklärt, dass er leidenschaftlich gegen jede Person ist, welche eine Regierung zu betrügen versucht, während sie ein Gast dieser Regierung ist." Die australischen Behörden hielten den Denunzianten für glaubwürdig, obwohl er seine Vorwürfe nur mündlich äußerte. Sie ahnten nicht, dass die Brüder Buchan in Shanghai wegen unlauterer Praktiken im Warenaustausch mit der Sowjetunion und Versicherungsschwindel einen zweifelhaften Ruf genossen. Angesichts hoher Schulden waren sie im Juni 1936 von Shanghai nach Manila geflohen.[365] Da dies der australischen Polizei nicht bekannt war, folgte sie bereitwillig Buchans Angaben, ließ die Büroräume der genannten Wollhandelsfirma durchsuchen und legte Dossiers zu den einzelnen Bandmitgliedern an.

Dazu führten die Beamten Verhöre durch, ohne die Betroffenen über die schweren Vorwürfe gegen sie zu informieren.[366] Sie suchten Emanuel Frischer in seiner Wohnung (Flat 35, Selsdon, 16 Macleay Street, Potts Point) auf und trafen dort seinen Bruder Adolf, dessen Ehefrau Hildegard sowie zwei deutsche Besucherinnen an. Besonders interessierten die Polizei nähere Informationen über Nationalität und Zivilstand sowie zum Spionagefall. Zu Emanuel Frischer wurde ermittelt, er sei gebürtiger Berliner, aber polnischer Staatsbürger. Auf die Frage, warum die Band Russland schon vor Vertragsablauf verlassen habe, antwortete er, sie hätten inzwischen ein Engagement in der Mandschurei erhalten. Dann berichtete Frischer von seiner Heirat in Moskau; seine russische Frau habe ihn beim Verlassen der Sowjetunion nicht begleiten dürfen. In Tokio habe er sich beim polnischen Konsul über ihren Verbleib erkundigt und erfahren, dass sie verhaftet worden sei. Alle Versuche, sie zu besuchen, seien fehlgeschlagen. Der zuständige Beamte nahm diese Angaben ins Dossier auf und suchte nach weiteren Informationen über die russische Frau. Dabei habe Emanuel Frischer nicht mit gleicher Offenheit geantwortet wie sein Bruder. „Adolf Frischer und seine Frau erscheinen als recht gute Bürger, während uns Emanuel unsere Fragen über sein Privatleben in der UdSSR zu verübeln schien." Die Polizei verhörte auch den mit einer russischen Tänzerin verheirateten Ernest Schulvater, der angab, die russische Frau Emanuel Frischers schon vor der Heirat gekannt zu haben. Sie sei damals besser gekleidet gewesen als die meisten Russinnen. Nach der Ausreise der Weintraubs aus Russland sei sie verhaftet und zu fünf Jahren Gefängnis verurteilt worden. Einen Grund für die Verhaftung konnte Schulvater ebenso wenig nennen wie Frischer. Am 10. Oktober wurden die bisher gesammelten Daten unter dem Stichwort „Six members of the Weintraubs Band – aliens – employed at Prince's Restaurant Pty. Ltd." zusammengefasst und an Inspector Keefe von der für die Spionage-Abwehr zuständigen Military Police Investigation (M.P.I.) Section im Polizei-Hauptquartier weitergeleitet.[367]

An eben diesem 10. Oktober traf bei der Geheimdienst-Abteilung der Polizei ein anonymes Schreiben ein. Der Informant, der seinen Brief als „Loyalist" unterzeichnete, hatte verdächtige Bewegungen im Haus 51 Roslyn Gardens in Potts Point beobachtet. Seiner Mitteilung zufolge lebten dort im ersten Stock seit etwa 15 Monaten ein älterer sowie ein jüngerer Mann mit einer auffallend hübschen blonden Frau. Als merkwürdig fiel dem Denunzianten auf, dass diese Menschen angeblich beim Theater arbeiteten, abends aber immer zu Hause blieben. Zuletzt hatte er Folgendes beobachtet: „In den letzten drei Monaten schien der Mann sehr beschäftigt zu sein, am vergangenen Freitag und Samstag gingen einige Deutsche mit schweren Koffern hoch in die Wohnung und kamen mit leeren Koffern zurück." Der Nachbar muss die Wohnung des „feindlichen Ausländers" genau observiert haben, um die Besucher auch beim Verlassen des Hauses sehen und das Gewicht ihrer Koffer einschätzen zu können. In der Kriegshysterie galt jede Abweichung vom Alltäglichen als verdächtig. Auch dieser anonyme Denunziant glaubte mit seinem Hinweis dem Vaterland einen Dienst zu erweisen. „Ich gebe Ihnen diese Information nur als eine Vorsichtsmaßnahme und sicher im Interesse meines Landes, das sich im Krieg befindet."[368] Die bezeichnete Adresse war der Polizei bekannt: dort wohnte im ersten Stock ein weiteres Mitglied der Weintraubs, das damit ebenfalls als möglicher Staatsfeind galt. Die drei Personen, die der Denunziant beobachtet hatte, waren John Kay, seine Ehefrau Gertie sowie ihr Vater Richard Pfund.

Der Krieg spülte alte antideutsche Vorurteile wieder hoch. Als es auch zu Boykottaufrufen gegen deutsche Musik kam, warnte allerdings der Herausgeber der *Australian Musical News*: „Bach, Beethoven, Mozart, Schubert, Schumann, Weber und sogar Wagner sind nicht unsere Feinde, sondern unsere Freunde."[369] Werke lebender Komponisten, an die noch Tantiemen zu zahlen waren, wurden dagegen nicht mehr gespielt. Mit diesem Argument nahm der Dirigent Bernard Heinze schon im Oktober 1939 ein Stück von Richard Strauss von seinem Programm.[370] Die britische BBC verfügte ein halbes Jahr später in vertraulichen Schreiben ein „Ban on alien Composers", ein Sendeverbot gegen ausländische Komponisten, das auch aus Deutschland geflohene Musiker einschloss.[371] Die australische Rundfunkgesellschaft folgte dieser Programmentscheidung und forderte die Künstler auf, deutsche Lieder nur noch in englischer Übersetzung zu singen.[372]

In Sydneys Polizei gab es starke fremdenfeindliche Strömungen, nicht zuletzt bei William John Mackay, dem Polizeichef von New South Wales. Obwohl er dem Berliner Juden Fritz Brandmann zur Einreise verholfen hatte[373], war er berüchtigt für sein Misstrauen gegenüber Ausländern; zuweilen soll er sie als Kriminelle eingeschätzt haben, als Gefahr für einheimische Frauen.[374] Angesichts einer solchen Stimmungslage verwundert nicht, dass Major W. J. R. Scott, Director of Military Operations and Intelligence im Armeeministerium, sich durch die oben erwähnte anonyme Denunziation zu sofortiger Aktion gegen die verdächtigen Personen provoziert fühlte. Am gleichen Tag jedoch warnte ihn sein Kollege Inspektor Keefe vor Übereilung. Noch lägen nicht genügend Beweise vor, die „drastische Schritte" rechtfertigen würden. Allerdings sei es sinnvoll, ein Dossier über die Betreffenden anzulegen und mit anderen Unterlagen zu vergleichen.[375]

Der Gewerkschaftssekretär kämpft weiter

Schon unmittelbar nach Kriegsbeginn, am 15. September 1939, hatte sich Frank Kitson im Namen seiner Gewerkschaft beim Innenministerium demonstrativ nach der Nationalität der Band-Mitglieder erkundigt. Als er erfuhr, dass Graff, Weintraub und Weiss deutsche Staatsbürger und damit „feindliche Ausländer" waren, war dies willkommene Munition in seinem Abwehrkampf. Bei den Weintraubs handelte es sich aus Kitsons Sicht um so gefährliche Konkurrenten, dass die Hilfe der Geheimdienste nötig war. Wohl nicht zufällig wählte er als Ansprechpartner den eifrigen Major Scott. Mittlerweile ist bekannt, dass dieser William John Rendell Scott zugleich Stabschef der faschistischen Old Guard-Organisation war und zeitweise Spionage für die Japaner betrieb.[376] An ihn schrieb Kitson am 29. November:

> VERTRAULICH
> Werter Herr,
> beiliegend finden Sie die Kopie eines weiteren Antrags der als Winetraubs bekannten Gruppe, welcher von der Gewerkschaft abgelehnt wurde.
> Es geht daraus hervor, dass die Aktivitäten der Winetraubs über Rundfunk eher zu- als abnehmen werden. Ich bin mir Ihrer Schwierigkeiten in der Angelegenheit bewusst, schicke Ihnen aber eine Kopie des Antrags in der Hoffnung, dass sie Ihnen helfen kann, deren Engagement zu beschneiden, solange wir befähigte Briten haben, die die gleiche Arbeit leisten können.
> Hochachtungsvoll,
> F. Kitson
> Sekretär

Der selbst als Musiker tätige Gewerkschaftssekretär nutzte angesichts des Krieges die allgemeine Angst vor Untergrundaktivitäten „feindlicher Ausländer" aus. Als handele es sich um eine Frage der Staatssicherheit, bat er den Mitarbeiter des Armeeministeriums, ihm bei der Ausschaltung der unangenehmen Konkurrenz behilflich zu sein. Kitson war sich bewusst, dass seine Anfrage nicht im üblichen Zuständigkeitsrahmen des Offiziers lag, weshalb er sie als vertraulich deklarierte. Bei Scott glaubte er ein offenes Ohr zu finden. Immerhin berief er sich bei seiner Empfehlung auf ein patriotisches Interesse: auf die aus seiner Sicht vorrangige Beschäftigung einheimischer Musiker. Der in Kopie beigelegte Brief von Horst Graff vom 23. November enthielt unter dem Briefkopf „WINETRAUBS. Comedy Melodians" eine imposante Liste von deren bisherigen Auftrittsorten („Performed and Broadcast in Amsterdam, Antwerp, Auckland, Berlin, Brussels, Budapest, Bucharest, Copenhagen, Geneva, Milan, Moscow, Mukden, Munich, Oslo, Paris, Prague, Rome, Shanghai, Stockholm, Sydney, Tokyo, Vienna, Wellington, Yokohama, Zurich and 200 other Cities") und hat übersetzt den folgenden Wortlaut:

> Werter Herr,
> nachdem fast ein Jahr nach unserer letzten Unterredung verstrichen ist, bewerbe ich mich hiermit wieder im Namen der Weintraubs um die Mitgliedschaft in der Musicians' Union of Australia. Die Weintraubs waren nun fast drei Jahre in Australien und wollen dies Land zu ihrer Heimat machen. Wie Sie wohl wissen, sind zwei unserer Mitglieder Polen, einer ein Peruaner und drei kamen als nichtarische Deutsche hierher, aber ihre Pässe wurden ungültig.
> Sie werden feststellen, dass wir während unseres Aufenthalts keine Bestimmung der Gewerkschaft verletzt haben, uns aber viel glücklicher fühlen würden, wenn wir Ihre Unterstützung und Führung haben würden. Wir verpflichten uns, nie einzeln zu arbeiten, sondern nur in unserer jetzigen Kombination.
> Da wir in der nahen Zukunft größere Radioaufführungen mit evtl. zusätzlichen Musikern planen, wäre es schade, wenn wir diese Männer aus der Gruppe der Nicht-Gewerkschaftler auswählen müssten, obgleich wir wissen, dass Gewerkschaftler für eine solche Arbeit eher berechtigt wären.
> Wenn Ihre gegenwärtigen Bestimmungen es verbieten, ausländische Mitglieder aufzunehmen, würden wir uns freuen, assoziierte Mitglieder zu werden bis zu dem Zeitpunkt, wenn uns unser Status erlaubt, die volle Mitgliedschaft zu erlangen.
> In Erwartung einer günstigen Antwort
> Hochachtungsvoll
> Horst Graff
> Business Manager
> Leo Weiss, John Kay, Manny Fisher, Horst Graff, Stefan Weintraub, Ady Normand[377]

Mit diesem Brief gab Horst Graff erneut zu verstehen, dass die Weintraubs dauerhaft in Australien bleiben wollten und deshalb interessiert waren an einem guten Kontakt zur mächtigen Musikergewerkschaft. Mit dem Hinweis auf vermehrte Rundfunkauftritte signalisierte er, dass ihre offizielle Mitgliedschaft für die Gewerkschaft von Vorteil sein dürfte, denn auch deren Mitgliedern könnten die Aktivitäten der Gruppe zu neuen Arbeitsplätzen verhelfen.

Graffs Angaben waren zutreffend, was dem Innenministerium bekannt war. Dies geht aus einem Brief hervor, den J.A. Carrodus, der Sekretär des Ministers, am 28. Dezember an Kitson richtete. Der Gewerkschaftssekretär hatte erneut gegen die fortdauernde Anwesenheit von Stefan Weintraub protestiert, den er als „Dirigenten" der Band bezeichnete. Der sonst in Flüchtlingsfragen zurückhaltende Carrodus wies in seiner Antwort darauf hin, dass das Engagement von Weintraubs Band in „Prince's Restaurant" keine australischen Arbeitsplätze gefährdet, sondern im Gegenteil zu neuer Beschäftigung geführt habe. Craig Crawfords Band sei inzwischen um vier australische Musiker ergänzt worden. Man müsse deshalb zugeben, dass das Engagement der Weintraubs den gewerkschaftlichen Zielen in keiner Weise geschadet habe.[378]

Ein Memorandum des Ministeriums vom 19. Oktober, verfasst von Albert Robert Peters, dem Leiter der Einwanderungsabteilung, hatte ausdrücklich das positive Zeugnis erwähnt, das eine Persönlichkeit wie F.E. Baume für Horst Graff ausgestellt hatte. Mit Unbehagen nahm Peters zur Kenntnis, dass sich die Gewerkschaft der Erteilung einer Aufenthaltsgenehmigung widersetzte. „Mr. Graff und Mr. Kay sind beides Männer von hervorragendem Rang in ihrem Beruf, und die einzige Schwierigkeit, die der Gewährung einer ständigen Aufenthaltsgenehmigung im Wege steht, ist der Widerstand der Musikergewerkschaft gegen ausländische Musiker, die voraussichtlich in Tanzbands oder Orchester spielen werden." Ein Eingehen auf die Forderung der Gewerkschaft müsse, so Peters hellsichtig, im Falle der Weintraubs zur Spaltung der Truppe führen. „Mehreren Mitgliedern der ‚Weintraubs' wurde die Genehmigung erteilt, dauerhaft im Land zu bleiben, bevor der Protest der Gewerkschaft eintraf, und es wäre unbefriedigend, die Gruppe aufzuspalten, indem man den Herren Graff und Kay nicht erlaubt, bei der Truppe weiterzumachen."[379]

Obwohl die drohende Spaltung der Band deutlich sichtbar und die entschiedene Nazi-Gegnerschaft der beiden Antragsteller bekannt war, wagte das Ministerium keine Entscheidung gegen die hartnäckige Gewerkschaft. So plädierte das Memorandum für Vertagung: „Es wird empfohlen, dass die dauerhafte Aufenthaltsgenehmigung gegenwärtig aufgeschoben und die Angelegenheit in etwa sechs Monaten wieder aufgegriffen wird." Minister Foll stimmte diesem Vorschlag zu: Ende Mai 1940 sollte erneut über die Anträge von Graff und Kay beraten werden. Frank Kitson hatte damit in seinem Kampf gegen die Ausländer einen weiteren Sieg errungen. Er war fest entschlossen, keinen Gran von seiner Position abzuweichen. Aus seiner Sicht waren die Weintraubs Syncopators schon wegen ihrer Vielseitigkeit eine Provokation, ein Ärgernis. Dass hier Musiker ständig ihre Instrumente wechselten und dazu auch noch sangen, dass sie außerdem zwischendurch szenisch als Komödianten auftraten, widersprach allen Regeln der Musikergewerkschaft. Deren Mitgliedern waren solche Genrewechsel nicht gestattet.

Hinter Stacheldraht

Unterstützung der Alliierten

Bei ihrer Ankunft in Australien war die Band wegen ihrer internationalen Zusammensetzung als ein „musikalischer Völkerbund“[380] und noch im August 1939 als europäische Formation („continental combination“) präsentiert worden. Dagegen galt sie seit Kriegsbeginn vielen Australiern vor allem als deutsche Gruppe und damit als Sprachrohr des Feindes. Ihre lukrative Mitwirkung bei dem von dem britischen Waschmittelkonzern Lever Brothers gesponserten Radioprogramm „Rinso Melody Riddles“ im Sender 2CH mussten die Weintraubs Ende 1939 deshalb „aus patriotischen Gründen“ vorzeitig aufgeben. Vergeblich hatte Graff auf die internationale Zusammensetzung der Gruppe und den Flüchtlingsstatus ihrer deutschen Mitglieder hingewiesen.[381] Dagegen durften die Weintraubs in Prince's Restaurant auch Anfang 1940 noch allabendlich zu später Stunde mit großem Erfolg spielen. Ihre künstlerischen Fähigkeiten wurden nicht nur von Musikerkollegen bewundert, welche beispielsweise im Herbst 1939 das kunstvolle Arrangement der Ballade „Trees“ bestaunten[382], sondern auch von Robert Menzies, dem seit 1939 amtierenden liberalen Premierminister Australiens, der zu den Gästen dieses Restaurants gehörte. Er hatte vor übereilten Boykottaktionen gewarnt und erklärt, es sei ein Verhängnis, wenn aufgeklärte Staaten bei der Verteidigung der Freiheit ihre eigene Freiheit gefährden würden.[383]

Schon kurz nach Kriegsbeginn hatte Horst Graff am 11. September dem Oberbürgermeister von Sydney das Angebot seiner Band übermittelt, zugunsten eines Nationalfonds bei mehreren Konzerten am Sonntagabend kostenlos aufzutreten.[384] Dies war nicht im Sinne der Musikergewerkschaft, welche unbezahlte Arbeit ihrer Mitglieder ausdrücklich ablehnte. Entsprechende Anträge beschied sie fast durchweg negativ und bemühte sich darum, für die musikalische Gestaltung patriotischer Veranstaltungen staatliche Förderung zu erhalten. Die Regierung kam diesem Wunsch nicht nach und wies darauf hin, dass es genügend kostenfreie Angebote gebe – etwa von den Weintraubs.[385] Am 17. November traten diese bei einem großen Wohltätigkeitskonzert des Roten Kreuzes in der Stadthalle von Sydney auf. Ebenso beteiligt waren die Comedian Harmonists, die seit Juli 1939 mit großem Erfolg wieder in Australien gastierten. Wohl zum ersten Mal in ihrer Geschichte standen damit diese beiden Berliner Gruppen auf einem Programm nebeneinander, und das ausgerechnet in Australien. Der Titel des damals verbreiteten Marschlieds „We'll Hang Our Washing on the Siegfried Line“ (Wir werden unsere Wäsche an den Westwall hängen), das die deutschen Verteidigungsanlagen verspottete, diente als Motto des Abends. Das Programm begann mit der Hymne „God Save the King“, gefolgt vom Auftritt der Sydney Pipe Band. „The Weintraubs“, die vierte Nummer, schlugen sich mit Trommelstöcken gegenseitig die Köpfe ein.[386] Nach der Pause, nach patriotischen Chorwerken und klassischer Violinmusik, waren dann „The Comedy Harmonists" zu hören.[387] Sie hatten im September bekanntgegeben, sich dauerhaft in Australien niederlassen zu wollen.[388] Der Abend, der unter der Schirmherrschaft von Lord und Lady Gowrie, dem britischen Generalgouverneur mit Gattin, sowie Lord Wakehurst, dem Gouverneur von New South Wales, stand, erbrachte einen Erlös von 1.500 Pfund. Im März 1940 wurde ein weiterer Auftritt der Weintraubs zugunsten eines Wohltätigkeitsfonds des Oberbürgermeisters angekündigt.[389]

Wenig später teilte Bendrodt der Band mit, dass sie am 20. April bei einer Gartenparty im Government House der Hauptstadt Canberra spielten sollte.[390] Die Einnahmen sollten The Lady Gowrie's War Funds zugutekommen. Nach der Party mit der Gattin des Generalgouverneurs als Gastgeberin sollte ein Ball im Hotel Canberra folgen mit Mrs. C.A. Carrodus, der Gattin des Staatssekretärs im Innenministerium, als Schirmherrin.[391] Dass ausgerechnet „feindliche Ausländer" zu so exponierten patriotischen Anlässen ausgewählt wurden und sie damit wiederum die gewerkschaftliche Forderung nach bezahlter Arbeit unterliefen, musste Männer wie Kitson und Scott zutiefst befremden. Wohl auch auf ihren Druck dürften die wachsenden Probleme zurückzuführen sein, denen die Band begegnete.

Horst Graff ahnte die düsteren Wolken nicht, die sich über ihm zusammenzogen, als er am 15. April zur Polizei ging, um für sich und seine Band die nötigen Genehmigungen für die Reise nach Canberra zu beantragen. Immerhin waren die Weintraubs als „enemy aliens" während des Krieges Reisebeschränkungen unterworfen. Dem zuständigen Offizier, einem Leutnant Strack, missfiel das selbstsichere Auftreten des hochgewachsenen, gutgekleideten Deutschen, der um 14.40 Uhr die Polizeistation in Darlinghurst betrat, mit lauter Stimme seine Wünsche vortrug und offenbar annahm, die Genehmigungen sofort zu bekommen. Zu seinem Ärger musste Graff hören, dass dies nur auf schriftlichen Antrag möglich war. Der Polizist empfand die fordernde Haltung des Deutschen als provokativ und ließ sich dessen Akte geben. Dort las er, dass sein Besucher Inhaber eines deutschen Reisepasses war. Die Akte enthielt auch eine Mitteilung der Zensurstelle; diese hatte am 22. November einen an Graff gerichteten Brief abgefangen, in dem sein in Honduras lebender Bruder um Unterstützung für die in Berlin verbliebenen Eltern bat. Der Polizist ahnte nicht die Sorge der Söhne um ihre Eltern, die als Juden in Deutschland bedroht waren; ihm genügte angesichts des Krieges die Information, dass ein „feindlicher Ausländer" mit Berlin in Verbindung stand. Er verfasste noch am gleichen Tag ein Memorandum für den Sicherheitsdienst, in dem er vor der Erteilung einer Reisegenehmigung warnte. „Unter diesen Umständen ist es sehr fragwürdig, diesen Mann und seine Band bei einer offensichtlich patriotischen Veranstaltung spielen zu lassen."[392] Seinem Schreiben angeheftet war eine möglicherweise von Major Powell stammende Notiz vom 16. April, die unter der Überschrift „Horst Graff with Weintraubs" dies bestätigte: „Es wird dringend empfohlen, diesen Antrag abzulehnen. Es ist höchst unwahrscheinlich, dass Lady Gowrie wissen kann, was für Menschen das sind, und es gibt keine Rechtfertigung, ihnen zu erlauben, bei einer patriotischen Veranstaltung zu spielen."

Graff dagegen war sich seiner Sache weiterhin sicher, zumal die Einladung von höchster Stelle ausgegangen war. Zwei Tage nach seinem Besuch in der Polizeistation und nur drei Tage vor dem Auftritt reichte er beim Department of Military Intelligence des Polizeihauptquartiers den nötigen schriftlichen Antrag ein[393] und erhielt die gewünschte Genehmigung. Als die Musiker vor ihrer Abreise in der Polizeistation die Dokumente unterschrieben, fiel auch dem Wachtmeister F.S. Ferris ihr selbstbewusstes Auftreten unangenehm auf. Am 20. April berichtete er seinem Vorgesetzten: „Während sie hier im Büro ihre Reisepapiere unterzeichneten, nahmen sie ständig eine sehr dominierende Haltung ein und unterhielten sich untereinander über den Ärger, dem sie ausgesetzt waren. Einer stellte fest: Dabei tun wir das doch nur für die Wohltätigkeit. Aus ihrem Verhalten gewann man den Eindruck, wir seien ihnen zu Dank verpflichtet. Dabei waren sie alles andere als höflich." Der Wachtmeister ergänzte in seiner Meldung, dass John Kurt Kaiser, der sich als Peruaner bezeichnete, in Leipzig geboren sei. Und die Brüder Frischer, die als Polen galten, stammten merkwürdigerweise aus Berlin.[394]

Am Morgen jenes 20. April, während der Wachtmeister seine Meldung abschickte und in Deutschland Hitlers Geburtstag gefeiert wurde, reisten die sechs Musiker in die Hauptstadt des jungen Staates. Endlich waren sie wieder einmal die musikalische Hauptattraktion und wurden nicht von einer einheimischen Band in die Nachtstunden abgedrängt. Nach der Gartenparty zog ein Teil der Gesellschaft ins Hotel Canberra um, wo die Weintraubs den musikalischen Teil des Balls gestalteten. Die *Canberra Times* kündigte dies als Höhepunkt an, denn es handle sich um Sydneys bekannteste Tanzband.[395] Einem anderen Zeitungsbericht zufolge befanden sich in dem mit Gladiolen, Chrysanthemen, Dahlien und Palmen geschmückten Saal unter den zahlreichen Gästen Sir Geoffrey Whiskard, der britische Hochkommissar für Australien, mit Frau, und Charles Burchell, der kanadische Hochkommissar, ebenfalls mit Frau. So begeistert waren die Musiker von der ihnen hier gebotenen Freiheit, dass sie um Mitternacht nicht wie vereinbart sofort ihre Instrumente einpackten. Es kam zu einer polizeilichen Verwarnung, die in Sydney prompt ins Dossier der Musiker aufgenommen wurde.

Dennoch gelang es Graff, der Truppe auch danach einen großen Live Auftritt zu verschaffen. Wie der *Music Maker* am 30. April mitteilte, sollte demnächst eine „Crazy Show" der Weintraubs im Tivoli Circuit, dem führenden Variété-Theater Sydneys, folgen.[396] Wieder tat Frank Kitson alles, um solche Aktivitäten der Jazzband zu verhindern. Am 3. Mai schrieb er einen Brief an Lady Gowrie und wies diese darauf hin, dass der Auftritt einer ausländischen Band in Canberra einen höchst ungünstigen Eindruck hinterlassen habe. In seiner Antwort verteidigte der Privatsekretär des Generalgouverneurs die an die Weintraubs ergangene Einladung; drei der deutsch-jüdischen Mitglieder der Band seien Opfer der Nazi-Tyrannei, denen Lady Gowrie habe helfen wollen. Kitson gab sich damit nicht zufrieden, sondern belehrte die Gattin des Generalgouverneurs in einem weiteren Schreiben, diese immer noch erfolgreichen Musiker bedürften keineswegs der Hilfe.[397]

Verhaftet und interniert (1940–1941)

Nur wenige Wochen später verschlechterte sich in Australien die Situation für „enemy aliens“ ähnlich dramatisch wie in Großbritannien. Angesichts der raschen Vorstöße der deutschen Armee über Belgien und die Niederlande nach Frankreich und im Hinblick auf die unmittelbare Gefahr einer Invasion in England empfanden viele Australier noch stärker als sonst ihre Bindung an das „Mutterland“. Die aufbrandende Solidarität mit dem Empire bekräftigte das Misstrauen gegenüber Angehörigen von Feindnationen.[398] Wie in England warnte man nun auch in Australien vor subversiven Aktionen einer Fünften Kolonne. Befürchtungen wurden laut, Docks und Häfen könnten durch „feindliche Ausländer“ ausgespäht und bedroht werden. Eben in jenem Moment lief die Sechsmonatsfrist ab, nach der das Innenministerium erneut über die Aufenthaltsgenehmigung von Graff und Kaiser beraten wollte. Am 19. Mai erinnerte John Kaiser das Ministerium an die fällige Entscheidung. Da ihm der Widerstand der Musicians' Union bekannt war, ließ er jetzt seine Zugehörigkeit zu den Weintraubs unerwähnt. Er hatte inzwischen einen eigenen Verlag, Microphone Music Publishers, eröffnet und argumentierte allein aus der Perspektive des Verlegers; auf Verlagsbriefpapier legte Kaiser dar, dass er sich mit einer dauerhaften Aufenthaltsgenehmigung viel wirkungsvoller als bisher für australische Künstler einsetzen könne.[399]

Das Innenministerium konnte allerdings in dieser kritischen Situation keine neuen Aufenthaltsgenehmigungen erteilen. Vielmehr ergriff nun das Verteidigungsministerium die Initiative und erließ am 31. Mai eine verschärfte Verfügung zur Fremdenkontrolle.[400] Diese ermöglichte die Internierung solcher Flüchtlinge, die noch Familienangehörige in Deutschland besaßen und deshalb als erpressbar erschienen. Die Behörden gingen dabei von der Annahme aus, viele Flüchtlinge seien mit Genehmigung der Gestapo ausgereist.[401] Bei den Sicherheitsdiensten fielen solche Warnungen auf fruchtbaren Boden, zumal die Nachrichten vom europäischen Kriegsschauplatz immer bedrohlicher wirkten. Am Donnerstag, dem 6. Juni, als die Zeitungen über schwere deutsche Bombenangriffe in Mittelfrankreich berichteten, wurden in Sydney Hunderte von Ausländern festgenommen, darunter auch solche, die am 4. September 1939 inhaftiert, inzwischen aber wieder entlassen worden waren. Jeweils drei Polizisten gingen am frühen Morgen zu den Wohnungen der Gesuchten, die meist noch schliefen. Sie mussten sich rasch anziehen und wurden dann in städtische Gefängnisse gebracht.

Einem Zeitungsartikel zufolge waren den Verhaftungen gründliche polizeiliche Recherchen vorausgegangen.[402] Betroffen waren überwiegend Deutsche, die in den östlichen Stadtteilen zwischen Potts Point und Bellevue Hill in Hafennähe und damit unweit militärisch sensibler Objekte wohnten. Hier lebten sie allerdings nicht aus Spionageinteresse, sondern aus praktischen und finanziellen Motiven.[403] Andere jüdische Flüchtlinge aus Deutschland hatten im September 1939 eine schriftliche Erklärung („Form of Parole“) abgeben müssen, wonach sie während des Krieges weder direkt noch indirekt mit irgendeiner Handlung der Sicherheit des Britischen Empire schaden würden.[404] Danach blieben sie unbehelligt. Auch die Comedian Harmonists befanden sich glücklicherweise in Sicherheit. Sie waren im Januar 1940 von der westaustralischen Stadt Perth zu einer Nordamerika-Tournee aufgebrochen. Da sie wegen des Seekrieges von dort nicht wie geplant nach Australien zurückkehren konnten, blieben sie zunächst in den USA. Allerdings hatte die neuseeländische Regierung ein weiteres Gastspiel der Gruppe abgelehnt, weil zwei ihrer Mitglieder deutsche Staatsbürger seien.[405]

Obwohl der anglikanische Bischof Dr. Venn Pilcher vor der Internierung geflüchteter Hitler-Gegner warnte, waren jetzt auch die Weintraubs Syncopators in Gefahr. Unter den Verhafteten dieses Junimorgens befanden sich drei ihrer Mitglieder: die deutschen Staatsbürger Horst Graff und Stefan Weintraub sowie der Peruaner John Kurt Kaiser. Der ebenfalls mit deutschem Pass eingereiste Leo Weiss sowie die Brüder Frischer blieben verschont. Stefan Weintraub wurde in seiner Wohnung (123 Macleay St., Potts Point) morgens um 4.15 Uhr aus dem Schlaf gerissen und verhaftet. Unter den drei Polizisten, die ihn festnahmen, befand sich auch jener Leutnant Strack, der gegen das arrogante Auftreten Graffs protestiert hatte. Die Verhafteten durften nur wenige Habseligkeiten mitnehmen. Entsprechend der von ihm und zwei Polizeibeamten unterzeichneten Liste waren dies bei Stefan Weintraub 1 Handtuch, 1 Morgenrock, 1 Pullover, 1 Paar Slippers, 1 Paar Strandschuhe, 5 Paar Socken, 1 Krawatte, 1 Paar Pyjamas, 2 Hemden, 2 Taschentücher, 1 Schuhlöffel, Seife, 1 Toilettengarnitur, 1 Lederhandkoffer, 1 Brieftasche, 1 Pfeifenreiniger, 1 Notizbuch, 2 Schlüssel und 1 Armbanduhr im Gesamtwert von 1 Pfund und 3 Shilling.[406] Zuerst wurde der Musiker mit den anderen in eine Zelle der nächsten Polizeistation eingeliefert, von dort ins Gefängnis Darlinghurst und dann in einem vergitterten Wagen ins Gefängnis Long Bay, wo er wie ein Krimineller abgefertigt wurde.[407] Auch Horst Graff wurde am 6. Juni in seiner Wohnung verhaftet und ähnlich behandelt.

Am 10. Juni wurden Graff und Weintraub mit 112 anderen Verhafteten von Long Bay ins 260 km entfernte Übergangslager Orange überführt. Dort standen in einer scheunenartigen Halle auf lehmigem Boden in ehemaligen Tierställen die Pritschen.[408] Es gab nur wenige Sitzgelegenheiten, kaum Platz für Gepäck, keine Heizung und nur unzureichende Waschgelegenheiten.[409] Der Ort Orange war wegen seiner weiten Entfernung von der Küste gewählt worden – hier konnten die als Spione Verdächtigten unmöglich militärische Hafenanlagen auskundschaften. Das von einem doppelten Stacheldrahtzaun umgebene Lager wurde von Soldaten der 54th Garrison Battalion bewacht.[410] Die Gefangenen wurden auch bei der Ernte eingesetzt und mussten dann die rote Kleidung von Kriegsgefangenen tragen.

Weintraub war empört über die Inhaftierung, die er allein auf seine deutsche Staatsangehörigkeit zurückführte. Die in seiner Akte vermerkten Spionagevorwürfe William Buchans waren ihm wie allen anderen Bandmitgliedern unbekannt. Er empfand seine Festnahme deshalb als tiefe Ungerechtigkeit – immerhin war er kein Nazi, sondern Opfer des Regimes. Wenige Tage nach seiner Einlieferung schrieb er dem Lagerkommandanten einen Brief:[411]

17. Juni 1940
Werter Herr,
hiermit beantrage ich gehorsamst die Freilassung aus der Internierung aus folgenden Gründen:
Ich bin vollständig jüdischer Abstammung und deshalb von Natur in Opposition zum Nazi-Regime.
Ich habe meine Loyalität gegenüber dem Britischen Empire bei vielen Gelegenheiten bewiesen und bin bereit, das Commonwealth of Australia in jeder gewünschten Form zu unterstützen.
Eine Überprüfung wird die obengenannten Fakten sofort belegen. In der Hoffnung, dass meine Bitte günstig behandelt wird, verbleibe ich gehorsamst
Stefan Weintraub

Dieser Antrag blieb ohne Wirkung. Aus einem am 8. Juli vom Geheimdienst abgefangenen Brief, den Gertrud Irene Weintraub an einen Georg Ries nach Shanghai schickte[412], geht hervor, dass ihr Mann wusste, dass die Frischer-Brüder mit Leo Weiss weiter in Prince's Restaurant auftraten. Stefan Weintraub dachte während der Haft auch an seine Mutter in Berlin, deren 80. Geburtstag bevorstand. Schon vorher hatte er versucht, ihr über China einen Bankscheck zu schicken. Da ein direkter Briefkontakt nach Deutschland verboten war, bat Weintraub seine Frau, sie solle sich darum kümmern, der Mutter seine Verhaftung aber nicht mitteilen. Dem Schreiben legte er einen Brief an die Mutter bei mit vielen guten Wünschen und einem Gruß an seine Schwester Elfriede, die damals noch in Berlin lebte. Man kann nur hoffen, dass dieser Brief von Shanghai in die deutsche Hauptstadt weitergeleitet wurde. Hulda Weintraub lebte dort damals in einem Pflegeheim und starb im Dezember 1941 eines natürlichen Todes. Sie wurde neben ihrem Ehemann auf dem Jüdischen Friedhof Berlin-Weißensee beigesetzt. Dagegen wurde ihre Tochter Elfriede im Februar 1943 nach Auschwitz deportiert.

Aus einem anderen Brief seiner Frau erfuhr Stefan Weintraub, dass diese wegen weiterer Befragungen nervös sei. Sie stehe in engem Kontakt zu den beiden anderen Ehefrauen der Inhaftierten, zu „Margo" Graff und „Putchen" Kay, und bemühe sich um einen Job. Leider habe sie keine Erlaubnis bekommen, Untermieter aufzunehmen. Es sei für sie eine schwierige Zeit, zumal die Polizei bei einer früheren Durchsuchung der Wohnung ihren schwedischen Pass beschlagnahmt hatte. Sie hoffe aber, ihren lieben Mann bald im Lager besuchen zu können und habe einen entsprechenden Antrag gestellt.[413] Gertrud Weintraub wandte sich an das schwedische Generalkonsulat, das am 3. Juli die Polizei dringend um Rückgabe ihres Passes ersuchte; immerhin gelte sie trotz ihrer Heirat mit einem Ausländer nach schwedischem Gesetz weiterhin als Schwedin.[414] Der Geheimdienst, der auch Stefan Weintraubs deutschen Pass beschlagnahmt hatte, war allerdings der Auffassung, Gertrud Weintraub sei durch ihre Ehe mit einem Deutschen zur deutschen Staatsbürgerin geworden.[415]

Stefan Weintraub unternahm weitere verzweifelte Anstrengungen, um das Internierungslager verlassen zu können. In einem neuen handschriftlichen Brief an den Lagerkommandanten ergänzte er am 10. Juli zusätzliche Informationen, um seine Loyalität zum Britischen Empire zu beweisen. Schon anderthalb Jahre vor Kriegsbeginn habe er sich um die Staatsbürgerschaft in Australien bemüht. Im September 1939 habe er dem britischen König wie dem Dominion seine tatkräftige Unterstützung angeboten; dieses Angebot liege dem jüdischen Komitee in der Maccabean Hall in schriftlicher Form vor. In vielfältiger Weise hätten er und die Kollegen seiner Band sich seitdem für die vaterländische Sache eingesetzt: „Unter vielen Auftritten sind auch solche für Ihre Exzellenzen Lord und Lady Gowrie zu nennen, für das Rote Kreuz, den Lord Mayors Fund, vor Soldaten in Lagern und bei vielen anderen Gelegenheiten." Eine genaue Untersuchung durch die Behörden werde dies bestätigen und zeigen, dass es keinen Grund für seine Internierung gibt.

Gertrud Irene Weintraub durfte ihren Ehemann am 21. Juli im Lager Orange besuchen. Da beide von einer irrtümlichen Verhaftung ausgingen, hielten sie es für angebracht, die Behörden noch genauer aufzuklären. Stefan Weintraub formulierte am folgenden Tag eine nun mit Schreibmaschine geschriebene Erklärung, in welcher er erstmals seinen Großvater Hirsch Weintraub (1811–1881), den Oberkantor der Großen Synagoge in Königsberg, erwähnte. Auf seine jüdische Herkunft hatte er zuvor nie Wert gelegt. Jetzt aber gab Stefan Weintraub bekannt, dass alle Mitglieder der nach ihm genannten Band Deutschland wegen der Judenverfolgung im März 1933 hatten verlassen müssen. Die Band habe sich gegenüber dem Oberbürgermeister von Sydney verpflichtet, durch unbezahlte Auftritte die beträchtliche Summe von 1.000 Pfund einzuspielen. Alle Aufführungen seien eindeutig gegen die Nazis gerichtet gewesen. Er könne deshalb seine Internierung nicht verstehen und müsse annehmen, dass neidische Rivalen falsche Behauptungen über ihn verbreitet hätten.[416]

In Stefan Weintraubs Akte finden sich zwei merkwürdige Bescheinigungen vom 9. August 1940. Die eine besagt, dass der Inhalt seiner Wohnung verkauft wurde und der Erlös seiner Frau ein geregeltes Einkommen für die nächsten elf Monate sichere.[417] Das zweite Schreiben ist ein Angebot Cyril Schulvaters, Stefan Weintraub in seinem Geschäft zu beschäftigen.[418] Dagegen wurden Hilfsangebote der Frischer-Brüder oder von Leo Weiss bislang nicht bekannt. Möglicherweise hatte man Weintraubs Freilassung an die Bedingung geknüpft, dass sein Lebensunterhalt gesichert sei. Horst Graff hatte am 26. August ebenfalls eine Erklärung über das in seiner Wohnung verbliebene Eigentum ausgefüllt. Neben einzelnen Möbelstücken listete er dort seine zahlreichen Instrumente auf, dazu Bühnenkleidung, und erklärte, seine Frau Margot, die eine Arbeit als Verkäuferin annahm[419], werde sich um diese Gegenstände kümmern.[420]

Bis dahin hatten die Bandmitglieder nie unter Finanzproblemen gelitten. In Deutschland sollen die Weintraubs um 1930 als damals teuerstes Jazzorchester pro Abend 1.000 bis 1.200 Reichsmark erhalten haben.[421] Offenbar waren nun aber weitere Auftritte in Frage gestellt, so dass andere Wege zum Gelderwerb gefunden werden mussten. Tatsächlich hatte die Internierung ihrer führenden Mitglieder die gesamte Band in Existenzprobleme geführt. Die in Freiheit verbliebenen Frischer-Brüder konnten zwar zunächst noch mit Leo Weiss als Trio bei Prince's auftreten, bis dann auch Weiss gehen musste. Dennoch gab es ohne Horst Graff, Sydney John Kay und Stefan Weintraub keine Weintraubs Syncopators. Mit seinen energischen Bemühungen um Freilassung hatte Stefan Weintraub deshalb nicht nur sein eigenes Schicksal, sondern auch das seiner Kollegen vor Augen gehabt. Die Zukunft der Band stand auf dem Spiel. Aber obwohl er im August in einem weiteren Brief um seine Entlassung bat und zusätzliche Wohltätigkeitskonzerte für patriotische Zwecke anbot, blieb er inhaftiert.

Sonderfall John Kurt Kaiser

Freigelassen wurde dagegen John Kurt Kaiser. Während Leo Weiss trotz seiner deutschen Staatsangehörigkeit ungeschoren blieb, war Kaiser am 6. Juni 1940 ebenfalls verhaftet worden. Wie Graff und Weintraub war auch er ins Gefängnis Long Bay gebracht worden. Da er annehmen musste, als „feindlicher Ausländer" zu gelten, hatte er bereits unmittelbar nach seiner Einlieferung ins Gefängnis in einem Brief das Military Investigation Department auf seine peruanische Staatsangehörigkeit hingewiesen:

> Werte Herren,
> Ich, John Kurt Kaiser wurde als feindlicher Ausländer verhaftet, obwohl ich peruanischer Staatsbürger bin – mein Großvater Jacob Kaiser lebte in Peru, mein Vater Morris Kaiser wurde in Callao (Peru) geboren – leider kehrte er nach Europa zurück und so wurde ich in Leipzig geboren. Aber ich wurde von den deutschen Behörden nie als Deutscher anerkannt. Ich wurde entsprechend am 28. März 1925 im peruanischen Konsulat in Berlin als peruanischer Staatsbürger gemeldet. [...]
> Ich möchte erwähnen, dass ich aus Deutschland vertrieben wurde – ohne Arbeitserlaubnis, weil ich Jude bin. Ich habe viele Male meine Loyalität unter Beweis gestellt, indem ich als Musiker bei Rotkreuz-Konzerten, beim Patriotischen Fonds und bei Lady Gowries Rotkreuz-Ball spielte. Ich erkläre noch einmal, dass ich hundertprozentig probritisch und anti-deutsch empfinde.[422]

Kaiser erwähnte in diesem Brief weitere Motive für seine Gegnerschaft zu den Nazis, die sein ganzes Vermögen gestohlen hätten. Auch seine in Berlin geborene Ehefrau und ihr Vater, deren Einreise nach Australien er ermöglichen konnte, hätten ihren Besitz in Deutschland verloren. Angestachelt durch solche Erfahrungen habe er die Musik zu dem von Eric Porter produzierten australischen Zeichentrickfilm „Adolf 'n Plunderland" komponiert und dirigiert.[423] Kaiser war am 10. Juni ebenfalls von Long Bay ins Internierungslager Orange gebracht worden, von wo aus er mehrere Protestbriefe an den Lagerkommandanten schrieb. Den peruanischen Konsul bat er am Monatsende um Unterstützung. Als er auch nach mehreren Wochen noch nicht aus Orange entlassen war, wandte sich am 25. September seine Frau Gertie an Major Powell, dem sie versicherte, dass ihr Gatte niemals mit den Nazis sympathisiert habe. Zum Nachweis seiner peruanischen Staatsbürgerschaft bemühe man sich um das Geburtszeugnis seines Vaters.

Als einen Monat später immer noch keine befriedigende Antwort eintraf, richtete Kaiser am 16. Oktober ein Entlassungsgesuch direkt an den Premierminister Robert Menzies.[424] Er wusste, dass dieser sich für behutsame Internierungen ausgesprochen hatte und zudem die Weintraubs kannte. In seinem Brief erinnerte der Musiker an den Beitrag der Band zur Kriegsführung und nannte die Tatsache, dass er jetzt gemeinsam mit Nazis eingesperrt war, verzweifelt. Kaiser appellierte an den bekannten Gerechtigkeitssinn der Briten. Da ihm die Spionagevorwürfe Buchans unbekannt waren, konnte er sich ebenso wie Stefan Weintraub seine inzwischen viermonatige Inhaftierung nicht anders als durch eine böswillige Verleumdung erklären. Auch an seinen Bruder Pedro sowie an den peruanischen Konsul schickte Kaiser an jenem 16. Oktober erneut schriftliche Hilferufe. Nachdem er den Lagerkommandanten schon mehrfach auf seine nichtdeutsche Staatsangehörigkeit hingewiesen hatte, bat er diesen am 18. Oktober um eine Anhörung vor dem Appell Board, um seine Unschuld beweisen zu können.[425] Ohne eine solche Anhörung wurde Kaiser am 1. November in das im Landesinnnern weit entfernte Wüstenlager Hay verlegt und von dort am 19. November nach insgesamt sechsmonatiger Internierung in die Freiheit entlassen.

Im Nazi-Camp

Graff und Weintraub waren Ende August 1940 von Orange in ein viel größeres und besser organisiertes Lager im Norden des Nachbarstaates Victoria verlegt worden. Insgesamt sieben Internierungslager gab es in der Nähe der Stadt Tatura, vier für Zivilisten, drei für Kriegsgefangene. In Camp 1 waren bereits ab Februar 1940 als besonders gefährlich geltende Personen, erklärte Hitler- und Mussolini-Anhänger, untergebracht, weshalb dieses Lager als „Nazi-Camp" galt. Hakenkreuz-Fahnen durften hier offen gezeigt und der Hitler-Gruß entrichtet werden. Die von den Insassen gewählte Lagerleitung ließ Hitlers Geburtstag ebenso feiern wie den Tag der Machtergreifung.[426] Ausgerechnet hierhin kamen Graff und Weintraub zusammen mit einigen anderen Juden. Umso mehr bemühten sie sich um ihre Freilassung.

Am 14. September, mehr als drei Monate nach seiner Verhaftung, wandte sich Stefan Weintraub in einem Schreiben an den Lagerkommandanten und betonte erneut seine Loyalität. Da er sich seine Verhaftung sonst nicht erklären konnte, äußerte er wieder die Vermutung, einer Denunziation von Kollegen zum Opfer gefallen zu sein.

Da ich ein Jude bin und deshalb keinerlei Möglichkeit habe, nach Deutschland oder in ein anderes Land dieser Art zurückzugehen, betrachtete ich Australien als meine neue Heimat, seit ich vor 3 ¼ Jahren hier eintraf; und nachdem ich eine permanente Aufenthaltsgenehmigung erhielt (1937), entwickelte ich einen enthusiastischen Patriotismus für das Commonwealth, wie jeder Australier weiß, der mich kennt. Ich habe mich neun Monate vor Kriegsausbruch um die Einbürgerung bemüht und alles in meiner Kraft Stehende getan, um meine Loyalität zu beweisen [...].
Ich könnte mir gar nicht vorstellen, einem Empire irgendwie zu schaden, das sich im Krieg befindet mit einem Land, das mich nur deshalb vertrieben hat, weil ich von jüdischer Rasse bin, und welches mir und meinen Verwandten alles raubte, was wir besaßen, und mir alle meine Rechte nahm. Niemand in Australien könnte ein solches Land und seine Einwohner mehr verachten als ich. Ich bin nun seit mehr als drei Monaten interniert. Der Grund dafür ist mir absolut unbekannt; ich kann nur vermuten, dass unwahre Behauptungen von neidischen Konkurrenten – weil ich einigen Erfolg mit meiner Arbeit hatte – das Motiv für meine Internierung waren. Was habe ich getan, dass ich alles dies durchmachen muss und dass ich keinen Ort auf der Welt finde, wo ich willkommen bin? Ich hatte nie etwas mit Politik zu tun, ich habe nie etwas getan gegen die Gesetze irgendeines Landes, wo ich mich aufhielt, und ich habe mich besonders bemüht, ein ehrlicher und nützlicher australischer Bürger zu werden. – Ich bin sicher, dass der Geheimdienst festgestellt hat, dass meine gesamte Korrespondenz,

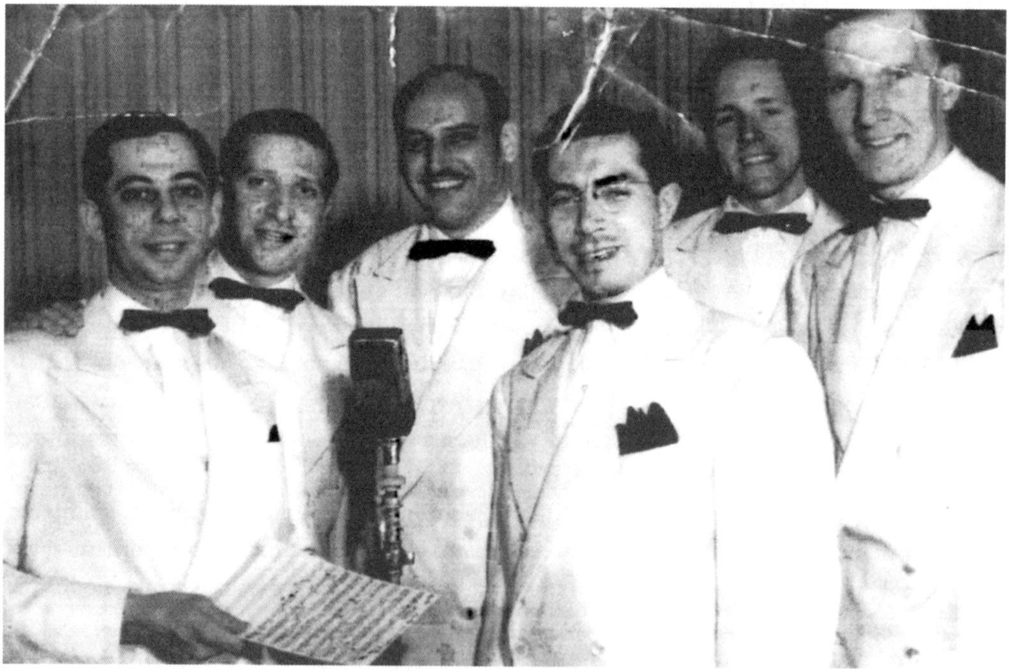

Fisher's Sextet in Prince's Restaurant – von links: Weiss, Adolf Fisher, N.N., Manny Fisher

meine persönlichen Kontakte und mein Verhalten meine Loyalität zu diesem Land zeigen, und ich würde gerne beweisen, dass jedes Misstrauen gegen mich grundlos ist; und deshalb bin ich gezwungen, meine Internierung für ungerechtfertigt zu halten.[427]

„Was habe ich getan, dass ich alles dies durchmachen muss und dass ich keinen Ort auf der Welt finde, wo ich willkommen bin?" Dieser Satz aus Stefan Weintraubs Brief lässt seine tiefe Verzweiflung spüren. Zweifellos hatte er erfahren, dass durchaus nicht alle Flüchtlinge mit deutscher Staatsangehörigkeit interniert worden waren. Der ebenfalls aus Berlin geflohene jüdische Musiker Henry Adler leitete weiterhin eine Akkordeonklasse an Nicholson's College for Modern Music. Aus Angaben seiner Frau wusste Weintraub, dass die in Freiheit verbliebenen drei Bandmitglieder Adolf und Emanuel Frischer sowie Leo Weiss inzwischen zusammen mit Henry Adler und dem Australier Samuel Lee (wechselnd mit John Weine, Mark Ollington) ein neues Ensemble gegründet hatten: „Fisher's Sextet".

Sein beschwörender Brief vom 14. September hatte nicht die erwünschte Wirkung. Am 23. Oktober wiederholte ein Geheimdienstdossier erneut den Spionageverdacht gegen die Gruppe. Über Weintraubs selbst hieß es abschließend pauschal: „Er ist ein feindlicher Ausländer und seine Entlassung aus der Internierung wird nicht empfohlen."[428] Deshalb blieben Graff und Weintraub weiterhin zusammen mit Nazi-Anhängern und anderen Nazi-Gegnern in Camp 1 gefangen. Besuche ihrer Ehefrauen gab es angesichts der weiten Entfernung von Sydney nur selten.[429] Stefan Weintraubs älterer Bruder Max war im September zusammen mit seiner Frau Elly auf dem Schiff „Queen Mary" von Singapur nach Australien transportiert und dann ebenfalls nach Tatura gebracht worden. Er lebte allerdings in einem anderen Lager, in Camp 3, so dass die Brüder sich vermutlich nicht sehen konnten.

Vor dem Fremden-Tribunal (1941)

Einer der entschiedensten Hitler-Gegner im Camp 1 war der Wirtschaftsprüfer Max Joseph, der in Berlin einst jüdische Auswanderer beraten hatte. Nach der „Reichskristallnacht" war er ins KZ Sachsenhausen eingeliefert worden und unmittelbar nach seiner Entlassung nach Australien ausgereist. Als zu Unrecht verhaftete Flüchtlinge aus Hitler-Deutschland beantragten Max Joseph, Horst Graff und Stefan Weintraub am 3. Dezember in einem gemeinsamen Brief an Percy Spender, den Minister für die Armee, die Anhörung vor einem Tribunal. Die Zuständigkeit der Armee ergab sich aus ihrer Klassifizierung als Kriegsgefangene.[430] Unerträglich sei es für sie, als Juden zusammen mit Hitler-Anhängern interniert zu sein. So mussten sie miterleben, wie diese im Lager am 30. Januar 1941 den Jahrestag der „Machtergreifung" feierten und dabei den Juden eine Mitschuld an der Niederlage im Ersten Weltkrieg gaben. Max Joseph, den die in Camp 1 internierten Juden zu ihrem Sprecher gewählt hatten, besuchte daraufhin am 27. Februar den Lagerkommandanten, berichtete ihm über die Vorfälle, unter denen sie zwar nicht körperlich, aber seelisch litten, und bat um getrennte Unterbringung.[431] Als Antwort auf diesen Vorstoß erklärten sich die „arischen" Deutschen in Lager bereit, in Zukunft die jüdischen Flüchtlinge nicht mehr zu beleidigen.

Nachdem im März 1941 Fremden-Tribunale („Aliens Tribunals") eingerichtet worden waren, ergaben sich endlich Chancen für eine Anhörung und Entlassung. Horst Graff durfte am 19. März von Tatura nach Broadmeadows bei Melbourne reisen, wo zwei Tage später vormittags um elf Uhr das Tribunal 1 über seinen Einspruch beriet. Er hatte schon im November in einem Brief an den Lagerkommandanten seine absolute Loyalität betont; seit seiner Heirat mit einer Engländerin bemühe er sich, seine deutschen Charaktereigenschaften und die deutsche Sprache auszulöschen, um sich noch besser an Australien anzupassen.[432] Der Vertreter des Antragstellers stellte zunächst fest, dass Graff Jude sei, ebenso seine Eltern und Großeltern auf beiden Seiten. Er habe der bekannten Musikgruppe der Weintraubs seit deren Gründung angehört. Das Protokoll hielt fest, dass dieses Ensemble unter Graffs Geschäftsführung die Kriegsanstrengungen durch Aufführungen für wohltätige und patriotische Zwecke unterstützt hatte. Graff habe nie der deutschen Armee oder einer politischen Partei angehört. Sodann schilderte sein Vertreter dem Tribunal detailliert dessen Werdegang, wie er 1921 Lehrling bei einer Maschinenfabrik wurde und dann ein Maschinenbaustudium an der Technischen Hochschule Berlin aufnahm. Schon nach einem Semester habe Graff 1924 sein Studium abgebrochen, um Berufsmusiker zu werden. Da die Gruppe der Weintraubs in Deutschland Auftrittsverbot bekam, sei sie schließlich nach Australien gekommen.

Graff wurde vereidigt und vor dem Tribunal gehört. Er ergänzte, dass sein Vater bis 1914 eine Warenhauskette besaß und dann in andere Geschäftszweige überwechselte, bis er 1928 auch dies aufgab. Sein Bruder, früher Anwalt, lebe jetzt in Honduras. Seine Ehefrau, Britin und Nichtjüdin, sei die Tochter des in London zum Stab des Prince of Wales gehörenden Sir William Graeme. Bei Kriegsbeginn habe er, Graff, in der Maccabean Hall in Sydney dem Staat seine Dienste angeboten. Als das Komitee wissen wollte, ob die Weintraubs auch Anti-Hitler-Lieder gespielt hätten, nannte Graff ein Beispiel: „Mr. Menzies war bei einer unserer Aufführungen und applaudierte sehr herzlich. Sie erinnern sich vielleicht an einen Song mit dem Titel ‚Little Sir Echo'[433]; wir haben die Melodie genommen und daraus, soweit ich mich erinnere, das Folgende gemacht: ‚Kleiner Herr Hitler, wo kann er sein, frage ich … Er ist ein gemeiner kleiner Wicht, ich mag sein Bärtchen nicht.'"

Das Tribunal berücksichtigte ebenso die Fürsprache des bekannten Journalisten und Rundfunkautors Alexander Macdonald, der Graff seit vier Jahren als entschiedenen Hitler-Gegner kannte. Er hatte geschrieben: „Für mich, der mit Herrn Graff bis zu seiner Verhaftung fast ständig zusammengearbeitet hat, erscheint es als unglaublich, dass ihn jemand als ‚feindlichen Ausländer' ansehen könnte. Ich kann Ihnen versichern, dass er gegenüber diesem Land nichts als Dankbarkeit und Liebe kennt."[434] Obwohl das Tribunal anschließend Graffs Entlassung aus der Internierung empfahl, sollte es noch bis am 25. August dauern, bis die zuständige Sicherheitsbehörde (G.2. Intelligence, Eastern Command) endlich den Fall aufgriff. Sie resümierte noch einmal, dass es sich hier um einen feindlichen Ausländer im militärdiensttauglichen Alter handle, dessen Vater und Mutter weiter in Berlin lebten. Trotz erheblicher Bedenken, die sich vor allem aus der angeblichen Verwicklung der Weintraubs in den russischen Spionagefall herleiteten[435], nahm die Sicherheitsbehörde schließlich die Empfehlung des Tribunals zur Kenntnis. Bevor der Delinquent am 4. September aus Tatura entlassen wurde, musste er eine Loyalitätserklärung unterschreiben:

> Ich, Horst Graff, gelobe hiermit feierlich, dass ich mich keiner Tat oder Unterlassung schuldig machen werde, die in dem gegenwärtigen Krieg direkt oder indirekt feindlich oder unfreundlich oder schädlich für die Verteidigungsinteressen Großbritanniens und/oder des Commonwealth of Australia sein kann oder die direkt oder indirekt irgendeinem Feind Großbritanniens und/oder des Commonwealth of Australia helfen kann.
> Datiert in Tatura, Victoria, am heutigen 4. September 1941.

Zehn Tage nach Graff wurde am 31. März auch Stefan Weintraub vor dem Tribunal gehört.[436] Als Vertreter des Armeeministers erschien ein Mr. D. Menzies, als Vertreter des Antragsstellers ein Mr. A. Masel. In seiner Eröffnungserklärung verwies Masel auf Gemeinsamkeiten mit dem Fall Graff. Wie Graff sei Weintraub jüdischer Herkunft, wobei er die Kantorentätigkeit des Großvaters hervorhob. Dessen Enkel habe zwar während des Ersten Weltkriegs von 1914 bis 1918 der deutschen Armee angehört, danach aber nie wieder etwas mit politischen oder militärischen Verbänden zu tun gehabt. Nach dem Krieg habe Weintraub als Vertreter für verschiedene pharmazeutische Firmen gearbeitet, was er zugunsten der Musikerlaufbahn aufgab. Seitdem sei seine Karriere identisch mit der von Graff. Im zweiten Teil der Verhandlung wurde Stefan Weintraub vereidigt und von seinem Anwalt befragt. Er gab dabei an, im Februar 1928 zum letzten Mal in Deutschland aufgetreten zu sein. Obwohl William Buchan und sein Spionagevorwurf während der ganzen Verhandlung nie erwähnt wurden, war diese Denunziation die Grundlage vieler Fragen des Tribunals. So wurde Weintraub wie schon Graff zu Schwierigkeiten mit den sowjetischen Behörden befragt. Er antwortete wahrheitsgemäß, dass die Band dort von den Gastgebern stets gut behandelt wurde. Dennoch hielt Captain G.H.V. Newman vom Geheimdienst, der die Mitschrift der Verhandlung überprüfte, die Verwicklung der Band in die russischen Spionageaktivitäten für erwiesen. Stefan Weintraub habe nur ausweichend und teilweise widersprüchlich geantwortet, weshalb er dessen Entlassung in die Freiheit strikt ablehnte.[437] Trotzdem entschied sich das Tribunal zugunsten des Delinquenten. Am 4. September 1941, dem gleichen Tag wie Graff, durfte auch Weintraub nach fast anderthalbjähriger sinnloser Haftzeit endlich das Lager verlassen. Es dauerte noch einen Monat, bis die noch in Camp 1 verbliebenen Juden endlich von den Nazis getrennt wurden.[438]

Die Auflösung der Band

Ende der professionellen Musikerkarriere

Die Situation in Europa hatte sich inzwischen weiter zugespitzt. Als die Weintraubs Syncopators 1939 ihr 15-jähriges Jubiläum feierten, hatten sie damit an die Gründung im August 1924 in der Charlottenburger Wohnung Stefan Weintraubs in der Knesebeckstraße 28 erinnert. Wenig später waren sie bei ihrem ersten öffentlichen Auftritt im Brüdervereinshaus „entdeckt" worden. Dieses große Gebäude in der Kurfürstenstraße, das sich einst in jüdischem Besitz befand, war inzwischen enteignet worden. Ausgerechnet hier wurde im Januar 1940 das Judenreferat Adolf Eichmanns eingerichtet, die Gestapo-Abteilung des Reichssicherheitshauptamts, die zunächst für die Auswanderung der Juden, ab 1941 aber für die „Endlösung der Judenfrage" zuständig war. Hier wurde über das Schicksal der noch in Deutschland verbliebenen „Nichtarier" entschieden, auch über die Eltern von Horst Graff. Er hatte sich seit April 1939 verzweifelt bemüht, ihnen die Ausreise nach Australien zu ermöglichen. Vergeblich. Von der drohenden Deportation hatte er bereits 1940 erfahren.[439] Am 25. Januar 1941 wurden Hermann und Friederike Graff von Berlin nach Riga und ins dortige Ghetto gebracht, wo sich die Spuren verloren. Vermutlich fielen sie einer Massenerschießung zum Opfer.

Nach der Entlassung aus der Internierung im September 1941 begann für Graff und Weintraub ein schwieriger Neuanfang, galten sie seitdem doch gleichsam als ehemalige Sträflinge. Immer noch hing über ihnen und den anderen Bandmitgliedern der von William Buchan geäußerte und nie veröffentlichte oder bestätigte Verdacht, sie seien in den Verrat militärischer Geheimnisse verwickelt. Für Stefan Weintraub war es ein besonders schwieriger Neustart, denn seine Möbel waren inzwischen verkauft worden. Die Gültigkeit seines deutschen Passes war im August abgelaufen. Anstelle der nach ihm benannten Band spielte in Prince's Restaurant jetzt Fisher's Sextet. Warum kam es nach der Rückkehr der drei Internierten nicht zu einer Wiederbelebung der früheren Formation? Wo war der frühere Kollektivgeist geblieben? Empfanden die Mitglieder von Fisher's Sextet ihre einstigen Kollegen nun selbst als Rivalen oder waren sie durch Verträge gebunden?

Sicher ist allerdings, dass Craig Crawford und seine Männer alles daran setzten, ein Wiederaufleben der Konkurrenz zu verhindern. Sie hatten die Verhaftung von Graff und Weintraub lebhaft begrüßt und befürworteten deren weitere Internierung, wie aus einem Polizeibericht vom 12. September 1941 hervorgeht. Dort heißt es: „Mitglieder von Craig CRAWFORD'S Band (Australier) haben ihre Verwunderung über die Entlassung von GRAFF und WEINTRAUB zum Ausdruck gebracht, da, wie sie sagen, beide eingefleischte Nazis sind, besonders GRAFF." Die Polizei schloss kurioserweise Konkurrenzangst oder Neid als Motiv für solche Äußerungen aus, da die australische Band ohnehin schon lange bevorzugt worden sei. „Es wurde nicht vergessen, dass Neid auf die andere

Band (WEINTRAUB's) ein Faktor sein könne. Dies erscheint aber als unwahrscheinlich, da WEINTRAUB's Band nur als Pausenfüller agierte, die für etwa eine halbe Stunde spielte, während die Mitglieder von CRAWFORD'S Band gegen Mitternacht zu Abend aßen. WEINTRAUB'S Band scheint deshalb die Chancen von CRAWFORD'S Band auf keine Weise gefährdet zu haben."[440] Die Weintraubs hatten tatsächlich niemals eine existenzielle Bedrohung für Crawfords Band darstellen können, da ihre Auftrittszeiten vertraglich eingeschränkt waren. Dass sie aber keineswegs nur Pausenfüller waren, sondern ernsthafte Rivalen in Bezug auf Qualität und Publikumsgunst, überging der Polizeibericht, der damit suggerierte, die Vorwürfe gegen Graff und Weintraub seien womöglich berechtigt. Der Bericht hob hervor, alle Mitglieder von Crawford's Band würden diese Ansicht teilen. Im März 1935 hatte die aus Neuseeland stammende Band nur gegen den Widerstand der Gewerkschaft nach Australien einreisen können.[441] Sechs Jahre später saßen die einstigen Fremden fest im Sattel und wurden selbst zu wütenden Verfolgern „fremder" Konkurrenz.

Tief enttäuscht war Stefan Weintraub auch darüber, dass sein früherer Arbeitgeber James Bendrodt ihm nach seiner Rückkehr aus der Internierung kein befriedigendes Angebot vorlegte. Während der Impresario das neugegründete Fisher's Sextet zu verbesserten Konditionen nachmittags und abends auftreten ließ, bot er Weintraub nur ein einstündiges Engagement pro Tag an. Auch Bendrodt war angesichts des Krieges unter Druck geraten. In seinem Ärger verhandelte Stefan Weintraub daraufhin mit der Konkurrenz. Tatsächlich zeigte sich der Inhaber von Romano's Restaurant interessiert an einer Vier-Mann-Band, bestehend aus Horst Graff, Stefan Weintraub, dem Geiger Karoly Szenassy und dem Pianisten Henry Adler, und bot dafür 40 Pfund pro Woche. Weintraub nahm das Angebot an, obwohl Graff aus Angst vor erneuter Internierung zunächst absagte. Zur Sicherung des Lebensunterhalts für sich und seine Frau hatte er inzwischen eine Stelle als Mechaniker bei einer Drahtfirma in Annandale angenommen.

Als Bendrodt von den Verhandlungen mit seinem schärfsten Konkurrenten erfuhr, bat er Stefan Weintraub am 17. Oktober in sein Büro. Dort kam es dem Musiker zufolge zu einem unerfreulichen Wortwechsel: „Nun, Mr. Weintraub, wie ich höre, wollen Sie bei Romano's spielen. Wissen Sie, dass die Musikergewerkschaft Ihnen Ärger machen wird? Was würden Sie sagen, wenn die Zeitungen über Sie schreiben ‚Ehemaliger deutscher Soldat spielt in führendem Restaurant'? Natürlich kann ich Ihnen keinen Vorwurf daraus machen, dass Sie deutscher Soldat waren, aber man weiß, wie die Leute reagieren, wenn sie so etwas in der Zeitung lesen. Sie werden Schwierigkeiten machen." – „Mr. Bendrodt, ich weiß, dass in Ihrer Band ebenfalls ein Deutscher spielt, ein Mr. Weiss." – „Ja, aber das ist etwas anderes. Er war kein Soldat und seine Eltern sind Polen." – „Mr. Bendrodt, ich habe neun Jahre lang mit Mr. Weiss zusammengearbeitet und vorher nie gewusst, dass seine Eltern Polen waren." – „Ja, das ist etwas anderes. Sie waren Soldat und die Leute werden gegen Sie sein."[442]

Weintraub empfand Bendroths Hinweis auf mögliche Zeitungsmeldungen über seine deutsche Militärzeit als Drohung, weshalb er sich an die Polizei wandte. Diese ging der

Sache nach und befragte Graff, Kitson und Bendrodt zu den Vorwürfen. Bendrodt wiederholte, dass Weintraub und seine Leute als gesetzestreue Personen nicht an subversiven Aktionen beteiligt seien. Er bestritt, Weintraub gedroht zu haben, könne ihm allerdings keine Arbeit anbieten. „Er erklärte, dass er Weintraub oder Graff nicht wiedereinstellen könne, da er wisse, dass sie die deutsche Staatsangehörigkeit besitzen und interniert waren. Denn er sei seinen Kunden verpflichtet, obwohl er es gerne tun würde, zumal er keine persönliche Einwände gegen sie habe und sie ausgezeichnete Künstler seien." Die deutsche Staatsangehörigkeit von Graff und Weintraub und ihre Internierung empfand der Impresario nun als gravierenden Makel, den er seinem Publikum nicht zumuten wollte. Sollte Romano diese beiden Musiker beschäftigen, so könne er nichts dagegen tun. Allerdings seien dann Pressemeldungen über Weintraubs Militärzeit zu erwarten. Solche Berichte würde er nicht selbst anregen. Aber es sei bekannt, dass Stefan Weintraub als deutscher Soldat mit dem Eisernen Kreuz ausgezeichnet worden sei.

Dem Polizeibericht zufolge hatte Frank Kitson auch Romano's Restaurant bereits unter Druck gesetzt, weil es Ausländer beschäftige. Der Gewerkschaftssekretär hatte einen Kollegen, den Sekretär der Returned Sailors' and Soldiers' Imperial League of Australia (RSSIL)[443], angestachelt, dort gegen die Auftritte ausländischer Musiker zu protestieren. Dabei kannte dieser Mann – wie er gegenüber der Polizei zugab – die Weintraubs gar nicht. Als Kitson gefragt wurde, ob er diesen Musikern Negatives vorwerfen könne, musste er verneinen. Es ist bemerkenswert, dass auch der Gewerkschaftssekretär bei diesem Polizeiverhör seinen Protest mit dem Druck der öffentlichen Meinung begründete: „Er behauptet, dass Romano gut beraten wäre, in der Band in seinem Restaurant keine Ausländer zu beschäftigen, wenn er sieht, dass er bei seinem Lebensunterhalt von der australischen Öffentlichkeit abhängt." Angesichts eines solchen Statements darf vermutet werden, dass Kitson mit diesem ebenso diffusen wie wirkungsvollen Argument auch Bendrodt gedroht hatte.

Romano's Restaurant kündigte die neue Band unter der Überschrift „Scheinwerferlicht auf die beliebten Weintraubs" an. Stefan Weintraub wurde nicht beim Namen genannt. Stattdessen hieß es: „Wir präsentieren den weltberühmten Violinvirtuosen Karoly Szenassy, der mit seiner ausgezeichneten Gruppe von Künstlern schon den Beifall derer fand, die zu Leben, Trubel und Heiterkeit Sydneys beitragen." Szenassy, ein ungarischer Jude, der 1938 nach Australien kam und ebenfalls kein Gewerkschaftsmitglied war, wurde als Bandleader präsentiert. Die Auftritte sollten am 6. November beginnen und jeweils beim Lunch und frühen Abendessen stattfinden.[444] Nur wenige Tage später reagierte der Gewerkschaftssekretär auf diese Ankündigung mit einem Interview für das Boulevardblatt *Truth*.[445] Der Herausgeber dieses Presseorgans hatte sich schon 1938 energisch gegen jede Einwanderung jüdischer Flüchtlinge gewehrt.[446] Unter der Überschrift „‚High Society bevorzugt ausländische Musiker'. Geharnischter Protest des Gewerkschaftssekretärs" las man in *Truth* nun von Kitsons Empörung darüber, dass „die Weintraubs" als ausländische Gruppe Engagements erhielten. Während viele Gewerkschaftsmitglieder beim

Militär seien und andere durch die notwendige Ausbildung finanzielle Einbußen erlitten, erlangten Ausländer lukrative Jobs und wurden Lieblinge der Prominenten. Sie bewegten sich in den elegantesten Nachtclubs und hätten dort Umgang mit leitendem Personal der Marine, der Armee und der Luftwaffe. Sogar bei einem Gartenfest im Government House in Canberra hätten diese Musiker auftreten dürfen, wogegen Kitson sich bereits in einem Brief an Lady Gowrie gewandt habe. Seit diesem Schreiben seien zwar einige Mitglieder der Gruppe interniert, jedoch inzwischen wieder entlassen worden. Erneut würden diese Musiker öffentlich auftreten, einige von ihnen in Romano's Restaurant. Im bekannten Stil des Denunzianten benannte Kitson sodann den vollen italienischen Namen des Restaurant-Inhabers: Orlando Azalin Romano. Drei weitere Weintraubs seien bei Lunch und Dinner in Prince's Restaurant zu hören, ein vierter im Café La Palette in Double Bay.[447] Leiter der Gruppe sei ein deutscher Jude: „Stefan Weintraub ist der stolze Besitzer einer hohen militärischen Auszeichnung aus dem letzten Weltkrieg, die ihm von Kaiser Wilhelm verliehen wurde." Hier war sie, die Denunziation, vor der Bendrodt gewarnt hatte. Stefan Weintraub trat zwar weiter mit seiner vierköpfigen Band bei Romano's auf; jedoch war er von nun an mit dem Odium des preußischen Militaristen umgeben.

Das Negativ-Image wurde bewusst geschürt, etwa mit einem anonymen Schreiben, das im Februar 1942 bei der Polizei einging: „Suchen Sie Spione? Probieren Sie es mit den Weintraubs, einer Tanzband mit sechs Deutschen. Sie spielen bei Romano's und drei in Prince's Restaurant. Achten Sie auf Mr. Graf (der Name spricht für sich selbst) und prüfen Sie, ob Sie da nicht ein deutscher Offizier in Zivil anschaut. Wenn es überhaupt einen ‚Vorteil des Mißtrauens' gibt, dann auf unserer Seite."[448] Obwohl sich die Weintraubs als Folge der Internierung inzwischen in zwei Bands aufgespalten hatten und obwohl ihre Mitglieder verschiedenen Nationalitäten angehören, galt das Klischeebild der gefährlichen Deutschen weiter fort. Nach dem Vorausgehenden darf man vermuten, dass der Schreiber auch dieses anonymen Briefes dem Kreis um Craig Crawford entstammte. Verräterisch ist vor allem, wie sehr das negative Urteil über Graff mit der im Polizeibericht vom 12. September zitierten Äußerung aus Crawfords Band („beide sind eingefleischte Nazis, besonders GRAFF") übereinstimmt. Ebenso wie Frank Kitson nutzten auch die Mitglieder dieser einheimischen Band die kriegsbedingte Verunsicherung, um die Konkurrenz auszuschalten. Die einstmals so erfolgreiche deutsche Jazzband

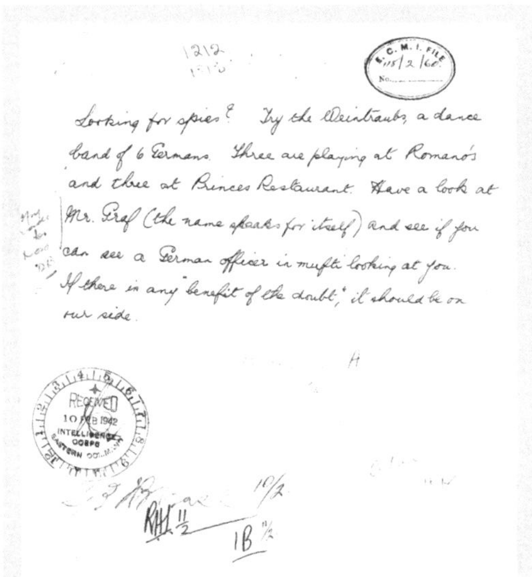

C. M. I. FILE 115/2/60

Looking for spies? Try the Weintraubs, a dance band of 6 Germans. Three are playing at Romano's and three at Princes Restaurant. Have a look at Mr. Graf (the name speaks for itself) and see if you can see a German officer in mufti looking at you. If there is any "benefit of the doubt," it should be on our side.

RECEIVED 10 FEB 1942 INTELLIGENCE CORPS EASTERN COMMAND

10/2

RAH 11/2

IB 11/2

Denunziert als Spione: anonymes Schreiben von 1942

existierte seitdem nicht mehr. Auch Romano's Restaurant geriet immer stärker unter gewerkschaftlichen Druck, so dass die dort beschäftigte Vier-Mann-Band im Mai 1942 ihre Tätigkeit einstellen musste.

Für Graff und Weintraub bedeutete dies das Ende ihrer Karriere als Berufsmusiker. Beide verdienten jetzt ihren Lebensunterhalt als Mechaniker in Drahtfirmen. Graff bezog eine neue Wohnung, die Bischof Charles Venn Pilcher ihm vermittelt hatte. Der Bischof, der sich während des Krieges immer wieder für Flüchtlinge eingesetzt hatte, brachte Horst Graff vielleicht auch deshalb besondere Sympathie entgegen, weil er selbst Musikliebhaber war; in früheren Jahren hatte er als Bassklarinettist im Toronto Symphony Orchestra mitgewirkt.[449] Die Sicherheitsbehörden betrachteten Graff dagegen weiterhin mit großem Misstrauen. Ein Dossier vom 7.9.1944 bezeichnete ihn als „totalen Lügner". Als Sicherheitsrisiko galt er auch wegen seiner zuletzt noch in Deutschland lebenden Eltern, obwohl Margot Graff bereits deren drohende Deportation gemeldet hatte. Wieder wurde ohne jeden Beweis der Spionageverdacht wiederholt: „Es scheint nicht den Schatten eines Zweifels zu geben, dass die Band zu einem gewissen Grad an den Ereignissen in Russland beteiligt war."[450] Ebenso vom Pech verfolgt blieb Stefan Weintraub, dessen Frau ihn verließ. Während der Inhaftierung ihres Mannes hatte sie die Anerkennung ihrer schwedischen Staatsbürgerschaft erreichen können, die sie nach der Heirat zunächst verloren hatte. Ihren Lebensunterhalt verdiente sie nun als Mannequin und Kosmetikberaterin. Stefan Weintraub hatte dagegen weiterhin den Eindruck, „dass ich keinen Ort auf der Welt finde, wo ich willkommen bin". Für ihn schien sich die tröstliche Botschaft des 1932 von Werner Richard Heymann komponierten Filmschlagers, dass es „irgendwo auf der Welt" ein „kleines bisschen Glück" geben müsse, nicht erfüllen zu wollen.

Militärdienst und Staatsbürgerschaft

Die Seefestung Singapur, der wichtigste Militärstützpunkt des britischen Empire in Asien, hatte als uneinnehmbar gegolten. Einen umso größeren Schock bedeutete ihre Eroberung durch die Japaner im Februar 1942, wobei über 80.000 britische, indische und australische Soldaten in Kriegsgefangenschaft gerieten. Diese Katastrophe, eine der schwersten Niederlagen der britischen Militärgeschichte, war von erheblichem Einfluss auch auf Australien. Hatte dieser Kontinent bis dahin auf die Schutzmacht Großbritannien vertraut, so war er nun plötzlich auf die eigenen Kräfte zurückgeworfen. In dieser bedrohlichen Situation beschloss die australische Regierung, auch Flüchtlinge an der Landesverteidigung zu beteiligen. Seit Kriegsbeginn hatten alle deutschen Staatsbürger pauschal als feindliche Ausländer, als „enemy aliens", gegolten. Jetzt aber wurde die neue Kategorie des „geflüchteten Ausländers" geschaffen, welche Flüchtlinge von den übrigen Deutschen in Australien unterschied. „Refugee aliens" durften nun in unbewaffneten Hilfs- und Pionierkorps etwa bei Bau-, Transport- oder Verladearbeiten an der Verteidigung mitwirken. Als Horst Graff von dieser Möglichkeit erfuhr, meldete er sich am 10. März zum Militär, wurde aber nicht akzeptiert.

Ebenso wie zwei Mitglieder aus Craig Crawfords Band[451] meldeten sich auch Adolf und Emanuel Frischer damals zum Militär, nachdem der absurde Verdacht ausgeräumt worden war, ihr Sextett hätte mithilfe von Radiosendungen verschlüsselte Nachrichten nach Japan geschickt. Die Gewerkschaft hatte sich weiterhin über die Auftritte ausländischer Musiker beschwert und erwartete nun das nahe Ende dieses Übels. Im März 1942 erschien im *Music Maker* ein Artikel mit der Überschrift „Ausländische Musiker in angenehmen Jobs werden bald der Vergangenheit angehören! Die Regierung wird sie in Arbeitstrupps verpflichten!“[452] Tatsächlich löste sich Fisher's Sextet auf, nachdem im März beide Frischer-Brüder der 2nd Australian Employment Company beigetreten waren. Da sie sich inzwischen schon mehr als fünf Jahre in diesem Land aufhielten, beantragten sie wenig später die australische Staatsbürgerschaft. Adolf Frischer erhielt diese schon Ende 1943. Bei seinem Bruder gab es Verzögerungen, da noch Erkundigungen über den Verbleib seiner russischen Ehefrau eingezogen werden mussten. Im August bzw. September 1945 wurden beide Brüder aus der Armee entlassen.

Unter Hinweis auf seine fünf Jahre in Australien beantragte auch Stefan Weintraub am 23. April 1942 beim Innenministerium die Einbürgerung. Der zuständige Beamte vermerkte auf dem Schreiben allerdings, Weintraub könne als feindlicher Ausländer nicht Staatsbürger werden. Zum Militärdienst wurde er nicht einberufen, da er weiter als gefährlich galt. In einem Schreiben des Security Service vom 21. August 1943 hieß es, Weintraub sei „der Gegenstand von zahllosen umstrittenen Berichten und trotz der Tatsache, dass viele von ihnen nicht wirklich greifbar sind, wird er immer noch mit tiefstem Misstrauen betrachtet“. Seine Aussagen vor dem Fremdentribunal wurden als irreführend und ungenau beschrieben. Weintraub wurde deshalb auf der Security Service Black List der besonders gefährlichen Kategorie A zugeordnet.[453] Diese Einstufung war dem jetzt als Mechaniker tätigen Musiker unbekannt. Stefan Weintraub wusste auch nicht, dass an seiner ehemaligen Berliner Adresse, dem Haus in der Knesebeckstraße 28, inzwischen der Dirigent Heinz Drewes wohnte, der die Abteilung Musik im Goebbels-Ministerium leitete. Er hatte die Düsseldorfer Reichsmusiktage organisiert, zu denen im Mai 1938 die Propaganda-Ausstellung „Entartete Musik“ gehörte.[454] Symbolfigur dieser Schau war ein dunkelhäutiger Jazzmusiker, ein Saxophonist, der statt der Nelke einen Davidstern im Knopfloch trug. Der Jazz wurde damit als eine Mischung afroamerikanischer und jüdischer Elemente und so als Inbegriff von Entartung diffamiert. Heinz Drewes dürfte nicht geahnt hatten, dass in eben dem stattlichen Wohnhaus, das er 1944 bezog, zwanzig Jahre zuvor eine der erfolgreichsten deutschen Jazzbands gegründet worden war. Die Erinnerung an dieses Ensemble war im NS-Staat ausgelöscht worden. So ließ das berüchtigte „Lexikon der Juden in der Musik“, welches das Institut der NSDAP zur Erforschung der Judenfrage ab 1940 herausgab, Stefan Weintraub unerwähnt. Während es seinem Großvater Hirsch Weintraub immerhin einen eigenen Artikel widmete, brachte es die Weintraubs Syncopators mit einem polnischen Musiker Wolf Weintraub in Verbindung.[455]

Nachdem Stefan Weintraub im Januar 1944 endlich als „Refugee alien“ eingestuft worden war, beantragte er am 4. Februar erneut die Einbürgerung. Er bezeichnete sich dabei als Mechaniker deutscher Nationalität. Zum Ehestand schrieb er: divorced (geschieden). Als nach einigen Monaten keine Antwort eintraf, erkundigte sich Weintraub nach dem Stand der Dinge. Aus der vorliegenden Korrespondenz der Behörden vom November und Dezember 1944 geht hervor, dass über seinen Einbürgerungsantrag und die Anträge von Graff und Weiss wegen fehlender Auskünfte „aus Übersee“ nicht entschieden werden konnte. Immer noch ging es um die Spionagevorwürfe. Tatsächlich hatte die australische Regierung die sowjetische Botschaft um eine Bestätigung gebeten, aber noch keine Antwort erhalten.

Schon im Dezember 1940 hatte das Internationale Rote Kreuz Cyril und Ernest Schulvater informiert, dass ihre Mutter nach Verbüßung ihrer Haft nach Lublin verlegt worden war. Wenig später traf die Todesnachricht ein. Weil aber zur Verurteilung Jenny Schulvaters sowie zu dem Spionageverdacht gegen die Weintraubs und Emanuel Frischers Ehefrau auch weiterhin keine Nachrichten aus Moskau kamen, entschieden sich die australischen Sicherheitsbehörden nach Kriegsende endlich, diesen Vorwürfen nicht weiter nachzugehen. In einem Memorandum vom 13. Juli 1945 zum Einbürgerungsantrag von Stefan Weintraub heißt es: „Von den russischen Behörden waren keinerlei Angaben über die Verhaftung und Verurteilung von Mrs. Schulvater und Mrs. Frischer zu erhalten. Es wurde deshalb entschieden, die Aussagen der Bandmitglieder und der Schulvaters über die Vorgänge in Russland zu akzeptieren.“ Deshalb entfielen jetzt die früheren Sicherheitsbedenken gegen die Einbürgerung.[456] Obwohl sich die folgenschweren Diffamierungen William Buchans als Lügen entpuppten, wurde der Denunziant nie zur Rechenschaft gezogen. Auch von Seiten der australischen Behörden gab es weder eine Entschuldigung noch eine Kompensation für die entstandenen Schäden.

Da die früheren Sicherheitsbedenken entfallen waren, konnten Horst Graff, Stefan Weintraub und Leo Weiss nun endlich australische Staatsbürger werden. Die Suche nach Emanuel Frischers russischer Ehefrau wurde ergebnislos abgebrochen, worauf Frischer noch im Juni 1945, kurz vor dem Ende seines Militärdiensts, eine Australierin heiraten durfte. Ein Jahr später erhielten auch seine Eltern die australische Staatsbürgerschaft.

Ein später Sieg über die Musikergewerkschaft

Was war inzwischen aus John Kurt Kaiser geworden? Am 29. Januar 1941 hatte er an seine weiterhin inhaftierten Kollegen Graff und Weintraub geschrieben und ihnen Unterstützung angeboten. Er selbst hatte schon wieder eine vorübergehende Arbeit bei einer Werbefirma gefunden. Ab 1942 beschäftigte ihn die Colgate-Palmolive Radio Unit, ein bereits 1923 in Sydney gegründeter kommerzieller Radiosender, als Arrangeur. Dieser multinationale Konzern unterhielt dort ein Orchester, zu dem 1942 23 Musiker und ein Jahr später schon 31 Mitglieder gehörten.[457] Neben den Arrangements schuf Kaiser eigenständige

Kompositionen. So wurde im März 1944 seine Ballettmusik „Lot's Wife" im staatlichen Rundfunksender ABC ausgestrahlt. Dr. Alfred Floyd, der Organist an der St. Paul's Cathedral in Melbourne, der für seine Radiosendung „Music for pleasure" am Sonntagabend bekannt war, schrieb damals in seiner Kolumne in der *Radio Times*, der Komponist Kay habe etwas zu sagen und er wisse, wie er es ausdrücken soll.[458]

Sydney John Kay hatte es an Selbstbewusstsein nie gefehlt. Die Sicherheitsbehörden registrierten das mit Misstrauen und notierten als besondere Merkmale dieses Musiker: „Dark and swarthy with an abundance of confidence" – finster und dunkelhäutig mit einem übermäßigen Selbstvertrauen.[459] Nachdem er als Komponist und Arrangeur öffentlich Anerkennung gefunden hatte, fühlte Kay sich angespornt, noch einmal die Mitgliedschaft in der Musikergewerkschaft zu beantragen. Er war damals neben Leo Weiss das einzige ehemalige Mitglied der Weintraubs Syncopators, das noch hauptberuflich mit Musik befasst war. Am 16. März 1944 stellte Kay bei der Gewerkschaft einen entsprechenden Aufnahmeantrag. Unter Hinweis darauf, dass er sich bereits seit fast sieben Jahren in Australien aufhalte, wünschte er die Zulassung als Posaunen-, Saxophon- und Klarinettenspieler sowie als Dirigent, Arrangeur und Komponist. Dabei erwähnte er seine gegenwärtige Tätigkeit in der G. Patterson Radio Unit, auch bekannt als Colgate-Palmolive Radio Unit.[460]

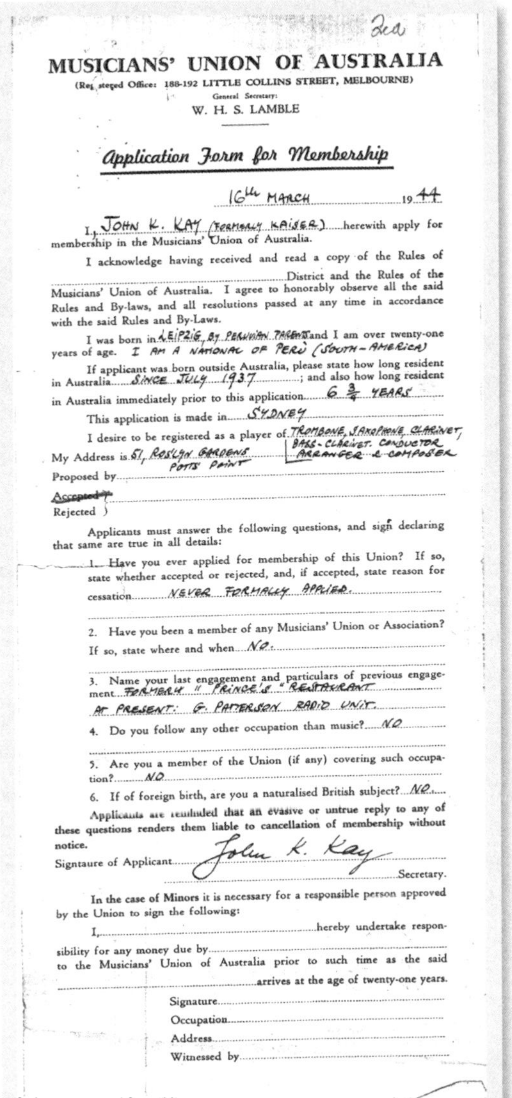

2ca

MUSICIANS' UNION OF AUSTRALIA

(Registered Office: 188-192 LITTLE COLLINS STREET, MELBOURNE)

General Secretary:

W. H. S. LAMBLE

Application Form for Membership

16th MARCH 1944

I, JOHN K. KAY (FORMERLY KAISER) herewith apply for membership in the Musicians' Union of Australia.

I acknowledge having received and read a copy of the Rules of .... District and the Rules of the Musicians' Union of Australia. I agree to honorably observe all the said Rules and By-laws, and all resolutions passed at any time in accordance with the said Rules and By-Laws.

I was born in LEIPZIG, BY PERUVIAN PARENTS and I am over twenty-one years of age. I AM A NATIONAL OF PERÙ (SOUTH-AMERICA)

If applicant was born outside Australia, please state how long resident in Australia SINCE JULY 1937; and also how long resident in Australia immediately prior to this application 6 3/4 YEARS

This application is made in SYDNEY

I desire to be registered as a player of TROMBONE, SAXOPHONE, CLARINET, BASS-CLARINET. CONDUCTOR ARRANGER & COMPOSER

My Address is 51, ROSLYN GARDENS POTTS POINT

Proposed by ....

~~Accepted~~
Rejected

Applicants must answer the following questions, and sign declaring that same are true in all details:

1. Have you ever applied for membership of this Union? If so, state whether accepted or rejected, and, if accepted, state reason for cessation NEVER FORMALLY APPLIED.
2. Have you been a member of any Musicians' Union or Association? If so, state where and when NO.
3. Name your last engagement and particulars of previous engagement FORMERLY "PRINCE'S" RESTAURANT AT PRESENT: G. PATTERSON RADIO UNIT.
4. Do you follow any other occupation than music? NO
5. Are you a member of the Union (if any) covering such occupation? NO
6. If of foreign birth, are you a naturalised British subject? NO.

Applicants are reminded that an evasive or untrue reply to any of these questions renders them liable to cancellation of membership without notice.

Signtaure of Applicant John K. Kay

.... Secretary.

In the case of Minors it is necessary for a responsible person approved by the Union to sign the following:

I, ... hereby undertake responsibility for any money due by .... to the Musicians' Union of Australia prior to such time as the said .... arrives at the age of twenty-one years.

Signature ....
Occupation ....
Address ....
Witnessed by ....

Sydney John Kays Aufnahmeantrag für die Musicians' Union of Australia, März 1944

Ohne die eigentlich erforderliche Rücksprache mit seinen Kollegen lehnte Kitson diesen Antrag sofort ab, denn es sei die Wiederholung eines bereits abgelehnten Antrags vom November 1939. Kay gab sich damit nicht zufrieden, sondern beschwerte sich bei der staatlichen Industriekommission des Bundesstaats New South Wales. Im August 1944 kam es zu einer Verhandlung, in der ein Gewerkschaftsvertreter behauptete, Kay habe den Vorwurf, er sei ein „feindlicher Ausländer", nicht widerlegt. Edward Parnell Kinsella, der zuständige Richter, entschied jedoch zugunsten des Antragsstellers; die Gründe, mit denen die Gewerkschaft die Zulassung verweigere, seien nicht stichhaltig.[461] Kinsella berief sich dabei auf die Regeln des Distrikts New South Wales, welche anders lauteten als die des Bundes. Diese Entscheidung rief ein großes Presseecho hervor, wobei die oft schädliche Haltung der Gewerkschaft zur Sprache kam.[462] Nach einem erneuten Antrag wurde Kay tatsächlich als Mitglied des Distrikts NSW der Musikergewerkschaft zugelassen.

Trotz dieser Niederlage verteidigte Frank Kitson gegenüber der Presse die Haltung seiner Gewerkschaft. Ausländern wie Sydney John Kay gehe es nicht schlecht, was der Gewerkschaftler als übertriebene Großzügigkeit der australischen Seite wertete. Kay lebe auf Kosten solcher Musiker, die unter Opfern dem Vaterlande dienten. „Meine Gewerkschaft möchte so viele Jobs wie möglich für ihre Mitglieder retten, wenn sie aus der Armee und den Munitionsfabriken entlassen werden. Wir haben 958 Mitglieder, davon sind 258 in Uniform. Viele dieser Männer würden gerne entlassen werden, um einen Job für 25 Pfund pro Woche zu übernehmen wie Mr. Kay." Er verschwieg, dass kaum ein anderes Mitglied seiner Gewerkschaft in der Lage wäre, dessen hochqualifizierte Arbeit als Arrangeur und Dirigent zu übernehmen.[463] Sydney John Kay war zu diesem Zeitpunkt auf die Mitgliedschaft in der Musicians' Union nicht wirklich angewiesen. Dennoch bedeutete sein Sieg einen Triumph und eine späte Rache an Frank Kitson, dem Totengräber der Weintraubs Syncopators.

Nach dem Krieg wurde Emanuel Frischer, der sich nun auch offiziell Manny Fisher nannte, ebenso in die Gewerkschaft aufgenommen wie sein Bruder Adolf (seit Januar 1946 hieß er Addy Fisher) und Leo Weiss, der jetzt als Leo White auftrat. Cyril Schulvater hatte die Band schon 1938 verlassen und daraufhin mit seinem Bruder Ernest zwei Hamburger Shops eröffnet, bis er 1942 Dreher in einer Messgerätefabrik wurde. Nach Kriegsende durfte er mit Billigung der Gewerkschaft wieder als Musiker tätig sein, ab 1946 als Cellist im Sydney Symphony Orchestra. Für Horst Graff und Stefan Weintraub, die beiden Gründer der Band, war allerdings eine weitere hauptberufliche Musikerexistenz nach der Auflösung der Weintraubs Syncopators und nach dem gescheiterten Neubeginn in Romano's Restaurant undenkbar. Vermutlich haben sie nie wieder die Mitgliedschaft bei der Musicians' Union beantragt.

Teil IV (1945 bis heute)

Schicksale der Musiker nach 1945

Fragmente eines Kollektivs

Die Weintraubs Syncopators waren einmal der Inbegriff eines kollektiven Musikensembles gewesen. Alle Mitglieder waren gleichberechtigt bei den Entscheidungen, die gemeinsam beraten und gefällt wurden, gleichberechtigt ebenso bei der Verteilung der Honorare. Jedes Mitglied spielte so viele Instrumente, dass es – oft sogar im fliegenden Wechsel – fast jeden Kollegen ersetzen konnte. Auch der Bühnenassistent wurde mit Respekt behandelt, wie Ray Goldner bezeugte: „Die Jahre mit den Weintraubs waren eine harmonische, glückliche Zeit. Nie ein scharfes Wort und ich wurde als gleichrangig behandelt, fühlte mich nie in einer untergeordneten Position.“[464] Für diese Art der kollektiven Zusammenarbeit, die ohne einen Chef funktionierte, waren die Weintraubs bewundert worden. Lange hatten die Musiker dieses besondere Ensemble gebildet und sich dabei fast täglich gesehen, Horst Graff und Stefan Weintraub mehr als 15 Jahre, Sydney John Kay 14, Leo Weiss 8 und Manny Fisher immerhin 7 Jahre. Gemeinsam waren sie durch die halbe Welt gereist und hatten Tausende von Kilometern zurückgelegt. Unter dem äußeren Druck des Krieges und der hartnäckigen Musikergewerkschaft trennten sich nun die Wege, obwohl sie weiter in Australien lebten – sogar in der gleichen Stadt Sydney. Nur Graff und Weintraub, die gemeinsam die Internierung überstanden hatten, arbeiteten noch hin und wieder im Kleinen Wiener Theater zusammen und blieben durch Musik verbunden. Allerdings war dies inzwischen für sie nur noch ein Hobby.

Drei ehemalige Bandmitglieder behielten einen mit Musik verbundenen Beruf: Leo Weiss, Cyril Schulvater und Sydney John Kay. Weiss war trotz seiner deutschen Staatsbürgerschaft der Internierung entgangen. Stattdessen hatte er zunächst im Trio mit den Frischer-Brüdern und dann als Mitglied von Fisher's Sextet weiter in Prince's Restaurant auftreten dürfen. Nach dem Ende dieses Ensembles machte er sich selbstständig, änderte seinen Namen zu Leo White und gründete eine eigene Band. „Leo White and his Orchestra“ waren regelmäßig im Rundfunk und noch bis etwa 1955 in Prince's Restaurant zu hören. Unter weitgehendem Verzicht auf die Showelemente führte White die musikalischen Traditionen der Weintraubs Syncopators weiter. Dabei ergänzte er das Repertoire durch eigene Songs wie „I Shall Never Forgive You", „I'll Always See You", „Sleep Baby Sleep" und „A-Mooning in the Moonlight". 1947 berichtete die Presse, White würde aus Telefonnummern musikalische Themen entwickeln und über diese improvisieren.[465] 1948 entstanden Plattenaufnahmen für die Firmen Parlophone und Pacific, 1950 dann auch für das Label Century.[466] Als 1949 südamerikanische Samba-Rhythmen auch in Australien beliebt wurden, kaufte Leo White für seine achtköpfige Band zusätzliche Perkussionsinstrumente wie Rumbarasseln und Claves.[467] Gerne zeigte er sich mit seiner attraktiven Frau Betty, einer ehemaligen Miss Victoria.

Cyril Schulvater hatte nach dem Verlassen der Band seinen Lebensunterhalt zunächst mit einem eigenen Hamburger Shop und dann als Maschinist verdient. Ebenso wie sein Bruder Ernest hielt er jedoch am Musikmachen fest und gab Instrumentalunterricht, so dass er 1946 Cellist des Sydney Symphony Orchestra werden konnte. Er blieb in dieser Position bis 1954 und eröffnete danach ein Delikatessengeschäft. Zuletzt betrieb Schulvater an Sydneys North Shore „Cyril's Framing Studio", ein Bilderrahmengeschäft, das unter diesem Namen noch lange existierte.

Weiter vorwärtsdrängend: Sydney John Kay

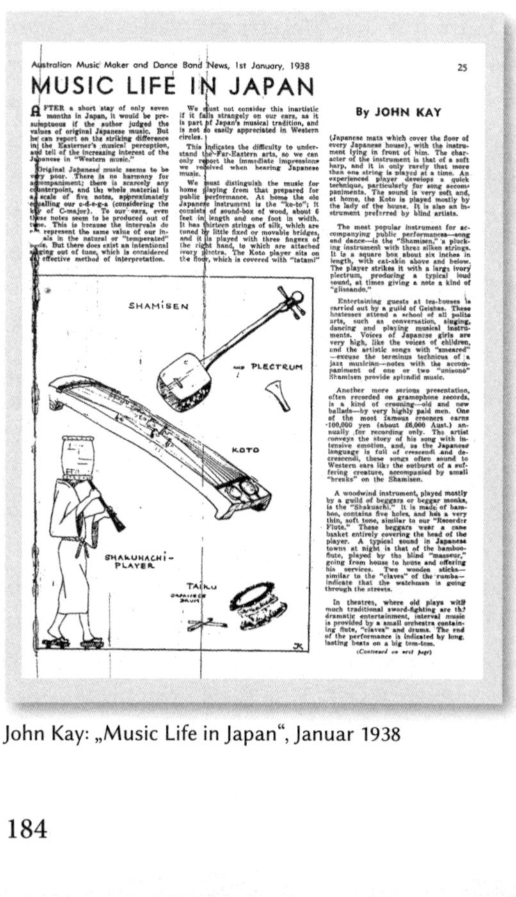

Australian Music Maker and Dance Band News, 1st January, 1938 — 25

MUSIC LIFE IN JAPAN

By JOHN KAY

AFTER a short stay of only seven months in Japan, it would be presumptuous if the author judged the values of original Japanese music. But he can report on the striking difference in the Easterner's musical perception, and tell of the increasing interest of the Japanese in "Western music."

Original Japanese music seems to be very poor. There is no harmony for accompaniment; there is scarcely any counterpoint, and the whole material is a scale of five notes, approximately equalling our c-d-e-g-a (considering the key of C-major). To our ears, even these notes seem to be produced out of tune. This is because the intervals do not represent the same value of our intervals in the natural or "temperated" scale. But there does exist an intentional singing out of tune, which is considered an effective method of interpretation.

We must not consider this inartistic if it falls strangely on our ears, as it is part of Japan's musical tradition, and is not so easily appreciated in Western circles.

This indicates the difficulty to understand the Far-Eastern arts, so we can only report the immediate impressions we received when hearing Japanese music.

We must distinguish the music for home playing from that prepared for public performance. At home the old Japanese instrument is the "ko-to"; it consists of sound-box of wood, about 6 feet in length and one foot in width. It has thirteen strings of silk, which are tuned by little fixed or movable bridges, and it is played with three fingers of the right hand, to which are attached ivory plectra. The Koto player sits on the floor, which is covered with "tatami" (Japanese mats which cover the floor of every Japanese house), with the instrument lying in front of him. The character of the instrument is that of a soft harp, and it is only rarely that more than one string is played at a time. An experienced player develops a quick technique, particularly for song accompaniments. The sound is very soft and, at home, the Koto is played mostly by the lady of the house. It is also an instrument preferred by blind artists.

The most popular instrument for accompanying public performances—song and dance—is the "Shamisen," a plucking instrument with three silken strings. It is a square box about six inches in length, with cat-skin above and below. The player strikes it with a large ivory plectrum, producing a typical loud sound, at times giving a note a kind of "glissando."

Entertaining guests at tea-houses is carried out by a guild of Geishas. These hostesses attend a school of all polite arts, such as conversation, singing, dancing and playing musical instruments. Voices of Japanese girls are very high, like the voices of children, and the artistic songs with "smeared"—excuse the terminus technicus of a jazz musician—notes with the accompaniment of one or two "unisono" Shamisen provide splendid music.

Another more serious presentation, often recorded on gramophone records, is a kind of crooning—old and new ballads—by very highly paid men. One of the most famous crooners earns 100,000 yen (about £6,000 Aust.) annually for recording only. The artist conveys the story of his song with intensive emotion, and, as the Japanese language is full of crescendi and decrescendi, these songs often sound to Western ears like the outburst of a suffering creature, accompanied by small "breaks" on the Shamisen.

A woodwind instrument, played mostly by a guild of beggars or beggar monks, is the "Shakuachi." It is made of bamboo, contains five holes, and has a very thin, soft tone, similar to our "Recorder Flute." These beggars wear a cane basket entirely covering the head of the player. A typical sound in Japanese towns at night is that of the bamboo-flute, played by the blind "masseur," going from house to house and offering his services. Two wooden sticks—similar to the "claves" of the rumba—indicate that the watchman is going through the streets.

In theatres, where old plays with much traditional sword-fighting are the dramatic entertainment, interval music is provided by a small orchestra containing flute, "claves" and drums. The end of the performance is indicated by long-lasting beats on a big tom-tom.

(Continued on next page)

John Kay: „Music Life in Japan", Januar 1938

Kein ehemaliges Mitglied der Weintraubs Syncopators hat die Entdeckungsfreudigkeit dieses Ensembles und die von dort empfangenen Impulse so energisch, vielseitig und flexibel weitergeführt wie John Kurt Kaiser alias Sydney John Kay. Für neue Erfahrungen und Initiativen war er stets offen. Schon kurz nach seiner Ankunft in Australien hatte er beim *Australian Music Maker* einen Aufsatz über das japanische Musikleben sowie eigene Jazzkompositionen eingereicht. Dabei verwendete er wohl zum ersten Mal den Künstlernamen „John Kay", der nach dem Krieg sein offizieller Name wurde. In dem Beitrag beschrieb er detailliert und durch Zeichnungen ergänzt das Spiel auf den traditionellen Musikinstrumenten. Er verwies auf ein wachsendes Interesse der Japaner an westlicher Jazz- und

Tanzmusik und auch an der klassischen Musik Europas.[468] In der gleichen Ausgabe der Zeitschrift war seine Komposition „Jammin' Dem Keys" in zwei Fassungen als Klaviersolo und als Arrangement für Klavier, Tenorsaxophon, Altsaxophon, Trompete, Posaune, Bass und Schlagzeug abgedruckt. In der farbigen Harmonik verrät das effektvolle Klaviersolo eine genaue Kenntnis der Werke George Gershwins. Die Ensembleversion wies Kay als erfahrenen Arrangeur aus, was er mit dieser Publikation wohl demonstrieren wollte.

Neben seiner 1942 begonnenen Tätigkeit als Arrangeur für die Colgate-Palmolive Radio Unit schuf Kay weiterhin eigene Kompositionen, so die Ballettmusik „Lot's Wife", die im März 1944 im Rundfunk gesendet wurde, und eine „Fantasy in d-minor" für großes Orchester. Die handgeschriebene Partitur, die Kay im eigenen Verlag Microphone Music Publishers herausbrachte, umfasst 22 Systeme.[469] Aus welchem Anlass hat er dieses elfminütige Werk geschaffen? Hatte ihn Leopold Stokowskis Bach-Adaption im Disney-Film „Fantasia" angeregt? Oder hatten ihn Nachrichten von den schweren Luftangriffen der Royal Air Force auf seine Heimatstadt Leipzig zu einer Hommage an Johann Sebastian Bach bewogen? Darauf könnte der melancholisch verebbende Schluss der Komposition hindeuten. Möglicherweise hatte ihn aber auch das hohe Lob, mit dem sich Dr. Alfred Ernest Floyd über „Lot's Wife" geäußert hatte[470], zu dieser freien Komposition angeregt. Wieder ließ Sydney John Kay die Muskeln spielen und zeigte, was er konnte; man fragt sich verwundert, wann und wo er sein kompositorisches Handwerk gelernt hat. Wohl typisch für ihn ist die sonst seltene, hier aber häufig verwendete Vortragsanweisung „incalzando" – vorwärtsdrängend. Ende 1944 wurde Kays „Fantasy in d-minor" vom Sydney Symphony Orchestra unter Percy Code aufgenommen, bevor sie in Vergessenheit geriet.[471]

1945 beantragte Kay die Übersiedlung seines Bruders Fritz nach Australien. Dabei gab er für sich selbst ein Jahreseinkommen von 900 bis 1.300 Pfund pro Jahr an, während seine Frau Gerty durch den Betrieb eines Cafés mit jährlich 900 Pfund zum gemeinsamen Lebensunterhalt beitrage.[472] Angesichts dieser materiellen Sicherheit konnte Kay 1944 die Leitung des 1939 von Rosemarie Benjamin gegründeten Theatre for Children übernehmen.[473] Die Presse lobte dieses „wohldurchdachte Projekt, das so viel sozialen Nutzen bringt".[474] Nach einer Epidemie musste das Theater schon im März 1945 schließen, wodurch allen Beteiligten Schulden entstanden. Rückblickend hieß es anerkennend über John Kay, er habe Bühnenerfahrungen mit dem Glauben verbunden, dass Kinder ernst genommen werden müssen.[475]

Als sich Kay 1945 während der Vorbereitung einer Radio-Show für mehrere Monate in Melbourne aufhielt, verliebte er sich dort in die Australierin Kathleen Lois Davidson. Er trennte sich von der inzwischen finanziell selbstständigen Gerty und heiratete die bereits schwangere Lois, die am 1. März 1946 den gemeinsamen Sohn Anthony zur Welt brachte. Nach dem Ende des Kindertheaters fand Kay ein neues und lukrativeres Arbeitsfeld in der Filmmusik. Immerhin hatte er schon in Deutschland an mehreren Filmproduktionen mitgewirkt. Thematisch passend zur Geburt seines einzigen Kindes schuf Kay 1946 die interessante Musik zum Spielfilm „A Son Is Born“ mit Peter Finch in der Hauptrolle; in einer Fabrikszene gibt es rhythmische Maschinenklänge mit Xylophonen und Blechbläsern, die an Hanns Eislers berühmte „Kuhle Wampe“-Musik erinnern. Ein Jahr später vertraute die Arthur Rank Filmgesellschaft Kay die Musik zu ▹ „Bush Christmas“ an, einem Abenteuerfilm mit Kindern. „In Methode, Stimmung und Idiom ist der Film australischer als jeder andere abendfüllende australische Spielfilm, den wir bisher gesehen haben“, lobte der *Sydney Morning Herald*. „John Kays Filmmusik ist angemessen und aufmerksam und berührt mit Elementen von Komödie und Spannung am richtigen Ort.“[476] Vor Kindern lief „Bush Christmas“ auch in London, Kopenhagen und New York mit enormem Erfolg und wurde vom *Sydney Telegraph* zum besten Film des Jahres 1947 gewählt.

Seine Erfahrungen mit Berlins großen Theaterbühnen, auf denen er mit den Weintraubs aufgetreten war, hatten Kay nicht losgelassen. Es war sein Traum, auch in Australien eine anspruchsvolle Bühnenkunst zu verwirklichen. So gründete er 1946 mit dem damals noch fast unbekannten Schauspieler Peter Finch, dem Theaterkritiker Allan Ashbolt, dem Radioproduzenten John Wiltshire und dem kommerziellen Radiomanager Colin Scrimgeour in Sydney das Mercury Theatre, zu dessen Finanzierung er wesentlich beitrug. Sydney John Kay war die treibende Kraft.[477] „Er infizierte mich mit seiner brennenden Theaterleidenschaft“, berichtete Finch später, „seine titanische Energie wirkte ansteckend. Wir waren wild entschlossen, etwas zu tun, um das australische Theater aus der Flaute zu ziehen, in der es dümpelte.“[478] Wie das Mercury Theatre, das Orson Welles und John Houseman in New York ins Leben gerufen hatten, wie die Old Vic Company und die American Repertory Company wollte auch das australische Mercury Theatre als professionelle Repertoirebühne Welttheater präsentieren. Am 16. Juli 1946 trat es mit drei Einaktern von Nikolai Gogol, Lope de Vega und Heinrich von Kleist („Der zerbrochene Krug“) im Konservatorium von Sydney erstmals an die Öffentlichkeit. Presse und Publikum reagierten begeistert. Ergänzend gründeten Finch und Kay einen Mercury Club sowie eine Theaterschule. Sydney John Kay war zu diesem Zeitpunkt noch nicht eingebürgert. Dies geschah erst zwei Monate später, im Januar des nächsten Jahres trafen seine Einbürgerungspapiere endlich ein.

Da keine geeignete Spielstätte für das Mercury Theatre gefunden wurde, konstituierten sich die Schauspieler 1948 als „Mercury Mobile Players“. Kay entwarf für sie eine transportable Bühne, die auf einen LKW passte. Über diese Künstler hieß es in *The New Citizen*: „Unter der enthusiastischen Führung ihres Managers, Produzenten, Kostümbildners und Komponisten Sydney John Kay sollen sie beweglich sein, wie ihr Name sagt. Sie tragen ihre Bühnenbilder und Talente hinaus zu den Fabriken und Schulen, wo sie mit Unterstützung der Erziehungsabteilung vor Arbeitern und Schülern spielen. Es steckt noch in den Kinderschuhen, aber es ist ein vielversprechender Anfang, der sie vielleicht schließlich zu ihrem Endziel führt – der Gründung eines ‚Volkstheaters‘ in Sydney von der Art, die in Mitteleuropa als ‚Volksbühne' bekannt war."[479] Als neue Produktion der Mercury Mobile Players kam am 11. August Molières „Eingebildeter Kranker" mit Peter Finch in der Titelrolle heraus; Kay leitete das Ganze und steuerte auch die Bühnenmusik bei. Da Sir Laurence Olivier gerade auf einer umjubelten Tournee der Old Vic Company in Sydney gastierte, lud Kay selbstbewusst diesen zum Besuch ein. Der berühmte Schauspieler sagte zu und kam am 18. August mit seiner Frau zu einer Aufführung, die während der Mittagspause vor etwa 400 Arbeitern einer Glasfabrik stattfand. Was er dort erlebte, berührte ihn tief. Die Presse berichtete: „Sir Laurence Olivier sagte, dass er mit seiner Gratulation für die Mercury Mobile Players sein Versprechen brach, die Arbeit von Berufskollegen nicht zu kommentieren. Er sagte, er sei so beeindruckt, dass er alles tun würde, was er könne, um sie bei der Gründung eines festen Theaters zu unterstützen."[480] Allerdings verloren die Mercury Mobile Players schon im November eine ihrer stärksten Säulen: Peter Finch reiste auf Einladung Laurence Oliviers nach London, wo seine Weltkarriere begann.

Trotz dieses Rückschlags und obwohl die Mobile Players nur noch bis 1950 weiterexistierten, gab Kay nicht auf, betrachtete er sein Projekt doch als Teil einer langfristigen Strategie: „Nur ein gutes professionelles Theater kann die Basis für die Entwicklung eines künftigen australischen Dramatikers, vielleicht sogar eines typisch australischen Theaterstils und damit eines künstlerischen Ausdrucks des australischen Wesens werden."[481] Im Februar 1952 mietete er für „sein" Theater ein festes Haus an, die alte St. James' Hall in der Innenstadt, die der Workers' Educational Association gehörte. Das Theater war eine Kooperative, die alle Spieler am Umsatz beteiligte, was als Sensation galt.[482] Offenbar griff Kay hier auf die Erfahrungen der Weintraubs Syncopators zurück.

Obwohl die Presse das Mercury-Theater als „eine Art Wunder" beschrieb, wurde bald deutlich, dass es ohne öffentliche Mittel nicht würde überleben können. Aber die erhoffte Förderung blieb aus. Eine Rolle mögen dabei Warnungen der Sicherheitsbehörden gespielt haben, die den Theaterleiter kommunistischer Tendenzen verdächtigten.[483] Kay bemühte sich bis zuletzt um die Rettung, indem er sein persönliches Vermögen investierte.[484] Ende 1953 musste er seinen Traum begraben und das Mercury Theatre schließen. Innerhalb von zwei Jahren hatte es in 305 Aufführungen 29 Stücke geboten,

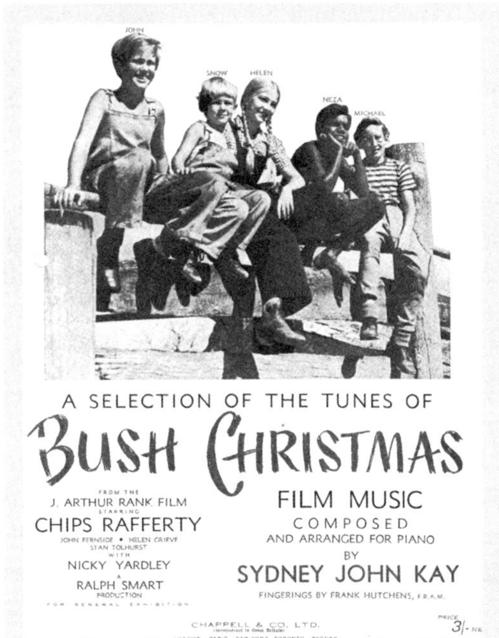

„Bush Christmas" – Notenausgabe der Filmmusik

von Autoren wie Shakespeare, Dickens, Strindberg, Tschechow, Schnitzler, Wedekind, Shaw, Maxwell Anderson, Kästner, Anouilh, Franz Molnar, Jean Cocteau und Christopher Fry.[485]

Danach verlegte sich Kay noch mehr als früher auf Filmmusik, um die leeren Kassen zu füllen. Besonders gerne arbeitete er mit dem Regisseur und Produzenten John Heyer zusammen, der heute als Vater des australischen Dokumentarfilms gilt.[486] Die Kooperation hatte 1946 bei „Native Earth", einem Film über Australiens Engagement in Papua-Neuguinea, begonnen und setzte sich fort bei weiteren Produktionen des National Film Board: bei „Journey of a Nation" (1947), einem Plädoyer für die Vereinheitlichung des Schienennetzes, beim Porträt von Zuckerarbeitern in Queensland in „The Cane Cutters", und bei „The Valley is Ours", einer Studie über den Murray River (beides 1948). Nachdem ihm diese Filme auch internationale Anerkennung gebracht hatten, wechselte Heyer vom Film Board zur kommerziellen Shell Film Unit. Für diese schuf er 1954 den inzwischen legendären Film „The Back of Beyond", der das harte Leben eines Postfahrers auf dem abgelegenen Birdsville Track schildert und dabei die fast menschenleere Wüstenlandschaft als Lebensraum verschiedener Kulturen beschreibt. In seiner Filmmusik setzte Kay hohe Streicher ein, wenn Vogelschwärme in den Himmel steigen; mit einem Bläsertremolo wies er auf verdurstete Tiere hin und wiederholte ein Rufmotiv, wenn zwei kleine Mädchen vergeblich ihren Weg in der Wüste suchen. Die stilistisch vielfältige Musik passt sich jedem Moment der Handlung an und dürfte dazu beigetragen haben, dass „The Back of Beyond" noch im gleichen Jahr als erster australischer Film den Grand Prix der Biennale von Venedig erhielt.

Nach der Fertigstellung weiterer Filmmusiken – zur Fernsehserie „The Adventures of Long John Silver"[487] und zum Abenteuerfilm „Captain Thunderbolt" – verließ Kay im Juni 1955 Australien und reiste nach England. In London hatte ihm Louis Levy, der Filmkomponist Alfred Hitchcocks, Aufträge versprochen. Kays Abreise wurde von den australischen Sicherheitsbehörden, die ihn unter anderem wegen seiner Teilnahme am Sydney Council to combat Fascism and Anti-Semitism weiterhin kommunistischer Sympathien verdächtigten, genau registriert.[488] Beim Zwischenhalt in Los Angeles wohnte er einige Tage bei einem alten Kollegen, dem in Hollywood erfolgreichen Franz Waxman. Zusammen hatten sie Friedrich Hollaenders Musik zum „Blauen Engel" für Orchester arrangiert. In London angekommen erfuhr Kay, dass Levy erkrankt war; 1957 starb er. Das erhoffte Engagement bei Hitchcock entfiel. Aber Ralph Smart, der Regisseur von „Bush Christmas", verhalf Kay zu Fernsehaufträgen, so dass er sich entschloss, in England zu bleiben und seine Frau und den Sohn Anthony nachzuholen. Beide trafen 1957 in London ein. Mit der Musik zur 26-teiligen Science-Fiction-Fernsehserie „The Invisible Man" nach dem Roman von H. G. Wells gelang Kay dort noch einmal ein großer Erfolg.

Musik nur noch Hobby

Sydney John Kay, Cyril Schulvater und Leo White waren die einzigen ehemaligen Bandmitglieder, die ihren Lebensunterhalt weiter hauptberuflich mit Musik verdienten. Manny Fisher wechselte dagegen in eine ganz andere Branche: 1949 eröffnete er mit einem Freund ein Fleischverpackungsunternehmen, das sich als großer kommerzieller Erfolg erwies. Sein Bruder Ady übernahm das Möbelgeschäft, das seine Eltern in Sydney eröffnet hatten. Daneben spielte er noch als Bassist zusammen mit Henry Adler (Klavier) und Don Andrews (Gitarre) in einem Trio, das mit „leichter Musik im klassischen und modernen Stil" regelmäßig im Radio zu hören war.

Horst Graff arbeitete nach seiner Entlassung aus der Internierung lange als Mechaniker in einer Drahtfirma. Seine Frau Margot eröffnete 1954 in Lindfield an Sydneys North Shore ein Modegeschäft für die „Miss In-between", für junge Mädchen im Alter von 8 bis 14 Jahren.[489] Obwohl die Musik für Graff nun nur noch Hobby war, gab er das Komponieren nicht ganz auf. So schuf er 1946 für das bekannte Bodenwieser-Ballett die Musik zur Szene „The Moving Finger".[490] Eine neue künstlerische Heimat fand er in dem Kleinen Wiener Theater, das österreichische Emigranten 1941 in Sydney gegründet hatten.[491] Es wurde zum Treffpunkt deutschsprachiger Flüchtlinge, die sich wehmütig an ihre alte Heimat erinnerten. Während man in Australien die Stadt Berlin meist noch mit Hitler assoziierte, waren Rückblicke auf Wien eher willkommen. Mit Laiendarstellern entwickelte das Kleine Wiener Theater zweisprachige „Bunte Abende", in denen Kabarettszenen mit Liedern abwechselten. Für einen Bunten Abend unter dem Motto „Künstlich – natürlich" schuf Graff 1949 die Musik.[492] Auch zu der musikalischen Revue „Eine Fahrt ins Blaue", bei der 1952 seine Frau als Schauspielerin mitwirkte, trug er Melodien bei. Er selbst unternahm in jenem Jahr eine große „Fahrt ins Blaue", als ihn die amerikanische Filmgesellschaft Warner Brothers zur Mitwirkung an dem Abenteuerfilm „His Majesty O'Keefe" mit Burt Lancaster in die Südsee einlud. Seine Rolle wurde dann aber aus dem Skript gestrichen, so dass sich Graff bei bezahltem Urlaub für acht Wochen auf der Insel Fidschi sonnen konnte.[493] Mitte der 1960er Jahre ließ er sich von Margot scheiden und heiratete eine australische Klavierlehrerin. Er hatte sie in einem Hotel außerhalb Sydneys kennengelernt, wo er gerne Klavier und Billard spielte. Mit seiner Frau reiste Graff später nach Los Angeles und besuchte dort Franz Waxman.

Stefan Weintraub, dessen Frau Gertie sich im Mai 1945 von ihm getrennt hatte, erhielt im Oktober dieses Jahres endlich die australische Staatsbürgerschaft. Ein Jahr später wurde auch sein Bruder Max eingebürgert. Er selbst arbeitete weiterhin als Mechaniker bei der Firma Camtran Windings, 221 Elizabeth Street. Nach vorübergehender Beschäftigung in einem Pelzgeschäft erhielt er ein Angebot des Elektronikunternehmens RCA; er blieb neun Jahr bei dieser Firma, für die er Verstärker für Filmtheater herstellte.[494] So war er wenigstens indirekt noch mit den früheren Auftrittsorten verbunden. 1957 heiratete Weintraub die Australierin Bonnie, die er bei RCA kennengelernt hatte. Wie Horst Graff betrieb er die Musik nur noch als Hobby, wobei auch für ihn das Kleine Wiener Theater zur neuen musikalischen Heimat wurde. In vielen Veranstaltungen dieser Kompanie spielte Weintraub Klavier und Schlagzeug. Bald schloss sich ihm der ebenfalls aus Berlin stammende Pianist, Organist, Komponist und Rundfunkredakteur Werner Baer an. Er war 1938 nach Singapur geflohen und im September 1940 von dort nach Australien deportiert worden.[495]

1958 wirkten Baer und Weintraub im Kleinen Wiener Theater an einer Aufführung der „Dreigroschenoper" mit. Zweifellos dachten sie dabei an ihre Berliner Jahre zurück, die sich für sie nun zu den Goldenen Zwanzigern verklärten. Tatsächlich waren die Weintraubs Syncopators ein wesentlicher Teil dieser Kulturepoche gewesen. Gerne erinnerte sich Stefan Weintraub an die Zusammenarbeit mit Marlene Dietrich. Als dieser Filmstar im Oktober 1965 mit einem internationalen Chansonprogramm zwei Wochen lang im Princess Theatre Sydney gastierte, berichtete die Presse ausführlich über die teure Luxussuite, in der Dietrich einquartiert war, und über die kostbare Kleidung.[496] Stefan Weintraub besuchte in diesen Tagen die Redaktion der Zeitschrift *The Bulletin* und erzählte von seiner Mitwirkung am Film „Der blaue Engel". Marlene Dietrich sei damals sehr freundlich gewesen. Stolz kündigte er an, den Star demnächst zu besuchen, „nicht im Theater, sondern in ihrem Hotel".[497] Bei ihrem mit Ovationen gefeierten Auftritt sang Marlene tatsächlich zwei Songs aus dem „Blauen Engel", allerdings ohne Friedrich Hollaender und die Weintraubs zu erwähnen. Dagegen nannte sie Cole Porter, Richard Tauber und Pete Seeger, den australischen Komponisten Charles Marawood sogar zweimal.[498] Ob die Diva tatsächlich Stefan Weintraub in ihrem Hotel empfangen hat, ist nicht bekannt. Wie den Weintraubs Syncopators brachte schließlich auch ihr Australien kein Glück. Als Marlene Dietrich im September 1975 erneut in Sydney gastierte – jetzt in Her Majesty's Theatre –, fiel sie während der Aufführung von der Bühne. Sie brach sich einen Oberschenkelknochen und musste die Tournee abbrechen. Das war das Ende ihrer Bühnenkarriere.

Da verschiedene Ereignisse den Teamgeist der Weintraubs schweren Prüfungen unterworfen hatten, hatten die Mitglieder in Sydney kaum Kontakt mehr untereinander. Nur gelegentlich traf man sich in den Ferien bei Ray Goldner in Surfer's Paradise im Badeort Gold Coast.[499] Auf Goldners Initiative dürfte es auch zurückzuführen sein, dass sich die hier noch lebenden Bandmitglieder Adolf und Emanuel Fisher, Horst Graff, Cyril Schulvater und Stefan Weintraub 1976 in Sydney trafen. Eine Fotografie des Treffens ist überliefert. Sydney John Kay war schon 1970 in London und Ansco Bruinier 1973 in Süddeutschland gestorben. Ihnen folgten 1976 Leo Weiss und 1981 Stefan Weintraub. Horst Graff zog mit seiner zweiten Frau nach Spanien, wo er 1994 starb. Als letztes Mitglied der Weintraubs Syncopators verschied 2007 Ady Fisher, der damit seinen Bruder Emanuel noch um ein Jahr überlebte. Nun war diese einst so berühmte Jazzband endgültig ein Teil der Geschichte geworden.

Stadien der Wiederentdeckung

Stefan Weintraub erinnert sich

Der Berliner Jazzexperte Horst H. Lange war wohl der erste, der nach dem Krieg in Deutschland wieder öffentlich auf die Weintraubs Syncopators hinwies. Wie er selbst zugab, kam die Anregung von Schallplattensammlern aus Italien und den USA. Im April 1961 brachte die Zeitschrift *Jazz Podium* einen von Lange verfassten Artikel über die vergessene Jazzband. Man las dort, ihre Spuren hätten sich Mitte der 1930er Jahre in Russland verloren. „Die letzte Meldung über sie stammt aus Leningrad im Jahre 1936."[500] Auf diesen Beitrag reagierten viele Leser, die sich noch an die Weintraubs Syncopators erinnerten, unter ihnen Klaus Jungk, ein Musikredakteur beim Sender Freies Berlin (SFB). Er wusste, dass Stefan Weintraub noch in Australien lebte und hatte sogar im Vorjahr mit ihm korrespondiert.[501] Vom SFB erhielt Lange die Adresse des Musikers in Sydney, dem er daraufhin einen Brief schrieb. Weintraub antwortete sofort mit aktuellen Informationen. In einem zweiten Artikel, der im März 1962 herauskam, zitierte Lange diesen Brief ausführlich und ergänzte diskographische Angaben.[502] Zuvor hatte er ein Tonband mit Überspielungen alter Aufnahmen nach Sydney geschickt.

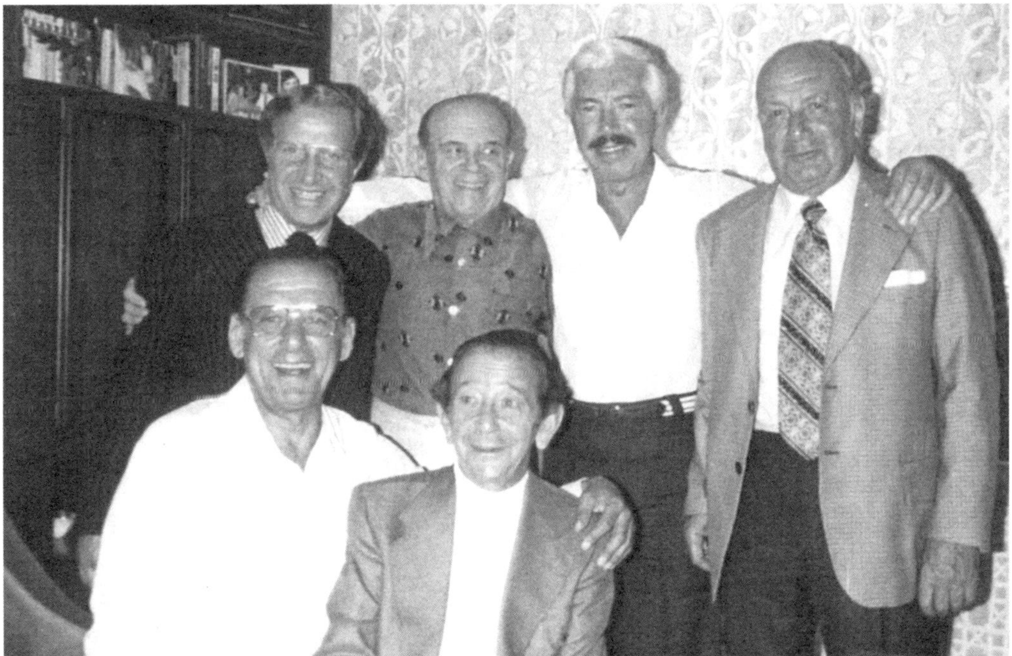

Wiedersehen der Bandmitglieder in Sydney 1976: oben Adolf Fisher, Stefan Weintraub, Emanuel Fisher und Horst Graff, unten Ray Goldner und Cyril Schulvater

Vielleicht angeregt durch den ersten Aufsatz im *Jazz Podium* brachte die Electrola 1961 auf einer 45er-Platte den Weintraubs-Titel ▻ „Mein Gorilla hat 'ne Villa im Zoo" heraus. Schallplatten jüdischer Künstler waren 1942 beschlagnahmt und die Berliner Gebäude dieser Firma im Krieg fast völlig zerstört worden. Angesichts der politisch unsicheren Lage der in vier Sektoren unterteilten Stadt Berlin hatte die Electrola 1953 ihren Sitz nach Köln verlegt. Erfreut über das neuerwachte Interesse an seiner einstigen Band entschloss sich Stefan Weintraub 1963 zu einer Europa-Reise. Im Juli traf er in Zürich nach jahrzehntelanger Unterbrechung Heinz Barger. Eine Fotografie zeigt diesen zusammen mit seiner Frau Doris und Stefan Weintraub auf dem Zürichberg.[503] Möglicherweise entwickelten beide schon jetzt die Idee zu einer Radio-Sendung. Ergänzt durch Statements von John Kay, Friedrich Hollaender und Hazy Osterwald kam diese ein Jahr später, am 8. und 9. Juli 1964, unter dem Titel „Eine Band geht um die Welt" bei der Schweizerischen Rundspruchgesellschaft zur Ausstrahlung. Mit vielen Musikbeispielen und launigen Anekdoten erzählte sie die Geschichte der Weintraubs Syncopators. Des ewigen Weiterziehens müde seien sie in Australien geblieben. Aber ebenso wenig wie bei Horst Lange wurden hier die Schwierigkeiten, denen die Band begegnete, beim Namen genannt. Stattdessen hieß es über das Ende der Band: „Als der Zweite Weltkrieg ausbrach, wurden sie auseinandergerissen. Einige von ihnen wurden – Ironie des Schicksals – als ‚feindliche Ausländer' interniert. Barger fuhr später nach Amerika, John Kay übersiedelte nach London. Alle anderen leben noch heute in Australien. Sie machen keine Musik mehr, sondern haben auf andere Berufe umgesattelt und es darin zum Teil recht weit gebracht." Die Sendung wurde auf verschiedenen deutschen Stationen und am 29. November auch in New York wiederholt. Dagegen scheiterte 1965 Heinz Bargers Versuch, das Zweite Deutsche Fernsehen für das Thema zu interessieren.[504]

Als Stefan Weintraub 1970 noch einmal zu einer großen Reise aufbrach, traf er in New York Eric T. Vogel, den USA-Korrespondenten des *Jazz Podiums*. Dieser hatte die Band zuletzt 1935 in Brünn erlebt. 1939 verlor er nach der deutschen Besetzung der Tschechoslowakei als Jude seine Stellung als Ingenieur. 1942 wurde Vogel ins Ghetto Theresienstadt geschickt, wo er die Gründung der „Ghetto Swingers" anregte, bei denen er als Trompeter mitwirkte.[505] Pianist dieser Band wurde Martin Roman, der einst bei den Weintraubs gespielt hatte. Wie durch ein Wunder haben Roman und Vogel, ebenso wie Coco Schumann, der Schlagzeuger der Ghetto Swingers, alle Verfolgungen überlebt. Die Erinnerung an die Weintraubs Syncopators blieb bei Erich Vogel lebendig. Es war für ihn deshalb ein besonders glückliches Erlebnis, als er in New York noch einmal Stefan Weintraub traf. Über dieses Wiedersehen schrieb er einen Artikel für das *Jazz Podium*. Der jetzt in Sydney lebende Musiker, lesen wir dort, habe sich trotz seiner 73 Jahre kaum verändert. „Seine Haare sind nun zwar weiß geworden, aber für das das sonnengebräunte Gesicht ist das nur von Vorteil. Er ist so vital, dass man ihn gut für 30 Jahre jünger halten könnte." Besonders freue sich Weintraub auf die Wiederbegegnung mit Berlin, wo er einst seine größten Erfolge feierte.[506]

Der Pianist und Filmkomponist Peter Kreuder, wie Franz Wachsmann zeitweilig Assistent Friedrich Hollaenders, war schon 1932 der NSDAP beigetreten. Er hatte die Nazi-Zeit in Deutschland verbracht, bis auch er in Ungnade fiel. In seinen 1971 veröffentlichten Memoiren behauptete er, als wohl einziger Nichtjude bei den Weintraubs Syncopators mitgewirkt zu haben. Überraschend sei er 1960 in Lugano mit „Charly Weintraub“ zusammengetroffen. In einem weißen Rolls-Royce sei dieser vorgefahren und habe ihm bis spät nachts bei einer ganzen Flasche Whisky seine abenteuerliche Lebensgeschichte erzählt. Demnach sei die Band zum Leiborchester Josef Stalins avanciert und dann nach Palästina gefahren, wo sie sich auflöste. Charly Weintraub sei nach Australien weitergereist, wo er als Deutscher interniert wurde. Einige Jahre nach seiner Entlassung habe er von einem Galizier ein Patent für die Herstellung künstlicher Därme zur Fleischverpackung geerbt. Unterstützt durch seine Ehefrau sei er ein reicher Mann geworden. „Hätte es Hitler und Stalin nicht gegeben, dann wäre er heute wahrscheinlich ein arbeitsloser Schlagzeuger in einem Altersheim. Stattdessen ist er jetzt ein Multimillionär.“[507] In dieser kuriosen Geschichte, welche die Verfolgung zum Karriere-Sprungbrett machte, verschlingen sich die Schicksale mehrerer Bandmitglieder. Peter Kreuder scheint seine „Erinnerung“ aus verschiedenen Erzählungen phantasievoll zusammengeflickt zu haben. Die Figur des reichen Fabrikanten erinnert von fern an Manny Fisher, die des arbeitslosen Schlagzeugers an Stefan Weintraub.

Im Oktober 1973 erhielt Weintraub von Heinz Barger die überraschende Mitteilung, der verschollen geglaubte Adi (Eddie) Rosner sei wieder aufgetaucht und lebe jetzt in West-Berlin. Auf der Flucht vor den Nazis war der Jazztrompeter 1935 nach Polen gekommen, wo er eine eigene Band gründete. Der deutsche Überfall auf Polen zwang ihn zur Flucht in die Sowjetunion. Hier wurde er der gutbezahlte Chef eines staatlichen Jazzorchesters, trat vor Stalin auf und unternahm Tourneen durch das ganze Land. Als Rosner aber 1946 ohne Visum vom kommunistischen Machtbereich nach West-Berlin ausreisen wollte, wurde er verhaftet und in ein Arbeitslager gebracht. Nach Stalins Tod wurde er rehabilitiert, bis er im Juni 1973 endlich nach West-Berlin ausreisen durfte. Diese Geschichte wirkt ähnlich abenteuerlich wie die des angeblichen Charly Weintraub. Aber anders als die Phantasmagorie Peter Kreuders entspricht sie der Wahrheit. Als Stefan Weintraub von Rosners Überleben erfuhr, schrieb er ihm sofort: „Du kannst Dir nicht vorstellen, was für eine Überraschung es für mich war, von Dir zu hören, nachdem seit Jahren jeder Dich als verloren betrachtet hatte.“[508] Jahrzehntelang hatte Eddie Rosner in der Sowjetunion von Berlin, seiner alten Heimatstadt, und den Weintraubs Syncopators geträumt. In Erinnerung an diese damals so erfolgreiche Band gründete er jetzt eine fünfköpfige Band „Weintraub's Söhne“, die im Club Gamasche am Kurfürstendamm auftrat – leider ohne dauerhaften Erfolg.[509] Verarmt starb Rosner 1976.

Auf die kleine Platte mit dem Gorilla-Schlager ließ die Electrola 1979 unter der Überschrift „Die Goldene Aera deutscher Tanzorchester“ eine Doppel-LP der Weintraubs Syncopators folgen. Sie enthielt chronologisch gereiht repräsentative Aufnahmen aus Berlin

(1928–1933), Mailand (1934) und Tokio (1936). Auf der Albumhülle war ein instruktiver Text von Horst H. Lange abgedruckt, welcher die Weintraubs als „eines der besten deutschen Tanz- und Jazzensembles der turbulenten 20er Jahre“ vorstellte. Auf Fotos aus dem Archiv des Autors sah man die Bandmitglieder zusammen mit Friedrich Hollaender, vor Wolkenkratzern in New York, 1933 im Berliner Wintergarten, 1936 in Moskau und schließlich in Australien. In diesem fernen Erdteil hätten sie, wie Lange schrieb, eine neue Heimat gefunden. Das las sich so: „Kurze Zeit vor dem Krieg lösten sie das Orchester auf und suchten sich bürgerliche Berufe. Sie waren darin alle mehr oder weniger erfolgreich und denken als gestandene Geschäftsleute und Unternehmer gerne an ihre turbulente Jugendzeit zurück.“[510]

Im südafrikanischen Johannesburg lebte der Jazzhistoriker Horst J.P. Bergmeier, der sich für Rosners bewegtes Schicksal ebenso interessierte wie für die Weintraubs Syncopators. Er begann einen Briefwechsel mit Stefan Weintraub, den er detailliert befragte und später in Sydney besuchte.[511] Auch von anderen wurde Weintraub nun gelegentlich interviewt. Seine Antworten zu einem noch 1981 gegebenen Interview liegen schriftlich vor. Dort erklärte Weintraub den Erfolg der Band aus der Verbindung von Musizieren mit komödiantischer Aktion. Seit vielen Jahren wohne er in Australien. „Trotz meines Alters von inzwischen 84 Jahren spiele ich noch täglich zuhause Klavier und liebe vor allem leichte Musik, Operetten, Musicals, etwas Jazz, die guten alten Melodien der zwanziger und dreißiger Jahre und die modernen, wenn sie nicht zu modern sind. Leider leben nur noch zwei der ursprünglichen Weintraubs: Horst Graff und ich, Steps Weintraub.“[512] Noch im gleichen Jahr, am 10. September 1981, starb auch er.

Nur zwei Tage später, am 12. September, brachte der Sender Freies Berlin abends um 20 Uhr eine einstündige Sendung von Dieter Hintze mit dem Titel „Die Weintraubs Syncopators und ihre Zeit. Stephan [sic] Weintraub erinnert sich“.[513] Neben viel Musik und einer Moderation von Goetz Kronburger war dort die Stimme des 84-jährigen Stefan Weintraub zu hören. Er hatte eine Tonband-Cassette mit seinen Erinnerungen dem in Australien arbeitenden Rundfunk-Korrespondenten Hintze übergeben. Hier berichtete er nun von der Entstehung der Band, den Hollaender-Revuen, der Zusammenarbeit mit Marlene Dietrich, den Auftritten im Wintergarten, der Abreise aus Berlin nach dem Reichstagsbrand, der nachfolgenden Russland-Tournee, von den Erfolgen in Japan und schließlich Australien.

Nach Schwierigkeiten mit der Gewerkschaft seien 1940 drei Bandmitglieder wegen ihrer deutschen Pässe interniert worden. Eine weitere Erklärung für die lange Internierung von 15 Monaten gab er nicht. „Damit sind wir am Ende der Kapelle. Denn die anderen Boys haben inzwischen andere Berufe ergriffen und so haben wir uns um andere Sachen umsehen müssen.“ Stefan Weintraub lobte die Tonqualität der wiederveröffentlichten Aufnahmen, bedauerte aber, dass er am Umsatz nicht beteiligt war. Die Band hatte von den Firmen bei allen Plattenaufnahmen immer nur ein einmaliges Honorar bekommen. Mit keinem Wort erwähnte Kronburger, dass Stefan Weintraub soeben gestorben war. Er wusste es nicht. Die schon vorher produzierte Sendung wurde nur zufällig zwei Tage nach dem Tod des Musikers ausgestrahlt.

Genau ein Jahr nach Stefan Weintraubs Tod erinnerte in Sydney Werner Baer in der Radiozeitschrift *24 Hours* an den Musiker und seine Band.[514] Weintraub und Graff kannte er von gemeinsamen Auftritten beim Kleinen Wiener Theater; er könnte die Syncopators schon in Berlin erlebt haben. Baer beschrieb Stefan Weintraub als einen kleinen, heiteren und freundlichen Herrn, der 84-jährig in einem Altersheim gestorben war. Den Bandnamen erklärte er so: „Warum Weintraub und nicht Graff? Ganz einfach. Horst Graffs Eltern, jüdische Kaufleute der oberen Mittelklasse, hätten nicht ertragen, dass ihr angesehener Name einer Rambazamba-Band von Krachmachern gegeben wird; so einigten sie sich auf den Namen Weintraub." Stefan Weintraub sei das ausgleichende Element unter den Bandmitgliedern gewesen. Werner Baer beschrieb den weiteren Weg der Weintraubs, ihre Flucht aus Deutschland und die Ankunft in Australien. Die Verdienste Sydney John Kays um das Mercury Theatre hob er besonders hervor. Er erwähnte die Internierung der deutschen Mitglieder, machte aber merkwürdigerweise einen Wandel des musikalischen Geschmacks für das Ende der Band verantwortlich: „Die Weintraubs lösten sich nach dem Krieg auf. Ihre Art von Musik, tatsächlich ein Ausdruck der dynamischen Zwanziger in Europa, war nicht mehr von Interesse." Demnach wusste nicht einmal dieser sonst gut informierte Autor von den traurigen Hintergründen, vom harten Kampf mit der Musikergewerkschaft und den Spionagevorwürfen. Hatten Graff und Weintraub ihm nicht davon berichtet? Viele Details, welche die australischen Behörden als geheim einstuften, kannten allerdings beide selbst nicht. Auf solche Dokumente sollte ich erst zwei Jahrzehnte später in den Archiven stoßen.

1982 erschien in der Reihe der „Jazzfreund"-Publikationen, veröffentlicht in Menden im Sauerland, eine kleine englischsprachige Broschüre mit dem Titel „The Weintraub Story, incorporated The Ady Rosner Story". Horst Bergmeier hatte hier auf 41 Seiten alle verfügbaren Informationen über die Band zusammengetragen. Bei der Recherche hatte ihn Stefan Weintraub unterstützt, ebenso Horst H. Lange, Alice Schulvater, die Gattin Cyril Schulvaters, und der Jazzhistoriker Rainer E. Lotz. Dieser hatte von dem bis 1973 in Bayern lebenden Ansco Bruinier weiteres Quellenmaterial über die frühen Jahre der Band erhalten. Bergmeiers Broschüre wurde zur wichtigen Quelle auch für das vorliegende Buch.

Annäherungen an ein Thema

Deutsche Musikfreunde, die für die Anerkennung des Jazz als seriöse Kunstform kämpften, rümpften über manche Aufnahmen der Weintraubs Syncopators die Nase. War das noch Jazz? Tatsächlich hatte die Band die Genres unbekümmert vermischt und neben Jazztiteln auch Operettenmelodien, Schlager und Klassik in ihr Repertoire aufgenommen. Die Electrola hatte die Doppel-LP deshalb unter der Überschrift „Die goldene Ära deutscher Tanzorchester" herausgegeben. Die Weintraubs, die als Tanzkapelle begannen, hatten aber schon bald diesen Rahmen gesprengt und eine Musik gespielt, die sich in ihrer rhythmischen Vielfalt und Flexibilität nicht mehr durchweg zum Tanzen eignete. Vorurteilsfreier als manche Jazzexperten und von keinen Gattungsdefinitionen eingeengt waren die Freunde alter Schelllackplatten um den Münchner Medizinprofessor Klaus Krüger, der seit 1986 die Zeitschrift *Fox auf 78* herausgibt. Im zweiten Heft dieses „Magazins rund um die gute alte Tanzmusik" erschien im Dezember 1986 ein erster Aufsatz über die Weintraubs, dem zehn Jahre später zwei weitere Beiträge folgten.[515]

Horst Bergmeiers Büchlein und die Aufsätze aus *Jazz Podium* und *Fox auf 78* waren dem Verfasser damals noch unbekannt. Dessen Interesse für diese Jazzband entwickelte sich erst allmählich – auf dem Umweg über Australien. 1992 war er durch die Begegnung mit dem australischen Komponisten George Dreyfus, den ein Kindertransport vor der nationalsozialistischen Juden-Verfolgung rettete, auf diesen Kontinent gestoßen. Bei einer Vortragsreise durch Australien im Sommer 1995 traf er weitere dorthin geflohene jüdische Musiker und führte ein Jahr später in Dresden ein Kolloquium „Musiker-Exil in Australien" durch.[516] Dies war der Start für ein größeres Forschungsprojekt. 1999 berichtete der Berliner *Tagesspiegel* über ein Filmprojekt zu den Weintraubs Syncopators.[517] Der Berliner Musiker und Autor Jörg Süßenbach und der Kameramann Axel Fischer, so war dort zu lesen, forschten in verschiedenen Archiven nach Spuren dieser in Australien gestrandeten Jazzband. Passend dazu erschien 1999 in der Edition „Berliner Musenkinder" eine CD mit Aufnahmen der Weintraubs, zusammengestellt von Gerd Ahlers, der das informative Booklet durch ein faszinierendes Gemälde von Max Oppenheimer ergänzte.[518] Als im Frühsommer 2000 der fertige Film „Weintraubs Syncopators: Bis ans andere Ende der Welt" bei ARTE gezeigt wurde, sah man viele interessante Dokumente, hörte Tonaufnahmen und erlebte Interviews mit Ray Goldner, den Brüdern Ady und Manny Fisher sowie den Witwen von Stefan Weintraub und Henry Barger. Der Film war eine Pioniertat zur Wiederentdeckung dieser Band. Eine plausible Erklärung für ihr trauriges Ende gab er aber nicht.

Den Verfasser regten die Lücken an, nach weiteren Informationen zu suchen. Nachdem ihm Jörg Süßenbach dessen Adresse gegeben hatte, besuchte er Manny Fisher im August 2000 in seiner schönen Wohnung in Sydneys elegantem Ortsteil Bellevue Hill. Mit seinen gepflegten weißen Haaren wirkte der 87-Jährige immer noch stattlich, jedoch konnte er nach einem Schlaganfall kaum noch sprechen. Mitteilsamer war seine Partnerin Edzia Sztern, die ihn zuerst für die Shoah Foundation interviewt und dann geheiratet hatte. Sie übergab dem Autor Bildmaterial und ein mehrseitiges Typoskript „Life Story of Mannie Fisher" und berichtete, eine Biographie sei in Vorbereitung. Der Verfasser erhielt außerdem einen opulenten Australien-Bildband der Globus Group, der von Fisher einst geleiteten Fleischverpackungs-Firma[519], den er mit zittriger Hand signierte. Außerdem war zu erfahren, dass Manny und Edzia Fisher im November 1999 im Westin Sydney Hotel am Martin Place ein Fest zur Erinnerung an die Weintraubs Syncopators organisiert hatten; dabei spielte Tommy Tycho mit seinem Orchester Musik, welche die Wein-

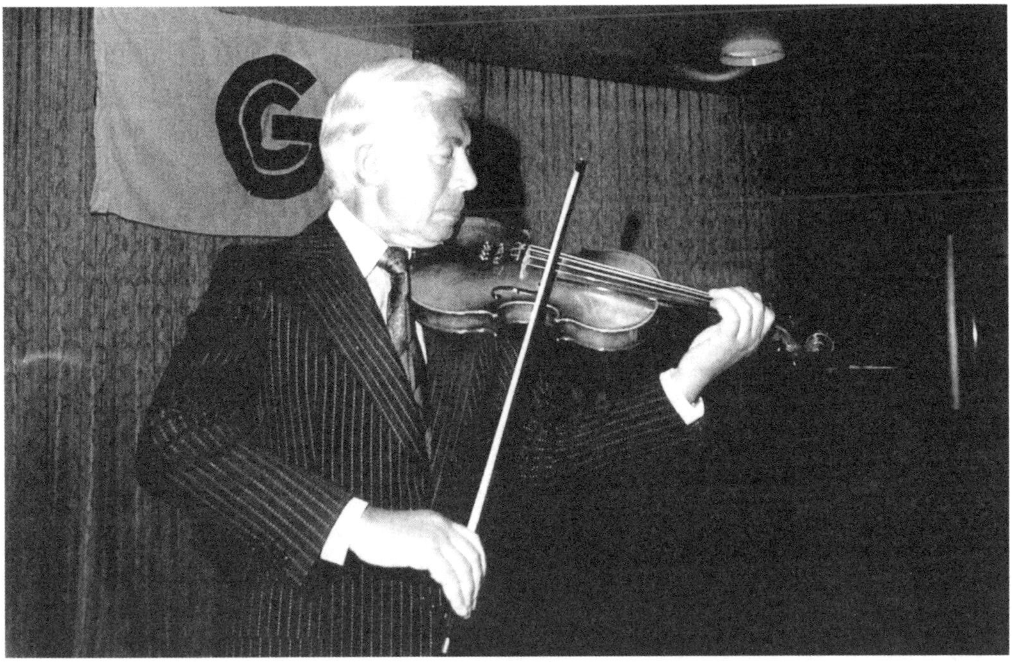

Manny Fisher spielt Geige vor dem Firmen-Logo der Globus Group

traubs einst nebenan in Prince's Restaurant geboten hatten.[520] Manny Fisher zeigte dem Besucher seinen weißen Konzertflügel sowie ein Tonstudio, in dem er etwa 100 eigene Songs eingespielt hatte.[521] Im Ruhestand hatte er sich wieder intensiv mit Musik beschäftigt. Gelegentliche Auftritte mit Violin- und Trompetensoli endeten, als er in den Siebzigerjahren einen leichten Schlaganfall erlitt. Umso mehr konzentrierte er sich jetzt aufs Komponieren und Produzieren, wozu er 1981 einen Toningenieur-Kurs absolviert hatte. Nach seinen musikalischen Vorlieben befragt, nannte er die Beatles und Barry Manilow. Sechs Jahre später, im April 2006, ist Manny Fisher in Sydney gestorben.[522] Die Nachrufe würdigten auch seine philanthropischen Aktivitäten zur Förderung der jüdischen Erziehung und von musikalischen Einrichtungen.[523] Die versprochene Biographie ist nicht mehr erschienen. Im April 2003 besuchte der Verfasser seinen Bruder Ady in seinem Möbelgeschäft „Noblewoods" an der Bondi Junction und war überrascht über die Frische und Vitalität des 83-Jährigen. Zwischen Deutsch und Englisch wechselnd sprach er über die Jugend in Berlin und seinen Cellolehrer Edmund Kurtz. Ebenso schnell verwandelte sich sein freundliches Lächeln in Wehmut.

Bei seinen Australien-Forschungen suchte der Verfasser nach weiteren Quellen und Zeitzeugen zu den Weintraubs. Von der australischen Urheberrechtsgesellschaft APRA erhielt er die Kontaktdaten von Anthony (Tony) Kay, dem in Sydney lebenden Sohn und Rechtsnachfolger Sydney John Kays. Bei einem ersten Zusammentreffen im Februar 2004 in Canberra schenkte Tony ihm das wenige musikalische Material, das er von seinem Vater noch besaß, darunter Tonbänder und Partituren. Am nächsten Tag sah man zusammen im ScreenSound-Archiv den Film „The Back of Beyond“, zu dem Sydney John Kay die Musik geschrieben hatte. Zehn Tage später kam Tony noch einmal in die australische Hauptstadt und zeigte ein großes Album mit Fotos, Programmzetteln und Zeitungskritiken zu den Weintraubs Syncopators und zum Mercury Theatre. Dieses Scrap Book hatte er der State Library of New South Wales versprochen, wo es heute liegt.[524] Die dem Autor überlassenen Materialien übergab dieser der National Library of Australia.[525]

Tony war 1946 in Sydney zur Welt gekommen und 1957 als Elfjähriger mit der Mutter nach London gezogen, wo der Vater seit zwei Jahren an verschiedenen Filmprojekten arbeitete. Seinem staunenden Sohn erklärte er damals, die Weintraubs Syncopators seien die Beatles ihrer Epoche gewesen. Gemeinsam besuchten Vater und Sohn Konzerte und Museen in ganz Europa. Sydney John Kay war unvermindert aktiv und unterstützte unterdessen den Aufbau einer eigenen Plattenindustrie in Ghana.[526] Kurz vor Abschluss eines lukrativen Vertrages mit der BBC starb er im Mai 1970 nach einem Schlaganfall.

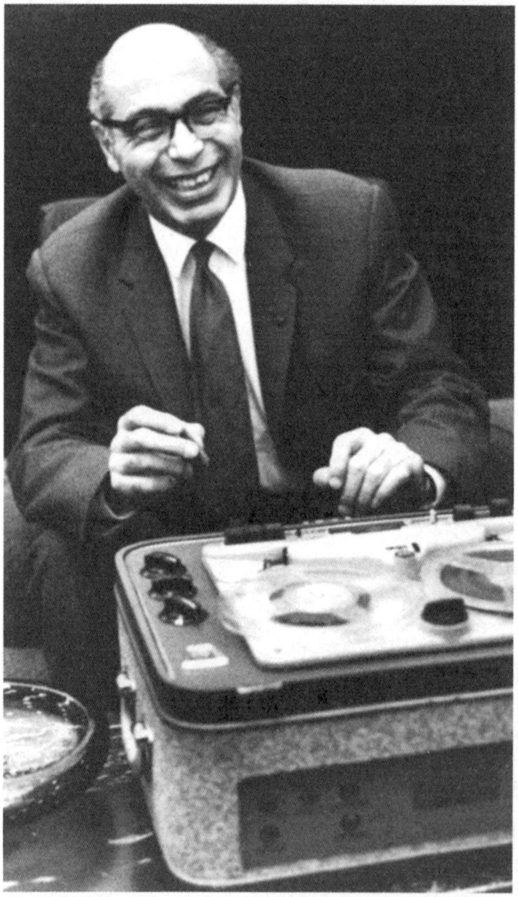

Sydney John Kay in London

Sieben Jahre später kehrte seine Witwe mit dem Sohn in ihre australische Heimat zurück. Tony wurde Steward der Fluggesellschaft QUANTAS. Gerne hörte der Verfasser ihm zu, wenn er über die vielfältigen Aktivitäten seines Vaters erzählte. Umgekehrt konnte der Verfasser ihm über seine Archiv-Funde berichten. Die damals meist noch ungeöffneten Dokumente zur Einreise, Internierung und Einbürgerung jüdischer Musiker aus Deutschland und Österreich ließ er öffnen und viele von ihnen digitalisieren, um sie auch von Berlin aus lesen zu können. Allen Interessenten stehen diese Dokumente seitdem über die Datenbank der National Archives of Australia zur Verfügung. Hier finden sich auch die Spionagevorwürfe William Buchans, welche den Weintraubs so schweren Schaden zugefügt hatten.

Dass die Comedian Harmonists weiterhin als Stars in Erinnerung sind, während die einmal ebenso berühmten Weintraubs Syncopators trotz des Süßenbach-Films in Vergessenheit gerieten, hielt der Verfasser für eine historische

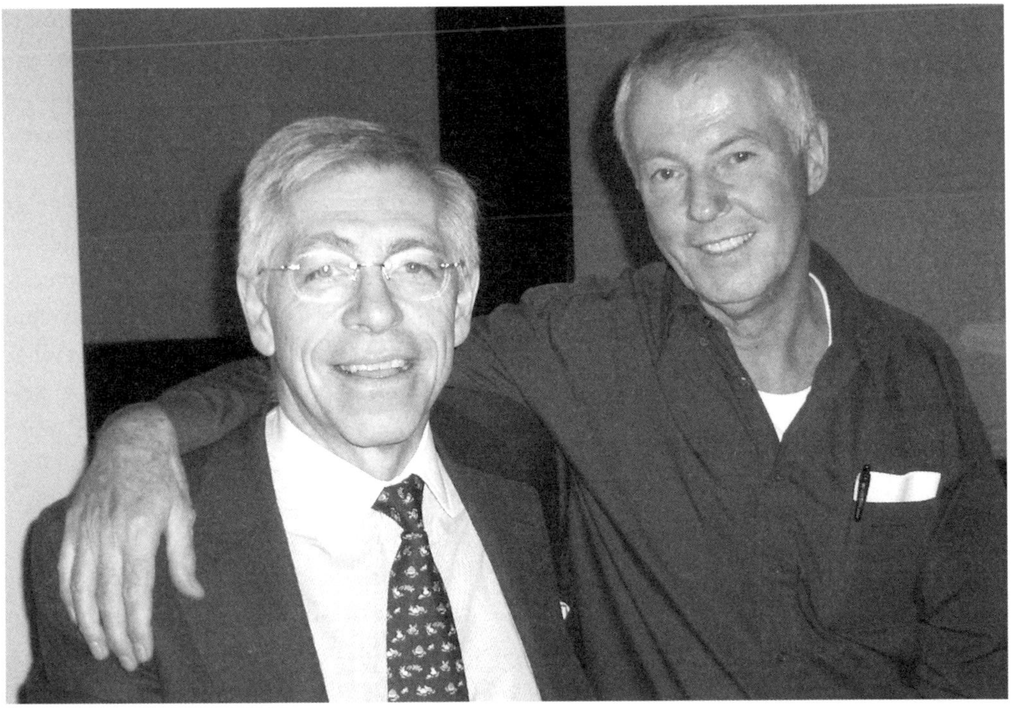

Die zweite Generation der Weintraubs Syncopators: Michael Fisher (links), Sohn von Manny Fisher, und Tony Kay, Sohn von Sydney John Kay, im Dezember 2007 anlässlich der Weintraubs Revue in Berlin

Ungerechtigkeit. Den 25. Todestag Stefan Weintraubs am 10. September 2006 nahm er deshalb zum Anlass, für die *Jazz-Zeitung* einen Aufsatz[527] und für das DeutschlandRadio ein Musikfeuilleton zu produzieren. Berlins experimentierfreudigstem Musiktheater, der Neuköllner Oper, schlug er eine Revue vor und verwies dabei auf das Weintraubs-Syncopators-Archiv, das soeben im Archiv der Berliner Akademie der Künste eingerichtet worden war. Das dort gesammelte Material entstammte dem Nachlass von Doris Barger, der Witwe des Managers, sowie von Bonnie Weintraub, der letzten Lebensgefährtin Stefan Weintraubs.

Ende November 2007 kam an der Neuköllner Oper die Revue „Weintraubs Jazz Odyssee. Die Legende einer Showband" zur Premiere. Eigens zu diesem Anlass kam Tony Kay aus Sydney nach Berlin. Mit ihm besuchte der Verfasser in Leipzig die ersten Wirkungsorte seines Vaters, das dortige Stadtarchiv und in Berlin das Weintraubs-Archiv. Gleichzeitig feierten die Berliner Philharmoniker ihr 125-jähriges Bestehen. Auf Einladung der Intendantin Pamela Rosenberg erstellte der Verfasser aus diesem Anlass eine Neufassung seiner Ausstellungsrekonstruktion „Entartete Musik" und ergänzte dabei Informationen über das Schicksal der Weintraubs Syncopators.[528] Als am 11. Dezember im Kammermusiksaal der Philharmonie die Weintraubs-Revue wiederholt wurde, kam ein weiterer Gast hinzu: Michael Fisher aus Zürich. Er brachte die Trompete seines Vaters Manny Fisher mit. Tony Kay und Michael Fisher, zwei in Sydney geborene Nachfahren der Weintraubs, sahen sich ausgerechnet in Berlin zum ersten Mal. Es wurde eine lange Nacht mit bewegenden Gesprächen und nostalgischen Erinnerungen. Wenig später ließ Michael Fisher den Kontrabass seines 2007 verstorbenen Onkels Ady überholen und dem Israel Philharmonic Orchestra übergeben.

Im Frühjahr 2008 traf der Verfasser in Melbourne bei George Dreyfus dessen ehemalige Frau Kay. Von ihr erfuhr er, dass sie eine Doktorarbeit über das australische Schicksal der Weintraubs vorbereitete und unabhängig von ihm die gleichen Quellen untersuchte.[529] In Sydney besuchte der Verfasser damals mit Tony Kay das Grab Cyril Schulvaters auf dem Rookwood Cemetery. Nach Berlin zurückgekehrt referierte er an der Universität der Künste über die Weintraubs und schrieb einen zusammenfassenden Aufsatz über seine Forschungen.[530] 2011 erschien endlich das Buch „Die verschwundenen Musiker" über das Musiker-Exil in Australien. Unter den neunzig Schicksalen, die dort vorgestellt sind, spielen die Weintraubs Syncopators eine wesentliche Rolle. Deshalb findet sich auf dem Buchtitel ein Foto der Band mit Autogrammen aller Mitglieder; dieses hatte dem Verfasser in Sydney die Tochter jenes Wiener Schallplattenhändlers übergeben, den die Weintraubs 1930 besucht hatten.[531] Das Buch stellte der Verfasser in Deutschland und ebenso in Melbourne, Canberra und Sydney vor. Viele Nachfahren der ehemaligen Flüchtlinge sprachen kein Deutsch mehr und baten um eine englische Übersetzung. Als der Verfasser diese fünf Jahre später tatsächlich in Australien präsentieren konnte[532], gaben ihm Michael Fisher und Tony Kay wieder wesentliche Unterstützung. 2018 starb Tony an Aids. Unternehmungslustig wie sein Vater und dessen Vorfahren, die im 19. Jahrhundert von Moisling bei Lübeck nach Peru ausgewandert waren, hatte er zuletzt noch die Teilnahme an einem Weltraumflug geplant.

Da im Australien-Buch des Verfassers der Lebensweg der Jazzband durch viele andere Musikerschicksale überdeckt ist, entstand der Plan, den Weintraubs Syncopators ein eigenes Werk zu widmen. Die bislang einzige zusammenfassende Publikation, H.J.P. Bergmeiers Broschüre von 1982, war längst vergriffen. So stieß die Idee zu einem Weintraubs-Buch beim Regensburger ConBrio Verlag sofort auf Zustimmung. Nachdem er 2020 noch für die Neue Deutsche Biographie einen Personenartikel über Stefan Weintraub verfasst hatte[533], begann der Verfasser mit der Arbeit. Schöne Entdeckungen brachte im Dezember 2020 ein reich illustrierter Aufsatz von Klaus Krüger in dem von ihm herausgegebenen Magazin.[534] Der Zwang zum Home Office im Corona-Jahr 2021 behinderte zwar den Zugang zu Archiven und Bibliotheken, ermutigte aber zu weiteren Internet-Recherchen. Die Digitalisierung vieler historischer Zeitungen erwies sich da als Vorteil. So ließen sich noch zahlreiche Spuren der Weintraubs Syncopators auffinden. Im September 2021 war dann endlich das Weintraubs-Archiv, von dem der Verfasser bereits vorher Dokumente erhalten hatte, wieder zugänglich. So erweiterte sich das Bild schrittweise und wurde der Lebensweg der Weintraubs Syncopators immer deutlicher. Inzwischen ist auch die Jazzwelt offener für die musikalische Vielfalt der von ihnen verwendeten Genres.[535]

Anmerkungen

1 Hollaender 2001, S. 98 f.
2 Dümling 1985, S. 118–122
3 H.H. Stuckenschmidt: Paul Whiteman, in: B.Z. am Mittag 29.5.1926
4 Bratfisch 2014, S. 75
5 Partsch 2000, S. 117
6 Stefanie Schüler-Springorum: Die jüdische Minderheit in Königsberg/Preußen, 1871–1945, Göttingen 1996, S. 127
7 Radio 1981
8 Ebd.
9 Radio 1964
10 Programmzettel, AdK 42
11 Dümling 1985, S. 127–134
12 Berliner Tageblatt, 18.7.1926, S. 32
13 Unbekannte Berliner Zeitung vom 25.7.1926, erhalten von Christine Bruinier.
14 Erhalten von Christine Bruinier
15 Erhalten von Christine Bruinier
16 Goll in einem Brief vom 7.3.1927, zitiert nach Wackers 2004, S. 65
17 K. P.: Golls „Paris brennt" bei „Ma", in: 8 Uhr Abendblatt 1.3.1927, zit. nach Wackers 2004, S. 64
18 Hollaender 2001, S. 40
19 Ebd., S. 44 f.
20 Ebd., S. 156
21 Ebd., S. 128
22 Max Hermann-Neiße, in: Das Stachelschwein, Illustrierte Humor- und Satire-Zeitschrift, Juni 1927
23 Erhalten von Christine Bruinier
24 Vossische Zeitung, 22.7.1927
25 Radio 1964
26 Radio 1964
27 Vgl. Trageser 2008, S. 90f.
28 Vossische Zeitung, 22.10.1927
29 Berliner Börsen-Zeitung, 28.12.1927
30 Deutsche Allgemeine Zeitung, 28.12.1927
31 Alfred Flechtheim im Querschnitt 28/2/133
32 Adam Kuckhoff: Größe und Niedergang der Revue, in: Die Volksbühne, April 1928, S. 7
33 Zitiert nach Greul 1967, S. 256
34 Vossische Zeitung, 12.7.1928. Vgl. Blandine 1985, S. 124
35 Berliner Börsen-Zeitung, 12.7.1928
36 Berliner Tageblatt, 4.8.1928
37 Berliner Tageblatt, 2.8.1928
38 Hennenberg 1987, Anm. 42
39 Dümling 1985, S. 127 ff.
40 Radio 1964
41 Ebd.
42 Ebd.
43 Partsch 2000, S. 142 ff.
44 Vgl. Budzinski/Hippen 1996, S. 217
45 Herrmann-Neiße 2021, Briefe 1, S. 1067
46 Partsch 2000, S. 151
47 Vossische Zeitung, 4.11.1928
48 Vossische Zeitung, 5.11.1928. Vgl. auch Die verunglückte Baker-Revue, in: Berliner Börsen-Zeitung, 5.11.1928, sowie Alfred Polgar, in: Die Weltbühne, 23.11.1928, S. 745–746
49 Vgl. Stahrenberg 2011
50 Ein Schallplattenjubiläum, in: Berliner Tageblatt, 2.10.1927
51 Berliner Tageblatt, 2.2.1928
52 Bergmeier 1982, S. 11
53 Lotz 1994, S. 822
54 Fetthauer 2007
55 Stanicek 2010, S. 96
56 Kater 1998, S. 36
57 Bratfisch 2014, S. 31
58 „Franziska" im Wiener Gastspiel, in: Vossische Zeitung, 4.4.1925, S. 3
59 Weintraubs Syncopators vertellen, in: Het Vaderland (Den Haag), 7.9.1933
60 Heymann/ Ortkemper 2001, S. 117
61 Ebd., S. 131
62 Ebd.
63 Bertolt Brecht als Schauspieler, in: Vossische Zeitung, 20.10.1926, S. 2
64 Weintraubs Syncopators vertellen, in: Het Vaderland (Den Haag) 7.9.1933
65 Radio 1964
66 Huesmann 1983
67 Berliner Tageblatt, 2.3.1928
68 Vossische Zeitung, 2.9.1928
69 Berliner Börsen-Zeitung, 3.9.1928

70 Berliner Börsen-Courier, 13.4.1929
71 Vossische Zeitung, 13.4.1929
72 Herrmann-Neiße 2012 Bd. 2, S. 42
73 Heymann 2006
74 Radio 1964
75 Vgl. Hoffmann/Siebig 1987, S. 72
76 Berliner Börsenzeitung, 8.9.1929
77 Besetzungstabelle in AdK 1
78 AdK 4
79 Heymann/Ortkemper 2001, S. 142
80 Focus: Johannisthal, Neubabelsberg und Schönholz, in: Die Filmwoche, Nr. 35, 29.8.1928
81 Im Tonfilm-Atelier, in: Mein Film. Illustrierte Film- und Kino-Rundschau (Wien), Nr. 144, 28. 9.1928, S. 9
82 Start der Terra-Lichtspiele, in: Vossische Zeitung, Morgen-Ausgabe, 14.9.1928, S. 5
83 Hans Wollenberg, in: Lichtbild-Bühne, Nr. 15, 18.1.1929
84 Sternberg 1991, S. 173
85 Hesterberg 1971, S. 83 f.
86 Sternberg 1991, S. 267
87 Ebd., S. 269
88 Sudendorf 2001, S. 58
89 Hollaender 2001, S. 224
90 Radio 1964
91 Hollaender 2001, S. 225
92 Ebd., S. 227
93 Sternberg 1991, S. 269
94 Ebd., S. 180
95 Hollaender 2001, S. 228
96 Sternberg 1991, S. 274
97 Blandine 1985, S. 139
98 Der Dramentitel leitete sich aus den Initialen des Firmennamens „Photographische Akustische Experimental Aktiengesellschaft“ her.
99 Lichtbild-Bühne Nr. 184, 2.8.1930
100 Berliner Börsenzeitung, 2.8.1930, S. 6
101 Bratfisch 2014, S. 73
102 Eisler 1973, S. 53 f.
103 Die Tobis 1928–1945. Eine kommentierte Filmografie. Edition text + kritik 2003, S. 69
104 Eisler 1973, S. 384
105 Grabs 1984, S. 173
106 Vgl. den Video-Clip https://www.youtube.com/watch?v=Wq6gvPlOv-c
107 Radio 1964
108 Werbebroschüre von 1930, AdK 4
109 Werbebroschüre von 1935, AdK 75
110 Ebd.
111 Archiv Hochtaunuskreis, Homburg vor der Höhe
112 Kater 1998, S. 29
113 Zitiert nach AdK 1
114 Sieben fahren durch die Welt, in: Kölner Stadt-Anzeiger, 23.3.1930
115 Saarbrücker Abendblatt, 29.3.1930
116 Vgl. https://de.wikipedia.org/wiki/Thalia-Theater_(Wuppertal)
117 Programmheft, AdK 5
118 Rezensionen, AdK 1
119 Girl-Rummel am Franz Josefs-Bahnhof, in: Wiener Allgemeine Zeitung, 29.8.1930
120 Kleine Volks-Zeitung, 31.8.1931, S. 6
121 Der Tag 31.8.1930, S. 8
122 Neue Freie Presse, 31.8.1930
123 Bergmeier 1982, S. 25, sowie Kater 1998, S. 50 u. 322.
124 Kater 1998, S. 27 f.
125 Republik Weintraub, in: Radiowelt (Wien), Nr. 37, S. 1163
126 Neues Wiener Journal, 11.9.1930
127 Neues Wiener Journal, 14.9.1930, S. 14
128 Ansco Bruinier am 19.10.1962 an Rainer Lotz, Archiv Süßenbach
129 Abschiedsbrief vom 10.11.1930, erhalten von Christine Bruinier (Aachen)
130 Bergmeier 1982, S. 23
131 Vgl. New Yorker Passagierlisten auf ancestry.com
132 Kater 1998, S. 40
133 Walter Lüddecke: Synkopierende Freunde, in: Funk-Woche 1931, S. 3
134 Lucas 1937
135 Jansen 1990, S. 217
136 Der Abend, 17.10.1931
137 Bergmeier 1982, S. 27
138 Nachlass Dietrich Schulz-Köhn, Kopie von Jens-Uwe Völmecke
139 Bergmeier 1982, S. 25, vgl. Krüger 2020, S. 71
140 Programm Varieté-Theater Prag vom 16.3.1932, AdK 51

141 New York Passenger List, vgl. ancestry.com, abgedruckt bei Pickhan-Preisler 2010
142 Interview S. Weintraub 1981, AdK 102
143 Radio 1964
144 Bergmeier 1982, S. 19
145 Völmecke 2003
146 Berliner Börsenzeitung, 14.5.1930
147 Rotthaler 1996, S. 100
148 Kater 1998, S. 60
149 Krüger 1997
150 Radio-Wien, 6. Jg., Nr. 50, 12.9.1930, S. 31
151 Radio-Wien, 23.10.1931, S. 39
152 Vgl. Dümling 1977
153 Radio-Wien, 20.5.1932, S. 57
154 Alle Pressezitate nach Fackler 1996
155 Vgl. „Jazz is not music, Stresemann asserts", New York Times, 12.6.1927, S. 19
156 Vgl. Dümling 2015
157 John 1994, S. 290
158 Dümling 2011a
159 Jelavich 1993, S. 203 f.
160 Mein Film (Wien), Nr. 366, Jan. 1933
161 Filmwelt, Nr. 3, 15.1.1933, S. 10 f.
162 Max Mensing, * 11. August 1886 in Hamburg, † 3. Mai 1945 in Berlin
163 Die Berliner Abendzeitung „8 Uhr Abendblatt" hatte 1931 einen gleichnamigen Wettbewerb durchgeführt, den damals das Orchester Dajos Béla gewann. Vgl. Bratfisch 2014, S. 44
164 Vgl. Wolfert 2015
165 Faksimile in Krüger 2020, S. 72–73
166 Programmheft Funkstunde, AdK 50
167 Radio 1964
168 Ebd.
169 Ebd.
170 Berliner Morgenpost, 5.2.1933, S. 14
171 Krüger 2020, S. 71 f.
172 Siegfried Kracauer: Aus einem französischen Seebad (Frankfurter Zeitung, 14.9.1932), in: Kracauer 1996, S. 298
173 Radio 1964
174 Berliner Morgenpost, 19.3.1933, S. 29
175 Radio 1964
176 Radio 1981
177 Radio 1964
178 Artister og Synkoper, in: Dagens Nyheder, 18.8.1933, S. 4
179 Et musikalsk Verdensnummer, in: Aftenbladet, 17.8.1933, S. 2
180 Weintraubs Syncopaters vertellen, in: Het Vaderland (Den Haag), 7.9.1933
181 Kater 1998, S. 55
182 Fetthauer 2007
183 Pickhan/Preisler 2010, S. 36 ff.
184 Neue Zürcher Nachrichten, 23.9.1931
185 Der Bund (Bern) 17.2.1932
186 Oberländer Tagblatt, 27.2.1934
187 Geschäftsblatt für den oberen Teil des Kantons Bern, 2.3.1934
188 NAA (Kaiser, Ned John Kurt) A435, 1946/4/1792
189 Wolffram 1992, S. 210; Bratfisch 2014, S. 91
190 Kreuder 1971, S. 107
191 Kater 1998, S. 95 f.
192 Prieberg 2005, S. 3903
193 Aufenthaltsgenehmigung, AdK 211
194 Mazzoletti 2004, S. 269
195 Alle genannten Titel sind zugänglich über die Webseite www.canzoneitaliana.it
196 Verträge, AdK 247
197 Programmzettel 20.6.1934, AdK 46
198 Vgl. Debutto di Weintraubs Syncopators al Lido, in: Il Gazzettino, 13.7.1934
199 Radio 1964
200 Programmzettel, AdK 47
201 Reisepass Leo Weiss S. 6, in: NAA (Weiss, Leo) A435, 1947/4/2710, S. 12
202 Kleine Volkszeitung (Wien), 24.1.1935, S. 5
203 Radio 1964
204 Vertrag vom Jan. 1935, AdK 237
205 Vgl. Illustrierte Kronen-Zeitung, 20.2.1935
206 „Stage lighting was directed by John Kaiser's wife (Putchen)." in: Ray Goldner: The Bandboy's Story
207 Vertrag, AdK 259
208 Tagesbote (Brünn), 1.4.1935
209 Westböhmische Tageszeitung (Pilsen), 7.5.1935, S. 4
210 Vertrag vom 15.4.1935, AdK 269, Blatt 2
211 Emanuel Frischer zufolge wurden die Instrumente an der polnisch-russischen Grenze beschlagnahmt, vgl. Sztern o.D.

212 Ray Goldner: The Bandboy's Story

213 Radio 1964

214 NAA (Kaiser, John Kurt) A6126, 1236, Vol. 2, S. 68

215 Radio 1964

216 Vgl. https://en.wikipedia.org/wiki/Chocolate_Kiddies_1926_Russian_tour

217 Starr 1990, S. 78

218 Jazz Gains in Popularity as Soviets lift Ban, in: New York Times, 17.5.1933, S. 9. Zitiert nach Starr 1990, S. 99

219 Starr 1990, S. 107

220 Redmer 2014, S. 14

221 Starr 1990, S. 110

222 C. Auerbach: Ein Jazz-Kollektiv. Moskauer Gastspiele der Weintraub-Sincopators (sic), in: Moskauer Zentral-Zeitung, 10.6.1935

223 Artikel aus unbekannter NS-Zeitung vom August 1935, abgedruckt bei Fackler 1996

224 Dreyfus 2013, S. 204

225 Vertrag vom 23.6.1935, AdK 269, Blatt 1. Aus dem Russischen übersetzt von Carola Schramm

226 Дорохов А. (A Dorochow): Джаз Вайнтрауба (Weintraubs Jazz), Смена (Smena) (Ленинград) 28.6.1935, Nr. 147, S. 4. Übersetzt von Wolfgang Kubizeck.

227 Mikhail Druskin: U istokow Dschasa (Von den Ursprüngen des Jazz), in: Sowjetskoje iskusstwo (August 1935), S. 38. Übersetzt von Carola Schramm.

228 Vertrag, AdK 234

229 Reisepass Stefan Weintraub, in: NAA (Weintraub, Stefan) A435, 1946/4/988

230 Reisepass Leo Weiss S. 14, in: NAA (Weiss, Leo) A435, 1947/4/2710, S. 16

231 NAA (Kaiser, John Kurt) A6126, 1236, S. 63

232 Ray Goldner in Film 2000

233 Ebd.

234 Werbebroschüre „Weintraubs Syncopators. Completed Engagements", Zürich 1935, AdK 75

235 NAA (Kaiser, John Kurt) A6126, 1236, Volume 2, S. 69, vgl. Dreyfus 2013, S. 204

236 Vertrag Gofilegt, AdK 272

237 A.M. Dankman: Gostsirki, in: Novyi zritel 45 (1925), S. 16; Dankman, Raport GOMETs 8-mu vseoiuzuoma s" ezdu rabotnikov iskusstv (Bericht der GOMEZ an die 8. Allunion). Moskau: Izdanie GOMETs, 1932

238 R. Goldner: The Bandboy's Story

239 Vertrag Grammotrust, AdK 273

240 Hoffmann/Siebig 1987, S. 369

241 Jack Nawrey: Die ersten deutschen Sowjetschallplatten, in: Deutsche Zentral-Zeitung (Moskau), 16.3.1936

242 Weintraub am 6.7.1978 und 28.9.1978 an Horst Bergmeier (AdK 88). In Sztern o.D. ist die Rede von einer Aufnahme der „Internationale".

243 Vertrag Schallfabrik, AdK 270

244 S. Weintraub am 28.9.1978 an Horst Bergmeier, AdK 88

245 Sztern o.D.

246 NAA (Kaiser, John Kurt) A6126, 1236, Volume 2, S. 69

247 Sächsisches Staatsarchiv Leipzig, Bestand: PP-11, Signatur 634

248 Passagierliste der „Bremen" über Ancestry

249 Vertrag Bukarest 25.5.1936, AdK 256

250 Pass S. Weintraub, NAA (Weintraub, Stefan) A435, 1946/4/988

251 Fechner 1997, 292 ff.

252 Radio 1981

253 Aufzeichnung Goldner bei Jörg Süßenbach, Aufzeichnung Kaiser bei NAA (Kaiser, John Kurt) A6126, 1236, Volume 2, S. 66

254 Statement in NAA (Kaiser, John Kurt) A6126, 1236, Volume 2, S. 67

255 Erklärung von Margery Graff am 10.6.1940, in: NAA (Graff, Margery) C123, 10381, S. 39 ff.

256 Nach Angabe von Ernest Schulvater wurde sie wegen Verrat/Spionage zu fünf Jahren Haft verurteilt.

257 NAA (Kaiser, John Kurt) A6126, 1236, Volume 2, S. 69

258 Brief Heinz Barger, AdK 95

259 Vgl. Fetthauer 2021, S. 91–156

260 Vertrag AdK 230

261 Pass S. Weintraub S. 17, in: NAA (Weintraub, Stefan) A435, 1946/4/988

262 Ray Goldner am 17.4.1999 an Jörg Süßenbach.

263 Mitteilung Ray Goldner in Film 2000

264 Zeitungsausschnitt, AdK 64

265 Vertrag 2.12.1936, AdK 230

266 Vertrag 9.12.1936, AdK 233
267 Vertrag Nippophone, AdK 229
268 Enthalten auf der Doppel-CD von „Fox auf 78"
269 Kay 1938
270 Brief Barger, AdK 95
271 Ressortverteilung, AdK 79
272 Verträge 10.2.1937, AdK 226 und 227
273 NAA (Kaiser, John Kurt) A6126, 1236, Volume 2, S. 69
274 Vermögensverzeichnis John K. Kaiser vom 10.3.1939, in: NAA (Snider and Dean Theatres Limited – Admission of Artists) A434, 1944/3/690
275 NAA (Kaiser, John Kurt) A6126, 1236, S. 62
276 Finn o.D.
277 Snider & Dean's Plans, in: SMH 2.6.1937, S. 21
278 NAA (Graff, Margery Minna) C123, 10381, S. 39 f.
279 Vgl. Musicians From Oversea. Objection to Bands. Minister Asked to Act, in: Argus 31.3.1937, S. 4. Weitere Unterlagen in: NAA (Musicians' Union of Australia) A444, 1952/16/2762
280 NAA (Graff, Margery Minna) C123, 10381, S. 39 f.
281 Vgl. Reisepass Stefan Weintraub, in: NAA (Weintraub, Stefan) 435, 1946/4/988
282 NAA (Graff, Margery Minna) C123, 10381, S. 39
283 Australien 1937
284 Die Behandlung kostete 31 Pfund, vgl. Arztrechnungen AdK 208.
285 NAA (Incoming passenger list to Fremantle 'Gorgon') NAA K269, 14 Jul 1937 Gorgon. Vgl. List of passengers, AdK 213
286 Pleasure for Profit, in: The West Australian (Perth), 15.7.1937, S. 19
287 Big Stage Act for Mayfair soon, in: Labor Daily (Sydney) 22.7.1937, S. 9
288 Department of the Interior No. 37/7988, in: NAA (Snider and Dean) A434, 1944/3/690
289 Ray Goldner: The Bandboy's Story
290 Film and Stage Attractions, in: SMH 3.8.1937, S. 9
291 The Weintraubs. Clever, Witty Entertainment, in: SMH 5.8.1937, S. 4
292 Weintraubs Give Bright Show, in: Daily Telegraph, 5.8.1937, S. 7
293 The Weintraubs, in: Smith's Weekly, 14.8.1937, S. 23
294 Titel-Nr. 49910 in National Film & Sound Archive of Australia
295 The Comedy Harmonists, in: The Sydney Mail, 4.8.1937, S. 31
296 Sztern o.D.
297 The Weintraubs At Lone Pine, in: The Telegraph (Brisbane), 21.9.1937, vgl. AdK 61
298 AdK 153
299 AdK 275. Vgl. auch AdK 113 sowie weitere Korrespondenz im Weintraubs-Archiv.
300 S. Weintraub am 27.10.1937 an Dept. of Interior, in: NAA (Snider and Dean) A434, 1944/3/690
301 Emanuel Frischer am 21.12.1937 an Dept. of Interior, in: NAA (Snider and Dean) A434, 1944/3/690
302 Inspector Mitchell am 8.12.1937 an die Commonwealth Investigation Branch, in: NAA (Snider and Dean) A434, 1944/3/690
303 Lucas 1937
304 Vgl. Liste der Weintraubs-Besetzung in: NAA (Kaiser, John Kurt) A6126, 197, S. 192
305 NAA (Snider and Dean) A434, 1944/3/690
306 Programmheft Neuseeland, AdK 45
307 Novel Entertainment. The Weintraubs' Concert, in: The New Zealand Herald (Auckland) 7.2.1938, S. 12
308 The Weintraubs, in: The Press (Christchurch), 19.2.1938, S. 3
309 The Weintraubs. Comedy and Song Hits, in: Evening Star (Dunedin), 23.2.1938, S. 6
310 The Weintraubs. Exuberant instrumentalists, in: Evening Star, 24.2.1938, S. 19
311 The Weintraubs. Humour and Melody, in: Evening Post (Wellington), 28.2.1938, S. 4
312 Unbekannte Zeitung aus Neuseeland unter der Überschrift „Versatile Musicians", Faksimile in Werbematerial der Weintraubs, in: NAA (Snider and Dean) A434, 1944/3/690
313 Anzeige im Manwatu Standard, 4.3.1938. S. 10
314 The Weintraubs to Visit Whangarei, in: Northern Advocate (Wangarei) 5.4.1938, S. 3
315 New Zealand's Scenic Beauties, in: Nelson Evening Mail, 28.4.1938, S. 6

316 Travel Club's Reception, in: Press, 17.2.1938, S. 3

317 Women in other lands, in: Evening Star (Dunedin), 23.2.1938, S. 17

318 Briefe Horst Graff an Commonwealth of Australia, AdK 104

319 NAA (Snider and Dean) A434, 1944/3/690

320 Kaiser ergänzte hier sogar „artist and composer".

321 Vgl. Korrespondenz Graff mit der ABC, AdK 153

322 Henry Barger am 26.5.1937 an Stefan Weintraub, AdK 83

323 Radio Pictorial of Australia, Okt. 1938, S. 29, sowie S. 32 (jeweils mit Abbildung). Vgl. auch den illustrierten Artikel „Weintraubs Comedy Melodians", in: Wireless Weekly 15. 7.1938 (AdK 61).

324 The Weintraubs Broadcast from Station 2CH, in: AMM 1.10.1938, S. 52

325 Ambitious Lew Myers, in: Radio Pictorial of Australia, 1.11.1938, S. 23

326 Cash Prizes for „Melody Riddles", in: Radio Pictorial of Australia, 1.7.1939, S. 46, vgl. Radio Pictorial, 1.5.1939, S. 31

327 McCalman 1993

328 Weintraubs or Craig Crawford for Sydney "Prince's", in: AMM 1.12.1938, S. 4

329 Industrial Relations, in: Whiteoak/Scott-Maxwell 2003, S. 348

330 Kitson an Moses am 6.2.1939, in: NAA (Employment of foreign musicians) SP1588/2, 741

331 Refugees. Professions Attitude, in: SMH 29.7.1938

332 Vgl. Memorandum vom 2.5.1935, in: NAA (Musicians' Union of Australia) A444, 1952/16/2762

333 Vgl. Musicians' Union Takes Commendable Stand On Alien Musicians' Question, in: AMM 1.11.1938, S. 4

334 Schon 1923 waren seine Pläne mit ausländischen Musikern an der Gewerkschaft gescheitert. Vgl. NAA (J.C. Bendrodt Admission. Coloured Musicians) A1, 1923/2723.

335 Undatierter Vertragsentwurf, AdK 220

336 Vertrag Bendroth-Graff vom 29.11.1938, AdK 221

337 "Prince's" Open To Capacity Business, in: AMM 1.1.1939, S. 5

338 Der amerikanische Tenor Richard Crooks hatte dieses von Rudolf Sieczynski komponierte Lied in Australien verbreitet.

339 Vincent A. White: Meeting the "Comedy Harmonists", in: The Sydney Mail, 11.8.1937, S. 18

340 "Prince's" Open To Capacity Business, in: AMM 1.1.1939, S. 5

341 AMM 1.5.1939, S. 6

342 The Weintraubs. Their Private Lives and Musical Careers, in: Radio Pictorial of Australia, 1.6.1939, S. 26–27, 58

343 Vgl. Abbildung bei Dreyfus 2013, S. 11

344 Jimmy Kennedy, Tommie Connor: The Chestnut Tree, Albert & Son Music Publishers, ca. 1939

345 SMH 10.6.1939, S. 11

346 SMH 29.5.1939, S. 4

347 Saved By Passport, in: Argus (Melbourne) 8.8.1939, S. 4

348 Vgl. Vertrag Bendroth–Graff vom 29.11.1938, AdK 221

349 Report on Application for Admission of Friends of Relatives into Australia, in: NAA (Graff, Horst) A261, 1939/769

350 Horst Graff an die Musicians' Union, AdK 103

351 Frank Kitson an McEwen, 24. Feb. 1939, in: Minutes der Musicians' Union of Australia (Noel Butlin Archives. E111/1/2-3)

352 Memorandum des Department of the Interior (Horgan) vom 20.3.1939, in: NAA (Musicians' Union of Australia) A444, 1952/16/2762

353 NAA (Snider and Dean) A434, 1944/3/690

354 Vgl. Manning 1967 und Lawson 1993

355 F.E. Baume am 28.7.1939 an H.S. Foll, in: NAA (Snider and Dean) A434, 1944/3/690

356 Vgl. Bevege 1993, S. 1

357 Vgl. Internment of Aliens. Swift Police Work, in: SMH 7.6.1940, S. 9

358 Dreyfus 2013, S. 200ff.

359 Bevege 1993, S. 6

360 NAA (Weintraub, Stefan) ST1233/1, N19220, S. 68

361 Ebd., S. 144 und 162

362 Ebd., S. 176f.

363 Ebd., S. 165
364 NAA (Incoming passenger list to Fremantle 'Gorgon') K269, 14 Jul 1937 Gorgon
365 Dreyfus 2013, S. 208 ff.
366 Vgl. NAA (Ernest and Cyril Schulvater) C123, 1210, sowie NAA (Frischer, Emanuel) C123, 1211.
367 Dreyfus 2013, S. 179 f.
368 NAA (Kaiser, John Kurt) A6126, 197, S. 16–18
369 We are at War: Is Music at War Too?, in: AMN, Okt. 1939, S. 3
370 Radic 1986, S. 111
371 Vgl. Raab Hansen 1996, S. 181 ff.
372 Sametz 2001, S. 75
373 Dümling 2011b, S. 132
374 Bevege 1993, S. 68
375 Inspektor W. J. Keefe am 4.10.1939 an Major Scott, in: NAA (Weintraub, Stefan) ST1233/1, N19220, S. 160
376 Moore 1988. Vgl. Drew Cottle: The Brisbane Line. A Reappraisal. Leicestershire 2002. Dazu The New Citizen, April 2004, S. 6.
377 NAA (Weintraub, Stefan) ST1233/1, N19220, S. 155
378 Carrodus an Kitson am 28.12.1939, in: NAA (Musicians' Union of Australia) A444, 1952/16/2762
379 Memorandum A.R. Peters, Dept. of Interior, vom 19.10.1939, in: NAA (Snider and Dean Theatres Limited – Admission of Artists) A434, 1944/3/690. Vgl. Dreyfus 2013, S. 132 f.
380 SMH 3.8.1937, S. 9
381 Korrespondenz Graff – Mygatt, AdK 138
382 AMM 1.12.1939, S. 13
383 Bevege 1993, S. 25 f.
384 Korrespondenz Horst Graff, AdK 108
385 Dreyfus 2013, S. 96
386 SMH 18.11.1939, S. 18
387 Programmheft Red Cross Concert, AdK 52
388 Bowen Independent 8.9.1939, S. 5
389 Gala Night at Luna Park, in: SMH 14.3.1940, S. 18
390 Korrespondenz Graff–Bendroth, AdK 115
391 Vgl. "Weintraubs" Ball, in: Canberra Times, 22.4.1940
392 Schreiben vom 15.4.1940 von Polizeistelle an Major Powell, Ib Subsection I, in: NAA (Horst Graff) C123, 1213
393 Horst Graff am 17.4.1940 an Dept. of Military Intelligence, in Ebd.
394 Constable F.S. Ferris an Inspector of Police No. 3 Division, in: NAA (Dossier of Weintraub, Stefan – Dossier 1212) MP529/2
395 Canberra Times, 20.4.1940, S. 3
396 Weintraubs for Tivoli, in: AMM 30.4.1940, S. 4
397 Vgl. Kartomi / Whiteoak / Dreyfus 2004, S. 28 f.
398 Bevege 1993, S. 70
399 John K. Kaiser am 19.5.1940 an Dept. of Interior, in: NAA (Snider and Dean Theatres Limited – Admission of Artists) A434, 1944/3/690
400 Bevege 1993, S. 54
401 Vgl. Military Security – Refugees: Internment: Fifth Columnists. 31 October 1940, in: NAA (Refugees. Internment Fifth Columnists) MP729/6, 29/401/273.
402 Internments of Aliens, in: SMH 7.6.1940, S. 9
403 Bevege 1993, S. 55
404 Vgl. NAA (Australian composers – Dr. Ernst Kaufmann) SP11/2, GERMAN/KAUFMANN E.
405 N.Z. Government Bans Comedy Harmonists, in: AMM 1.3.1940
406 Internee's Property, in: NAA (Stefan Weintraub) ST1233/1, N1922, S. 146
407 Bevege 1993, S. 34 und 56
408 Chronik der Deutschen Internierungslager in Australien. II. Teil. Vom Juni 1940–15. Dez. 1940. In: Tatura-Liederbuch 1940 (Australian War Memorial Canberra).
409 Bevege 1993, S. 57
410 Ebd., S. 68 f.
411 NAA (Stefan Weintraub), ST1233/1, N1922, S. 139
412 Ebd. S. 137
423 NAA (Stefan Weintraub) ST1233/1, N1922, S. 140
414 Ebd., S. 177
415 Ebd., S. 142
416 NAA (Stefan Weintraub) ST1233/1, N1922, S. 124. Gertie Weintraub richtete am 11. Oktober ein ähnliches Schreiben an Major Powell.

417 Ebd., S. 128

418 Ebd., S. 127

419 NAA (Margery Minna Graff) C123, 10381, S. 16

420 Property Statement, in: NAA (Prisoner of War/Internee – Graff, Horst) M1103/2, PWN 1261, S. 4

421 Vgl. Tanz, in: Musik und Gesellschaft 1, 1930/31, S. 32. Zitiert nach Schröder 1990, S. 310

422 NAA (John Kurt Kaiser) A6126, 197, S. 32

423 Ebd., S. 41. Ein solcher Film konnte bislang nicht aufgefunden werden. Dagegen erwähnte die Rundfunkzeitschrift ABC Weekly im Dezember 1939 ein in Australien ausgestrahltes BBC-Radiospiel „Adolf in Blunderland": „The play is a perfect parody of Lewis Carroll's classic."

424 Ebd., S. 74

425 Vgl. die umfangreiche Korrespondenz in der Personalakte von Sydney John Kay/Kurt Kaiser in NAA A6126 sowie in NAA SP1048/7, S56/1/1041

426 Dreyfus 2013, S. 242 f.

427 NAA (Stefan Weintraub) ST1233/1, N1922, S. 121

428 Ebd., S. 116

429 NAA (Margery Minna Graff) C123, 10381, S. 25

430 In dem Brief von MacDonald vom 25.2.1941 an den Alien Tribunal Court wird Horst Graff als P.O.W. 1261 bezeichnet.

431 Vgl. Max Joseph Collection, Archive of Australian Judaica Sydney, Box 3

432 H. Graff am 12.11.1940 aus Tatura an den Lagerkommandanten, in: NAA (Horst Graff) C123/1, 1213

433 1917 entstandenes Kinderlied von Laura R. Smith und J.S. Fearis

434 Brief von Alexander Macdonald vom 25.2.1941 an Alien Tribunal Court, in: NAA (Horst Graff) C123, 1213

435 So hieß es in einem Gutachten vom 7. September 1944 über Graff: „His release from internment was strongly opposed by I.b. Eastern Command." NAA ebd.

436 NAA (Stefan Weintraub, Objection 156 of 1941), C329, 997

437 NAA (Stefan Weintraub) ST1233/1, N19220, S. 95

438 Dreyfus 2013, S. 250

439 Margery Graff am 21.9.1940 an Major Powell. NAA (Margery Minna Graff) C123, 10381, S. 20–22

440 NAA (Stefan Weintraub) ST1233/1, N19220, S. 84

441 Vgl. NAA (Employment of foreign musicians) SP1588/2, 741 sowie Memorandum vom 2.4.1935 in NAA (Musicians' Union of Australia) A444, 1952/16/2762

442 Polizeibericht Nr. 1212 vom 12.11.1941, in: NAA (Stefan Weintraub) ST1233/1, N19220, S. 61

443 Diese Organisation war schon früher mit Protesten gegen Einwanderer hervorgetreten. Vgl. Bartrop 1994, S. 9 f.

444 Programmzettel Romano's Restaurant, AdK 43

445 „Society Folk Prefer Alien Musicians". Union Secretary in Spirited Protest, in: Truth 16.11.1941

446 Truth 16.10.1938, vgl. Dreyfus 2013, S. 109

447 In dem 1940 von dem deutschen Emigranten Walter Magnus eröffneten Café La Palette spielte zeitweise Leo Weiss.

448 NAA (Stefan Weintraub) ST1233/1, N19220, S. 54

449 Vgl. Australian Portraits. Bishop Charles V. Pilcher, in: New Citizen, 15.2.1948, S. 7

450 Dossier 7.9.1944, in: NAA (Horst Graff) C123/1, 1213.

451 AMM 20.3.1942, S. 3

452 Ebd.

453 NAA (Stephan (!) Weintraub) A367, C38143

454 Vgl. Dümling 2015

455 Stengel / Gerigk 1940, S. 288

456 NAA (Stefan Weintraub) A435, 1946/4/988, S. 3

457 Vgl. AMM vom März 1943

458 Dr. Floyd's Column, in: Radio Times, March 25, 1944

459 NAA (John Kurt Kaiser) A6126, 197, S. 248

460 Application Form for Membership, in: Noel Butlin Archives, E 156/2/3 (vb)

461 Union Ordered to Admit Alien, in: Telegraph, 10.8.1944. Vgl. Musician Opposes Union's Alien Ban, in: Telegraph, 9.8.1944 sowie Enemy Alien Musician. Granted Right to Join Union, in: SMH 10.8.1944, S. 4

462 Dreyfus 2013, S. 137 f.
463 Enemy Alien Admitted To Musicians' Union, in: Truth, 13.8.1944
464 Ray Goldner: The Bandboy's Story
465 SMH 4.7.1947, S. 14
466 Lotz 1994, S. 833 f.
467 Vgl. Hot Rhythm in the Samba, in: The Sunday Herald, 30.3.1949, S. 2
468 Kay 1938
469 Die Partitur befindet sich heute im Sydney John Kay Archiv der National Library of Australia in Canberra.
470 Dr. Floyd's Column, in: Radio Times, March 25, 1944
471 Nur noch am 21. April 1961 gab es eine Aufführung am Wiener Rundfunk ORF unter Leitung von Max Schönherr.
472 NAA (Kaiser, Ned John Kurt) A261, 1945/702. Gerty betrieb zunächst das Oriana Café, Mcleay Street, Potts Point, später einen Jazzclub, den Stork Club.
473 NAA (Kaiser; John Kurt Volume 2) A6126, 1236, S. 35–37, 39–40
474 A Theatre for Children, in: SMH 2.12.1944, S. 9
475 Vgl. Robert Record: Eager Audience, in: Sydney Morning Herald Magazine 16.4.1946
476 SMH 22.12.1947, S. 10
477 Vgl. Faulkner 1979, S. 120f.
478 Dundy 1981, S. 118
479 Du., Metropolitan „Mobile Players", in: New Citizen 15.7.1948, S. 7
480 Daily Telegraph 19.8.1948
481 Sydney John Kay, Criticism – or Action? In: New Citizen, 15.3.1949, S. 4
482 Cracknell 1999, S. 79
483 „Strongly suspected of being at least a Communist sympathiser." NAA (Kaiser, John Kurt Volume 2) A6126, 1236, S. 11
484 Vgl. Vagg 2007 sowie persönliche Mitteilungen von Anthony Kay, Sydney
485 Programmhefte der Mercury Mobile Players befinden sich in der National Library of Australia, die von Sydney John Kay gesammelten Kritiken des Mercury Theatre sowie mehrere Nummern des Sydney Mercury Theatre Magazine in der State Library of NSW (Signatur: MLMSS 7164X).
486 Prägenden Einfluss hatte auch Joris Ivens, der 1945 nach Australien kam und dort mit Heyer und Catherine Duncan zusammenarbeitete.
487 Hierzu existiert eine Columbia-Schallplatte. Vgl. Lotz 1994, S. 835.
488 NAA (Kaiser, John Kurt Volume 2) A6126, 1236, S. 10
489 Vgl. SMH 7.9.1954, S. 5
490 Vgl. SMH 15.6.1946 und Crotty 1999, S. 67
491 Programmhefte in AdK 53. Vgl. Bittman 1988 und Lang 2003.
492 New Citizen, 15. 9.1949, S. 7
493 Actor Without A Part Got Nicely Tanned, in: SMH 8.10.1952, S. 5
494 Radio1981
495 Dümling 2011b
496 £ 5000 Suite for Marlene, in: The Australian Women's Weekly 6.10.1965, S. 3
497 Gay Days, in: The Bulletin, 9.10.1965
498 Vgl. „Magic of Marlene": https://www.youtube.com/watch?v=9ifKhWDGHeU (abgerufen am 29.3.2022)
499 Ray Goldner: The Bandboy's Story
500 Lange 1961
501 Klaus Jungk am 29.9.1960 an Stefan Weintraub. AdK 86
502 Lange 1962
503 AdK 14
504 AdK 84
505 Kuna 1993, S. 274 ff. und Kater 1998, S. 324
506 Vogel 1970, S. 312
507 Kreuder 1971, S. 108
508 Stefan Weintraub am 2.11.1973 an Adi Rosner, zit. nach Pickhahn / Preisler 2010, S. 37
509 Weintraubs Söhne, AdK 74
510 Weintraubs Syncopators. Die goldene Ära deutscher Tanzorchester, EMI Electrola. 134-32 967/68
511 Briefwechsel Bergmeier / Weintraub, AdK 88
512 Antworten zu einem Interview, AdK 102
513 Radio 1981
514 Baer 1982
515 Krüger 1986 und 1997 sowie Fackler 1996
516 Dümling 2000
517 Armory Burchard: Weintraubs Syncopators. Die Geschichte der beliebtesten Jazz-Band der

zwanziger Jahre wird dokumentiert, in: Der Tagesspiegel, 4.11.1999

518 Weintraubs Syncopators: „Ich kauf' mir 'ne Rakete". Edition Berliner Musenkinder – 01 49 3, 1999

519 Globus Group (Hg.): Focus on Australia. Into the New Millenium. Focus Publishing Sydney 1998

520 Valerie Lawson, The big band and the crepe suzette, in: SMH 16.1.1999, S. 17

521 Einige CD-Aufnahmen befinden sich heute in der Exilmusiksammlung A. Dümling im Archiv der Akademie der Künste Berlin.

522 Nachruf in SMH vom 17.7.2005 sowie in The Australian Jewish News vom 28.4.2005, S. 20

523 Harriet Veitch, Music a constant among turmoil, in: SMH 18.7.2006

524 MLMSS 7164/Boxes 1X-2X

525 Papers of Sydney John Kay 1944–1969. National Library of Australia, MS 9908

526 Mit Oscarmore Oferi leitete Kay das Plattenlabel Afrik-Tone Limited.

527 Dümling 2006

528 Dümling 2015

529 Dreyfus 2013

530 Dümling 2008

531 2018 schenkte Evelyn Klopfer dem Autor das Original.

532 Dümling 2016

533 Dümling 2020

534 Krüger 2020/21

535 Vgl. Knauer 2019, S. 75

Bildnachweis

Weintraubs-Syncopators-Archiv der Akademie der Künste Berlin:
22, 43, 72, 97, 98, 99, 105, 110, 121, 123, 124, 125, 128, 133, 134, 191
Christine Bruinier, Aachen: 11, 18, 28, 40, 45, 88
John Waxman: 29, 34, 35, 36, 61
Archiv Albrecht Dümling: 68, 141, 148, 184, 191
Manny Fisher, Sydney: 122, 146, 170, 197
Staatsbibliothek zu Berlin, ZEFYS Zeitungsinformationssystem: 20, 32
National Library of Australia: 132, 187

Internet Archive (https://archive.org): 38
ullstein bild (Süddeutsche Zeitung Photo / Scherl): 49
Rotthaler, Viktor (Hg.): Friedrich Hollaender: Wenn ich mir was wünschen dürfte, Hambergen 1996 (CD Box, Bear Family Records): 56
Österreichische Nationalbibliothek, ANNO: 69
Aagaard, René: Marlene Dietrich. An illustrated discography (https://the-discographer.dk/): 75
Stiftung Stadtmuseum Berlin (Reproduktion: Michael Setzpfand, Berlin): 82
Klaus Krüger, Bitte einsteigen. Die Weintraub(s) Syncopators auf Berliner Bühnen 1927–1933 (in: Fox auf 78, Winter 2020/21, S. 72): 83
E-Newspaperarchives.ch: 94
National Archives of Australia (NAA: ST1233/1, N19220): 177
Noel Butlin Archives Centre (ANU), Canberra: 181
Tony Kay, Sydney: 198

Diskographie

Friedrich Hollaender mit seinen Weintraubs Syncopators Ansco Bruinier (tp/whistling), Kurt Kaiser (tb/ts/cl), Horst Graff (as/cl), Friedrich Hollaender (p/arr), Paul Aronovici (bj/vn), Stefan Weintraub (d/ldr)

Berlin, 15. Februar 1928

Be 6549	▹ Up And At 'Em. Foxtrot (J. Pettis – Al Goering)	Odeon 2353
Be 6550	▹ Jackass Blues (Mel Stitzel – Art Kassel)	Odeon 2353
Be 6551	Eine hat mich geküsst (Blue Skies) (Irving Berlin)	Odeon 2354
Be 6552	The Song Is Ended (Irving Berlin)	Odeon 2354
Be 6553	Zwei dunkle Augen (Friedrich Hollaender)	Odeon 2355
Be 6554	▹ Marion-Tango (Friedrich Hollaender)	Odeon 2355

?Mischa Spoliansky und sein Orchester

Berlin, 28. Juni 1928

BLR 4320-2	Ich steh mit Ruth gut (F. Raymond – Gilbert)	El EG 940
BLR 4321-2	Ich küsse Ihre Hand Madame (R. Erwin – F. Rotter)	El EG 940

Trude Hesterberg mit den Weintraub* Syncopators Trude Hesterberg (voc), Arno Olewski (tp/vn), Kurt Kaiser (tb/ts/cl), Horst Graff (as/cl), Franz Wachsmann (p), Paul Aronovici (bj/vn), Stefan Weintraub (d/ldr)

Berlin, 19. März 1929

Be 8092	Chiquita (M. Wayne – F. Rotter)	Od (T)
Be 8093	Adieu (B. Kaper – F. Rotter)	unveröff.
Be 8094	O Dolores (A. Rebner – Willy Rosen)	unveröff.
Be 8095	Tränen weint jede Frau so gern! (B. Kaper – Rotter)	unveröff.

Mitja Nikisch mit den Weintraub Syncopators Arno Olewski (tp/vn), Kurt Kaiser (tb/ts/cl), Horst Graff (as/cl), Mitja Nikisch (p), Paul Aronovici (bj/vn), Stefan Weintraub (d/ldr)

Berlin, 4. April 1929

37315-2	Tränen weint jede Frau so gern (Kaper – Rotter)	Beka (T)
37316-2	Einmal möcht' ich dein Geliebter sein	unveröff.
37317-2	Nimm diesen Strauss Vergissmeinnicht (Kaper – Rotter)	unveröff.
37318	Roses Of Yesterday (I. Berlin)	unveröff.

*Die in dieser Zeit wechselnden Schreibweisen werden nach den Quellen angegeben.

Weintraub Syncopators Victor Colani u. Eva West (voc), Arno Olewski (t/vn), Kurt Kaiser (tb/ts/cl), Horst Graff (as/cl), Franz Wachsmann (p), Cyril Schulvater (bj/vn), Stefan Weintraub (d/ldr)

Berlin, Beethoven-Saal, 9. August 1929

BLR 5514	Du liebst mich (waltz)	El EG 1476
BLR 5519-1	Ewige Liebe, das gibt's nur im Roman (F. Wachsmann)	El EG 1423
BLR 5520-1	▹ Mit einem Herzen darf man nicht spielen (L. Bernauer)	El EG 1478
BLR 5521-1	▹ Am Sonntag will mein Süsser… (Profes – Gilbert)	El EG 1478
BLR 5530	Hab' heut' die Sternlein am Himmel gezählt (Jean Gilbert)	El EG 1476

Weintraub Syncopators Austin Egen (voc), Arno Olewski (tp/vn), Kurt Kaiser (tb/ts/cl), Horst Graff (as/cl), Franz Wachsmann (p), Cyril Schulvater (bj/vn), Stefan Weintraub (d/ldr)

Berlin, Beethoven-Saal, 20. August 1929

BLR 5536-1	Heut' spielt mein Sebastian (H. Wiener – Ch. Amberg)	El EG 1423
BLR 5537-2	Ob du glücklich bist? / Sweet Sue (Victor Young – Fritz Rotter)	El EG 1472
BLR 5538-1	Warum gehört dein roter Mund nicht mir allein? (R. Stolz – Rotter)	El EG 1472
BLR 5539-1	Schau nie zu tief in schöne Augen (F. Raymond)	El EG 1484

Berlin, Singakademie, 22. August 1929

BNR 654-I	Nur in Sebastopol (Ernst Steffan – Schubert)	El EG 1484

Otto Fassel und die Weintraub Synkopators Otto Fassel (voc), Arno Olewski (tp/vn), Kurt Kaiser (tb/ts/cl), Horst Graff (as/cl), Marcel de Ridder (p), Cyril Schulvater (bj/vn), Stefan Weintraub (d/ldr)

Berlin, ca. September 1929

C250	▹ Sonny Boy (Jolson – de Sylva)	Kr 8505
C251	Einmal sagt man sich Adieu (Schmidt-Gentner – Rotter)	Kr 8505

Weintraub Syncopators Edith d'Amara und Otto Fassel (voc), Arno Olewski (tp/vn), Kurt Kaiser (tb/ts/cl), Horst Graff (as/cl), Marcel de Ridder (p), Cyril Schulvater (bj/vn), Stefan Weintraub (d/ldr)

Berlin, ca. September 1929

C258	▹ Am Sonntag will mein Süßer mit mir segeln gehn (Profes – Gilbert)	Kr 3030
C259-C	Erst geht es so (It Goes Like This) (Caesar – Friend)	Kr 3030

Otto Fassel und die Weintraub Syncopators Otto Fassel (voc), Arno Olewski (tp/vn), Kurt Kaiser (tb/ts/cl), Horst Graff (as/cl), Marcel de Ridder (p), Cyril Schulvater (bj/vn), Stefan Weintraub (d/ldr)

Berlin, ca. Oktober 1929

C300	▹ Liebesbriefe (W. Rosen – Freudenberg)	Kr 3046
C301	▹ Sag mir nur einmal, ich liebe dich (Wachsmann – Schubert)	Kr 3046

Weintraub Syncopators Arno Olewski (tp/vn), Kurt Kaiser (tb/ts/cl), Horst Graff (as/cl), Franz Wachsmann (p), Cyril Schulvater (bj/vn), Ansco Bruinier (bb/cello), Stefan Weintraub (d/ldr)

Berlin, Beethoven-Saal, 30. Januar 1930

BLR.6008-2	▹ Paraphrase aus der Bühnenschau der Weintraubs (If I Had You) (Shapiro – Campbell – Connelly, arr. Wachsmann)	El EG 1761
BLR.6009-1	▹ Paraphrase aus der Bühnenschau der Weintraubs (Mütterlein bleib immer bei mir / I'll get by) (Turk – Ahlert)	El EG 1761
BLR.6010-1	▹ Jericho (Myers, arr. Wachsmann)	El EG 1749
BLR.6011-1	▹ Nimm dich in acht vor blonden Frau'n (Hollaender)	El EG 1752
BLR.6012-1	▹ Ich bin von Kopf bis Fuß auf Liebe eingestellt (Hollaender)	El EG 1752
BLR.6013-1	▹ O.K. (Heymann-Kaiser, arr. Wachsmann)	El EG 1749
BLR.6014-2	Ich bin verliebt in meine eigene Frau (Kreuder – Hansen)	El EG 1750
BLR.6015-2	Auf dein Wohl! (Jurmann – Rotter)	El EG 1750

?Friedrich Hollaender und seine Jazzsymphoniker

Berlin, Beethoven-Saal, 31. März 1930

BLR.6201-1	Kuck' doch nicht immer nach dem Tangogeiger hin (Hollaender)	El EG 1866
BLR.6203-2	Ich mache alles mit den Beinen (Hollaender)	El EG 1867
BLR.6204-1	In Sankt Pauli bei Altona (Hollaender)	El EG 1866

Weintraub Syncopators – Internationale Jazzer Freddy Wise (voc), Arno Olewski (tp/vn), Kurt Kaiser (tb/ts/cl), Freddy Wise (ts/c), Horst Graff (as/cl), Leo Weiss (p), Cyril Schulvater (bj/vn), Stefan Weintraub (d/ldr)

Berlin, ca. August 1930

5888	Sunny Side Up (DeSylva-Brown – Henderson)	Cordy 3183
5889	I like to do things for you (Yellen – Ager) – FW voc	Cordy 3187/ Electrocord 1422
5891	Schön wie Lisette / My love parade (Grey – Schertzinger)	Cordy 3184/ Electrocord 1418
5892	Treuloses Glück (Mackeben – Brüll)	Cordy 3182
5893	Komm, träum' mit mir das süsse Märchen (Schertzinger)	Cordy 3185

5895	Grenadier-Marsch (Schertzinger)	Cordy 3185
5896	Wenn die Elisabeth (Katscher)	Cordy 3184/ Electrocord 1418
5897	Auch du wirst mich einmal betrügen (Stolz – Rotter – Robinson)	Cordy 3182
5898	Wenn die Gänseblümchen blühen / If I had a talking picture Of you (de Sylva – Brown – Henderson)	Cordy 3183
5899	Love Made A Gypsy Out Of Me (Philips – de Costa – Zimmermann) – FW voc	Cordy 3187

Die Weintraubs – Deutsche Electrola
Orch. Da Ballo „Die Weintraubs" – ital. His Master's Voice
Max Mensing u. Freddy Wise (voc), Adi Rosner (tp/vn), Kurt Kaiser (tb/ts/cl), Freddy Wise (ts/c), Horst Graff (as/cl), Leo Weiss (p), Cyril Schulvater (bj/vn), Stefan Weintraub (d/ldr)
Berlin, 6. Januar 1933

EOD.1373-1	▹ Wenn wieder Frühling ist (Abraham – Gilbert – Robinson)	El EG 2721
EOD.1374-2	▹ Ich kauf' mir 'ne Rakete (Abraham – Gilbert – Robinson)	El EG 2721
	Mi Compro Un Razzo	VdP HN.650

Die Weintraubs Max Mensing, Drei Wiere-Brüder + Die 5 Songs (ens voc), Adi Rosner (tp/voc), John Kaiser (tb/sax/accor/arr), Horst Graff (cl/as/bcl), Freddy Wise (ts/bassax/cl), Leo Weiss (p), Baby Schulvater (bj/g/cello/voc), Stefan Weintraub (d/vib/xyl/ldr)
Berlin, 25. Januar 1933

EOD1407-2	In 24 Stunden (Kaper – Jurmann – Rotter)	El EG 2734
EOD1408-1	Ich bin der Hans im Glück (Mann – Weiss – Rotter)	El EG 2734
EOD1409-1	▹ Mein Gorilla hat 'ne Villa im Zoo (Jurmann – Kaper – Kuckuck)	El EG 2735
EOD1410-1	Immer wenn ich glücklich bin (Jurmann – Kaper – Rotter)	El EG 2735

Die Weintraubs – Deutsche Elektrola
Orch. Da Ballo „Die Weintraubs" – ital. His Master' Voice
Eva Busch, Eric Helgar, Drei Wiere-Brüder + Die 5 Songs (ens voc), Adi Rosner (tp/vcl), John Kaiser (tb/sax/accor/arr), Horst Graff (cl/as/bcl), Freddy Wise (ts/bassax/cl), Leo Weiss (p), Baby Schulvater (bj/g/cello/vcl), Stefan Weintraub (d/vib/xyl/ldr)
Berlin, 17. Februar 1933

EOD1455-2	O Annabella (R. Nelson) – EH, ens voc	El EG 2739, VdP HN.48
EOD1456-1	Jo-Jo (Nelson – Hannes – Schwabach) – ens voc, scat	El EG 2739

Die Weintraubs Kurt Mühlhardt (voc), Adi Rosner(tp), John Kaiser (tb/sax/accor/arr), Freddy Wise (ts/bassax/cl), Horst Graff (cl/as/bcl), Leo Weiss (p), Baby Schulvater (bj/g/cello/vcl), Stefan Weintraub (d/vib/xyl/ldr)

Berlin, Februar 1933

WR.429-1	Mein Schatz vom Tegernsee (Lengsfelder – Sachs) – KM voc	Co 2167
WR.430-2	Kikeriki (Evans – Lengfelder – Intrator) – KM voc	Co 2167

Die Weintraubs Eva Busch, Erwin Hartung u. Kurt Mühlhardt (voc), Adi Rosner (tp), John Kaiser (tb/sax/accor/arr), Freddy Wise (ts/bassax/cl), Horst Graff (cl/as/bcl), Leo Weiss (p), Baby Schulvater (bj/g/vc), Stefan Weintraub (d/vib/xyl/ldr)

Berlin, Februar 1933

WR.470-2	▹ Die kleinen Mädchen mit dem treuen Blick (Wachsmann – Schwabach)	Co 2173. DG 629 DV 1054
WR.471-2	▹ Gruß und Kuß Veronika (Wachsmann – Schwabach) – EB voc	Co 2173. DG 629 DV 1054
WR.472-1	Juanita, du dunkle schöne – KM voc	Co 2174
WR.473-2	La Castiliana (Salter – Brock) – EH voc	Co 2174

I Weintraubs Syncopators. Orch. Jazz Freddy Wise u. Renzo Mori (voc), Manny Frischer (tp/vln), John Kaiser (tb/sax/arr), Freddy Wise (sax/bassax/cl), Horst Graff (cl/sax/bcl), Leo Weiss (p), Cyril Schulvater (bj/g), Stefan Weintraub (d/ldr)

Milano, 16. Mai 1934

OW 2515-1	Ditemi (L. Weiss, rid. J. Kaiser – Perotti)	Grammofono GW 568

Milano, 4. Juni 1934

OW 2540-2	Non scordar (Nervetti, arr. Weiss) – RM voc	Grammofono GW 565
OW 2541-1	Barger	unveröff.
OW 2542-1	La canzone dello scugnizzo (Lazzaro – Concina, arr. Weiss)	Grammofono GW 566
OW 2543-1	▹ Nostalgico slow (Marf – Mascheroni, arr. Kaiser)	Grammofono GW 567

Milano, 5. Juni 1934

OW 2544-1	▹ Ninon (Kaper – Jurmann, arr. Weiss)	Grammofono GW 567
OW 2445	…	unveröff.
OW 2546-2	Mille baci (Nizza – Morbelli – Dax, arr. Kaiser) – RM voc	Grammofono GW 564
OW 2547-1	You Can't Play My Ukulele (Hoffman – Goodhart – Blue, arr. Weiss)	Grammofono GW 566
OW 2548-2	Serenata perduta (Warren, arr. Kaiser)	Grammofono GW 565
OW 2549-2	Spiagge (Rizza – di Lazzaro, arr. Graff)	Grammofono GW 564

The Weintraubs Syncopators Freddy Wise (voc), Manny Frischer (tp/vln), John Kaiser (tb/sax/arr), Freddy Wise (sax/bassax/cl), Horst Graff (cl/sax/bcl), Leo Weiss (p), Cyril Schulvater (bj/g), Stefan Weintraub (d/ldr)

Kawasaki, 11. Dezember 1936

M 202406-2	Popular Foxtrots	J.2615
M 202407	Schöne Frau	unveröff.
M 202408	Wake Ga Arunoyo (N. Takeoka)	9203
M 202409	Ai No Tsubasa (N. Takeoka)	29190
M 202410-3 ▹	My Melancholy Baby (Norton – Burnett)	J.2634

Kawasaki, 14. Dezember 1936

M 202429	Manshu Omoeba (Omura)	29190
M 202430	Hakata Yobune (Omura)	29203
M 202431	Pagan Love Song	J.2635
M 202432-1	Waltz Favourites	J.2615
M 202433	Symphonie	unveröff.

Kawasaki, 21. Dezember 1936

M202456	In A Little Gypsy's Tea Room	J.2635
M 202457-3 ▹	Honolulu Baby (Hatley)	J.2634

Kawasaki, 18. Januar 1937

M 202536	Akagi Shigure (N. Takeoka – Kubota)	29269
M 202537	Kini Wa Shatma	unveröff.
M 202538	Manshu Fubuki (Omura)	29269
M 202539	Quesho Lubox	unveröff.

Kawasaki, 19. Januar 1937

M 202545	Isle of Capri (Grosz – Kennedy)	J.2695
M 202546-5	In einer kleinen Konditorei (F. Raymond)	J.2695

The Weintraubs Syncopators Ray Goldner (tp), John Kaiser (tb/sax/arr), Freddy Wise (sax/bassax/cl), Horst Graff (cl/sax/bcl), Leo Weiss (p), Cyril Schulvater (bj/g), Stefan Weintraub (d/ldr)

Kawasaki, 7. Februar 1937

M 202640	Wakare Krie	unveröff.
M 202641	Namiki No Ame (Ikeda – Takahashi	29302

Kawasaki, 8. Februar 1937

M 202653	Aki No Ginza (Y. Eguchi – Takahashi)	29302

The Weintraubs Syncopators Ray Goldner (tp), Freddy Wise (sax,bassax,cl), Horst Graff (cl/sax/bcl), Leo Weiss (p), Cyril Schulvater (bj/g), Stefan Weintraub (d/ldr)

Kawasaki, 15. April 1937

M 202931	Hamabe No Otome	29388
M 202932	Shosin No Uta	29388

Kawasaki, 27. April 1937

M 202933	Wake Ga Arunoyo	29364
M 202999	Asi Tsukiyo No Kai	29364
M 203000	Fumnano Naiwa	unveröff.

Literaturverzeichnis

Australien, in: *Jüdische Auswanderung. Korrespondenzblatt für Auswanderungs- und Siedlungswesen.* Hg. vom Hilfsverein der Juden in Deutschland e. V., Berlin, Herbst 1937, S. 18–48

Baer, Werner: Winding Up the Weintraubs, in: *24 HOURS* (Sydney), September 1982, S. 18–19

Bartrop, Paul R.: Australia and the Holocaust 1933–1945, Melbourne 1994

Bergmeier, H. J. P.: The Weintraub Story. Incorporated The Ady Rosner Story, Menden 1982

Bevege, Margaret: Behind Barbed Wire: Internment in Australia during World War II, St. Lucia, Queensland, 1993

Bittman, Karl (Hg,): Strauss to Mathilda. Viennese in Australia 1938–1988, Sydney 1988

„Blandine…" Von und mit Blandine Ebinger, der großen Diseuse der Zwanziger Jahre, Zürich 1985

Bratfisch, Rainer: Jazz in Berlin, Berlin 2014

Budzinski, Klaus/Hippen, Reinhard: Metzler Kabarett Lexikon, Stuttgart 1996

Cracknell, Ruth: A Biased Memoir, Sydney 1999

Crotty, Joel: Choreographic music in Australia, 1912–1964: from foreign reliance to an independent Australian stance, Diss. Monash University Melbourne 1999

Dreyfus, Kay: Silences and Secrets. The Australian Experience of the Weintraubs Syncopators, Monash University Publishing 2013

Dümling, Albrecht: Symbol des Fortschritts, der Dekadenz und der Unterdrückung. Der Bedeutungswandel des Jazz in den 20er Jahren, in: *Argument*, Sonderband 24 „Angewandte Musik 20er Jahre", Berlin 1977, S. 81–106

Ders.: Lasst euch nicht verführen. Brecht und die Musik, München 1985

Ders. (Hg.): Zu den Antipoden vertrieben. Das Australien-Exil deutschsprachiger Musiker, Saarbrücken 2000 („Verdrängte Musik", Bd. 17)

Ders.: Die Weintraubs Syncopators. Zum 25. Todestag von Stefan Weintraub, in: *Jazz-Zeitung*, Sept. 2006, S. 22–23

Ders.: Uncovering traces: German-speaking refugee musicians in Australia, in: *Australian Jewish Historical Society Journal*, Melbourne Nov. 2008, Vol. XIX, part 2, S. 219–36

Ders. (2011a): Ein wahrer Hexensabbat. Die Ausstellung „Entartete Musik" im Widerstreit, in: Übertönte Geschichten. Musikkultur in Weimar. Klassik Stiftung Weimar. Jahrbuch 2011. Hg. von Hellmut Th. Seemann und Thorsten Valk, Göttingen 2011, S. 189–206.

Ders. (2011b): Die verschwundenen Musiker. Jüdische Flüchtlinge in Australien, Köln etc. 2011

Ders. (Hg.): Das verdächtige Saxophon. „Entartete Musik" im NS-Staat – Dokumentation und Kommentar, Regensburg 2015

Ders.: The Vanished Musicians. Jewish Refugees in Australia. Translated from the German by Diana K. Weekes, Oxford etc. 2016

Ders.: Personenartikel „Stefan Weintraub", in: Neue Deutsche Biographie, hg. von der Historischen Kommission bei der Bayerischen Akademie der Wissenschaften, 27. Band, Berlin 2020, S. 653–654

Dundy, Elaine: Finch, Bloody Finch. A Biography of Peter Finch, London 1981

Eisler, Hanns: Musik und Politik. Schriften 1924–1948, Leipzig 1973

Fackler, Guido: Die Weintraub Syncopators im Freiburger Stadttheater, in: *Fox auf 78. Ein Magazin rund um die gute alte Tanzmusik*, 1996, Nr. 15, S. 19–26

Faulkner, Trader: Peter Finch: A biography, London 1979

Fechner, Eberhard: Die Comedian Harmonists. Sechs Lebensläufe, München 1997

Fetthauer, Sophie: Paul Aronovici, in: Lexikon verfolgter Musiker und Musikerinnen der NS-Zeit. Hg. von Claudia Maurer Zenck und Peter Petersen, Hamburg, 2007

Dies.: Musiker und Musikerinnen im Shanghaier Exil 1938–1949, Neumünster 2021

Finn, Rosslyn: ‚Snider, Leon Samuel (1896–1965)', in: Australian Dictionary of Biography, National Centre of Biography, Australian National University, https://adb.anu.edu.au/biography/snider-leon-samuel-11732/text20975, abgerufen am 23. Juli 2021

Grabs, Manfred: Hanns Eisler. Kompositionen, Schriften, Literatur. Ein Handbuch, Leipzig 1984

Greul, Heinz: Bretter, die die Zeit bedeuten. Die Kulturgeschichte des Kabaretts, Köln 1967

Hennenberg, Fritz: Bruinier und Brecht. Nachrichten über den ersten Brecht-Komponisten, in: *Beiträge zur Musikwissenschaft* 29 (1987), S. 198–226

Herrmann-Neiße, Max: Briefe 1, 1906–1928; Briefe 2, 1929–1940. Hg. von Klaus Völker und Michael Prinz, Berlin 2012

Hesterberg, Trude: Was ich noch sagen wollte …, Berlin 1971

Heymann, Margret: Eine Sternstunde des deutschen Theaters. Die Albert Steinrück-Gedächtnisfeier im Staatstheater am Berliner Gendarmenmarkt 1929, Berlin 2006

Heymann, Werner Richard / Ortkemper, Hubert (Hg.): „Liebling, mein Herz läßt dich grüßen". Der erfolgreichste Filmkomponist der großen Ufa-Zeit erinnert sich, Berlin 2001

Hoffmann, Ludwig / Siebig, Karl: Ernst Busch. Eine Biographie in Texten, Bildern und Dokumenten, Berlin 1987

Hollaender, Friedrich: Von Kopf bis Fuß. Revue meines Lebens, Berlin 2001

Huesmann, Heinrich: Welttheater Reinhardt. Bauten – Spielstätten – Inszenierungen, München 1983

Jansen, Wolfgang: Das Varieté. Die glanzvolle Geschichte einer unterhaltenden Kunst, Berlin 1990

Jelavich, Peter: Berlin Cabaret, Cambridge 1993

John, Eckhard: Musikbolschewismus. Die Politisierung der Musik in Deutschland 1918–1938, Stuttgart 1994

Kartomi, Margaret / Whiteoak, John / Dreyfus, Kay: Berlin to Bondi. The Flight of the Weintraubs Syncopators, in: *Heat* 8, 2004, S. 15–33

Kater, Michael H.: Gewagtes Spiel. Jazz im Nationalsozialismus, München 1998

Kay, John: Music Life in Japan, in: *Australian Music Maker and Dance Band News*, 1st January 1938, S. 25 f.

Knauer, Wolfram: „Play yourself, man!“ Die Geschichte des Jazz in Deutschland, Stuttgart 2019

Kracauer, Siegfried: Berliner Nebeneinander. Ausgewählte Feuilletons 1930–33. Hg. von Andreas Volk, Zürich 1996

Kreuder, Peter: Nur Puppen haben keine Tränen, Percha 1971

Krüger, Klaus: Weintraubs Syncopators, in: *Fox auf 78*, Nr. 2 (Dez. 1986), S. 16–18

Ders.: Spätlese. Eine verschollene und wiederaufgetauchte Weintraubs-Sitzun, in: *Fox auf 78*, Nr. 16 (Frühjahr 1997), S. 41

Ders.: Bitte einsteigen. Die Weintraub(s) Syncopators auf Berliner Bühnen 1927–1933, in: *Fox auf 78* (Winter 2020/21), S. 64–73

Kuna, Milan: Musik an der Grenze des Lebens. Musikerinnen und Musiker aus böhmischen Ländern in nationalsozialistischen Konzentrationslagern und Gefängnissen, Frankfurt/M. 1993

Lang, Birgit: Exilkabarett und die „Politik der Repräsentation“. Die Kabarettaufführungen des Kleinen Wiener Theaters in Sydney, Australien 1945–1973, in: Hundert Jahre Kabarett: Zur Inszenierung gesellschaftlicher Identität zwischen Protest und Propaganda. Hg. von Joane McNally und Peter Sprengel, Würzburg 2003, S. 96–116

Lange, Horst H.: Weintraubs Syncopators, in: *Jazz Podium*, April 1961, S. 110; Die Weintraubs Syncopators. II. Teil, in: *Jazz Podium*, März 1962, S. 71 f.

Lawson, Valerie: Baume, Frederick Ehrenfried (Eric) (1900–1967), in: Australian Dictionary of Biography, Volume 13, Melbourne University Press, 1993, S. 136–137

Lotz, Rainer E.: Discographie der deutschen Tanzmusik, Bd. 3, Bonn 1994

Lucas, James: Played Around the World. Story of the Weintraubs, in: *Australian Music Maker and Dance Band News*, Nov. 1, 1937, S. 19 f.

Manning, Arthur: Larger Than Life: The Story of Eric Baume, Sydney 1967

Mazzoletti, Adriano: Il jazz in Italia: dalle origine alle grande orchestra, Turin 2004

McCalman, Iain: James Charles Bendroth, in: Australian Dictionary of Biography, Bd. 13, Melbourne University Press 1993, S. 161 f.

Moore, Andrew: Scott, William John Rendell (1888–1956), in: Australian Dictionary of Biography, Volume 11, Melbourne 1988, S. 550–552

Partsch, Cornelius: Schräge Töne. Jazz und Unterhaltungsmusik in der Kultur der Weimarer Republik, Stuttgart / Weimar 2000

Pickhan, Gertrud/Preisler, Maximilian: Von Hitler vertrieben, von Stalin verfolgt: Der Jazzmusiker Eddie Rosner, Berlin 2010

Prieberg, Fred K.: Handbuch Deutsche Musiker 1933–1945. CD-ROM, Version 1.2 – 2/2005

Raab Hansen, Jutta: NS-verfolgte Musiker in England. Spuren deutscher und österreichischer Flüchtlinge in der britischen Musikkultur, Hamburg 1996

Radic, Therese: Bernard Heinze. A Biography, Melbourne 1986

Redmer, Axel: Bobby Astor – ein deutsches Musikerleben im 20. Jahrhundert, in: *mr-Mitteilungen* Nr. 85 (Dez. 2014)

Rotthaler, Viktor: Friedrich Hollaender – Wenn ich mir was wünschen dürfte, Hambergen 1996 (Begleitbuch zur CD Box, Bear Family Records)

Sametz, Philipp: Play On! 60 years of music-making with the Sydney Symphony Orchestra, Sydney 2001

Schröder, Heribert: Tanz- und Unterhaltungsmusik in Deutschland 1918–1933, Bonn 1990

Stahrenberg, Carolin: „Edith Lorand. Die ‚Königin des Walzers' in den 1920er Jahren", in: „… mein Wunsch ist, Spuren zu hinterlassen …" Rezeptions- und Berufsgeschichte von Geigerinnen. Hg. von Carolin Stahrenberg und Susanne Rode-Breymann, Hannover 2011 (Beiträge aus dem Forschungszentrum Musik und Gender, Bd. 1)

Stanicek, Wolfgang: Austin Egen – Schlager-Komponist, Sänger und Musikverleger. Dissertation Universität Wien 2010

Starr, S. Frederick: Red and Hot. Jazz in Russland 1917–1990, Wien 1990

Stengel, Theo / Gerigk, Herbert: Lexikon der Juden in der Musik, Berlin 1940

Sternberg, Josef von: Das Blau des Engels. Eine Autobiographie, München etc. 1991

Sudendorf, Werner: Marlene Dietrich, München 2001

Sztern, Edna: Life Story of Mannie Fisher. Unveröffentlichtes Typoskript ohne Datum

Trageser, Martin: „Es liegt in der Luft eine Sachlichkeit". Die Zwanziger Jahre im Spiegel des Werks von Marcellus Schiffer (1892–1932), Berlin 2008

Vagg, Stephen: Finch, fry and factories: a brief history of Mercury Theatre, in: *Australasian Drama Studies*, 50, April 2007, S. 18–35

Völmecke, Jens-Uwe: Von Berlin in die weite Welt, in: *Triangel-Magazin des MDR*, Juni 2003

Vogel, Eric T.: Wiedersehen mit Stefan Weintraub, in: *Jazz Podium*, Sept. 1970, S. 312

Wackers, Ricarda: Dialog der Künste. Die Zusammenarbeit von Kurt Weill und Yvan Goll, Münster 2004

Whiteoak, John / Scott-Maxwell, Aline: Currency Companion to Music and Dance in Australia, Sydney 2003

Wolfert, Raimund: Die Goldbergs. Zwischen Friedenstempel, Lunapark und Haus der Modeindustrie, Berlin 2015 (Jüdische Miniaturen Bd. 164)

Wolffram, Knud: Tanzdielen und Vergnügungspaläste. Berliner Nachtleben in den dreißiger und vierziger Jahren, Berlin 1992

Weitere Quellen:

[AdK] Weintraubs-Syncopators-Archiv. Archiv der Akademie der Künste Berlin

Ray Goldner: The Bandboy's Story (1999). Archiv Jörg Süßenbach

[Radio 1964] Eine Band ging um die Welt. Die Geschichte der Weintraubs Syncopators. Aufgezeichnet von ihrem Manager Henry Barger, musikalisch illustriert von Walo Linder, für das Radio bearbeitet und in Szene gesetzt von Hans Gmuer. Eine Sendung des Schweizerischen Rundfunks, Zürich 1964

[Radio 1981] Die Weintraubs Syncopators und ihre Zeit. Stephan [sic] Weintraub erinnert sich. Radiosendung des Senders Freies Berlin (SFB) vom 12.9.1981. Archiv des Rundfunks Berlin-Brandenburg (rbb)

[Film 2000] Weintraubs Syncopators: Bis ans andere Ende der Welt. Ein Film von Jörg Süßenbach und Klaus Sander, Cine Impuls Berlin für ARTE / WDR 2000

Abkürzungen:

AMM Australian Music Maker and Dance Band News

NAA National Archives of Australia (zahlreiche Artikel sind digitalisiert und online abrufbar)

SMH Sydney Morning Herald

Tonaufnahmen:

Weintraubs Syncopators. Die goldene Ära deutscher Tanzorchester, EMI Electrola. 134-32, 1979

Weintraubs Syncopators. „Ich kauf' mir 'ne Rakete". Edition Berliner Musenkinder 01 49 3, 1999

Weintraubs Syncopators. Doppel-CD von „Fox auf 78"
(Klaus Krüger, http://www.fox-auf-78.de)

Die Webseite zum Buch

Unter der Adresse **www.conbrio.de/weintraubs** finden Sie im Internet eine mit dem Passwort „ZooGorilla“ geschützte Seite zu diesem Buch mit kommentierten Audio- und Videodateien. Auf sie wird im laufenden Text mit einem Playersymbol (▷) hingewiesen. Hier eine Übersicht des dort vorhandenen Materials:

Audiodateien der Doppel-LP „Weintraubs Syncopators“ aus der Serie „Die goldene Ära deutscher Tanzorchester“ (EMI Electrola, 1979)

1. Am Sonntag will mein Süßer mit mir segeln geh’n (siehe S. 30)
2. Up And At ’em (siehe S. 27)
3. Jackass Blues (siehe S. 27)
4. Marion-Tango (siehe S. 26)
5. Mit einem Herzen darf man nicht spielen (siehe S. 30)
6. Sonny Boy (siehe S. 31)
7. Am Sonntag will mein Süßer mit mir segeln geh’n (siehe S. 31)
8. Sag mir nur einmal, ich liebe dich (siehe S. 31)
9. If I Had You (Paraphrase aus der Bühnenschau der Weintraubs) (siehe S. 46 und 74)
10. Jazz-Paraphrase über „Mütterlein bleib’ immer bei mir“ (I’ll Get By) (siehe S. 46 und 74)
11. Jericho (siehe S. 74)
12. O.K. (siehe S. 74)
13. Nimm dich in acht vor blonden Frau‘n (siehe S. 75)
14. Ich bin von Kopf bis Fuß auf Liebe eingestellt (siehe S. 75)
15. Liebesbriefe (siehe S. 31)
16. Wenn wieder Frühling ist (siehe S. 82)
17. Ich kauf mir ’ne Rakete (siehe S. 81 f.)
18. Mein Gorilla hat ’ne Villa im Zoo (siehe S. 81 f.)
19. Gruß und Kuß, Veronika (siehe S. 87)
20. Die kleinen Mädchen mit dem treuen Blick (siehe S. 87)
21. Ninon (siehe S. 97 f.)
22. Nostalgico Slow (siehe S. 97 f.)
23. My Melancholy Baby (siehe S. 122)
24. Honolulu Baby (siehe S. 122)

Filmdokumente

- Und Nelson spielt (siehe S. 49 ff.)
- Der blaue Engel (siehe S. 51 ff.)
- Der blaue Engel, Probeaufnahmen mit Marlene Dietrich (siehe S. 51 ff.)
- Das Kabinett des Dr. Larifari (siehe S. 59 ff.)
- Die zärtlichen Verwandten (siehe S. 62)
- Ich kauf mir 'ne Rakete, präsentiert von Paul Kuhn (siehe S. 81)
- Honolulu Baby (siehe S. 122)
- Cinesound Review: Weintraubs Bring Novel Musical Act to Australia (National Film & Sound Archive of Australia, siehe S. 132 f.)
- Bush Christmas (siehe S. 186 f.)

Personenregister